[Wissen für die Praxis]

Weiterführend empfehlen wir:

Beschaffung von Einsatzfahrzeugen für die Feuerwehr
ISBN 978-3-8029-1859-9

Stellenplanung und -bewirtschaftung für Kommunen
ISBN 978-3-8029-1590-1

Nachhaltigkeit messbar machen
ISBN 978-3-8029-3974-7

Kommunale Forderungen in der Insolvenz inkl. Arbeitshilfen-CD-ROM
ISBN 978-3-8029-1020-3

Das gesamte Insolvenzrecht
ISBN 978-3-8029-5277-7

Verwaltungsgesetze kompakt
ISBN 978-3-8029-5274-6 (Verwaltungsgesetze kompakt 2021/2021)

Weitere Titel unter www.WALHALLA.de

Wir freuen uns über Ihr Interesse an diesem Buch. Gerne stellen wir Ihnen zusätzliche Informationen zu diesem Programmsegment zur Verfügung.

Bitte sprechen Sie uns an:

E-Mail: WALHALLA@WALHALLA.de
http://www.WALHALLA.de

Walhalla Fachverlag · Haus an der Eisernen Brücke · 93042 Regensburg
Telefon (0941) 5684-0 · Telefax (0941) 5684-111

Volker Mayer

Zuwendungsrecht für die Praxis in Bund, Ländern und Gemeinden

Handbuch für Bewilligungsbehörden und Zuwendungsempfänger

Bibliografische Information der Deutschen Nationalbibliothek
Die Deutsche Nationalbibliothek verzeichnet diese Publikation in der Deutschen Nationalbibliografie; detaillierte bibliografische Daten sind im Internet über http://dnb.dnb.de abrufbar.

Zitiervorschlag:

Mayer, Volker, Zuwendungsrecht für die Praxis in Bund, Ländern und Gemeinden
Walhalla Fachverlag, Regensburg 2021

Hinweis: Unsere Werke sind stets bemüht, Sie nach bestem Wissen zu informieren. Alle Angaben in diesem Buch sind sorgfältig zusammengetragen und geprüft. Durch Neuerungen in der Gesetzgebung, Rechtsprechung sowie durch den Zeitablauf ergeben sich zwangsläufig Änderungen. Bitte haben Sie deshalb Verständnis dafür, dass wir für die Vollständigkeit und Richtigkeit des Inhalts keine Haftung übernehmen.
Bearbeitungsstand: Februar 2021

2., veränderter Nachdruck

© Walhalla u. Praetoria Verlag GmbH & Co. KG, Regensburg
Alle Rechte, insbesondere das Recht der Vervielfältigung und Verbreitung sowie der Übersetzung, vorbehalten. Kein Teil des Werkes darf in irgendeiner Form (durch Fotokopie, Datentransfer oder ein anderes Verfahren) ohne schriftliche Genehmigung des Verlages reproduziert oder unter Verwendung elektronischer Systeme gespeichert, verarbeitet, vervielfältigt oder verbreitet werden.
Produktion: Walhalla Fachverlag, 93042 Regensburg
Umschlaggestaltung: grubergrafik, Augsburg
Printed in Germany
ISBN 978-3-8029-1850-6

Schnellübersicht

Vorwort	22
Abkürzungsverzeichnis	23
Materielle Grundlagen des Zuwendungsrechts	27
Das Verwaltungsverfahren bei Zuwendungen	95
Einzelfragen	329
Literaturverzeichnis	365
Stichwortverzeichnis	369

I
II
III
IV
V

Gesamtinhaltsübersicht

Vorwort		22
Abkürzungsverzeichnis		23
I.	**Materielle Grundlagen des Zuwendungsrechts**	27
1.	**Zuwendungen als staatliche Gestaltungsinstrumente**	30
1.1	Staatspolitische Bedeutung von Zuwendungen	30
1.2	Unterstützungs- und Anreizfunktion	31
1.3	Vorteile von Zuwendungen für die öffentliche Hand	32
1.4	Finanzielle Bedeutung von Zuwendungen	33
1.5	Handlungsfelder von Bund, Ländern und Gemeinden	34
1.6	Vom Geben und Nehmen der öffentlichen Hand	36
2.	**Das Regelungssystem des Zuwendungsrechts**	37
2.1	Homogenität des Zuwendungsrechts von Bund und Ländern	37
2.2	§§ 23 und 44 Abs. 1 BHO/LHO als Ankernormen	39
2.3	Weitere gesetzliche Regelungen des Zuwendungsrechts	40
2.4	Allgemeine Verwaltungsvorschriften	41
2.5	Besondere Verwaltungsvorschriften	43
3.	**Ressortspezifische Förderrichtlinien**	44
3.1	Funktion von Förderrichtlinien	45
3.2	Erlass von Förderrichtlinien	46
3.3	Bekanntmachung von Förderrichtlinien	47
3.4	Rechtscharakter von Förderrichtlinien	48
3.5	Bezugnahme auf Förderrichtlinien in Zuwendungsbescheiden	50
3.6	Keine richterliche Interpretation von Förderrichtlinien	52
3.7	Der Grundsatz vom Vorbehalt des Gesetzes bei Zuwendungen	52
4.	**Der Zuwendungsbegriff**	54
4.1	Der Zuwendungsbegriff im Regelwerk	54

4.2	Vier wesentliche Merkmale von Zuwendungen	56
4.3	Abgrenzung von Zuwendungen gegenüber öffentlichen Aufträgen	57
4.4	Abgrenzung von Zuwendungen und Subventionen	59
5.	**Der Zuwendungszweck**	**61**
5.1	Zwei Komponenten	61
5.2	Gegenständlicher Zweck	62
5.3	Förderziel	62
5.4	Zusammenhang von gegenständlichem Zweck und Förderziel	63
6.	**Das erhebliche staatliche Interesse als Fördervoraussetzung**	**64**
7.	**Der Grundsatz der Subsidiarität**	**66**
7.1	Gesellschaftspolitische Bedeutung	66
7.2	Übertragung auf das Zuwendungsrecht	67
8.	**Die Zuwendungsarten**	**69**
8.1	Zuwendungsarten	69
8.2	Projektförderung	70
8.3	Institutionelle Förderung	71
8.4	Abgrenzungsmerkmale von Projektförderung und institutioneller Förderung	72
8.5	Projektförderung neben institutioneller Förderung	73
8.6	Omnibusprinzip und quasi-institutionelle Förderung	74
9.	**Die Finanzierungsarten**	**76**
9.1	Finanzierungsarten	76
9.2	Fehlbedarfsfinanzierung	77
9.3	Anteilfinanzierung	78
9.4	Festbetragsfinanzierung	80
9.5	Vollfinanzierung	82
9.6	Übersicht über die Finanzierungsarten	84

10.	**Die Finanzierungsformen**	85
10.1	Finanzierungsformen	86
10.2	Unbedingt rückzahlbare Zuwendungen	87
10.3	Bedingt rückzahlbare Zuwendungen	88
10.4	Nicht rückzahlbare Zuwendungen	89
11.	**Veranschlagung von Zuwendungen im Haushaltsplan**	90
11.1	Ermächtigungsgrundlage für die Gewährung	90
11.2	Ausgabengruppe nach der Haushaltssystematik	90
11.3	Veranschlagung von Projektförderungen	91
11.4	Veranschlagung von institutionellen Förderungen	92
11.5	Prüffragen für die Veranschlagung von Zuwendungen	94
II.	**Das Verwaltungsverfahren bei Zuwendungen**	**95**
1.	**Verfahrensrecht bei Zuwendungen**	106
1.1	Materie des öffentlichen Rechts	106
1.2	Geltung des Verwaltungsverfahrensgesetzes	107
1.3	Haushaltsrechtliche Verfahrensvorgaben	108
2.	**Die Phasen des Zuwendungsverfahrens**	108
3.	**Der Zuwendungsantrag**	109
3.1	Allgemeines	110
3.2	Mindestbestandteile eines Antrags zur Projektförderung	111
3.3	Mindestbestandteile eines Antrags zur institutionellen Förderung	112
3.4	Allgemeiner Antragsvordruck	113
3.5	Beispiel für einen allgemeinen Antragsvordruck – Projektförderung – Zuwendungsantrag	114
4.	**Die fachliche Unterlage des Zuwendungsantrags**	119
4.1	Projektbeschreibung oder Arbeitsplan	119
4.2	Projektbeschreibung bei Projektförderungen	121
4.3	Arbeitsplan bei institutionellen Förderungen	121

4.4	Beispiel für die Struktur einer fachlichen Unterlage anhand der vier „W-Fragen"	122
5.	**Die monetäre Unterlage des Zuwendungsantrags**	**124**
5.1	Finanzierungs- oder Wirtschaftsplan	125
5.2	Finanzierungsplan bei Projektförderungen	126
5.3	Kalkulationsgrundlagen	127
5.4	Sperren	127
5.5	Verknüpfung von Finanzierungs- und Meilensteinplan	128
5.6	Finanzierungsübersicht	129
5.7	Wirtschaftsplan bei institutionellen Förderungen	129
5.8	Beispiel für einen Finanzierungsplan	131
5.9	Beispiel für eine Verknüpfung von Arbeitspaketen (AP) und Finanzierung	132
6.	**Zuwendungsfähige Ausgaben**	**133**
6.1	Begriff der zuwendungsfähigen Ausgaben	133
6.2	Bewilligungszeitraum	134
6.3	Vorsteuerabzugsberechtigung	135
6.4	Ausgeschlossene zuwendungsfähige Ausgaben	136
6.5	Kosten statt Ausgaben	136
7.	**Enger oder weiter Ansatz bei zuwendungsfähigen Ausgaben**	**137**
7.1	Grundsatzentscheidung	138
7.2	Enger Ansatz (ohne Grundausstattung)	138
7.3	Begründung für Vollfinanzierung	139
7.4	Finanzierung von Ersatzkräften	139
7.5	Weiter Ansatz (mit Grundausstattung)	140
8.	**Pauschalen**	**141**
8.1	Soll-Vorschrift	141
8.2	Vereinfachung durch Standardisierung	142
8.3	Bemessung von Pauschalen	142
8.4	Pauschale als Zuschlag	143

8.5	Regelmäßige Überprüfung	144
8.6	Gefahr der Doppelabrechnung	144
9.	**Die Prüfung des Zuwendungsantrags**	144
9.1	Bedeutung der Antragsprüfung	144
9.2	Strukturierter Prozess	145
9.3	Interessenbekundungsverfahren	145
10.	**Inhaltlich-fachliche Prüfung**	147
10.1	Prinzip der Bestenauslese bei Projektförderungen	147
10.2	Nutzwertanalysen	148
10.3	Durchführung der Nutzwertanalyse	149
10.4	Gefahren der Nutzwertanalyse	149
10.5	Beispiel für eine Nutzwertanalyse	150
10.6	Inhaltlich-fachliche Prüfung bei institutionellen Förderungen	151
10.7	Einfache Förderungen	151
11.	**Formulierung des Förderziels**	151
11.1	Grundsätzliches	152
11.2	SMART-Konzept der Zieldefinition	152
11.3	Merkmal „spezifisch"	153
11.4	Merkmal „messbar"	153
11.5	Merkmal „angemessen"	154
11.6	Merkmal „realistisch"	155
11.7	Merkmal „terminiert"	156
11.8	Mitwirkung des Antragstellers	157
11.9	Dokumentation der Zielbestimmung	157
11.10	Beispiele für smarte Förderziele	158
11.11	Einfache Förderungen	159
11.12	Bindung des Zuwendungsempfängers an das Förderziel	160
11.13	Absehen von der Bindung des Zuwendungsempfängers an das Förderziel	161

12.	**Feststellung der zuwendungsfähigen Ausgaben**	162
12.1	Minimalprinzip	163
12.2	Durchführung der Prüfung	163
13.	**Ordnungsgemäße Geschäftsführung, Bonität und Nachhaltigkeit**	166
13.1	Ordnungsgemäße Geschäftsführung	166
13.2	Bonität	169
13.3	Nachhaltigkeit der Förderung	170
14.	**Bemessung der Höhe der Zuwendung**	171
14.1	Zuwendungsfähige Ausgaben als Grundlage	171
14.2	Fehlbedarfsfinanzierung	172
14.3	Berechnung des Fehlbedarfs	172
14.4	Einnahmen und Drittmittel	172
14.5	Eigenmittel des Zuwendungsempfängers	173
14.6	Eingeschränkte Anwendung der Fehlbedarfsfinanzierung	175
14.7	Anteilfinanzierung	176
14.8	Interesse von Zuwendungsempfänger und Zuwendungsgeber	176
14.9	Festbetragsfinanzierung	178
14.10	Vollfinanzierung	179
14.11	Festsetzung der Zuwendung als Höchstbetrag	179
15.	**Ergebnis der Antragsprüfung**	180
15.1	Bewilligung oder Ablehnung	180
15.2	Dokumentationspflicht	182
15.3	Inhalt des Vermerkes	183
16.	**Die Bewilligung der Zuwendung**	183
16.1	Zuwendungsbescheid	184
16.2	Zuwendungsvertrag	186
16.3	Beispiel für einen Zuwendungsbescheid	187

16.4	Haupt- und Nebenbestimmungen im Zuwendungsbescheid	190
16.5	Allgemeine Nebenbestimmungen	191
16.6	Besondere Nebenbestimmungen	194
17.	**Die Auszahlung der Zuwendung**	**196**
17.1	Grundsätzlich	197
17.2	Voraussetzung bestandskräftiger Bescheid	197
17.3	Reihenfolge der Inanspruchnahme	198
17.4	Auszahlung nur für fällige Zahlungen	199
17.5	Ratenweise Auszahlung zur alsbaldigen Verwendung	200
17.6	Taggenaue Auszahlung im Abrufverfahren (nur Bund)	200
17.7	Längere Vorauszahlung im Anforderungsverfahren (Bund und Länder)	201
17.8	Anforderungsverfahren beim Bund	201
17.9	Anforderungsverfahren bei den Ländern	203
17.10	Anforderung der Zuwendung über den Jahreswechsel hinaus	203
17.11	Berechnung der Frist zur alsbaldigen Verwendung	204
17.12	Auszahlungsverfahren bei institutioneller Förderung	204
17.13	Mitteilungspflicht bei nicht alsbaldiger Verwendung	205
17.14	Widerrufsmöglichkeit des Zuwendungsbescheids bei nicht alsbaldiger Verwendung	205
17.15	Verzinsungsmöglichkeit bei nicht alsbaldiger Verwendung	206
17.16	Verzinsungsmöglichkeit bei Abweichung von der Reihenfolge der Inanspruchnahme	207
17.17	Widerruf des Zuwendungsbescheids nach Verzinsung	207
17.18	Übersicht über das Auszahlungsverfahren	208
17.19	Nachgängige Auszahlung der Zuwendung	209
18.	**Zwischennachweis bei Projektförderungen**	**210**
18.1	Funktion des Zwischennachweises	210
18.2	Bestandteile des Zwischennachweises	211

18.3	Vorlage des Zwischennachweises	211
18.4	Begleitendes Monitoring	211
18.5	Widerrufsmöglichkeiten laufender Förderungen	212
19.	**Verwendungsnachweis**	**213**
19.1	Funktion des Verwendungsnachweises	214
19.2	Spiegelbildlichkeit des Verwendungsnachweises	214
19.3	Inhalt des Sachberichts	215
19.4	Sachbericht bei Projektförderungen	215
19.5	Sachbericht beim Zwischennachweis	216
19.6	Sachbericht bei institutioneller Förderung	216
19.7	Förderung von Baumaßnahmen	217
19.8	Beispiel für einen spiegelbildlichen Sachbericht	217
19.9	Inhalt und Struktur des zahlenmäßigen Nachweises	217
19.10	Zahlenmäßiger Nachweis bei Projektförderungen des Bundes	218
19.11	Zahlenmäßiger Nachweis bei Projektförderungen der Länder	219
19.12	Zahlenmäßiger Nachweis beim Zwischennachweis (Bund und Länder)	219
19.13	Zahlenmäßiger Nachweis bei institutionellen Förderungen	219
19.14	Zahlenmäßiger Nachweis bei Förderungen an Gebietskörperschaften	220
19.15	Zahlenmäßiger Nachweis bei Förderungen auf Kostenbasis	220
19.16	Beispiel für den zahlenmäßigen Nachweis einer Projektförderung (Bund)	221
19.17	Beispiel für die Belegliste einer Projektförderung (Bund)	225
19.18	Einfacher Verwendungsnachweis	225
19.19	Verwendungsbestätigung	226
19.20	Belege	227

20.	**Die Vorlage des Verwendungsnachweises**	228
20.1	Materieller Begriffsinhalt	229
20.2	Vorlagefrist bei Projektförderungen	229
20.3	Vereinfachung des Fristbeginns in der Praxis	230
20.4	Abweichende Frist bei Förderungen an Gebietskörperschaften	230
20.5	Vorlagefrist bei institutionellen Förderungen	231
20.6	Abweichende Fristsetzung	231
20.7	Mängelfeststellungen der Rechnungshöfe	232
20.8	Erzwingung der Vorlage	232
20.9	Möglichkeit 1: Widerruf des Zuwendungsbescheids	232
20.10	Möglichkeit 2: Auszahlungsstopp	233
20.11	Möglichkeit 3: Einbehaltung einer Schlussrate	234
20.12	Möglichkeit 4: Nachträgliche Auszahlung der gesamten Zuwendung	235
20.13	Gewährung von Fristverlängerungen	235
21.	**Die Prüfung des Verwendungsnachweises**	235
21.1	Pflichtaufgabe	236
21.2	Unterschiedliche Regelungsdichte bei Bund und Ländern	236
21.3	Bewilligungsbehörde als prüfende Stelle	237
21.4	Beauftragter als prüfende Stelle	237
21.5	Prüfende Stelle bei gemeinsamen Förderungen	238
21.6	Regelung im Zuwendungsbescheid zur prüfenden Stelle	238
21.7	Zweistufiges Prüfungsverfahren beim Bund	239
21.8	Kursorische Prüfung auf der ersten Stufe	240
21.9	Durchführung der Prüfung	241
21.10	Abschluss der kursorischen Prüfung	241
21.11	Übergang zur vertieften Prüfung	242
21.12	Abgrenzung der kursorischen zur vertieften Prüfung	243
21.13	Auswahl der vertieft zu prüfenden Nachweise	243

21.14	Gewinnung von Stichproben	244
21.15	Anhörung des Bundesrechnungshofes	245
21.16	Ausnahmen vom Stichprobenverfahren	245
21.17	Durchführung der vertieften Prüfung	246
21.18	Vorlage der Belege, Auskunftspflicht	246
21.19	Stichprobe in der Stichprobe	246
21.20	Prüffragen für den Sachbericht	247
21.21	Prüffragen für den zahlenmäßigen Nachweis und die Belegliste	248
21.22	Prüfung des Verwendungsnachweises bei institutioneller Förderung	249
21.23	Prüfung des Sachberichts	250
21.24	Prüfung des Jahresabschlusses	250
21.25	Prüfung der Vermögensrechnung	252
21.26	Beauftragung von Wirtschaftsprüfern	253
21.27	Fristen für die Verwendungsnachweisprüfung	253
21.28	Konkrete zeitliche Vorgaben beim Bund	254
21.29	Stopp neuer Bewilligungen	255
21.30	Stopp laufender Auszahlungen	256
21.31	Vermerk über die Verwendungsnachweisprüfung	257
21.32	Vermerk bei der kursorischen Prüfung	257
21.33	Vermerk bei der vertieften Prüfung	258
21.34	Gemeinsame Förderung oder Beauftragung eines Dritten	259
21.35	Beispiel für einen Prüfungsvermerk – vertiefte Prüfung Projektförderung –	259
21.36	Abschluss des Verfahrens gegenüber dem Zuwendungsempfänger	264
21.37	Prüfergebnis ohne Beanstandungen	264
21.38	Prüfungsergebnis mit Folgerungen	265
21.39	Besonderheit bei vorläufigen Zuwendungsbescheiden	265

22.	**Erfolgskontrolle bei Zuwendungen**	265
22.1	Rechtliche Vorgabe	266
22.2	Methodik	267
22.3	Abgestufte Erfolgskontrolle bei Zuwendungen	270
22.4	Erfolgskontrolle als eigenständige Prüfung	271
23.	**Wegfall des Zuwendungsanspruchs**	271
24.	**Rücknahme rechtswidriger Zuwendungsbescheide**	273
24.1	Grundsätzliche Rücknahmemöglichkeit	274
24.2	Einschränkung der Rücknahmemöglichkeit bei schutzwürdigem Vertrauen	275
24.3	Vorliegen schutzwürdigen Vertrauens	276
24.4	Ermessensausübung beim nicht vom Vertrauensschutz umfassten Teil der Zuwendung	277
24.5	Von vornherein kein schutzwürdiges Vertrauen	278
25.	**Widerruf rechtmäßiger Zuwendungsbescheide**	279
25.1	Grundsätzliche Widerrufsmöglichkeit	280
25.2	Nicht zweckentsprechende Verwendung	281
25.3	Nicht alsbaldige Verwendung	282
25.4	Nicht mehr zweckentsprechende Verwendung	283
25.5	Auflagenverstöße	284
25.6	Umfang des Widerrufs	284
25.7	Zeitlicher Umfang des Widerrufs	284
25.8	Betragsmäßiger Umfang des Widerrufs	285
25.9	Ermessensausübung	286
25.10	Bagatellgrenzen	287
26.	**Frist für die Rücknahme oder den Widerruf**	289
26.1	Jahresfrist	289
26.2	Beginn des Fristlaufs	289
26.3	„Tatsachen"	290
26.4	Dokumentationserfordernis bei der Prüfung des Verwendungsnachweises	291
26.5	Keine Geltung der Jahresfrist	291

27.	Korrektur von Finanzierungsverbesserungen – alt: Unwirksamkeit des Zuwendungsbescheids	292
27.1	Finanzierungsverbesserungen	292
27.2	Ermäßigungsklausel in den Allgemeinen Nebenbestimmungen	293
27.3	Fehlbedarfs- und Vollfinanzierung	294
27.4	Anteilfinanzierung	294
27.5	Festbetragsfinanzierung	295
27.6	Keine Verrechnung zwischen Einnahmenreduzierungen und Ausgabenermäßigungen	296
27.7	Bagatellgrenze	296
27.8	Auswirkung der Finanzierungsart auf die Ermäßigung der Zuwendung im Hinblick auf die Ermäßigungsklausel	298
27.9	Bisheriges Verständnis der Ermäßigungsklausel als auflösende Bedingung	298
27.10	Rechtsprechung des Bundesverwaltungsgerichts zur Ermäßigungsklausel	299
27.11	Lösung für die Bewilligungsbehörden bei bereits erlassenen Zuwendungsbescheiden	300
28.	Korrektur von Finanzierungsverbesserungen – alternativ: endgültige Festsetzung der Zuwendung	304
28.1	Wirkungsgleicher Einsatz der Ermäßigungsklausel	304
28.2	Übertragung auf Zuwendungsbescheide	305
28.3	Zügige Prüfung und Schlussbescheid	307
28.4	Abschließende Festsetzung der Höhe der Förderung	308
28.5	Gemeinsame Förderungen von Bund und Ländern	309
29.	**Erstattung der Zuwendung**	309
29.1	Grundsatz	310
29.2	Umfang der Erstattung	310
29.3	Entreicherung	311
29.4	Verjährung des Erstattungsanspruchs	313

30.	**Sonstige verwaltungsrechtliche Anforderungen**	314
30.1	Schriftliche Festsetzung	314
30.2	Anhörung des Zuwendungsempfängers	315
30.3	Begründung des Verwaltungsakts	316
31.	**Verzinsung des Erstattungsbetrags**	317
31.1	Grundsätzliche Zinspflicht	318
31.2	Variabler Zinssatz	318
31.3	Zinsberechnung	319
31.4	Beginn des Verzinsungszeitraums	319
31.5	Ende des Verzinsungszeitraums	320
31.6	Absehen vom Zinsanspruch	321
31.7	Abweichungen in Ländern	322
31.8	Bagatellfälle	322
31.9	Elektronische Hilfe zins-online	323
32.	**Verzinsung bei nicht alsbaldiger Verwendung**	324
32.1	Grundsatz	324
32.2	Tatbestand „nicht alsbaldiger Verwendung"	324
32.3	Gleiche Regelungen wie bei Erstattungszinsen	325
32.4	Beginn und Ende des Verzinsungszeitraums	325
32.5	Abweichen von der Reihenfolge der Inanspruchnahme der Deckungsmittel	326
III.	**Einzelfragen**	327
1.	**Das zuwendungsrechtliche Ermessen**	329
1.1	Begriff des Ermessens	329
1.2	Entschließungs- und Auswahlermessen	329
1.3	Zweck des zuwendungsrechtlichen Ermessens	330
1.4	Intendiertes Ermessen	331
1.5	Ermessensfehler	332

2.	**Änderung von Zuwendungsbescheiden**	334
2.1	Formelle und materielle Bestandskraft	334
2.2	Änderungen zu Lasten des Zuwendungsempfängers	335
2.3	Änderungen zu Gunsten des Zuwendungsempfängers	336
2.4	Nachbewilligung oder Aufstockung der Zuwendung	337
2.5	Form der Änderung	339
3.	**Möglichkeiten zur Abweichung von Verwaltungsvorschriften**	339
3.1	Generelle Abweichungsmöglichkeiten	340
3.2	Abweichungsmöglichkeiten in Einzelfällen	341
3.3	Abweichungen zu Lasten von Zuwendungsempfängern	341
3.4	Abweichungsmöglichkeiten bei gemeinsamen Förderungen	341
4.	**Der vorzeitige Maßnahmenbeginn**	342
4.1	Grundsatz	342
4.2	Definition des Maßnahmenbeginns	343
4.3	Ausnahmemöglichkeiten vom Verbot	345
4.4	Stufenweiser Entscheidungsprozess	345
4.5	Bereits weitgehend abgeschlossene Prüfung des Zuwendungsantrags	346
4.6	Ausgeschlossene Zulassung einer Ausnahme	347
4.7	Zulassung des vorzeitigen Maßnahmenbeginns	347
5.	**Das Besserstellungsverbot**	348
5.1	Grundsatz	348
5.2	Auflage an die Zuwendungsempfänger	349
5.3	Personeller Geltungsbereich des Besserstellungsverbots	350
5.4	Umfang des Besserstellungsverbots	351
5.5	Gesamtschau der Leistungen	353
5.6	Nichteinhaltung des Besserstellungsverbots	354
5.7	Gemeinsame Förderungen von Bund und Ländern	354
5.8	Ausnahmen vom Besserstellungsverbot	355

6.	**Die Anwendung des öffentlichen Vergaberechts durch Zuwendungsempfänger**	355
6.1	Anwendungsfälle	356
6.2	Konsequenzen von Vergaberechtsverstößen	357
6.3	Möglichkeit der individuellen Befreiung von der Anwendung des Vergaberechts	359
7.	**Die Prüfung durch die Rechnungshöfe**	361
7.1	Prüfungszuständigkeit	361
7.2	Prüfungsmaßstab	362
7.3	Auskunfts- und Vorlagepflichten	362
7.4	Prüfungsdurchführung	363

IV. Literaturverzeichnis 365

V. Stichwortverzeichnis 369

Vorwort

Bund, Länder und Gemeinden vergeben finanzielle Zuwendungen, um wichtige staatliche Interessen zu verwirklichen. Zuwendungen sind deshalb keine Gnadenakte oder Geschenke. Das Förderverhältnis zwischen öffentlicher Hand und Zuwendungsempfänger ist vielmehr auf partnerschaftliche Zielerfüllung im Interesse einer gemeinsamen (öffentlichen) Sache angelegt.

Das Zuwendungsrecht garantiert, dass die Verwendung der staatlichen Mittel ordnungsmäßigen und wirtschaftlichen Prinzipien folgt. Es berücksichtigt gleichzeitig die Interessen der Zuwendungsempfänger und eröffnet Spielräume und Gestaltungsmöglichkeiten. Der Preis hierfür ist ein komplexes und umfangreiches Regelwerk. Vorteilhaft ist aber, dass das Zuwendungsrecht bei Bund und Ländern bis in die einzelnen Vorschriften hinein weitgehend identisch ist. Wer die Bundesregelungen beherrscht, findet sich bei den Ländern gut zurecht – und umgekehrt.

Das vorliegende Werk ist in die Teile „Materielle Grundlagen", „Verwaltungsverfahren" und „Einzelfragen" gegliedert. Sie bauen aufeinander auf, sind aber so miteinander verknüpft, dass auch der sofortige Einstieg in ein spezielles Thema möglich ist. Zahlreiche praxisnahe Beispiele, Checklisten und Mustertexte erleichtern das Verständnis. Rechtsstand der vorliegenden Ausgabe ist Februar 2021. Das Problem der Anwendung der Ermäßigungsklausel in Nr. 2 der Allgemeinen Nebenbestimmungen zum Zuwendungsbescheid nach der im Jahr 2015 geänderten Rechtsprechung des Bundesverwaltungsgerichts wird insbesondere in den Abschnitten 27 und 28 des Teils II behandelt.

Mir ist es wichtig, in dem vorliegenden Buch sowohl die Perspektive der Verwaltung als auch der Zuwendungsempfänger einzunehmen und ihm einen hohen praktischen Nutzen zu geben. Die Probleme und Fragen sind mir aus meiner breiten beruflichen Erfahrung und zahlreichen Praktikerseminaren in Bund und Ländern bekannt. Entscheidender Faktor bei der Anwendung des Zuwendungsrechts sind aber die Menschen, die mit ihm arbeiten. Ihnen ist dieses Buch gewidmet.

Bedburg, im Februar 2021

Volker Mayer

✉ volker.mayer@praxis-zuwendungsrecht.de

Abkürzungsverzeichnis

Abs.	Absatz
Alt.	Alternative
ANBest-Gk	Allgemeine Nebenbestimmungen für Zuwendungen zur Projektförderung an Gebietskörperschaften und Zusammenschlüsse von Gebietskörperschaften
ANBest-I	Allgemeine Nebenbestimmungen für Zuwendungen zur institutionellen Förderung
ANBest-P	Allgemeine Nebenbestimmungen für Zuwendungen zur Projektförderung
ANBest-P-Kosten	Allgemeine Nebenbestimmungen für Zuwendungen zur Projektförderung auf Kostenbasis
AO	Abgabenordnung
AP	Arbeitspaket
Art.	Artikel
Aufl.	Auflage
AV LHO	Ausführungsvorschriften zur Landeshaushaltsordnung
Az.	Aktenzeichen
BAnz AT	Bundesanzeiger Amtlicher Teil
BayAGBGB	Gesetz zur Ausführung des Bürgerlichen Gesetzbuchs (Bayern)
BayHO	Bayerische Haushaltsordnung
BayVGH	Bayerischer Verwaltungsgerichtshof
BayVwVfG	Bayerisches Verwaltungsverfahrensgesetz
BDSG	Bundesdatenschutzgesetz
Beschl.	Beschluss
BGB	Bürgerliches Gesetzbuch
BGBl.	Bundesgesetzblatt
BGH	Bundesgerichtshof
BHO	Bundeshaushaltsordnung

BIC	Bank Identifier Code
BMF	Bundesministerium der Finanzen
BMVI	Bundesministerium für Verkehr und digitale Infrastruktur
BNBest	Besondere Nebenbestimmungen
BRH	Bundesrechnungshof
BT-Drs.	Bundestagsdrucksache
BVerfG	Bundesverfassungsgericht
BVerwG	Bundesverwaltungsgericht
BvL	(Registerzeichen beim Bundesverfassungsgericht für Normenkontrollverfahren)
BW	Baden-Württemberg
DÖV	Die öffentliche Verwaltung. Zeitschrift für Öffentliches Recht und Verwaltungswissenschaften
EU	Europäische Union
EUR	Euro
f./ff.	fortfolgende
GG	Grundgesetz für die Bundesrepublik Deutschland
Ggf./ggf.	Gegebenenfalls/gegebenenfalls
GMBl.	Gemeinsames Ministerialblatt
GoBIT-HKR	Grundsätze ordnungsgemäßer Buchführung bei Einsatz automatisierter Verfahren im Haushalts-, Kassen- und Rechnungswesen des Bundes
HG	Haushaltsgesetz
HGrG	Haushaltsgrundsätzegesetz
HRB	Haushaltstechnische Richtlinien des Bundes
i. V. m.	in Verbindung mit
IBAN	International Bank Account Number
LHO	Landeshaushaltsordnung
MBl.NRW	Ministerialblatt Nordrhein-Westfalen
Mio.	Millionen
Mrd.	Milliarden

NBest	Nebenbestimmungen
Nds.	Niedersachsen
Nr./Nrn.	Nummer/Nummern
NRW	Nordrhein-Westfalen
OVG	Oberverwaltungsgericht
PO-BRH	Prüfungsordnung des Bundesrechnungshofes
Rn.	Randnummer
S.	Seite
SäHO	Sächsische Haushaltsordnung
StGB	Strafgesetzbuch
StWG	Stabilitäts- und Wachstumsgesetz
SubvG	Subventionsgesetz
TVL	Tarifvertrag für den öffentlichen Dienst der Länder
TVöD	Tarifvertrag für den öffentlichen Dienst
UStG	Umsatzsteuergesetz
VGH	Verwaltungsgerichtshof
Vgl./vgl.	Vergleiche/vergleiche
VN	Verwendungsnachweis
VOB/A	Vergabe- und Vertragsordnung für Bauleistungen (VOB) Teil A
VOL/A	Vergabe- und Vertragsordnung für Leistungen – Teil A
VV	Verwaltungsvorschrift/-en
VwGO	Verwaltungsgerichtsordnung
VwVfG	Verwaltungsverfahrensgesetz
WissFG	Wissenschaftsfreiheitsgesetz
www	World Wide Web
z. B.	zum Beispiel
ZBau	Baufachliche Ergänzungsbestimmungen zu den Allgemeinen Verwaltungsvorschriften zu § 44 BHO
ZE	Zuwendungsempfänger

I. Materielle Grundlagen des Zuwendungsrechts

1.	**Zuwendungen als staatliche Gestaltungsinstrumente**	30
1.1	Staatspolitische Bedeutung von Zuwendungen	30
1.2	Unterstützungs- und Anreizfunktion	31
1.3	Vorteile von Zuwendungen für die öffentliche Hand	32
1.4	Finanzielle Bedeutung von Zuwendungen	33
1.5	Handlungsfelder von Bund, Ländern und Gemeinden	34
1.6	Vom Geben und Nehmen der öffentlichen Hand	36
2.	**Das Regelungssystem des Zuwendungsrechts**	37
2.1	Homogenität des Zuwendungsrechts von Bund und Ländern	37
2.2	§§ 23 und 44 Abs. 1 BHO/LHO als Ankernormen	39
2.3	Weitere gesetzliche Regelungen des Zuwendungsrechts	40
2.4	Allgemeine Verwaltungsvorschriften	41
2.5	Besondere Verwaltungsvorschriften	43
3.	**Ressortspezifische Förderrichtlinien**	44
3.1	Funktion von Förderrichtlinien	45
3.2	Erlass von Förderrichtlinien	46
3.3	Bekanntmachung von Förderrichtlinien	47
3.4	Rechtscharakter von Förderrichtlinien	48
3.5	Bezugnahme auf Förderrichtlinien in Zuwendungsbescheiden	50
3.6	Keine richterliche Interpretation von Förderrichtlinien	52
3.7	Der Grundsatz vom Vorbehalt des Gesetzes bei Zuwendungen	52
4.	**Der Zuwendungsbegriff**	54
4.1	Der Zuwendungsbegriff im Regelwerk	54
4.2	Vier wesentliche Merkmale von Zuwendungen	56

4.3	Abgrenzung von Zuwendungen gegenüber öffentlichen Aufträgen	57
4.4	Abgrenzung von Zuwendungen und Subventionen	59
5.	**Der Zuwendungszweck**	**61**
5.1	Zwei Komponenten	61
5.2	Gegenständlicher Zweck	62
5.3	Förderziel	62
5.4	Zusammenhang von gegenständlichem Zweck und Förderziel	63
6.	**Das erhebliche staatliche Interesse als Fördervoraussetzung**	**64**
7.	**Der Grundsatz der Subsidiarität**	**66**
7.1	Gesellschaftspolitische Bedeutung	66
7.2	Übertragung auf das Zuwendungsrecht	67
8.	**Die Zuwendungsarten**	**69**
8.1	Zuwendungsarten	69
8.2	Projektförderung	70
8.3	Institutionelle Förderung	71
8.4	Abgrenzungsmerkmale von Projektförderung und institutioneller Förderung	72
8.5	Projektförderung neben institutioneller Förderung	73
8.6	Omnibusprinzip und quasi-institutionelle Förderung	74
9.	**Die Finanzierungsarten**	**76**
9.1	Finanzierungsarten	76
9.2	Fehlbedarfsfinanzierung	77
9.3	Anteilfinanzierung	78
9.4	Festbetragsfinanzierung	80
9.5	Vollfinanzierung	82
9.6	Übersicht über die Finanzierungsarten	84

10.	**Die Finanzierungsformen**	85
10.1	Finanzierungsformen	86
10.2	Unbedingt rückzahlbare Zuwendungen	87
10.3	Bedingt rückzahlbare Zuwendungen	88
10.4	Nicht rückzahlbare Zuwendungen	89
11.	**Veranschlagung von Zuwendungen im Haushaltsplan**	90
11.1	Ermächtigungsgrundlage für die Gewährung	90
11.2	Ausgabengruppe nach der Haushaltssystematik	90
11.3	Veranschlagung von Projektförderungen	91
11.4	Veranschlagung von institutionellen Förderungen	92
11.5	Prüffragen für die Veranschlagung von Zuwendungen	94

I. Materielle Grundlagen des Zuwendungsrechts

1. Zuwendungen als staatliche Gestaltungsinstrumente

Überblick
▪ Mit Zuwendungen fördert der Staat gesellschaftliche Zwecke, an denen er ein erhebliches Interesse hat, deren Umsetzung er aber den Zuwendungsempfängern überlässt. ▪ Für die Zuwendungsempfänger hat die Förderung – je nach Motivationslage – eine Unterstützungs- oder Anreizfunktion. ▪ Für die öffentliche Hand sind Zuwendungen wirtschaftlich und zweckmäßig, weil sie nicht selbst tätig werden muss, sondern die Kompetenzen der Zuwendungsempfänger nutzen kann. ▪ Jährlich vergeben Bund und Länder Zuwendungen in Höhe von 50 bis 60 Mrd. Euro. Dies sind ungefähr 10 Prozent ihrer Haushaltsmittel. ▪ Sie betreffen die gesamte gesellschaftliche Bandbreite von den Bereichen Bildung und Forschung über Wirtschaftsförderung bis zu Kultur und Sport. ▪ Zuwendungen sind keine Geschenke an die Zuwendungsempfänger. Sie dienen alleine dazu, staatliche Ziele zu erreichen. ▪ Weil Zuwendungen aus Steuereinnahmen finanziert werden, dürfen beim Ausgeben dieser Steuermittel keine anderen Maßstäbe angelegt werden, als bei ihrem Einnehmen. Dies garantiert das Zuwendungsrecht.

1.1 Staatspolitische Bedeutung von Zuwendungen

Zuwendungen sind **staatliche Geldleistungen,** mit denen die Empfänger Aufgaben erfüllen, die im erheblichen öffentlichen Interesse liegen.

Sie konkretisieren in fiskalischer Hinsicht das für die gesellschaftliche Ordnung der Bundesrepublik Deutschland tragende Prinzip der **Subsidiarität.** Danach soll der Staat nur solche Aufgaben wahrnehmen, die kleinere Einheiten (z. B. Gemeinden, Zusammenschlüsse von Personen oder Institutionen, Familien oder jeder Einzelne) nicht genauso gut oder ggf. sogar besser erledigen können, vgl. Teil I 7.1.

1. Zuwendungen als staatliche Gestaltungsinstrumente

Nicht der Staat als allmächtiger, allwissender und allzuständiger Vormund gestaltet das Zusammenleben seiner Einwohner, sondern die **Bürgerinnen und Bürger** sind in erster Linie selbst aufgerufen, ihre Lebensverhältnisse zu ordnen, zu bewahren und weiterzuentwickeln.

Dies bedeutet keine völlige Enthaltsamkeit der staatlichen Instanzen. Mit Zuwendungen verbindet die öffentliche Hand vielmehr ihren eigenen **Gestaltungsanspruch** mit dem besonderen Engagement und den besonderen Kompetenzen der gesellschaftlichen Kräfte. Kein Bereich bleibt dem staatlichen Gestaltungswillen verschlossen, wenn er die Akteure mit finanziellen Leistungen lockt.

Zuwendungen haben somit eine doppelte Funktion:

- Der Zuwendungsempfänger erhält finanzielle Mittel, um eine Aufgabe zu erfüllen, die er als seine eigene annimmt und eigenverantwortlich durchführt.
- Der staatliche Zuwendungsgeber verwirklicht ein im Allgemeinwohl liegendes Interesse, ohne selbst tätig werden zu müssen.

Zuwendungen bewirken damit eine klassische **Win-win-Situation** auf beiden Seiten des Förderverhältnisses.

Ein anderes Wort für Zuwendungen ist **„Förderungen"**.

1.2 Unterstützungs- und Anreizfunktion

Förderungen haben für ihre Adressaten **entweder** eine Unterstützungs- **oder** eine Anreizfunktion.

Die **Unterstützungsfunktion** betrifft solche Empfänger, die bereits aus sich heraus motiviert sind, einen im erheblichen staatlichen Interesse liegenden Zweck zu erfüllen, denen es hierzu aber an ausreichenden Mitteln fehlt.

> **Beispiel:**
>
> Engagierte Bürger haben es sich selbst zur Aufgabe gesetzt, ein Naturschutzgebiet zu pflegen. Durch Mitgliedsbeiträge, Spenden und dem Einsatz ihrer Arbeitskraft können sie einen Teil der benötigten Mittel aufbringen. Das fehlende Geld stellt das Land als Zuwendung zur Verfügung.

I. Materielle Grundlagen des Zuwendungsrechts

Die **Anreizfunktion** von Zuwendungen kommt dagegen bei Empfängern zum Tragen, die zur Erfüllung einer im staatlichen Interesse liegenden Aufgabe erst finanziell motiviert werden müssen.

> **Beispiel:**
> Ein Autofahrer könnte nach seinem Mobilitätsprofil ein E-Auto nutzen. Die Anschaffung ist ihm jedoch zu teuer. Der Bund setzt einen finanziellen Anreiz durch eine Kaufprämie, um seine Umweltschutzziele zu erreichen.

1.3 Vorteile von Zuwendungen für die öffentliche Hand

Zuwendungen haben für den Staat zahlreiche **Vorteile**.

Sie sind **zweckmäßig**, weil Zuwendungsempfänger fachlich häufig kompetenter als staatliche Stellen sind.

> **Beispiel:**
> Ein in der Jugendfürsorge erfahrener Wohlfahrtsverband betreibt in einem kleinen Ort ein Jugendzentrum, das vom Land/dem Landkreis gefördert wird. Über eigene Sozialarbeiter oder ein Jugendamt verfügt die Gemeinde nicht.

Sie sind zudem **wirtschaftlich**, weil die öffentliche Hand insbesondere bei befristeten Aufgaben kein eigenes Personal beschäftigen und keine eigenen Sachmittel einbringen muss. Auch leisten die Zuwendungsempfänger einen finanziellen Eigenbeitrag zur Erfüllung des Zuwendungszwecks.

> **Beispiel:**
> Das Jugendzentrum finanziert sich auch aus Verbandsmitteln und Spenden. Die Beschäftigten sind beim Verband angestellt, dem auch das Gebäude und das Inventar gehören. Das Land/der Kreis leistet lediglich einen Zuschuss zu den Betriebsausgaben.

Zuwendungen sind darüber hinaus **zielgenau** im Sinne der staatlichen Förderintention, weil der Zuwendungsgeber Einfluss auf die Art und Weise nimmt, wie der Zuwendungsempfänger seine Aufgabe erfüllt.

1. Zuwendungen als staatliche Gestaltungsinstrumente

> **Beispiel:**
> Dem Betrieb des Zentrums liegt ein mit dem Zuwendungsgeber abgestimmtes pädagogisches Konzept zu Grunde, dessen Wirksamkeit regelmäßig überprüft wird.

Zuwendungen sind schließlich **politisch und weltanschaulich plural**, weil nicht der Staat selbst, sondern von ihm unabhängige verschiedene Dritte tätig werden. Häufig decken die in einem Bereich geförderten Zuwendungsempfänger die gesamte gesellschaftliche Bandbreite ab.

> **Beispiel:**
> Der Träger des Jugendzentrums unterliegt als Wohlfahrtsverband und „Nichtregierungsorganisation" keinem direkten staatlichen Einfluss. Andere geförderte Zentren im Landkreis werden von konkurrierenden Verbänden, Kirchen, Elterninitiativen oder Vereinen betrieben.

1.4 Finanzielle Bedeutung von Zuwendungen

Zuwendungen haben einen großen Anteil an den Ausgaben der **öffentlichen Haushalte**.

Der **Bund** wendet für dieses Förderinstrument jährlich rund 30 Mrd. Euro auf.[1] Das sind rund 10 Prozent seiner Ausgaben. Alleine auf Bundesebene bestehen mehrere hundert Förderprogramme und Fördertöpfe bei allen Bundesministerien. Aus ihnen vergibt die Verwaltung jährlich mehrere 10.000 neue Förderungen für inhaltlich und zeitlich abgegrenzte Maßnahmen. Daneben werden nahezu 300 Einrichtungen aus dem Bundeshaushalt langfristig institutionell gefördert und dadurch finanziell arbeitsfähig gehalten.

Ähnliche Größenordnungen bestehen bei den **Ländern**. Auch wenn es hierzu keine übergreifende aktuelle Statistik gibt, können die nachstehenden punktuellen Schlaglichter dies gut illustrieren:

---

[1] Vgl. *Schmidt*, in: Krämer/Schmidt, Zuwendungsrecht – Zuwendungspraxis, Stand 138. Aktualisierung, Februar 2018, B 1, Rn. 111 f.

I. Materielle Grundlagen des Zuwendungsrechts

- Nordrhein-Westfalen liegt an der Spitze. Bereits der letztmalig im Jahr 2007 veröffentlichte „Förderbericht" wies Ausgaben für Zuwendungen in Höhe von fast 8 Mrd. Euro aus.[2]
- In Bayern wurden zwischen 2011 und 2013 insgesamt 324 Förderprogramme gezählt.[3]
- In den neuen Bundesländern wollte Sachsen im Jahr 2014 rund 2,8 Mrd. Euro für Zuwendungen ausgeben.[4]
- Im Haushaltsplan des Landes Niedersachsen als einem großen westdeutschen Flächenland sind für das Jahr 2018 Subventionen und Zuwendungen in Höhe von rd. 1.128,2 Mio. Euro veranschlagt.[5]

1.5 Handlungsfelder von Bund, Ländern und Gemeinden

Die Handlungsfelder von Bund, Ländern und Gemeinden bei Zuwendungen sind **vielseitig**. Sie betreffen alle gesellschaftlich relevanten Lebensbereiche.

Die **Förderungen des Bundes** sind überregionaler Natur oder greifen sogar ins Ausland hinaus.

Beispiele:
- Bildung, Forschung, Technologie
- Wirtschaft, Energie, Klima
- Verkehr (Eisenbahn, Luft- und Raumfahrt)
- Kultur
- Beschäftigungspolitik und Arbeitsmarkt
- Umweltschutz
- Entwicklungshilfe
- auswärtige Beziehungen

---

[2] Vgl. Finanzministerium NRW, Dritter Förderbericht des Landes Nordrhein-Westfalen, Teil IV „Gesamtübersicht über die Förderprogramme, unterteilt nach Politikfeldern", S. 128 f.
[3] Vgl. Bayerischer Oberster Rechnungshof, Jahresbericht 2016, S. 54, abrufbar unter: https://www.orh.bayern.de/berichte/jahresberichte/aktuell/jahresbericht-2016.html.
[4] Vgl. Sächsisches Förderprofil 2013/2014, S. 9, abrufbar unter: https://www.finanzen.sachsen.de/doppelhaushalt-2013-2014-3975.html.
[5] Vgl. Bericht des Niedersächsischen Finanzministeriums „Subventionen und Zuwendungen des Landes Niedersachsen 2017–2021", S. 6, abrufbar unter: http://www.mf.niedersachsen.de/themen/haushalt/subventionsbericht/subventionsbericht-1430.html.

1. Zuwendungen als staatliche Gestaltungsinstrumente

Die **Förderungen der Länder** sind landesspezifisch und regionaler Natur.

Beispiele:

- Wirtschaft, Handel, Tourismus
- Bildung und Kultur
- Verkehr, Infrastruktur (Straßen, Breitband)
- Landwirtschaft, Forstwirtschaft
- Umwelt- und Naturschutz
- Entwicklung ländlicher Räume
- Entwicklung städtischer Räume
- Umsetzung von EU-Programmen

Praxis-Tipp:
Nicht selten fördern Bund und Länder Projekte und Einrichtungen **gemeinsam**. Um Doppelförderungen zu vermeiden und den Verwaltungsaufwand zu reduzieren, ist in solchen Fällen eine enge Abstimmung zwischen den Bewilligungsbehörden erforderlich, vgl. VV Nr. 1.4 zu § 44 BHO.

Auch auf der **gemeindlichen Ebene** wird das Instrument der Zuwendung zur Förderung örtlicher Aufgaben genutzt. Allerdings in wesentlich geringerem Umfang und nur mit vergleichsweise kleinen Förderbeträgen.

Beispiele:

- Förderung des Vereinslebens
- Feuerwehr und Jugend
- Jubiläen und Jahrfeiern
- Geburts- oder Windelprämien

In den allermeisten Fällen lehnen sich die Kommunen an das Zuwendungsrecht des Landes an und vermeiden den Aufwand, ein eigenes Regelwerk, z. B. in Form einer Satzung, zu erlassen.

I. Materielle Grundlagen des Zuwendungsrechts

> **Praxis-Tipp:**
> Zu eigenen gemeindlichen Regelwerken vgl. z. B. die Richtlinien über die Gewährung von Zuwendungen aus Haushaltsmitteln der Stadt Braunschweig, abrufbar unter:
> http://www.braunschweig.de/index.html

1.6 Vom Geben und Nehmen der öffentlichen Hand

Jeden Euro, den der Staat ausgibt, hat dieser zuvor **von anderen genommen**. Die meisten öffentlichen Einnahmen sind Steuern und Abgaben. Aus ihnen finanziert z. B. der Bund mehr als 90 Prozent seiner Ausgaben.[6] Mit der Steuererhebung nimmt der Fiskus den Bürgerinnen und Bürgern Teile ihres Eigentums.[7] Dieser Eingriff in die grundrechtlich geschützte Eigentumsfreiheit (Art. 14 GG) ist gerechtfertigt, wenn die öffentliche Hand die Mittel für Zwecke des Allgemeinwohls einsetzt.

Deshalb sind Zuwendungen **keine Geschenke** an die Zuwendungsempfänger.[8] Sie dienen alleine dazu, staatliche Ziele zu erreichen. Die zwingende Verbindung von Einnahmen und Ausgaben muss zu der Haltung führen, dass beim Ausgeben der Steuermittel keine grundlegend anderen Maßstäbe angelegt werden, als bei deren Einnehmen.

So wäre es z. B. **problematisch**, wenn Zuwendungsempfängern Erleichterungen zur Belegung ihrer Einnahmen und Ausgaben gewährt würden, die Steuerzahlern verwehrt sind.

Das Haushalts- und Zuwendungsrecht setzt deshalb die notwendigen **Standards**, um eine ordnungsgemäße und wirtschaftliche Verwendung der finanziellen Mittel durch Zuwendungsempfänger und Verwaltung sicherzustellen. Alle – teilweise berechtigten – Forderungen und Überlegungen zur Vereinfachung und Entbürokratisierung des Zuwendungsrechts müssen sich an diesem Grundgedanken orientieren.

---

[6] Vgl. Finanzbericht 2016 des Bundesministeriums der Finanzen, Tabelle 2, S. 14.
[7] Vgl. *Kirchhof*, in: Handbuch des Staatsrechts, Band V, § 118 Rn. 80.
[8] Vgl. hierzu *Schmidt*, in: Krämer/Schmidt, Zuwendungsrecht – Zuwendungspraxis, Stand 138. Aktualisierung, Februar 2018, B III, Rn. 11.

2. Das Regelungssystem des Zuwendungsrechts

Praxis-Tipp:
Zu Möglichkeiten des Abweichens von bestehenden Regelungen in besonderen Fällen, vgl. Teil III 3.

2. Das Regelungssystem des Zuwendungsrechts

Überblick

- Das Zuwendungsrecht von Bund und Ländern ist weitgehend identisch. Dies betrifft sowohl die wichtigsten gesetzlichen Regelungen in den Haushaltsordnungen als auch die Allgemeinen Verwaltungsvorschriften.
- Ankernormen des Zuwendungsrechts sind die §§ 23 und 44 BHO/LHO mit richtungsweisenden Vorgaben. Alle anderen Regelungen des Zuwendungsrechts und die Verwaltungspraxis müssen sich an diesen Grundsätzen orientieren und messen lassen.
- Weitere gesetzliche Regelungen in den Haushaltsordnungen und den jährlichen Haushaltsgesetzen betreffen spezielle Materien bei Zuwendungen.
- Die Allgemeinen Verwaltungsvorschriften zu den §§ 23 und 44 BHO/LHO konkretisieren die gesetzlichen Vorgaben, nehmen erforderliche Auslegungen vor und lenken das Verwaltungsermessen.
- Außerdem etablieren die Allgemeinen Verwaltungsvorschriften für die Bewilligungsbehörden einen einheitlichen und effektiven Kernprozess bei der Bewirtschaftung von Zuwendungen.
- Neben die Allgemeinen Verwaltungsvorschriften treten noch besondere Verwaltungsvorschriften, die ebenfalls einzelne Materien der Bewirtschaftung von Zuwendungen regeln.

2.1 Homogenität des Zuwendungsrechts von Bund und Ländern

Die gesetzlichen Regelungen des Bundes und der Länder sind im Zuwendungsrecht weitgehend identisch. Den einheitlichen Rahmen für das Haushaltsrecht von Bund und Ländern bildet das **Haushaltsgrundsätzegesetz** (HGrG). Dessen §§ 14 und 26 setzen dem Bund und den Ländern Vorgaben für die Regelung ihres jeweils eigenen Zuwendungsrechts.

I. Materielle Grundlagen des Zuwendungsrechts

Auch bei den umfangreichen **Verwaltungsvorschriften** bestehen sehr große Übereinstimmungen. Dies betrifft weitgehend sogar die Nummerierungen in den Allgemeinen Verwaltungsvorschriften zu den §§ 23 und 44 BHO/LHO.

> **Praxis-Tipp:**
> Die vorliegende Darstellung nimmt deshalb regelmäßig Bezug auf die Bundesregelungen. In den meisten Fällen kann sowohl bei gesetzlichen Regelungen als auch bei Verwaltungsvorschriften statt „BHO" auch „LHO" gelesen werden. Auf gravierende Abweichungen wird eingegangen.

Um eine möglichst große Übereinstimmung der Regelwerke zu erreichen, stimmen sich Bund und Länder im **„Arbeitsausschuss Haushaltsrecht und Haushaltssystematik"** ab. In ihm sind alle Finanzministerien von Bund und Ländern, der Bundesrechnungshof sowie ein Landesrechnungshof als Repräsentant aller Landesrechnungshöfe vertreten. Häufig nimmt der Bund eine Vorreiterrolle bei der Fortentwicklung des Zuwendungsrechts ein. Nach und nach greifen alle oder zumindest einige Länder die neuen Bundesregelungen für ihr eigenes Regelwerk auf und ziehen nach.

Problematisch können die wenigen Rechtsunterschiede vor allem bei **gemeinsamen Förderungen** von Bund und Ländern sein. In solchen Fällen sind die Bewilligungsbehörden nach ihren jeweiligen Verwaltungsvorschriften gehalten, sich abzustimmen (VV Nr. 1.4 zu § 44 BHO/LHO).

> **Beispiel:**
> Bund und Land finanzieren ein Projekt gemeinsam. Der Bund trägt den größten Finanzierungsanteil und erlässt deshalb den Zuwendungsbescheid über den gesamten Förderbetrag, der auch den Landesanteil einschließt. Auch das weitere Zuwendungsverfahren wird von ihm abgewickelt. Dem Zuwendungsempfänger wird lediglich aufgegeben, den Landesanteil an der Förderung beim Land abzurufen.

2.2 §§ 23 und 44 Abs. 1 BHO/LHO als Ankernormen

Die wichtigsten Rechtsquellen des Zuwendungsrechts sind die §§ 23 und 44 Abs. 1 BHO/LHO (in Hamburg: § 46 Abs. 1 LHO). Sie bilden den **Kern des Zuwendungsrechts** und enthalten richtungsweisende Vorgaben. Alle anderen Regelungen des Zuwendungsrechts und jede Einzelfallentscheidung müssen sich an den in diesen beiden Normen aufgestellten Grundsätzen orientieren und messen lassen.

§ 23 BHO Zuwendungen:

„Ausgaben und Verpflichtungsermächtigungen für Leistungen an Stellen außerhalb der Bundesverwaltung zur Erfüllung bestimmter Zwecke (Zuwendungen) dürfen nur veranschlagt werden, wenn der Bund an der Erfüllung durch solche Stellen ein erhebliches Interesse hat, das ohne die Zuwendungen nicht oder nicht im notwendigen Umfang befriedigt werden kann."

§ 44 Abs. 1 BHO:

„(1) Zuwendungen dürfen nur unter den Voraussetzungen des § 23 gewährt werden. Dabei ist zu bestimmen, wie die zweckentsprechende Verwendung der Zuwendungen nachzuweisen ist. Außerdem ist ein Prüfungsrecht der zuständigen Dienststelle oder ihrer Beauftragten festzulegen. Verwaltungsvorschriften, welche die Regelung des Verwendungsnachweises und die Prüfung durch den Bundesrechnungshof (§ 91) betreffen, werden im Einvernehmen mit dem Bundesrechnungshof erlassen."

Die Aufteilung des Zuwendungsrechts auf zwei Ankernormen ist der **Systematik der BHO/LHO** geschuldet, die sich am so genannten Haushaltskreislauf orientiert. Der Haushaltskreislauf umfasst

- Haushaltsaufstellung,
- Haushaltsausführung,
- Rechnungslegung,
- Rechnungsprüfung sowie
- Entlastung.

§ 23 BHO/LHO gehören zu Teil II der BHO bzw. LHO. Sie betreffen die Haushaltsaufstellung. § 44 Abs. 1 BHO/LHO sind in Teil III von BHO und LHO angesiedelt. Sie gelten für die Haushaltsausführung.

Durch ihre **große Schnittmenge** bilden beide systematisch getrennten Vorschriften gleichwohl eine inhaltliche Einheit.

I. Materielle Grundlagen des Zuwendungsrechts

> **Regelungsinhalte §§ 23 BHO/LHO**
>
> - Definition des Zuwendungsbegriffs; die Funktion als Legaldefinition ergibt sich regelungstechnisch aus dem Klammerzusatz („Zuwendungen")
> - erhebliches Bundes- oder Landesinteresse an der Erfüllung des Zuwendungszwecks durch den Zuwendungsempfänger als Kernvoraussetzung für die Veranschlagung von Zuwendungen im Bundes- oder Landeshaushalt
> - Geltung des Grundsatzes der Subsidiarität

> **Regelungsinhalte §§ 44 Abs. 1 BHO/LHO**
>
> - Rechtsgrundverweis auf § 23, wonach für die Bewilligung einer Zuwendung die gleichen Voraussetzungen vorliegen müssen wie für die Veranschlagung von Zuwendungen im Bundes- oder Landeshaushalt
> - Maßgabe für die Bewilligungsbehörden, den Zuwendungsempfängern den Nachweis der zweckentsprechenden Verwendung der Zuwendung aufzuerlegen
> - Maßgabe für die Bewilligungsbehörde, sich ein Prüfungsrecht beim Zuwendungsempfänger einzuräumen
> - Rechte von Bundes- und Landesrechnungshof im Hinblick auf die Regelung und Prüfung des Verwendungsnachweises

2.3 Weitere gesetzliche Regelungen des Zuwendungsrechts

Neben den §§ 23 und 44 BHO/LHO gibt es weitere einzelne haushaltsrechtliche Regelungen, die **spezielle Materien** bei Zuwendungen betreffen. Aus Gründen der Übersichtlichkeit werden hier nur die Bundesregelungen aufgeführt, die jeweilige Entsprechungen in den Ländern haben:

- § 44 Abs. 2 BHO eröffnet die Möglichkeit, dass Stellen außerhalb der Bundesverwaltung, also auch Verwaltungsfremde, im Rahmen eines Treuhandverhältnisses für den Bund Zuwendungen bewilligen.
- § 44 Abs. 3 BHO erweitert dies um die Option, solchen Stellen die Befugnis zu verleihen, hoheitlich handeln zu dürfen (Beleihung).

2. Das Regelungssystem des Zuwendungsrechts

- § 24 Abs. 4 BHO regelt spezielle Veranschlagungsvoraussetzungen für Zuwendungen für Baumaßnahmen, größere Beschaffungen und größere Entwicklungsvorhaben.
- § 26 Abs. 3 Nr. 2 BHO fordert Übersichten zu Wirtschaftsplänen und Stellenplänen institutionell geförderter Zuwendungsempfänger im Bundeshaushaltsplan.
- § 91 Abs. 1 Nr. 3 sowie Abs. 2 BHO betrifft das Prüfungsrecht des Bundesrechnungshofes bei Zuwendungsempfängern.
- § 8 Abs. 1 HG Bund normiert besondere Bewilligungsvoraussetzungen für Zuwendungen zur institutionellen Förderung.
- § 8 Abs. 2 HG Bund regelt das so genannte Besserstellungsverbot, nach dem in bestimmten Fällen geförderte Einrichtungen ihr Personal nicht besser als Bundesbedienstete stellen dürfen.
- § 14 Abs. 2 HG Bund erklärt die Stellenpläne von institutionell geförderten Zuwendungsempfängern für verbindlich.

2.4 Allgemeine Verwaltungsvorschriften

Den §§ 23 und 44 BHO/LHO sind umfangreiche Allgemeine Verwaltungsvorschriften (VV) an die Seite gestellt. Sie **konkretisieren** die gesetzlichen Vorgaben, nehmen erforderliche Auslegungen vor und lenken das Verwaltungsermessen.

§ 5 BHO Allgemeine Verwaltungsvorschriften, vorläufige und endgültige Haushalts- und Wirtschaftsführung:

„Die allgemeinen Verwaltungsvorschriften zu diesem Gesetz sowie zur vorläufigen und endgültigen Haushalts- und Wirtschaftsführung erläßt das Bundesministerium der Finanzen."

Teilweise haben die Allgemeinen Verwaltungsvorschriften auch gesetzesvertretende Funktion. Nicht gesetzlich, sondern hier definiert sind beispielsweise:

- die beiden Zuwendungsarten der institutionellen Förderung und der Projektförderung – VV Nr. 2 zu § 23 BHO
- die unterschiedlichen Finanzierungsarten – VV Nr. 2 zu § 44 BHO
- die Finanzierungsformen – VV Nr. 1.1 Satz 2 zu § 44 BHO

Zudem enthalten die Allgemeinen Verwaltungsvorschriften Verfahrensregelungen, die einen für alle Bewilligungsbehörden einheit-

I. Materielle Grundlagen des Zuwendungsrechts

lichen und effektiven Kernprozess bei der Bewirtschaftung von Zuwendungen etablieren. Dies dient auch den Zuwendungsempfängern. Sie haben einen Anspruch darauf, nach diesen Maßstäben und Verfahrensabläufen behandelt zu werden.

> **Praxis-Tipp:**
> Verfahrensregeln enthalten die VV Nrn. 3, 4, 7, 9, 10, 11, 11a und 12 zu § 44 BHO.

Die Allgemeinen Verwaltungsvorschriften werden von den **Finanzministerien** erlassen (§§ 5 BHO/LHO). Auf Bundesebene stimmt sich das BMF hierzu in einer Arbeitsgruppe mit allen obersten Bundesbehörden ab. So können alle Bewirtschafter des Haushalts ihre besonderen Erfahrungen und Bedürfnisse bei der Ausführung des Zuwendungsrechts in die Auslegung und Fortbildung des Vorschriftenwerks einbringen. Der Bundesrechnungshof nimmt in seiner Funktion als Organ der externen Finanzkontrolle an den Sitzungen der Arbeitsgruppe beratend teil (VV zu § 5 BHO).

> **Praxis-Tipp:**
> Wer vom „**Zuwendungsrecht**" spricht, meint in vielen Fällen Regelungen der Allgemeinen Verwaltungsvorschriften, die strenggenommen aber keine Rechtsquellen sind.[9]

Regelungsgegenstände der VV zu §§ 23 BHO/LHO
▪ Zuwendungsbegriff
▪ Zuwendungsarten
▪ Veranschlagungsgrundsätze
▪ Zieldefinition bei Förderprogrammen

---

[9] Vgl. *Maurer*, in: Maurer/Waldhoff, Allgemeines Verwaltungsrecht, 19. Aufl., 2017, Rn. 2 zu § 24.

2. Das Regelungssystem des Zuwendungsrechts

Regelungsgegenstände der VV zu § 44 BHO/LHO

- Allgemeine Bewilligungsvoraussetzungen
- Finanzierungsarten
- Finanzierungsformen
- Antragsverfahren
- Bewilligung
- Auszahlung
- Überwachung der Verwendung
- Nachweis der Verwendung
- Erfolgskontrolle
- Aufhebung von Zuwendungsbescheiden und Rückforderung
- Weiterleitung von Zuwendungen
- Zuwendungen an Gebietskörperschaften
- Zuwendungen auf Kostenbasis
- Fälle von geringer finanzieller Bedeutung
- Abweichende Regelungen

2.5 Besondere Verwaltungsvorschriften

Neben die Allgemeinen Verwaltungsvorschriften treten noch zahlreiche besondere Verwaltungsvorschriften. Auch sie regeln **spezielle Materien** einzelner Förderbereiche. Besondere Verwaltungsvorschriften können übergreifend von den Finanzministerien oder ressortspezifisch von einzelnen Ministerien für ihren Zuständigkeitsbereich erlassen werden.

Im letzteren Fall sind sie mit dem jeweiligen **Finanzministerium** abzustimmen, soweit es hierauf nicht verzichtet hat (VV Nr. 15.2 zu § 44 BHO).

Übergreifende besondere Verwaltungsvorschriften (Auswahl)

- Abrufrichtlinie (Bund)
- Grundsätze für Förderrichtlinien
- Rundschreiben zur Haushaltsaufstellung und -führung

I. Materielle Grundlagen des Zuwendungsrechts

- Baufachliche Ergänzungsbestimmungen (ZBau)
- Richtlinien für die Durchführung von Zuwendungsbaumaßnahmen (RZBau)

Ressortspezifische Verwaltungsvorschriften (Auswahl)

- Förderrichtlinien
- Fördergrundsätze
- Förderhandbücher
- Rundschreiben und Einzelerlasse gegenüber nachgeordneten Stellen

3. Ressortspezifische Förderrichtlinien

Überblick

- Förderrichtlinien legen die besonderen inhaltlichen und verfahrensmäßigen Voraussetzungen für die Abwicklung eines einzelnen Förderprogramms fest. Dies betrifft sowohl die Verteilungsmaßstäbe als auch das Verwaltungsverfahren.
- Zuständig für den Erlass von Förderrichtlinien sind die obersten Behörden, in deren Einzelplan die jeweiligen Ausgaben für Zuwendungen veranschlagt sind.
- Förderrichtlinien werden regelmäßig öffentlich bekannt gemacht. Dies ermöglicht einen Wettbewerb der Antragsteller um die besten Wege zur Verwirklichung des staatlichen Förderziels.
- Wegen ihrer Eigenschaft als verwaltungsinterne Regelungen können Antragsteller aus Förderrichtlinien keinen unmittelbaren Anspruch auf die Gewährung einer Förderung ableiten. Ein mittelbarer Förderanspruch kann ggf. aber aus dem Gleichbehandlungsgrundsatz resultieren.
- Weil Förderrichtlinien keine Rechtsnormen sind, unterliegen sie auch keiner richterlichen Interpretation. Die Interpretationshoheit liegt alleine bei der Verwaltung.
- Die Bewilligung von Zuwendungen fällt nicht unter den Grundsatz vom Vorbehalt des Gesetzes. Die Bereitstellung von Haushaltsmitteln im Haushaltsplan reicht als Ermächtigungsgrundlage für die Vergabe von Zuwendungen aus.

3. Ressortspezifische Förderrichtlinien

3.1 Funktion von Förderrichtlinien

Der Hauptzweck von Förderrichtlinien besteht darin, sachdienliche inhaltliche und verfahrensmäßige Voraussetzungen für die Abwicklung eines einzelnen **Förderprogramms** festzulegen.[10] Sie betreffen die speziellen materiellen Programminhalte und die hieraus resultierenden Besonderheiten des Verwaltungsverfahrens.

> **Praxis-Tipp:**
> Soweit eine Förderrichtlinie eine Regelung trifft, muss bzw. darf die Bewilligungsbehörde keine eigenen **Ermessenserwägungen** anstellen.

Durch Förderrichtlinien werden das Verwaltungshandeln und insbesondere die Verteilungsmaßstäbe der Förderung für die Antragsteller **vorhersehbar und transparent**. Dies fördert die Rechtssicherheit und Akzeptanz der durch Zuwendungen bewirkten Umverteilung von Steuermitteln.

Eine **einheitliche Entscheidungspraxis** ist besonders wichtig, wenn mehrere Bewilligungsbehörden zuständig sind.

> **Beispiel:**
> Ein Förderprogramm soll durch mehrere regionale Stellen administriert werden. Das zuständige Landesministerium erlässt eine Förderrichtlinie, um eine gleichmäßige Handlungsweise der Bewilligungsbehörden sicherzustellen.

Eine ausdrückliche **Pflicht** zum Erlass von Förderrichtlinien besteht allerdings nicht.

> **Regelungsinhalt von Förderrichtlinien:** (vgl. Grundsätze für Förderrichtlinien; Anlage zu VV Nr. 15.7 zu § 44 BHO)
>
> - übergreifendes Ziel der Förderung
> - Gegenstand der Förderung
> - im Einzelnen förderfähige Zwecke
> - besondere Zuwendungsvoraussetzungen

---

[10] Vgl. Urteil des BVerwG vom 08.04.1997 – 3 C/95.

I. Materielle Grundlagen des Zuwendungsrechts

- Kreis der Zuwendungsempfänger
- fachliche Zuwendungsvoraussetzungen
- zuwendungsfähige Ausgaben
- Höhe der Zuwendung
- Zuwendungsart, Finanzierungsart, Finanzierungsform
- Verwaltungsverfahren zu Antrag, Bewilligung, Auszahlung und Verwendungsnachweis
- Geltungsdauer

3.2 Erlass von Förderrichtlinien

Zuständig für den Erlass von Förderrichtlinien sind die obersten Behörden, in deren Einzelplan die jeweiligen Ausgaben für Zuwendungen veranschlagt sind.

VV Nr. 15.2 Satz 1 zu § 44 BHO:

„Für einzelne Zuwendungsbereiche kann das zuständige Bundesministerium im Einvernehmen mit dem Bundesministerium der Finanzen abweichende Verwaltungsvorschriften (z. B. Förderrichtlinien) zu den Nrn. 1 bis 13a erlassen."

Sofern Förderrichtlinien aus zwingenden Gründen von allgemeinen Regelungen des Zuwendungsrechts abweichen, dürfen sie beim **Bund** nur im Einvernehmen mit dem Bundesministerium der Finanzen erlassen werden (VV Nr. 15.2 Satz 3 zu § 44 BHO).

Der Bundesrechnungshof ist immer anzuhören, vgl. § 103 Abs. 1 BHO, VV Nr. 15.2 Satz 2 zu § 44 BHO.

In den **Ländern** gilt überwiegend die Regelung, dass Förderrichtlinien stets mit dem Finanzministerium abzustimmen und die Rechnungshöfe anzuhören sind. In einigen Ländern werden wichtige Förderrichtlinien sogar vom Kabinett beschlossen.

Da sich Regelungsmängel und -erfordernisse häufig erst im praktischen Vollzug erweisen, empfiehlt es sich, bei der Erstellung von Förderrichtlinien die Erfahrungen der **Bewilligungsbehörden** aus bereits abgewickelten Programmen zu berücksichtigen. Auch bei laufenden Förderprogrammen sollte die oberste Behörde regelmäßig ein laufendes Feedback der ausführenden Stellen einfordern, um Schwachstellen noch „unter rollenden Rädern" abzustellen.

> **Praxis-Tipp:**
> Um die Ausarbeitung von Förderrichtlinien zu erleichtern und die Systematik zu vereinheitlichen, haben Bund und Länder **„Grundsätze für Förderrichtlinien"** als ein einheitliches Gliederungsschema verabredet. Beim Bund ist die Einhaltung der Grundsätze verpflichtend (VV Nr. 15.7 zu § 44 BHO). Er hat das ursprünglich mit den Ländern abgestimmte Gliederungsschema im Jahr 2016 modifiziert (Anlage zu VV Nr. 15.7 zu § 44 BHO).

3.3 Bekanntmachung von Förderrichtlinien

Zur Bekanntmachung von Förderrichtlinien besteht **keine rechtliche Verpflichtung**.[11] Sie **bietet sich aber an**, weil sich so eine Vielzahl von potentiellen Antragstellern mit den Fördermodalitäten vertraut machen kann. Dies steigert die Zahl der zu erwartenden qualifizierten Anträge und löst im Idealfall einen Wettstreit der Antragsteller um die besten Umsetzungsideen und Wege zur Zielerreichung aus. Die Veröffentlichung von Förderrichtlinien dient zudem der Chancengleichheit und der Wahrung des Gleichbehandlungsgebots des Art. 3 GG.

Welche **Medien** zur Veröffentlichung gewählt werden, richtet sich nach dem Adressatenkreis der Förderung. Förderprogramme, die sich an weite Bevölkerungskreise richten, sollten allgemein bekanntgemacht werden. Bei sehr speziellen Förderangeboten reicht die gezielte Information der betreffenden Fachkreise aus.

> **Beispiel:**
> Ein Ressort veröffentlicht seine Förderrichtlinien je nach Adressatenkreis auf mehreren Wegen: Auf seiner Homepage im Internet, im Staatsanzeiger und/oder durch Übersendung an betroffene Interessenverbände.

Die Bekanntmachung einer Förderrichtlinie ändert jedoch nichts daran, dass es sich um eine bloße **verwaltungsinterne Weisung handelt**, vgl. den folgenden Abschnitt 3.4.

---
[11] Urteil des BVerwG vom 08.04.1997 – 3 C 6/95.

I. Materielle Grundlagen des Zuwendungsrechts

3.4 Rechtscharakter von Förderrichtlinien

Förderrichtlinien richten sich alleine an die Bewilligungsbehörden und sind nur für diese bindend. Sie haben den Charakter **besonderer Verwaltungsvorschriften**.

Obwohl sie regelmäßig öffentlich bekannt gemacht werden, dürfen sie nicht mit Rechtsverordnungen verwechselt werden. Formelles Außenrecht zu setzen, steht der Verwaltung nach dem Grundsatz der Gewaltenteilung (Art. 20 Abs. 2 Satz 2 GG) nur dann zu, wenn sie hierzu gesetzlich ermächtigt wurde, vgl. Art. 80 GG. Eine solche Ermächtigung fehlt im Zuwendungsrecht. Im Hinblick auf Förderrichtlinien hat das **Bundesverwaltungsgericht** deshalb klargestellt:

BVerwG, Urteil vom 26.04.1979 – 3 C 111.79:

„Richtlinien dieser Art sind keine Rechtsnormen. Sie haben keinen Rechtssatzcharakter."

Damit kann Förderrichtlinien auch **keine unmittelbare Außenwirkung** gegenüber Antragstellern oder Zuwendungsempfängern zukommen.[12] Ihre Wirksamkeit beschränkt sich zunächst alleine auf den internen Bereich des Verwaltungszweigs, in dessen Zuständigkeit sie fallen.

Förderrichtlinien können Zuwendungsempfänger weder rechtlich verpflichten noch gewähren sie Antragstellern einen unmittelbaren Anspruch auf Förderung. Dies wird häufig verkannt. Unter Umständen eröffnen Förderrichtlinien den Antragstellern jedoch einen Anspruch auf Gleichbehandlung (Art. 3 Abs. 1 GG), da sie eine ständige Entscheidungspraxis etablieren, von der die Verwaltung ohne sachlichen Grund nicht abweichen darf.[13] Förderrichtlinien können daher einen mittelbaren Anspruch begründen.

Dies betrifft vor allem so genannte **Massenförderungen**, bei denen sowohl die Förderbedingungen als auch die Höhe der Zuwendung abschließend festgelegt sind und die Bewilligungsbehörde das Vorliegen dieser Voraussetzungen nur noch schematisch prüft. Hier gilt für alle Antragsteller, die die Fördervoraussetzungen erfüllen, regelmäßig das „Windhund-Prinzip" nach dem Datum des Antrageingangs.

---

[12] Die Literatur bezeichnet die Frage der Außenwirkung von Verwaltungsvorschriften als „Ewigkeitsthema des Verwaltungsrechts"; vgl. *Ruffert*, Rechtsquellen und Rechtsschichten des Verwaltungsrechts, in: Hoffmann-Riem/Schmidt-Aßmann/Voßkuhle (Hrsg.), Grundlagen des Verwaltungsrechts, Rn. 15 zu § 17.

[13] Vgl. z. B. *Maurer*, in: Maurer/Waldhoff, Allgemeines Verwaltungsrecht, 19. Aufl., 2017, Rn. 21 ff. zu § 24; *Detterbeck*, Allgemeines Verwaltungsrecht, 16. Aufl., 2018, Rn. 870ff.

3. Ressortspezifische Förderrichtlinien

> **Beispiel:**
>
> Ein Beispiel hierfür ist die „Richtlinie zur Förderung des nachträglichen Einbaus von Partikelminderungssystemen bei Personenkraftwagen und leichten Nutzfahrzeugen mit Selbstzündungsmotor (Diesel)". Sie beschreibt die Zuwendungsvoraussetzungen und die Förderhöhe so genau, dass der Bewilligungsbehörde kein nennenswerter eigener Entscheidungsspielraum mehr verbleibt (BAnz AT 10.07.2012 B2).

Sind allerdings die Haushaltsmittel erschöpft, geht der Gleichbehandlungsanspruch ins Leere. Für eine **Ungleichbehandlung** besteht ein sachlicher Grund, da keine Ermächtigung des Parlaments zur Leistung von Ausgaben (mehr) vorliegt und eine Bewilligung ein Gesetzesverstoß der Verwaltung wäre (§ 3 Abs. 1 BHO).

> **Beispiel:**
>
> Bei einer Massenförderung ergibt sich für Antragsteller, die alle in der Richtlinie aufgeführten Fördervoraussetzungen erfüllen, ein mittelbarer Anspruch auf Gewährung der Zuwendung. Für 50.000 Antragsteller reichen die Haushaltsmittel. Ab dem 50.001sten Antragsteller entfällt der Anspruch auf Gleichbehandlung, da die Haushaltsmittel für ihre Förderung nicht (mehr) ausreichen.

Der Gleichbehandlungsgrundsatz kann sich auch **gegen den Zuwendungsempfänger** richten. Versagt eine Behörde z. B. unter Anwendung der einschlägigen Richtlinien regelmäßig die Gewährung einer Zuwendung, so verletzt sie das Gleichbehandlungsgebot in seiner objektiv-rechtlichen Funktion, wenn sie sich im Einzelfall über diese Praxis hinwegsetzt und trotz Fehlens der ansonsten geforderten Voraussetzungen die Leistung gewährt.[14] Eine solche Entscheidung ist wegen Verstoßes gegen Art. 3 Abs. 1 GG rechtswidrig und der Zuwendungsbescheid kann unter den Voraussetzungen des § 48 VwVfG zurückgenommen werden.

---

[14] Urteil des VGH Hessen vom 26.02.2014 – 3 C 25/02; Urteil des BVerwG vom 23.04.2003 – 3 C 25/02.

I. Materielle Grundlagen des Zuwendungsrechts

> **Beispiel:**
>
> Eine Förderrichtlinie verlangt, dass ein mit Hilfe der Zuwendung anzuschaffendes Fahrzeug bestimmte Eigenschaften aufweisen muss (z. B. im Hinblick auf den Anschaffungspreis oder Umwelteigenschaften). Obwohl ein Antragsteller diese Voraussetzungen nicht erfüllt, gewährt ihm die Bewilligungsbehörde die Zuwendung.

3.5 Bezugnahme auf Förderrichtlinien in Zuwendungsbescheiden

Wie jeder andere Verwaltungsakt, auf den kein Anspruch besteht, darf auch ein Zuwendungsbescheid nach pflichtgemäßem Ermessen mit **Bedingungen und Auflagen** (Nebenbestimmungen, § 36 VwVfG (Bund)) versehen werden.

Die in jeden Zuwendungsbescheid aufzunehmenden Nebenbestimmungen sind standardmäßig in den von den Finanzministerien formulierten **Allgemeinen Nebenbestimmungen** enthalten. Sie sind jedem Zuwendungsbescheid grundsätzlich unverändert beizufügen (VV Nr. 5.1 zu § 44 BHO).

Sofern daneben noch ein **förderspezifisches** Tun, Dulden oder Unterlassen vom Zuwendungsempfänger als Voraussetzung für die Inanspruchnahme der Zuwendung verlangt wird, sind diese speziellen Maßgaben regelmäßig in der der Förderung zu Grunde liegenden Förderrichtlinie aufgeführt.

> **Beispiele:**
>
> - Aus der Zuwendung angeschaffte Gegenstände müssen über das Ende der Förderung hinaus weiter für den Zuwendungszweck verwendet werden.
> - Bei der Förderung eines Sprachkurses muss das Lehrpersonal in bestimmter Weise qualifiziert sein.
> - Das Ergebnis einer Forschungstätigkeit muss allgemein zugänglich publiziert werden.

Um den Zuwendungsbescheid möglichst „schlank" zu halten, verweisen manche Bewilligungsbehörden hinsichtlich solcher Auflagen

3. Ressortspezifische Förderrichtlinien

auf die Förderrichtlinie und sehen von ihrer ausdrücklichen Aufnahme in den Zuwendungsbescheid ab.

> **Praxis-Tipp:**
>
> Ein solcher bloßer **Verweis ist problematisch.**
>
> Zum einen erweckt die Verwaltung den **Eindruck, sie habe** mit der Förderrichtlinie **Außenrecht** gesetzt, das der Zuwendungsempfänger unmittelbar zu beachten habe. Dies widerspricht dem Charakter von Förderrichtlinien als verwaltungsinterne Regelungen, vgl. Teil I 3.4.
>
> Zum anderen besteht die Gefahr, dass es dem Bescheid an der **hinreichenden Bestimmtheit** (§ 37 Abs. 1 VwVfG) fehlt. Der Entscheidungsinhalt muss für den Adressaten aus dem Verwaltungsakt heraus verständlich sein.[15] Ein bloßer Verweis auf eine verwaltungsinterne Weisung wird dem möglicherweise nicht gerecht.
>
> Besser ist es deshalb, Regelungen aus Förderrichtlinien, die als konkrete Auflage auch für die Zuwendungsempfänger gelten sollen, unmittelbar in den **Zuwendungsbescheid** aufzunehmen.

Gleiches gilt für Ausführungen der Bewilligungsbehörde in so genannten **Fördergrundsätzen oder Förderhandbüchern.** Auch hier handelt es sich um verwaltungsinterne Vorgaben, die die Zuwendungsempfänger nicht verpflichten können.

Trotzdem ist es sinnvoll, **deklaratorisch** im Zuwendungsbescheid auf die der Förderung zugrunde liegende Richtlinie zu verweisen oder sie ggf. sogar beizufügen. Da Zuwendungsbescheide nach dem Empfängerhorizont auszulegen sind, trägt die Kenntnis der Richtlinie dazu bei, beim Zuwendungsempfänger ein Bewusstsein für die mit der Förderung verfolgten staatlichen Ziele und Entscheidungsmaßstäbe der Bewilligungsbehörde zu schaffen. Der Zuwendungsempfänger kann dann nicht behaupten, den Bescheid anders verstanden zu haben.

---

[15] Vgl. Ramsauer, in: Kopp/Ramsauer, Verwaltungsverfahrensgesetz, 18. Aufl., 2017, Rn. 12 zu § 37.

I. Materielle Grundlagen des Zuwendungsrechts

> **Im Zuwendungsbescheid wird formuliert:**
> „Die staatlichen Ziele der Förderung sowie meine Entscheidungsmaßstäbe bitte ich den verwaltungsinternen Förderrichtlinien zu entnehmen, die ich diesem Bescheid zu Ihrer Information beigefügt habe."

3.6 Keine richterliche Interpretation von Förderrichtlinien

Weil Förderrichtlinien keine Rechtsnormen sind, unterliegen sie keiner richterlichen Interpretation. Die **Interpretationshoheit** liegt nach dem Grundsatz der Gewaltenteilung (Art. 20 Abs. 2 GG) alleine bei der Verwaltung.

Die **Prüfung des Gerichts** muss sich nach § 114 VwGO darauf beschränken, ob

- eine Förderrichtlinie für die Verteilung öffentlicher Mittel ausreicht oder der Grundsatz des Vorbehalts des Gesetzes (Art. 20 Abs. 3 GG) eine gesetzliche Regelung erfordert,
- die in der Richtlinie geregelten Zuwendungszwecke der Zweckbestimmung der Haushaltsmittel (§ 45 Abs. 1 BHO) entsprechen,
- die konkrete Ablehnung der Zuwendung den allgemeinen Gleichheitssatz (Art. 3 Abs. 1 GG) verletzt.[16]

Die Frage der **Zweckmäßigkeit** der Verteilungsmaßstäbe hat der Haushaltsgesetzgeber ausdrücklich alleine in die Hände der Verwaltung gelegt.

3.7 Der Grundsatz vom Vorbehalt des Gesetzes bei Zuwendungen

Nach ständiger **Rechtsprechung des Bundesverwaltungsgerichts** reicht im Regelfall jede parlamentarische Willensäußerung, insbesondere die etatmäßige Bereitstellung der erforderlichen Mittel, als hinreichende Ermächtigungsgrundlage für die Gewährung einer Zuwendung aus. Es bedarf nicht unter allen Umständen einer gesetzlichen Grundlage.[17]

Ausschlaggebend hierfür ist die so genannte **Wesentlichkeitstheorie** des Bundesverfassungsgerichts. Sie besagt, dass alle wesentlichen

---

[16] Vgl. Urteile des BVerwG vom 26.04.1979 – 3 C 111.79 und vom 23.04.2003 – 3 C 25/02.
[17] Vgl. Urteil des BVerwG vom 21.03.1958 – VII C 6.57.

3. Ressortspezifische Förderrichtlinien

Entscheidungen vom Parlament in Form von Gesetzen zu treffen sind. Eine Angelegenheit ist insbesondere dann wesentlich, wenn sie grundrechtsrelevant ist. Dies sind Entscheidungen, die sich auf durch Grundrechte geschützte Lebensbereiche auswirken. Je wesentlicher der Grundrechtsbezug ist, je eher bedarf es einer gesetzlichen Regelung.[18]

Eine **Grundrechtsbetroffenheit** wird bei der Gewährung von Zuwendungen regelmäßig **nicht gesehen**, da die Leistungsverwaltung „weit von dem Bereich der Eingriffe in Freiheit und Eigentum entfernt liegt".[19] Obwohl diese Bewertung in Teilen der Literatur kritisiert wird[20], besteht die Rechtsprechung des Bundesverwaltungsgerichts und des Bundesverfassungsgerichts hierzu bis heute fort.[21]

Sofern Förderungen allerdings in **seltenen Fällen** Grundrechte Dritter berühren, greifen die Wesentlichkeitstheorie und damit auch der Vorbehalt des Gesetzes. Die bloße Veranschlagung von Mitteln im Haushaltsplan reicht dann schon deshalb nicht aus, weil der Regelungsgehalt des Haushaltsgesetzes auf das Verhältnis von Parlament und Regierung begrenzt ist (vgl. § 3 BHO) und deshalb keine Außenwirkung entfaltet.[22]

Beispiele für Förderungen mit unmittelbarem Grundrechtsbezug:

- Förderung eines privaten Vereins, der die Öffentlichkeit vor bestimmten Religions- oder Weltanschauungsgemeinschaften warnen soll (Eingriff in das Grundrecht der Religionsfreiheit gemäß Art. 4 Abs. 1 und 2 GG)[23]

- Pressesubventionen, wenn mit ihnen eine erhebliche Gefahr für die Staatsfreiheit und Kritikbereitschaft der Presse verbunden ist (Eingriff in die Pressefreiheit gemäß Art. 5 Abs. 1 GG)[24]

---

[18] Vgl. zur Wesentlichkeitstheorie z. B. *Greszick*, in: Maunz/Dürig, Kommentar zum Grundgesetz, Stand: 81. Ergänzungslieferung, 2017, VI Art. 20, Rn. 105 ff. mit Fundstellen zur Rechtsprechung des BVerfG.
[19] Beschluss des BVerfG vom 06.05.1958 – 2 BvL 37/56, 2 BvL 11/57.
[20] Vgl. z. B. *Maurer*, in: Maurer/Waldhoff, Allgemeines Verwaltungsrecht, 19. Aufl., 2017, Rn. 21 zu § 6.
[21] Vgl. z. B. Beschluss des BayVGH vom 29.12.1999 – 4 B 99.526.
[22] Urteil des BVerwG vom 27.03.1992 – 7 C 21/90.
[23] Urteil des BVerwG vom 27.03.1992 – 7 C 21/90.
[24] Urteil des BVerwG vom 27.03.1992 – 7 C 21/90.

I. Materielle Grundlagen des Zuwendungsrechts

- Zuwendungen an die Jugendorganisationen politischer Parteien (Demokratieprinzip gemäß Art. 20 GG)[25]
- Zuwendungen an Unternehmen, die die Marktchancen von nicht geförderten Unternehmen so beeinträchtigen, dass diese in ihrer Existenz gefährdet sein können (Eingriff in die Eigentumsfreiheit gemäß Art. 14 Abs. 1 GG)[26]

4. Der Zuwendungsbegriff

Überblick

- Der Zuwendungsbegriff erschließt sich aus einem Zusammenspiel der gesetzlichen Definition in §§ 23 BHO/LHO sowie aus einer ergänzenden Interpretation in den Allgemeinen Verwaltungsvorschriften. Zuwendungen zeichnen sich danach durch mehrere spezielle Merkmale aus.
- Der Zuwendungsempfänger erfüllt mit der Verwirklichung des Zuwendungszweckes eine eigene Aufgabe.
- Ein Anspruch auf Bewilligung einer Zuwendung besteht grundsätzlich nicht.
- Der Zuwendungsempfänger ist zunächst selbst für die Finanzierung seines Vorhabens verantwortlich.
- Die Zuwendung darf ausschließlich für den bewilligten Zweck verwendet werden.
- Im Unterschied zu einem öffentlichen Auftrag liegt einer Zuwendung kein Leistungsaustausch zwischen der Verwaltung und dem Zuwendungsempfänger zu Grunde.

4.1 Der Zuwendungsbegriff im Regelwerk

Nach dem **Gesetzeswortlaut** in §§ 23 BHO/LHO sind Zuwendungen

- Ausgaben
- für Leistungen an Stellen außerhalb der Bundesverwaltung
- zur Erfüllung bestimmter Zwecke.

---

[25] Urteil des OVG Berlin-Brandenburg vom 14.03.2012 – OVG 6 B 19.11.
[26] *Detterbeck*, Allgemeines Verwaltungsrecht, 16. Aufl., 2018, Rn. 287 zu § 7.

4. Der Zuwendungsbegriff

Unter diese drei Kriterien können allerdings **grundsätzlich alle Leistungen** aus dem Bundes- oder Landeshaushalt subsumiert werden.

Deshalb hat die **Verwaltung** eine **Konkretisierung** vornehmen müssen, um Zuwendungen gegenüber anderen Leistungen abzugrenzen. Hierzu

- erfasst die VV Nr. 1.1 zu § 23 BHO den Zuwendungsbegriff anhand der Haushaltssystematik,
- enthält die VV Nr. 1.2 zu § 23 BHO eine Negativabgrenzung von Zuwendungen zu anderen Leistungen („Keine Zuwendungen sind ..."),
- beschreibt die Anlage zur VV Nr. 1.2.4 zu § 23 BHO wichtige Abgrenzungskriterien von Zuwendungen zu öffentlichen Aufträgen.

Nachteilig ist, dass die Abgrenzungsmerkmale über verschiedene Regelungen verteilt sind. Diesem Mangel soll die nachstehende **Zusammenfassung des Zuwendungsbegriffs** abhelfen:

Zuwendungen sind

- Geldleistungen[1] öffentlich-rechtlicher Art
- an Stellen außerhalb der Bundesverwaltung[2]
- zur Erfüllung bestimmter in der Zukunft liegender Zwecke[3], an denen der Bund

wegen der besonderen Qualität der Maßnahme und der Eignung des Zuwendungsempfängers

- im Rahmen seiner verfassungsmäßigen Finanzierungskompetenz[4]
- ein erhebliches Interesse[5] hat,
- das ohne die Zuwendung nicht oder nicht im notwendigen Umfang befriedigt werden kann (Subsidiaritätsprinzip)[6].

---

[1] Umkehrschluss aus VV Nr. 1.2.1 zu § 23 BHO.
[2] Wortlaut § 23 BHO.
[3] § 23 BHO.
[4] Art. 104a Abs. 1 GG.
[5] Wortlaut § 23 BHO.
[6] Wortlaut § 23 BHO.

I. Materielle Grundlagen des Zuwendungsrechts

> **Die Bewilligung einer Zuwendung setzt voraus, dass der Empfänger**
> - keinen unmittelbaren gesetzlichen Anspruch[7] auf die Leistung hat,
> - keine entgeltliche Gegenleistung am Bund[8] erbringt,
> - sondern mit der Erfüllung des Zuwendungszwecks eigene Aufgaben[9] erfüllt.[10]

[7] VV Nr. 1.2.2 zu § 23 BHO.
[8] Nr. 2.2 der Anlage zur VV Nr. 1.2.4 zu § 23 BHO.
[9] Nr. 2.1 der Anlage zur VV Nr. 1.2.4 zu § 23 BHO.
[10] Vgl. zur gesamten Definition ausführlich *Mayer*, in: Heuer/Scheller, Kommentar zum Haushaltsrecht, 67. Ergänzungslieferung, 2018, Rn. 7-14 zu § 44 BHO.

Wichtig: Die Interpretation der Verwaltung macht sich auch die **Rechtsprechung** zu eigen, vgl. z. B. Urteil des Nds. OVG vom 18.10.1995 – 13 L 2184/95.

4.2 Vier wesentliche Merkmale von Zuwendungen

Zuwendungen zeichnen sich durch **vier wesentliche Merkmale** aus.

Der **Zuwendungsempfänger erfüllt** mit der Verwirklichung des Zuwendungszweckes eine **eigene Aufgabe**, selbst, wenn dies ganz wesentlich auf den Anreiz einer staatlichen Förderung zurückzuführen ist.

Beispiel:

> Ein Hausbesitzer installiert eine aus Zuwendungen geförderte Solaranlage auf dem Dach seines Einfamilienhauses. Trotz der Förderung befindet sich die Anlage in seinem Eigentum. Er betreibt die Anlage und nicht die öffentliche Hand.

Ein **Anspruch auf Bewilligung** einer Zuwendung **besteht** grundsätzlich **nicht**. Die Verwaltung entscheidet nach pflichtgemäßem Ermessen. Dabei berücksichtigt sie Aspekte der Zweckmäßigkeit und Wirtschaftlichkeit.

Beispiel:

> Der Nachbar des Hausbesitzers erhält keine Förderung, weil die von ihm gewählte Anlage nur einen geringen Wirkungsgrad hat.

Der **Zuwendungsempfänger ist** zunächst selbst **für die Finanzierung** seines Vorhabens **verantwortlich**. Die Zuwendung schließt bei ihm

4. Der Zuwendungsbegriff

entweder eine Finanzierungslücke oder ist Anreiz für den Einsatz eigener Mittel.

Beispiel:

Die Zuwendung deckt den Kaufpreis und die Installationskosten der Anlage nur teilweise; einen großen Teil finanziert der geförderte Hausbesitzer selbst.

Die **Zuwendung darf ausschließlich für den** bewilligten **Zweck verwendet werden** (Zweckbindung). Eine Verwendung für andere Zwecke ist nicht zulässig.

Beispiel:

Der Hausbesitzer darf die Fördermittel nur für die Installation der Anlage verwenden, nicht für deren Wartung.

4.3 Abgrenzung von Zuwendungen gegenüber öffentlichen Aufträgen

In der Praxis besteht gelegentlich die **Schwierigkeit** zu unterscheiden, ob die Vergabe eines öffentlichen Auftrags oder die Gewährung einer Zuwendung das richtige haushaltsrechtliche Instrument ist.

Das entscheidende Kriterium zur Abgrenzung von Zuwendungen gegenüber öffentlichen Aufträgen ist die Frage, ob ein unmittelbarer **Leistungsaustausch** zwischen der Verwaltung und dem Empfänger der Zahlung zu Stande kommt.

VV Nrn. 1.2 und 1.2.4 zu § 23 BHO:

„Keine Zuwendungen sind insbesondere [...] Entgelte auf Grund von öffentlichen Aufträgen. Dies sind alle gegenseitigen Verträge, in denen die Erbringung von Leistungen gegen Entgelt vereinbart wird [...]."

Bei einem öffentlichen Auftrag beschafft sich der Staat von einem Dritten eine Leistung, die er zu seiner unmittelbaren eigenen Aufgabenerfüllung selbst einsetzt. Es kommt zu einem Tausch **„Leistung gegen Geld"**.

Der Begriff des Auftrags umfasst alle Lieferungen und sonstigen Leistungen, denen **vertragliche Vereinbarungen** zu Grunde liegen. Dies sind vor allem Kauf-, Miet-, Pacht-, Werk- und Werklieferungs- sowie Dienstleistungsverträge. Als Gegenleistung erhält der Auf-

I. Materielle Grundlagen des Zuwendungsrechts

tragnehmer ein marktkonformes Entgelt. Vgl. Nr. 1 der Anlage zur VV Nr. 1.2.4 zu § 23 BHO.

> **Beispiel:**
>
> Der Bund beauftragt eine Gärtnerei mit der Pflege von Kriegsgräbern auf einem Soldatenfriedhof im Ausland. Mit dem Einkauf dieser Leistung kommt die Bundesrepublik Deutschland unmittelbar selbst ihrer historischen Verantwortung nach.

Bei Zuwendungen unterstützt oder motiviert der Staat dagegen einen Zuwendungsempfänger bei der Erfüllung von dessen **eigenen Aufgaben** (Nr. 2.1 der Anlage zur VV Nr. 1.2.4 zu § 23 BHO), die auch – sozusagen als Nebeneffekt – im erheblichen staatlichen Interesse liegen. Das Tätigwerden des Zuwendungsempfängers führt zu einem mittelbaren öffentlichen Nutzen.

> **Beispiel:**
>
> Ein Verband hat es sich zur Aufgabe gestellt, Soldatengräber im Ausland unter anderem durch den Einsatz von Freiwilligen zu pflegen. Hieran hat auch die Bundesrepublik Deutschland aus historischer Verantwortung ein erhebliches Interesse. Sie unterstützt den Verband deshalb mit einer Zuwendung, soweit dessen eigene Mittel für die Wahrnehmung dieser Aufgabe nicht ausreichen.

> **Praxis-Tipp:**
>
> Die zutreffende Abgrenzung von Zuwendungen und öffentlichen Aufträgen ist in der Verwaltungspraxis auch deshalb wichtig, weil die fälschliche Gewährung einer Zuwendung statt der zutreffenden Vergabe eines Auftrags ein Verstoß gegen das gesetzlich geregelte **Vergaberecht** sein kann, vgl. dazu § 55 BHO und Teil IV des Gesetzes gegen Wettbewerbsbeschränkungen.
>
> Außerdem unterliegen Aufträge der **Umsatzsteuerpflicht,** während Zuwendungen hiervon befreit sind. Zur steuerlichen Abgrenzung von Zuwendungen zu Aufträgen vgl. den Umsatzsteueranwendungserlass des BMF Nr. 10.2 „Zuschüsse" in der jeweils aktuellen Version.

4.4 Abgrenzung von Zuwendungen und Subventionen

Der Begriff der Subvention ist **kein haushaltsrechtlicher Terminus**. Er wird auf verschiedenen Gebieten mit oft unterschiedlichem Inhalt verwendet (z. B. Strafrecht, Finanzwissenschaft, Statistik, EU-Beihilfenrecht, allg. Sprachgebrauch). Auf dem Gebiet des Zuwendungsrechts sind vor allem das finanzwissenschaftliche und strafrechtliche Begriffsverständnis wichtig.

Finanzwissenschaftlich sind Subventionen direkte oder indirekte Beihilfen (z. B. Geldleistungen, Steuervergünstigungen) aus öffentlichen Mitteln an Unternehmen, private Haushalte oder Wirtschaftszweige, die über die allgemeinen Staatsleistungen hinausgehen und einmalig oder fortlaufend gewährt werden.[27] Ein weiter Teil der als Zuwendungen ausgereichten Haushaltsmittel von Bund, Ländern und Gemeinden dürfte unter diese Definition zu fassen sein. Direkte haushalts- oder zuwendungsrechtliche Auswirkungen hat dies jedoch nicht. Jedoch kann diese Abgrenzung Auswirkungen auf die Aufnahme von Zuwendungsleistungen in Subventions- oder Förderberichte haben, in denen Bund und Länder Parlament und Öffentlichkeit über die von ihnen gewährten Subventionen berichten (vgl. z. B. Subventionsbericht der Bundesregierung nach § 12 Abs. 2 StWG).

Anders ist es mit dem **strafrechtlichen Subventionsbegriff**. Nach der Definition des Strafgesetzbuches in § 264 Abs. 7 StGB sind Subventionen

- entweder Leistungen aus öffentlichen Mitteln nach Bundes- oder Landesrecht an Betriebe oder Unternehmen, die wenigstens zum Teil ohne marktmäßige Gegenleistung gewährt werden und der Förderung der Wirtschaft dienen sollen

- oder Leistungen aus öffentlichen Mitteln nach dem Recht der Europäischen Gemeinschaften, die wenigstens zum Teil ohne marktmäßige Gegenleistung gewährt werden.

Soweit Zuwendungen diese Qualifikation erfüllen, handelt es sich um Subventionen im strafrechtlichen Sinne und es gilt die Strafbewehrung des Subventionsbetrugs.

---

[27] Vgl. z. B. *Staender*, Lexikon der öffentlichen Finanzwirtschaft, 6. Aufl., 2004, Stichwort „Subvention".

I. Materielle Grundlagen des Zuwendungsrechts

§ 264 Abs. 1 StGB – Subventionsbetrug:

„Mit Freiheitsstrafe bis zu fünf Jahren oder mit Geldstrafe wird bestraft, wer

1. einer für die Bewilligung einer Subvention zuständigen Behörde oder einer anderen in das Subventionsverfahren eingeschalteten Stelle oder Person (Subventionsgeber) über subventionserhebliche Tatsachen für sich oder einen anderen unrichtige oder unvollständige Angaben macht, die für ihn oder den anderen vorteilhaft sind,

2. einen Gegenstand oder eine Geldleistung, deren Verwendung durch Rechtsvorschriften oder durch den Subventionsgeber im Hinblick auf eine Subvention beschränkt ist, entgegen der Verwendungsbeschränkung verwendet,

3. den Subventionsgeber entgegen den Rechtsvorschriften über die Subventionsvergabe über subventionserhebliche Tatsachen in Unkenntnis läßt oder

4. in einem Subventionsverfahren eine durch unrichtige oder unvollständige Angaben erlangte Bescheinigung über eine Subventionsberechtigung oder über subventionserhebliche Tatsachen gebraucht."

Subventionserheblich wiederum sind nach der Definition des Strafgesetzbuches Tatsachen,

- die durch Gesetz oder auf Grund eines Gesetzes von dem Subventionsgeber als subventionserheblich bezeichnet sind oder

- von denen die Bewilligung, Gewährung, Rückforderung, Weitergewährung oder das Belassen einer Subvention oder eines Subventionsvorteils gesetzlich abhängig ist (§ 264 Abs. 8 StGB).

Um die Strafbarkeit eines möglichen Subventionsbetrugs zu ermöglichen, muss die Bewilligungsbehörde zunächst prüfen, ob die von ihr gewährten Zuwendungen dem strafrechtlichen Subventionsbegriff entsprechen. Bejaht sie dies, muss sie dem Antragsteller und späteren Zuwendungsempfänger die subventionserheblichen Tatsachen sowohl bei der Antragstellung als auch bei der Bewilligung der Zuwendung genau bezeichnen (VV Nrn. 3.4 und 4.2.7 zu § 44 BHO). Fehlt es an einer ausreichenden Konkretisierung, ist § 264 StGB nicht anwendbar.

Praxis-Tipp:

Es reicht nicht aus, formelhaft zu formulieren „alle von Ihnen gemachten Angaben sind subventionserheblich im Sinne des § 264 Abs. 8 StGB". Die Tatsachen müssen vielmehr im Einzelnen nachvollziehbar aufgeführt werden.

5. Der Zuwendungszweck

> **Überblick**
>
> - Der Zuwendungszweck ist der Dreh- und Angelpunkt der Förderung. Er besteht aus zwei Komponenten.
> - Der gegenständliche Zuwendungszweck beschreibt die konkreten Tätigkeiten, die gefördert werden.
> - Das Förderziel beschreibt das mit der Finanzierung des gegenständlichen Zuwendungszwecks verfolgte übergreifende Ziel.
> - Der gegenständliche Zuwendungszweck und das Förderziel stehen in einer untrennbaren Wechselbeziehung von „Weg und Ziel".

5.1 Zwei Komponenten

Der Zuwendungszweck ist der Dreh- und Angelpunkt der Förderung. Auf seine Erfüllung richtet sich das gesamte Handeln der Bewilligungsbehörde und des Zuwendungsempfängers. Trotz seiner zentralen Bedeutung ist der **Begriffsinhalt** des Zuwendungszwecks im Zuwendungsrecht **nicht** ausdrücklich **definiert**. Er erschließt sich aus der Systematik des Regelwerks und dem Sinn und Zweck einzelner Regelungen.

Wichtige **Anhaltspunkte geben die Verwaltungsvorschriften** zu §§ 44 BHO/LHO sowie die für Zuwendungsempfänger geltenden Allgemeinen Nebenbestimmungen zum Zuwendungsbescheid:

- Nach VV Nr. 4.2.3, 1. Spiegelstrich zu §§ 44 BHO/LHO muss der Zuwendungszweck im Zuwendungsbescheid *„[ ] so eindeutig und detailliert festgelegt werden, dass [er] auch als Grundlage für eine begleitende und abschließende Kontrolle des Erfolgs des Vorhabens oder des Förderprogramms dienen kann. Der Zuwendungszweck ist gegebenenfalls durch Erläuterungen zu präzisieren."*
- Dem Zuwendungsempfänger wird in Nr. 6.2.1 ANBest-P Satz 1 entsprechend für den Verwendungsnachweis aufgegeben: *„[Im] Sachbericht sind die Verwendung der Zuwendung sowie das erzielte Ergebnis im Einzelnen darzustellen und den vorgegebenen Zielen gegenüberzustellen."*

Der Begriff des Zuwendungszwecks hat demnach **zwei Komponenten**:
- die gegenständliche Verwendung der Zuwendung
- das Förderziel

5.2 Gegenständlicher Zweck

Der gegenständliche Zweck beschreibt die **konkreten Tätigkeiten**, die mit der Zuwendung finanziell gefördert werden. Dies sind

- entweder ein einzelnes inhaltlich und zeitlich abgegrenztes Vorhaben (Projektförderung – VV Nr. 2.1 zu § 23 BHO, vgl. Teil I 8.2)
- oder sämtliche Tätigkeiten des Begünstigten (institutionelle Förderung – VV Nr. 2.2 zu § 23 BHO, vgl. Teil I 8.3).

> **Beispiel:**
> Ein Land fördert einen Sprachkurs für Asylbewerber.

Jede bewilligte Zuwendung darf **nur** für den gegenständlichen Zweck verwendet werden.

> **Beispiel:**
> Die Zuwendung darf nur für den Sprachkurs verwendet werden. Nicht dagegen für die psycho-soziale Betreuung oder für Kosten des Lebensunterhalts der Teilnehmer.

Nicht zweckentsprechend verwendete Zuwendungen sind regelmäßig mit Zinsen **zurückzuzahlen,** §§ 49 Abs. 3 Nr. 1, 49a VwVfG (Bund); vgl. Teil II 25.2.

> **Beispiel:**
> Wird die Zuwendung für die psycho-soziale Betreuung oder für Kosten des Lebensunterhalts der Teilnehmer verwendet, handelt es sich um eine nicht zweckentsprechende Verwendung.

5.3 Förderziel

Mit der Gewährung einer Zuwendung will die öffentliche Hand aber nicht nur den gegenständlichen Zweck als solchen ermöglichen. Sie verfolgt damit stets ein inhaltliches **Ziel.**

> **Beispiel:**
> Mit der Förderung des Sprachkurses will das Land die Sprachkompetenz der Teilnehmer verbessern und damit deren Integrationsfähigkeit stärken.

5. Der Zuwendungszweck

Erst das mit dem gegenständlichen Zweck verbundene Förderziel gibt der Zuwendung die eigentliche **Legitimation** im Sinne des Allgemeinwohls.

5.4 Zusammenhang von gegenständlichem Zweck und Förderziel

Der gegenständliche Zuwendungszweck und das mit ihm konkret verbundene Förderziel sind somit zwei Seiten einer Medaille:

- Der gegenständliche Zweck ist der **Weg**, auf dem das Förderziel erreicht werden soll. Er hat eine dienende Funktion.
- Das Förderziel ist die **Wirkung,** die mit der Erfüllung des gegenständlichen Zwecks erreicht werden soll. Es ist der herrschende Teil des Zuwendungszwecks. An ihm hat sich der Weg auszurichten.[28]

Beispiel:

Der Sprachkurs ist der Weg, auf dem das Ziel der Verbesserung der Sprachkompetenz der Teilnehmer erreicht werden soll. Sind das pädagogische Konzept des Sprachkurses, die Befähigung der Lehrkraft und die sonstigen Umstände der Durchführung nicht geeignet, um den Vorkenntnissen und den besonderen Bedürfnissen der Teilnehmer gerecht zu werden, wird das Förderziel der Verbesserung der Sprachkompetenz voraussichtlich nicht oder nicht in dem angestrebten Ausmaß erreicht werden.

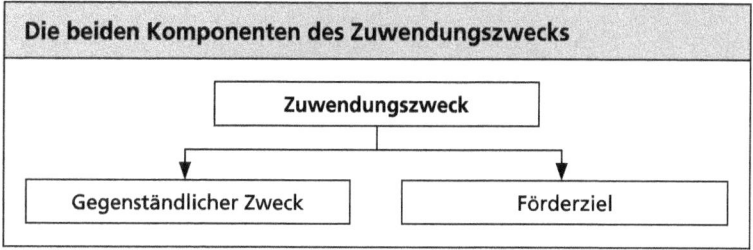

Die beiden Komponenten des Zuwendungszwecks

---

[28] Zu den beiden Komponenten des Zuwendungszwecks vgl. auch *Mayer*, in: Heuer/Scheller, Kommentar zum Haushaltsrecht, Stand: 67. Ergänzungslieferung, 2018, Rn. 171 zu § 44 BHO sowie *Mayer*, in: DÖV 2016, S. 555 ff.

I. Materielle Grundlagen des Zuwendungsrechts

Zusammenhang von gegenständlichem Zweck und Förderziel		
Gegenständlicher Zweck	Förderziel	Verknüpfung
Einrichtung einer betrieblichen Kindertagesstätte.	Bessere Vereinbarkeit von Beruf und Familie.	Die Kindertagesstätte muss im Hinblick auf ihre Öffnungszeiten, die Qualifikation des Personals, die sächliche Ausstattung sowie das pädagogische Konzept den Erwartungen berufstätiger Eltern entsprechen.
Durchführung betrieblicher Fortbildungsmaßnahmen.	Erhöhung der Arbeitsproduktivität.	Die geförderten Fortbildungsangebote müssen einen Bezug zu den betrieblichen Defiziten der Produktivität aufweisen und praktische Anwendbarkeit gewährleisten.
Durchführung einer Sonderausstellung.	Verbesserung der öffentlichen Wahrnehmung eines Museums.	Die Ausstellung muss so konzipiert werden, dass sie der Erwartungshaltung des Publikums entspricht, ein positives Medienecho hervorruft und flankierende Werbemaßnahmen ermöglicht.
Durchführung eines Sprachkurses.	Verbesserung der Sprachkenntnisse von Zuwanderern.	Das Unterrichtsangebot muss am Bildungsniveau der Zielgruppe ausgerichtet sein und deren Motivation zum Spracherwerb fördern.

6. Das erhebliche staatliche Interesse als Fördervoraussetzung

Überblick

- Das erhebliche staatliche Interesse beschreibt die „Förderwürdigkeit" von Maßnahmen.
- Zuwendungen werden nach dem Maximalprinzip als eine Ausprägung des Grundsatzes der Wirtschaftlichkeit vergeben.
- Danach soll mit dem Einsatz von Haushaltsmitteln das inhaltlich bestmögliche Ergebnis im Sinne des (politischen) Förderziels erreicht werden.

6. Das erhebliche staatliche Interesse als Fördervoraussetzung

- Zuwendungsrechtlich folgt hieraus die Maßgabe des erheblichen Bundesinteresses an der Verwirklichung des gegenständlichen Zuwendungszwecks.
- Die Auswahl der Förderzwecke folgt deshalb dem Prinzip der Bestenauslese.
- Auf dieser Grundlage trifft die Verwaltung eine Selektion aus den ihr vorliegenden Zuwendungsanträgen.

Die Auswahl von zu fördernden Maßnahmen (Projektförderung) oder Einrichtungen (institutionelle Förderung) folgt dem Maximalprinzip als eine Ausprägung des Grundsatzes der Wirtschaftlichkeit (§§ 7 BHO/LHO).[29] Danach soll mit den für Zuwendungen bereitgestellten Haushaltsmitteln das **inhaltlich bestmögliche Ergebnis** im Sinne des politischen Förderziels erreicht werden (VV Nr. 1 zu § 7 BHO).

Das Zuwendungsrecht kleidet diese Maßgabe in die **Fördervoraussetzung des erheblichen Bundesinteresses**.

§ 44 Abs. 1 Satz 1 i. V. m. § 23 BHO/LHO:

Zuwendungen dürfen nur bewilligt werden, *wenn der Bund/das Land/die Gemeinde an der Erfüllung des Zuwendungszwecks durch den Zuwendungsempfänger ein erhebliches Interesse hat.*

Eine andere Bezeichnung hierfür ist **„Förderwürdigkeit"**.

Zur Feststellung der Förderwürdigkeit muss die Verwaltung eine Auswahlentscheidung aus den ihr vorliegenden Förderanträgen treffen. Die Maßnahmen sind förderwürdig, die am besten geeignet sind, das politische Förderziel umzusetzen. Die erforderliche Selektion zur Förderwürdigkeit einzelner Maßnahmen folgt damit dem **Prinzip der Bestenauslese**.[30]

Praxis-Tipp:
Zur praktischen Umsetzung vgl. Teil II 10.1 bis 10.5.

---

[29] Vgl. Nr. C V 3 der Arbeitsanleitung des BMF „Einführung in Wirtschaftlichkeitsuntersuchungen", Anlage zum Rundschreiben des BMF vom 12.01.2011 – II A 3 – H – 1012 – 10/08/100004 (GMBl. 2011, S. 76 ff.).

[30] Zum Begriff des erheblichen Bundesinteresses vgl. *Mayer*, in: Heuer/Scheller, Kommentar zum Haushaltsrecht, Stand: 67. Ergänzungslieferung, 2018, Rn. 252 ff.

I. Materielle Grundlagen des Zuwendungsrechts

7. Der Grundsatz der Subsidiarität

> **Überblick**
>
> - Der Grundsatz der Subsidiarität gebietet auf der gesellschaftspolitischen Ebene, dass der Staat nicht Aufgaben an sich zieht, die andere genauso gut oder gegebenenfalls sogar besser als er erledigen können.
> - Dies bedeutet, dass die öffentliche Hand eher Dritte in die Lage versetzen soll, gesellschaftliche Aufgaben wahrzunehmen, als selbst tätig zu werden. Hierzu kann insbesondere das haushaltsrechtliche Instrument der Zuwendung genutzt werden.
> - Auf der haushaltsrechtlichen Ebene ist der in §§ 23 BHO/LHO normierte Maßstab der Subsidiarität eine Ausprägung des Wirtschaftlichkeitsprinzips.
> - Danach werden Zuwendungsempfänger nur insoweit unterstützt, als sie die Aufgabenwahrnehmung nicht selbst finanzieren können oder wollen.
> - In zahlreichen Vorschriften des Zuwendungsrechts wird der Grundsatz der Subsidiarität in seinem haushaltsrechtlichen Sinn weiter konkretisiert.

7.1 Gesellschaftspolitische Bedeutung

Nach ordnungspolitischem Verständnis bedeutet Subsidiarität, dass staatliche Institutionen nur dort tätig werden sollen, wo die **Möglichkeiten des Einzelnen** bzw. einer kleinen Gruppe **nicht ausreichen**, um Probleme zu lösen.[31]

Für die Organisation des Gemeinwesens folgt hieraus, dass die **kleinere Einheit Vorrang** vor der größeren haben soll. Die staatliche Ebene soll nicht Aufgaben an sich ziehen, die auch von Einzelnen oder Zusammenschlüssen von Bürgern genauso gut oder ggf. sogar besser erledigt werden können. Sehr plastisch formulieren dies der Theologe und Nationalökonom Oswald von Nell-Breuning und der amerikanische Präsident Abraham Lincoln:

---

[31] Vgl. Springer Gabler Verlag (Hrsg.), Gabler Wirtschaftslexikon, Stichwort: Subsidiarität, abrufbar unter: http://wirtschaftslexikon.gabler.de/Archiv/7930/subsidiaritaet-v18.html.

7. Der Grundsatz der Subsidiarität

"Was im Dorf geleistet werden kann, das trage man nicht an das große öffentliche Gemeinwesen Staat heran; was im Kreise der Familie erledigt werden kann, damit befasse man nicht die Öffentlichkeit; was man selbst tun kann, damit behellige man nicht andere."[32]

"The legitimate object of government is to do for a community of people whatever they need to have done, but cannot do at all, or cannot so well do, for themselves in their separate and individual capacities. In all that the people can individually do as well for themselves, government ought not to interfere."[33]

7.2 Übertragung auf das Zuwendungsrecht

Das Subsidiaritätsprinzip spiegelt sich bei Zuwendungen auf **zweierlei Weise** wider:

- Der Staat versetzt durch Zuwendungen Dritte in die finanzielle Lage, Aufgaben zu erfüllen, aus denen er sich selbst bewusst zurückzieht oder zurückhält (ordnungspolitischer Ansatz), vgl. Teil I 1.1.

- Die Zuwendungsempfänger werden aber nur insoweit unterstützt, als sie die Aufgabenwahrnehmung nicht selbst finanzieren können oder wollen (Minimalprinzip als Ausprägung des Wirtschaftlichkeitsgrundsatzes) – § 7 Abs. 1 BHO; VV Nr. 1 zu § 7 BHO.

Entsprechend der gesetzlichen Vorgabe in §§ 23 und 44 BHO/LHO zieht sich der Subsidiaritätsgrundsatz als **roter Faden** durch das gesamte Zuwendungsrecht. Die nachstehend aufgeführten zuwendungsrechtlichen Vorschriften verdeutlichen dies:

- Zuwendungen zu institutionellen Förderungen dürfen nur im Haushaltsplan veranschlagt werden, wenn das Vermögen und die Schulden des Zuwendungsempfängers bekannt sind – VV Nr. 3.4 zu § 23 BHO.

- Die Notwendigkeit und Angemessenheit einer Zuwendung ist im Vermerk über das Ergebnis der Antragsprüfung darzulegen – VV Nr. 3.3 zu § 44 BHO.

---

[32] *Nell-Breuning*, von, in: Gerechtigkeit und Freiheit, Wien 1980, S. 48.
[33] The Abraham Lincoln Association, The Collected Works of Abraham Lincoln, Volume 2, page 221; abrufbar unter: http://quod.lib.umich.edu/l/lincoln/.

I. Materielle Grundlagen des Zuwendungsrechts

- Eine Zuwendung darf nicht gewährt werden, wenn der Zuwendungszweck auch durch die Übernahme von Bürgschaften, Garantien oder sonstige Gewährleistungen erreicht werden könnte – VV Nrn. 3.1 zu § 23 BHO und 1.1 zu § 44 BHO.
- Unbedingt oder bedingt rückzahlbare Zuwendungen haben den grundsätzlichen Vorrang vor nicht rückzahlbaren Förderungen – VV Nr. 1.1 zu § 44 BHO.
- Maßnahmen, die bereits begonnen wurden, dürfen nicht finanziert werden – VV Nr. 1.3 zu § 44 BHO, vgl. Teil III 4.
- Grundsätzlich erfolgt die Bewilligung einer Förderung nur zur Teilfinanzierung – VV Nrn. 2.2, 2.4 zu § 44 BHO. Der Zuwendungsempfänger muss einen eigenen finanziellen Beitrag leisten.
- Eine Vollfinanzierung kommt nur ausnahmsweise in Betracht. Bei einem wirtschaftlichen Interesse des Zuwendungsempfängers am Zuwendungszweck scheidet eine Vollfinanzierung in jedem Fall aus – VV Nr. 2.4 zu § 44 BHO.
- Sofern Dritte ein Interesse am Zuwendungszweck haben, sollen sie sich angemessen an der Finanzierung beteiligen – VV Nr. 2.5 zu § 44 BHO.
- Ein institutionell geförderter Zuwendungsempfänger muss alle eigenen Mittel und die mit dem Zuwendungszweck zusammenhängenden Einnahmen als Deckungsmittel für alle Ausgaben einsetzen – Nr. 1.2 ANBest-I.
- Der Empfänger einer Projektförderung muss alle mit dem Zuwendungszweck zusammenhängenden Einnahmen und seinen Eigenanteil als Deckungsmittel für alle mit dem Zuwendungszweck zusammenhängenden Ausgaben einsetzen – Nr. 1.2 ANBest-P.
- Institutionell geförderte Zuwendungsempfänger dürfen grundsätzlich keine Rücklagen bilden – Nr. 1.8 ANBest-I.
- Bei Ausgabenminderungen oder Einnahmenerhöhungen ermäßigt sich die Zuwendung, außer bei Festbetragsfinanzierung – Nrn. 2 ANBest-I, ANBest-P.
- Die Auszahlung der Zuwendung richtet sich nach dem Bedarf des Zuwendungsempfängers – Nrn. 1.4.1, 1.4.2 ANBest-P.
- Der Zuwendungsempfänger muss alle eigenen Mittel und die mit dem Zuwendungszweck zusammenhängenden Einnahmen für alle mit dem Zuwendungszweck zusammenhängenden Ausgaben einsetzen – Nr. 1.2 ANBest-P.

8. Die Zuwendungsarten

> **Überblick**
>
> - Die Zuwendungsarten beschreiben den Gegenstand der Förderung. Sie beantworten die Frage „Wer" oder „Was" wird finanziert.
> - Die Projektförderung erstreckt sich auf ein einzelnes Vorhaben des Zuwendungsempfängers. Es wird lediglich ein Ausschnitt aus der Gesamttätigkeit des Zuwendungsempfängers gefördert.
> - Die institutionelle Förderung erstreckt sich dagegen auf den Zuwendungsempfänger als Ganzes. Seine Gesamttätigkeit wird gefördert.
> - Projektförderungen sind schnell, flexibel und zielgenau. Institutionelle Förderungen ermöglichen dagegen eine auf längere Dauer angelegte Aufgabenwahrnehmung in Bereichen von hoher politischer Bedeutung.
> - In Ausnahmefällen dürfen einer Einrichtung neben einer institutionellen Förderung auch Projektförderungen gewährt werden.
> - Da institutionelle Förderungen die wirtschaftliche Existenz des Zuwendungsempfängers sichern, sind sie nur schwer reversibel. Ihre Zahl wird beim Bund durch das so genannte Omnibusprinzip begrenzt.
> - Bewilligungsbehörden umgehen das Omnibusprinzip gelegentlich durch so genannte „quasiinstitutionelle" Förderungen, die nur unter sehr eingeschränkten Bedingungen zulässig sind.

8.1 Zuwendungsarten

Die Zuwendungsart bezeichnet den abstrakten **Gegenstand der Förderung**. Sie beantwortet die Frage „wer oder was" wird gefördert.

Das Zuwendungsrecht unterscheidet die Zuwendungsarten der Projektförderung und der institutionellen Förderung.

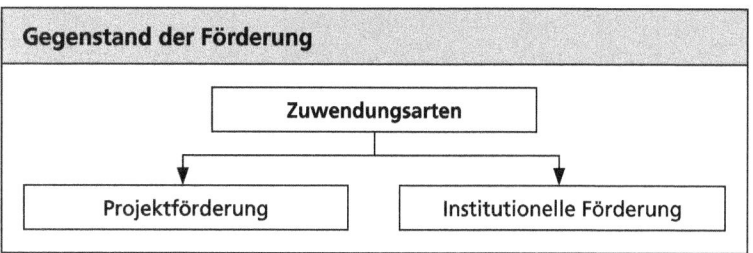

I. Materielle Grundlagen des Zuwendungsrechts

VV Nr. 2 zu § 23 BHO:

„Folgende Zuwendungsarten werden unterschieden:

2.1 Zuwendungen zur Deckung von Ausgaben des Zuwendungsempfängers für einzelne abgegrenzte Vorhaben (Projektförderung),

2.2 Zuwendungen zur Deckung der gesamten Ausgaben oder eines nicht abgegrenzten Teils der Ausgaben des Zuwendungsempfängers (institutionelle Förderung)."

8.2 Projektförderung

Wesentlich für das Vorliegen einer Projektförderung sind **zwei Kriterien**:

Das Vorhaben ist inhaltlich klar definiert und von den anderen Tätigkeiten des Zuwendungsempfängers deutlich abgegrenzt.

Das Vorhaben hat einen festen Anfangs- und Endtermin und ist damit zeitlich befristet.

Seine übrigen Aufgaben und Ausgaben finanziert der Zuwendungsempfänger aus anderen Quellen. Nach Ende des Projekts schließt sich in der Regel **keine weitere Förderung** an.

Mit Projektförderungen können die Zuwendungsgeber **schnell und flexibel** auf politische, gesellschaftliche oder wirtschaftliche Herausforderungen reagieren. Die erforderlichen Haushaltsmittel müssen lediglich während der Laufzeit des Projekts zur Verfügung stehen. Darüber hinaus entstehen für die öffentliche Hand keine weiteren finanziellen Verpflichtungen oder dauerhaften Lasten.

Wegen der Konzentration auf einzelne bestimmte Maßnahmen sind Projektförderungen sehr gut geeignet, das erhebliche **staatliche Interesse** am jeweiligen Zuwendungszweck **zielgenau umzusetzen**. Der Zuwendungsgeber kann die Inhalte des geförderten Vorhabens, dessen fachliche und zeitliche Umsetzung sowie die hierfür erforderlichen Finanzmittel in seinem Sinne beeinflussen und erforderlichenfalls steuernd in die Projektdurchführung eingreifen.

Beispiele für Projektförderungen:

- Ein Jugendverband erhält eine Zuwendung zur Durchführung einer Jugendfreizeit für Kinder aus sozialschwachen Elternhäusern.
- Eine Gemeinde erhält eine Zuwendung zur energetischen Sanierung eines Schulgebäudes.

- Nach einem schweren Sturmschaden erhält ein geschädigter Waldbesitzer eine Zuwendung, um seinen Wald wieder aufzuforsten.
- Ein Museum erhält eine Zuwendung, um ein Kunstwerk zur Erweiterung seiner Sammlung zu erwerben.

8.3 Institutionelle Förderung

Wesentlich für das Vorliegen einer institutionellen Förderung ist, dass der **Zuwendungsempfänger als Ganzes** mit sämtlichen seiner Tätigkeiten finanziert wird, VV Nr. 2.2 zu § 23 BHO.

Institutionell geförderte Zuwendungsempfänger nehmen längerfristige Aufgaben wahr, denen der Staat erhebliche Bedeutung beimisst, die er aber bewusst **nicht selbst erledigen** möchte oder darf. Sei es, weil

- er hierfür keine eigene Verwaltung aufbauen will (z. B. aus Wirtschaftlichkeitserwägungen),
- ihm die erforderlichen fachlichen Kompetenzen fehlen (z. B. bei Forschungseinrichtungen) oder
- rechtliche Gründe eine Staatsferne gebieten (z. B. bei politischer Bildung).

Zwar wird die Förderung im Zuwendungsbescheid „de jure" stets nur für ein Kalenderjahr bewilligt und könnte deshalb danach ohne Weiteres beendet werden. De facto wird aber **regelmäßig** jedes Jahr eine **Folgeförderung** bewilligt. Denn nur so können die Einrichtungen fortexistieren, da sie aus eigener finanzieller Kraft nicht lebensfähig sind.

Deshalb gelten für institutionelle Förderungen teilweise **höhere Anforderungen als für Projektförderungen**, die den Zuwendungsgeber nur vorübergehend belasten.

Praxis-Tipp:
Vgl. z. B. Teile I 11.4, II 3.3, II 4.3, II 5.7.

Der **Einfluss des Zuwendungsgebers** auf institutionell geförderte Einrichtungen ist tendenziell **niedriger** als bei Projektförderungen.

I. Materielle Grundlagen des Zuwendungsrechts

Wegen der Vielfalt der wahrgenommenen Aufgaben und einer teilweise hohen Spezialisierung können der Tätigkeitsumfang, die fachlichen Schwerpunkte sowie die hierfür notwendigen Ausgaben oft nur eingeschränkt vom Zuwendungsgeber beurteilt werden. Bei institutionellen Zuwendungsempfängern besteht daher immer die Gefahr ihrer „Verselbstständigung".

Beispiele für institutionelle Förderungen:

- Goethe Institut
- Bayreuther Festspiele
- Deutsche Welle
- Max-Planck-Gesellschaft
- Deutsche Forschungsgemeinschaft
- Deutsche Zentrale für Tourismus
- Deutsche Gesellschaft für internationale Zusammenarbeit
- Energie Werke Nord GmbH

8.4 Abgrenzungsmerkmale von Projektförderung und institutioneller Förderung

Merkmal	Projektförderung	Institutionelle Förderung
Förderumfang	Inhaltlich und zeitlich abgegrenztes Vorhaben (VV Nr. 2.1 zu § 23 BHO). Ausschnitt aus der Gesamttätigkeit des Zuwendungsempfängers.	Deckung der gesamten oder eines nicht abgegrenzten Teils der Ausgaben (VV Nr. 2.2 zu § 23 BHO). Gesamte Aufgaben des Zuwendungsempfängers.
Förderzeitraum	Befristet auf die Laufzeit des Vorhabens.	Grundsätzlich befristet auf das Haushaltsjahr. Kein Rechtsanspruch auf Weiterförderung. Tatsächlich in aller Regel aber Anschlussförderung.

8. Die Zuwendungsarten

Merkmal	Projektförderung	Institutionelle Förderung
Grundlage für zuwendungsfähige Ausgaben	Projektbeschreibung sowie Finanzierungsplan mit Finanzierungsübersicht (VV Nr. 3.2.1 zu § 44 BHO).	Arbeitsplan sowie Wirtschaftsplan mit Organisations- und Stellenplan (VV Nr. 3.4 zu § 23 BHO).
Zweckbindung der Förderung	Zuwendung darf nur für das geförderte Vorhaben verwendet werden. Zweckbindung im Rahmen des Finanzierungsplans.	Zuwendung darf für alle satzungsgemäßen Aufgaben der Einrichtung verwendet werden. Zweckbindung im Rahmen des Wirtschaftsplans.
Nebenbestimmungen	ANBest-P ANBest-P-Kosten ANBest-GK	ANBest-I
Besserstellungsverbot	Nur wenn Gesamtausgaben des Zuwendungsempfängers überwiegend aus Zuwendungen der öffentlichen Hand bestritten werden (§ 8 Abs. 2 Satz 2 HG, Nr. 1.3 ANBest-P).	Grundsätzlich generelle Geltung. Ausnahmen mit Einwilligung BMF möglich (§ 8 Abs. 2 Satz 1 HG, Nr. 1.3 ANBest-I).
Inhaltlicher Einfluss des Zuwendungsgebers	Tendenziell hoch über spezifische Maßnahmenbeschreibung	Tendenziell niedrig über globalen Arbeitsplan. Ggf. Vertretung des Zuwendungsgebers in Einrichtungsgremien.
Erfolgskontrolle	Nur Zielerreichungskontrolle (VV Nr. 11a.2 zu § 44 BHO).	Vollständige Erfolgskontrolle (VV Nr. 11a.3 zu § 44 BHO).

8.5 Projektförderung neben institutioneller Förderung

Der Zuwendungsgeber einer institutionellen Förderung sollte stets über ausreichenden Einfluss verfügen, damit die von ihm maßgeblich finanzierte Einrichtung Tätigkeiten durchführt, die in seinem

I. Materielle Grundlagen des Zuwendungsrechts

Interesse liegen. Andernfalls wäre das erhebliche Interesse des Zuwendungsgebers an der Tätigkeit der Einrichtung zu hinterfragen. Warum sollte er eine Einrichtung finanziell am Leben erhalten, die auf seine berechtigten Bedürfnisse und Wünsche nicht eingeht? Eine Projektförderung neben einer institutionellen Förderung sollte daher stets der **Ausnahmefall** sein.

Projektförderungen neben institutionellen Förderungen können aus der Natur der Sache daher nur solche Tätigkeiten betreffen, die **aus besonderen Gründen nicht im normalen Arbeitsprogramm** der geförderten Einrichtung berücksichtigt werden können. Dies kann z. B. der Fall sein, wenn Einrichtungen von mehreren Zuwendungsgebern institutionell gefördert werden und das Interesse eines Zuwendungsempfängers an einer bestimmten Tätigkeit von dem anderen Zuwendungsgeber nicht geteilt wird.

> **Praxis-Tipp:**
> Werden Projektförderungen deshalb ausnahmsweise[34] zusätzlich zu einer institutionellen Förderung bewilligt (vgl. Nr. 7.3 ANBest-I), ist besonders darauf zu achten, dass die in dem Projekt genutzte **Grundausstattung** der Einrichtung (z. B. Stammpersonal oder vorhandene Ausstattungsgegenstände) **nicht noch einmal finanziert** wird (Doppelförderung). Dies sollte im Finanzierungsplan der Maßnahme ausgewiesen werden.[35]

8.6 Omnibusprinzip und quasi-institutionelle Förderung

Eine Beendigung der institutionellen Förderung bedeutet fast immer das wirtschaftliche „Aus" für die geförderte Einrichtung. Deshalb fehlen häufig der politische Wille und die Durchsetzungsfähigkeit hierzu. Vor allem der drohende Verlust von Arbeitsplätzen und regionalpolitische Standortfragen verhindern solche Entscheidungen. Hieraus resultieren faktisch eine **Daueralimentation** von institutionell geförderten Zuwendungsempfängern und hohe Haushaltslasten.

---

[34] Vgl. Rundschreiben des BMF vom 08.03.2012, II A 3 – H 1360/10/10017:004, DOK 2012/0196795.
[35] Grundsätzlich zur Projektförderung neben institutioneller Förderung vgl. Der Präsident des Bundesrechnungshofes als Bundesbeauftragter für Wirtschaftlichkeit in der Verwaltung, Leitsatz 09/05 „Bewilligung von Projektförderungen an institutionelle Zuwendungsempfänger des Bundes"; abrufbar unter: www.bundesrechnungshof.de.

8. Die Zuwendungsarten

Beim Bund und zahlreichen Ländern führt dies zu dem **fiskalischen Grundsatz**, nur noch dann Einrichtungen neu in die institutionelle Förderung aufzunehmen, wenn ein anderer Zuwendungsempfänger in einem finanziell gleichwertigen Umfang aus der Förderung ausscheidet. Plastisch wird dieser Grundsatz als **„Omnibusprinzip"** bezeichnet.

> **Praxis-Tipp:**
> Beim Bund ist das Omnibusprinzip im jährlichen Rundschreiben des BMF zur Haushaltsaufstellung geregelt (vgl. z. B. Nr. 23.1. der Verfahrenshinweise des BMF für die Aufstellung des Bundeshaushalts 2021 und des neuen Finanzplans 2020 bis 2024 – Rundschreiben vom 20.12.2019 – II A 1 – H 1105/19/10002:001; DOK 2019/1001626.

Das Omnibusprinzip führt auf lange Sicht dazu, dass die Förderlandschaft verkrustet und Einrichtungen, die aus aktueller Sicht wichtige Aufgaben wahrnehmen, nicht in den Kreis der institutionell geförderten Zuwendungsempfänger aufgenommen werden können. Um dieses Manko auszugleichen, verfallen manche Zuwendungsgeber auf die Idee, eine Einrichtung zwar hinsichtlich ihrer gesamten Tätigkeit – also institutionell – zu finanzieren, dies aber als „Projektförderung" zu bezeichnen. Gelegentlich verwenden sie hierfür die im Haushaltsrecht unbekannte Bezeichnung **„quasi-institutionelle Förderung"**.

Dies ist keine dritte Zuwendungsart, sondern in den meisten Fällen ein **Etikettenschwindel**. Besonders schwerwiegend ist, dass quasi-institutionelle Förderungen – anders als reguläre institutionelle Förderungen – nicht im Haushaltsplan ausgewiesen werden und so dem Haushaltsgesetzgeber verborgen bleiben.

Die Projektförderung von Daueraufgaben ist **nur in engen Grenzen vertretbar**. Folgende Gründe erkennt der Bundesrechnungshof für die ausnahmsweise Projektförderung von Daueraufgaben an:

- Einer Einrichtung soll lediglich eine zeitlich fest begrenzte Anlaufförderung gewährt werden, um sie mittelfristig in eine finanzielle Unabhängigkeit von öffentlicher Förderung zu führen (Anlaufförderung).

I. Materielle Grundlagen des Zuwendungsrechts

- Die institutionelle Förderung einer Einrichtung soll im Wege des Umstiegs auf eine zeitlich befristete Projektförderung beendet werden (Auslaufförderung).[36]

9. Die Finanzierungsarten

> **Überblick**
>
> - Die Finanzierungsarten regeln den Umfang der Förderung. Entsprechend gibt es die Teilfinanzierung und die Vollfinanzierung der zuwendungsfähigen Ausgaben.
> - Im Hinblick auf den Grundsatz der Subsidiarität ist die Teilfinanzierung der Regelfall. Sie untergliedert sich wiederum in die drei Unterfälle der Fehlbedarfs-, Anteil- und Festbetragsfinanzierung.
> - Die Fehlbedarfsfinanzierung richtet sich an Zuwendungsempfänger, die bereits von sich aus ausreichend zur Erfüllung des Zuwendungsempfängers motiviert sind, denen es aber an monetären Mitteln fehlt. Hier schließt die Zuwendung die Finanzierungslücke.
> - Die Anteilfinanzierung erfasst solche Zuwendungsempfänger, die – unabhängig von ihrer Finanzkraft – einen finanziellen Anreiz zur Verwirklichung des Zuwendungswecks benötigen. Hier schließt die Zuwendung die Motivationslücke.
> - Bei der Festbetragsfinanzierung beteiligt sich der Zuwendungsgeber mit einem festen Betrag an den zuwendungsfähigen Ausgaben. Dies dient der Verwaltungsvereinfachung.
> - Bei der Vollfinanzierung trägt der Zuwendungsgeber sämtliche zuwendungsfähigen Ausgaben. Im Hinblick auf den Grundsatz der Subsidiarität muss sie der Ausnahmefall sein.

9.1 Finanzierungsarten

Die Finanzierungsarten bestimmen den Umfang der Förderung. Dies kann die Übernahme sämtlicher zuwendungsfähiger Ausgaben umfassen oder nur einen Teil hiervon.

---

[36] Vgl. Der Präsident des Bundesrechnungshofes als Bundesbeauftragter für Wirtschaftlichkeit in der Verwaltung, Schriftenreihe Band 10, Prüfung der Vergabe und Bewirtschaftung von Zuwendungen, 2. Aufl., 2016, S. 17.

9. Die Finanzierungsarten

Entsprechend gibt es die **zwei Finanzierungsarten** der Vollfinanzierung und der Teilfinanzierung. Die Teilfinanzierung hat wiederum drei Unterfälle: Die Fehlbedarfs-, Anteil- und Festbetragsfinanzierung.

Maßgeblich für die Bestimmung der Finanzierungsart sind die Motivlage sowie die wirtschaftliche Situation des Zuwendungsempfängers.

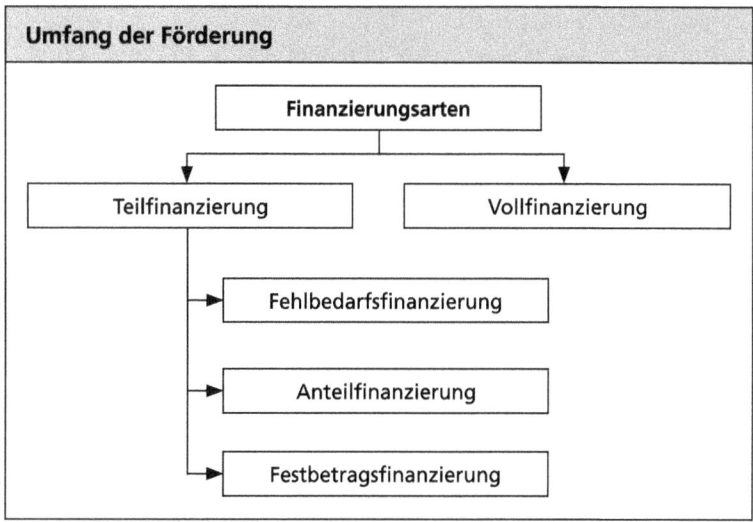

9.2 Fehlbedarfsfinanzierung

VV Nrn. 2.2 und 2.2.2 zu § 44 BHO:

„Die Zuwendung wird grundsätzlich zur Teilfinanzierung des zu erfüllenden Zwecks bewilligt, und zwar [...] zur Deckung des Fehlbedarfs, der insoweit verbleibt, als der Zuwendungsempfänger die zuwendungsfähigen Ausgaben nicht durch eigene oder fremde Mittel zu decken vermag (Fehlbedarfsfinanzierung); die Zuwendung ist bei der Bewilligung auf einen Höchstbetrag zu begrenzen."

Die Fehlbedarfsfinanzierung richtet sich an Zuwendungsempfänger, die aus sich heraus motiviert sind, den Zuwendungszweck zu erreichen, aber nicht über ausreichende finanzielle Mittel hierzu verfügen. Die **Zuwendung deckt die Finanzierungslücke**.

I. Materielle Grundlagen des Zuwendungsrechts

> **Beispiel:**
> Bei einem privaten Theater reichen die Einnahmen nicht aus, um den Spielbetrieb zu finanzieren. Das jährliche Manko deckt die Stadt durch eine Fehlbedarfsfinanzierung.

Um die Höhe des Fehlbedarfs beurteilen zu können, muss die Bewilligungsbehörde die Notwendigkeit der zuwendungsfähigen Ausgaben sowie die finanzielle Leistungsfähigkeit des Zuwendungsempfängers **umfassend prüfen**, vgl. Teil II 14.2 bis 14.6.

Spätere Finanzierungsverbesserungen in Form von Minderausgaben und Mehreinnahmen gegenüber der Planung führen in vollständiger Höhe zur nachträglichen Ermäßigung der Zuwendung. Vgl. die Ermäßigungsklausel in Nr. 2 der jeweiligen ANBest.

> **Praxis-Tipp:**
> Zur rechtlichen Ausgestaltung der Ermäßigung der Zuwendung vgl. Teil II 27 und 28.

Dadurch besteht für den Zuwendungsempfänger kein Anreiz zum wirtschaftlichen Verhalten, weil alleine der Zuwendungsgeber von Finanzierungsverbesserungen profitiert.

Im Hinblick auf den erheblichen Prüfaufwand ist die Fehlbedarfsfinanzierung nur begrenzt für Förderprogramme mit großem Antragsaufkommen und hohen Bewilligungszahlen geeignet. Sie ist die **vorrangige Finanzierungsart bei institutionellen Förderungen**.

Sofern der Fehlbedarf durch mehrere Zuwendungsgeber finanziert wird, spricht man von einer „**anteiligen Fehlbedarfsfinanzierung**".

9.3 Anteilfinanzierung

VV Nrn. 2.2 und 2.2.1 zu § 44 BHO:

„Die Zuwendung wird grundsätzlich zur Teilfinanzierung des zu erfüllenden Zwecks bewilligt, und zwar [...] nach einem bestimmten Vomhundertsatz oder Anteil der zuwendungsfähigen Ausgaben (Anteilfinanzierung); die Zuwendung ist bei der Bewilligung auf einen Höchstbetrag zu begrenzen."

Die Anteilfinanzierung richtet sich an Zuwendungsempfänger, die zwar grundsätzlich über ausreichende finanzielle Mittel zur Erfüllung des Zuwendungszwecks verfügen, aus sich heraus aber nicht (ausreichend) hierzu motiviert sind. Für anteilfinanzierte Zuwen-

9. Die Finanzierungsarten

dungsempfänger dient die Zuwendung als finanzieller Anreiz, ihre Prioritäten zu ändern. **Die Zuwendung deckt die Motivationslücke.**

> **Beispiel:**
> Ein Land vergibt eine Zuwendung, um Industrieunternehmen dazu zu bewegen, noch höhere als die gesetzlich vorgeschriebenen Umweltstandards zu erfüllen.

Bei der Anteilfinanzierung wird die Förderung als **prozentualer Anteil** an den zuwendungsfähigen Ausgaben bemessen. Die besondere Herausforderung besteht darin, zu prognostizieren, wie hoch die Zuwendung ausfallen muss, um die Anreizwirkung zu erreichen, vgl. Teil II 14.7 und 14.8. Hierbei besteht ein weiter Beurteilungsspielraum, denn die Frage nach der Motivation betrifft die, für die Bewilligungsbehörde kaum abschließend zu beurteilende, innere Sphäre des Zuwendungsempfängers.

Oft ist die **Eigenbeteiligung** des Zuwendungsempfängers bei Anteilfinanzierungen **vergleichsweise hoch**. Anteilfinanzierungen können ausnahmsweise aber auch für Förderungen finanzschwacher Zuwendungsempfänger in Betracht kommen, um den mit einer Fehlbedarfsfinanzierung verbundenen hohen Verwaltungsaufwand (vgl. Teil II 14.6) zu vermeiden.

Bei Zuwendungen auf Kostenbasis ist grundsätzlich die Anteilfinanzierung zu wählen (VV Nr. 13a.6 zu § 44 BHO).

Spätere Finanzierungsverbesserungen in Form von Minderausgaben und Mehreinnahmen gegenüber der Planung führen bei Anteilfinanzierungen zu einer anteiligen nachträglichen Ermäßigung der Zuwendung. Vgl. die Ermäßigungsklausel in Nr. 2 der jeweiligen ANBest.

> **Praxis-Tipp:**
> Zur rechtlichen Ausgestaltung der Ermäßigung der Zuwendung vgl. Teil II 27 und 28.

Dadurch besteht für den Zuwendungsempfänger ein **Anreiz zum wirtschaftlichen Verhalten**, da dieser von Finanzierungsverbesserungen in Höhe seines prozentualen Anteils partizipiert.

I. Materielle Grundlagen des Zuwendungsrechts

Interessenlage bei Fehlbedarfs- und Anteilfinanzierung

Fehlbedarfsfinanzierung

Der Zuwendungsempfänger **will** den Zuwendungszweck erreichen, **kann** es jedoch mangels finanzieller Mittel nicht (Ausgleichsfunktion).

Anteilfinanzierung

Der Zuwendungsempfänger **könnte** mit seinen finanziellen Mitteln den Zuwendungszweck erreichen, **will** es jedoch nicht (Anreizfunktion).

9.4 Festbetragsfinanzierung

VV Nrn. 2.2 und 2.2.3 zu § 44 BHO:

„Die Zuwendung wird grundsätzlich zur Teilfinanzierung des zu erfüllenden Zwecks bewilligt, und zwar [...]

mit einem festen Betrag an den zuwendungsfähigen Ausgaben (Festbetragsfinanzierung); dabei kann die Zuwendung auch auf das Vielfache eines Betrages festgesetzt werden, der sich für eine bestimmte Einheit ergibt. Eine Festbetragsfinanzierung kommt nicht in Betracht, wenn im Zeitpunkt der Bewilligung konkrete Anhaltspunkte dafür vorliegen, dass mit nicht bestimmbaren späteren Finanzierungsbeiträgen Dritter oder mit Einsparungen zu rechnen ist."

Die Festbetragsfinanzierung (VV Nr. 2.2.3 zu § 44 BHO) ist eine Variante sowohl der Fehlbedarfs- als auch der Anteilfinanzierung. Hier wird die Zuwendung als ein **fester Betrag an den zuwendungsfähigen Ausgaben** bewilligt.

Spätere **Minderausgaben und Mehreinnahmen** gegenüber der Planung **haben keine Auswirkung auf die Zuwendung.**

Praxis-Tipp:

Anders als bei den anderen Finanzierungsarten ist eine Ermäßigungsklausel in Nr. 2 der ANBest für die Festbetragsfinanzierung nicht vorgesehen. Übersteigt der Festbetrag allerdings nach der Abrechnung des Vorhabens die zuwendungsfähigen Ausgaben, ist der Zuwendungsbescheid hinsichtlich des übersteigenden Teils zu widerrufen, da dieser nicht zweckentsprechend verwendet werden kann (§ 49 Abs. 3 Nr. 1 VwVfG).

9. Die Finanzierungsarten

Die Zuwendung verringert sich – anders als bei der Fehlbedarfs- und Anteilfinanzierung – nicht. Von wirtschaftlichem Verhalten profitiert nur der Zuwendungsempfänger.

Festbetragsfinanzierungen kommen deshalb nur dann in Betracht, wenn die zuwendungsfähigen Ausgaben und die Deckungsmittel bei der Bewilligung so **hinreichend konkret kalkuliert** werden können, dass nicht von späteren Minderausgaben oder Mehreinnahmen auszugehen ist.

> **Beispiel:**
> Bei einem Projekt werden nur Sachausgaben finanziert. Für sie liegen bereits verbindliche Angebote der Lieferanten in Höhe von insgesamt 2.500 Euro vor. Aufgrund der validen Kalkulationsgrundlage gewährt die Bewilligungsbehörde einen Festbetrag von 1.250 Euro.

Umgekehrt ist eine Festbetragsfinanzierung ausgeschlossen, wenn konkrete Anhaltspunkte dafür vorliegen, dass mit späteren Finanzierungsbeiträgen Dritter oder mit Einsparungen zu rechnen ist (VV Nr. 2.2.3 zu § 44 BHO). Diese Regelung ist in einigen Ländern entfallen.

> **Praxis-Tipp:**
> Die Festbetragsfinanzierung dient vor allem der **Verwaltungsvereinfachung**. Anwendungsfälle sind auch Förderungen, bei denen die Zuwendung von vornherein generalisierend für alle Zuwendungsempfänger in gleicher Höhe festgelegt wird. Dies wirkt wie eine Pauschale.

> **Beispiel:**
> Aus Gründen des Umweltschutzes und zur Förderung der Energiewende erhält jeder Käufer eines Elektroautos eine feste Prämie von 4.000 Euro. Die Höhe der Zuwendung beruht auf einer Prognose zum erwarteten Marktverhalten von Autokäufern.

Ein weiterer Anwendungsfall kann die Gewährung einer von vornherein feststehenden einheitlichen **Pauschale je Maßeinheit** sein.

I. Materielle Grundlagen des Zuwendungsrechts

> **Beispiel:**
> Für die Durchführung von eintägigen Schulungsmaßnahmen eines Jugendverbandes gewährt ein Land 25 Euro je Teilnehmer.

Bei betragsmäßig geringen Förderungen ist die Festbetragsfinanzierung die **vorrangige Finanzierungsart** in einigen Ländern, z. B.

- in Niedersachsen bei Zuwendungsbeträgen unter 25.000 Euro (VV Nr. 2.2.3 zu § 44 LHO Niedersachsen),
- in Hessen bei Zuwendungen bis zu 5.000 Euro (VV Nr. 2.2.3 zu § 44 LHO Hessen).

9.5 Vollfinanzierung

VV Nr. 2.4 zu § 44 BHO:
„Eine Zuwendung darf ausnahmsweise zur Vollfinanzierung bewilligt werden, wenn die Erfüllung des Zwecks in dem notwendigen Umfang nur bei Übernahme sämtlicher zuwendungsfähiger Ausgaben durch den Bund möglich ist. Eine Vollfinanzierung kommt in der Regel nicht in Betracht, wenn der Zuwendungsempfänger an der Erfüllung des Zuwendungszwecks insbesondere ein wirtschaftliches Interesse hat. Die Zuwendung ist bei der Bewilligung auf einen Höchstbetrag zu begrenzen."

Auch bei der Vollfinanzierung (VV Nr. 2.4 zu § 44 BHO) können beim Zuwendungsempfänger die **Grundmotivlagen der Fehlbedarfs- und Anteilfinanzierung** vorliegen. Entweder ist der Zuwendungsempfänger so finanzschwach, dass er keinerlei Eigenmittel aufbringen kann. Oder sein Interesse an der Verwirklichung des Zuwendungszwecks ist so gering, dass er zu keinerlei eigener finanzieller Leistung bereit ist. In diesem Fall muss genau geprüft werden, ob ggf. ein öffentlicher Auftrag statt einer Zuwendung das richtige Finanzierungsinstrument ist, vgl. Teil I 4.3.

Wegen des Grundsatzes der Subsidiarität müssen sich Vollfinanzierungen auf **Ausnahmen** beschränken (VV Nr. 2.4 zu § 44 BHO). Die Bewilligungsbehörde muss besonders begründen, warum das staatliche Interesse am Zuwendungszweck so überragend ist, dass auf jedwede finanzielle Eigenbeteiligung des Zuwendungsempfängers verzichtet werden soll.

Eine Vollfinanzierung kommt in der Regel nicht in Betracht, wenn der Zuwendungsempfänger an der Erfüllung des Zuwendungszwecks ein **wirtschaftliches Interesse** hat (VV Nr. 2.4 Satz 2 zu § 44 BHO).

9. Die Finanzierungsarten

Minderausgaben und Mehreinnahmen gegenüber der Planung führen in vollständiger Höhe zur Ermäßigung der Zuwendung. Vgl. die Ermäßigungsklausel in Nr. 2 der jeweiligen ANBest. Dadurch besteht für den Zuwendungsempfänger **kein Anreiz zum wirtschaftlichen Verhalten**.

> **Praxis-Tipp:**
> Zur rechtlichen Ausgestaltung der Ermäßigung der Zuwendung vgl. Teil II 27 und 28.

Es sind auch Konstellationen denkbar, bei denen zwar **auf dem Papier** Vollfinanzierungen gewährt werden, dies jedoch bei ganzheitlicher Betrachtung des Projekts zu relativieren ist. Das betrifft vor allem Fälle, in denen nur solche Ausgaben gefördert werden, die zusätzlich für das Vorhaben anfallen, der Zuwendungsempfänger aber ergänzend von ihm alleine finanzierte Grundausstattung in die Maßnahme einbringt. Hier fällt es leichter, eine Ausnahme zu begründen.

> **Beispiel:**
> Ein institutionell geförderter Zuwendungsempfänger erhält eine zusätzliche Projektförderung als Vollfinanzierung, die nur die Ausgaben deckt, die nicht bereits durch die institutionelle Förderung finanziert sind, vgl. Teil I 8.5.

Gleiches gilt, wenn der Zuwendungsempfänger zwar keine Grundausstattung für ein Projekt zur Verfügung stellen kann, jedoch **unentgeltliche Leistungen** erbringt.

> **Beispiele:**
> „Muskelhypotheken" von Vereinsmitgliedern bei Baumaßnahmen oder ehrenamtlich erbrachte Arbeitszeit von Vorstandsmitgliedern.
>
> Solche unentgeltlichen Leistungen sollten in einer Art „Nebenrechnung" und **nachrichtlich ausgewiesen** werden, dürfen aber nicht als Einnahmen in den Finanzierungsplan aufgenommen werden, da dieser alleine auf den tatsächlichen Geldfluss abstellt.

I. Materielle Grundlagen des Zuwendungsrechts

9.6 Übersicht über die Finanzierungsarten

	Teilfinanzierung			Vollfinanzierung
Anwendungshäufigkeit	Regelfall			Ausnahmefall
Varianten	Fehlbedarfsfinanzierung	Anteilfinanzierung	Festbetragsfinanzierung	–
Interessenlage des ZE (VV Nr. 2.1 zu § 44 BHO)	ZE kann den Zuwendungszweck ohne Förderung nicht erreichen	ZE will den Zuwendungszweck ohne Förderung nicht erreichen	Keine generalisierende Aussage möglich	▪ ZE kann oder will den Zuwendungszweck ohne vollständige Förderung nicht erreichen ▪ Kein wirtschaftliches Interesse des ZE (VV Nr. 2.4 zu § 44 BHO)
Funktion der Zuwendung für den ZE	Schließen einer Finanzierungslücke	Anreiz zur Prioritätenänderung	Keine generalisierende Aussage möglich	Vollständige Übernahme der Finanzierung
Finanzielle Leistungsfähigkeit des ZE	Tendenziell finanzschwacher ZE	Tendenziell finanzstarker ZE	Keine generalisierende Aussage möglich	Tendenziell finanzschwacher ZE
Bei der Bewilligung der Zuwendung von der Verwaltung außerdem zu beachten	▪ Bei der Antragsprüfung ist auch über die Finanzierungsart zu entscheiden (VV Nr. 2.1 zu § 44 BHO) ▪ Die Entscheidung ist im Vermerk über die Antragsprüfung zu begründen (VV Nr. 3.3.3 zu § 44 BHO) ▪ Die Finanzierungsart ist im Zuwendungsbescheid zu regeln (VV Nr. 4.2.4 zu § 44 BHO)			
Bei der Auszahlung der Zuwendung von der Verwaltung zu beachten	Auszahlung der Zuwendung erst, wenn eigene Mittel des ZE und sonstige Mittel verbraucht sind (Nrn. 1.4, 1.4.2 ANBest-P)	Auszahlung der Zuwendung anteilig mit eigenen Mitteln des ZE und sonstigen Mitteln (Nrn. 1.4, 1.4.1 ANBest-P)	Auszahlung der Zuwendung anteilig mit eigenen Mitteln des ZE und sonstigen Mitteln (Nrn. 1.4, 1.4.1 ANBest-P)	Da sämtliche Ausgaben aus der Zuwendung bestritten werden, keine auf die Finanzierungsart bezogene Auszahlungsregelung

	Teilfinanzierung			Vollfinanzierung
Anwendungshäufigkeit	Regelfall			Ausnahmefall
Varianten	Fehlbedarfsfinanzierung	Anteilfinanzierung	Festbetragsfinanzierung	–
Auswirkung von mit dem Zuwendungszweck zusammenhängenden Minderausgaben oder Mehreinnahmen des ZE	Ermäßigung der Zuwendung um den vollen Betrag (Nr. 2.1.2 ANBest-P)	Anteilige Ermäßigung der Zuwendung (Nr. 2.1.1 ANBest-P)	Keine Ermäßigung der Zuwendung (Nr. 2.1.2 ANBest-P)	Ermäßigung der Zuwendung um den vollen Betrag
Auswirkung von mit dem Zuwendungszweck zusammenhängenden Mehrausgaben oder Mindereinnahmen des ZE	Keine, da Begrenzung der Zuwendung auf einen Höchstbetrag (VV Nr. 2.2.2 zu § 44 BHO)	Keine, da Begrenzung der Zuwendung auf einen Höchstbetrag (VV Nr. 2.2.1 zu § 44 BHO)	Keine, da Festbetrag	Keine, da Begrenzung der Zuwendung auf einen Höchstbetrag (VV Nr. 2.4 zu § 44 BHO)

10. Die Finanzierungsformen

Überblick

- Die Finanzierungsformen bestimmen, ob der Zuwendungsempfänger die Förderung dauerhaft behalten darf oder später zurückzahlen muss.

- Das Zuwendungsrecht unterscheidet zwischen unbedingt rückzahlbaren, bedingt rückzahlbaren und nicht rückzahlbaren Förderungen.

- Unbedingt rückzahlbare Zuwendungen kommen vor allem in Frage, wenn der Zuwendungsempfänger durch die Erfüllung des Zuwendungszwecks einen dauerhaften Vermögenszuwachs erlangt. Die Zuwendung hat den Charakter eines, meist unverzinslichen Darlehens.

I. Materielle Grundlagen des Zuwendungsrechts

- Bedingt rückzahlbare Zuwendungen betreffen Fälle, in denen das Erfüllen des Zuwendungszwecks für den Zuwendungsempfänger zu einem wirtschaftlichen Nutzen führen könnte, dies aber zum Zeitpunkt der Bewilligung noch nicht sicher prognostiziert werden kann. Sie wirken wie eine Art Wagniskapital.
- Nicht rückzahlbare Zuwendungen als Regelfall tragen dem Unterstützungs- oder Motivierungscharakter einer Förderung am besten Rechnung. Sie wirken für den Zuwendungsempfänger wie ein Zuschuss.

10.1 Finanzierungsformen

Die Finanzierungsform regelt, ob der Zuwendungsempfänger die Förderung **dauerhaft behalten** darf oder später **zurückzahlen** muss.

Es ist also festzulegen, ob die Zuwendung als **Zuschuss oder Darlehen** gewährt wird.

Es gibt die **drei Finanzierungsformen** rückzahlbar, nicht rückzahlbar oder bedingt rückzahlbar.

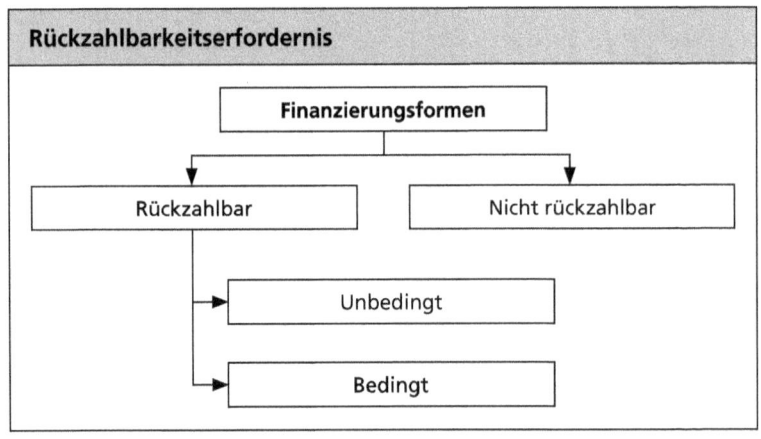

VV Nr. 1.1 Satz 2 zu § 44 BHO:

„Nicht rückzahlbare Zuwendungen sollen nur bewilligt werden, soweit der Zweck nicht durch unbedingt oder bedingt rückzahlbare Zuwendungen erreicht werden kann."

10. Die Finanzierungsformen

10.2 Unbedingt rückzahlbare Zuwendungen

Unbedingt rückzahlbare Zuwendungen sollen nach den Vorgaben des Zuwendungsrechts **vorrangig** gewährt werden (VV Nr. 1.1 Satz 2 zu § 44 BHO). Dies folgt aus dem Grundsatz der Subsidiarität (§ 7 Abs. 1, § 23, § 44 Abs. 1 Satz 1 i. V. m. § 23 BHO).

In der Praxis sind unbedingt rückzahlbare Zuwendungen dagegen sehr **selten** (vgl. Teil I 10.4).

Der **häufigste Anwendungsfall** sind Konstellationen, in denen der Zuwendungsempfänger mit Hilfe der Förderung einen dauerhaften Vermögensvorteil erzielt. Die unbedingt rückzahlbare Zuwendung wirkt dann wie eine Zwischenfinanzierung oder Liquiditätshilfe.

> **Beispiel:**
>
> Ein Ehepaar mit Kindern erhält eine Förderung zur Schaffung von Wohneigentum. Die Zuwendung ist 10 Jahre zunächst nicht rückzahlbar und wird nicht verzinst. Nach Ablauf der Frist steht zu erwarten, dass sich die wirtschaftliche Situation der Familie deutlich gebessert hat, z. B., weil ein Ehepartner nach der Erziehungsphase wieder voll erwerbstätig ist. Ab dem elften Jahr ist die Förderung deshalb ratenweise und ab jetzt verzinst zurückzuzahlen. Bei schnellerer Rückzahlung erhält die Familie einen Nachlass.

Im Unterschied zu einem Bankdarlehen werden unbedingt rückzahlbare Zuwendungen meistens **nicht**, geringer oder erst nach Ablauf einer längeren Frist **verzinst**.

Werden **Sicherheiten** gefordert, sind diese häufig gegenüber denen anderer Darlehensgeber nachrangig.

> **Beispiel:**
>
> Dingliche Sicherungen bei der Anschaffung dauerhafter Vermögenswerte.

Bei unbedingt rückzahlbaren Zuwendungen muss die Bewilligungsbehörde die **Bonität** des Zuwendungsempfängers (vgl. Teil II 13.2) nicht nur hinsichtlich des zu leistenden Eigenanteils, sondern auch zur späteren Rückzahlung der Förderung besonders sorgfältig prüfen.

Die Besonderheiten unbedingt rückzahlbarer Zuwendungen im Hinblick auf die Bonitätsprüfung, die Stellung von Sicherheiten, die

I. Materielle Grundlagen des Zuwendungsrechts

(mögliche) Verzinsung sowie die Überwachung und Vereinnahmung der Rückzahlungsraten führen zu einem vergleichsweise **hohen Verwaltungsaufwand.**

Eine **Alternative** zu unbedingt rückzahlbaren Zuwendungen kann deshalb die Zahlung eines (nicht rückzahlbaren) Zinszuschusses für die Kosten eines Bankdarlehens des Zuwendungsempfängers sein.[37]

10.3 Bedingt rückzahlbare Zuwendungen

Bei bedingt rückzahlbaren Zuwendungen hängt die Rückzahlung vom Eintritt eines **künftigen**, im Zeitpunkt der Bewilligung nicht mit Bestimmtheit vorhersehbaren **Ereignisses** ab (§ 36 Abs. 2 Nr. 2 VwVfG (Bund)).

Sie kommen vor allem in Betracht, wenn die Erfüllung des Zuwendungszwecks **möglicherweise** zu einem **wirtschaftlichen Nutzen beim Zuwendungsempfänger** führen kann, dessen tatsächliche Realisierung aber ungewiss ist.

> **Beispiel:**
>
> Ein Forschungsprojekt zielt darauf ab, die Leistungsfähigkeit von Solarzellen signifikant zu verbessern. Ob die technische Entwicklung gelingt und ob sie dann auch vermarktet werden kann, lässt sich bei der Bewilligung nicht mit hinreichender Sicherheit prognostizieren. Die Rückzahlung wird an die Bedingung des wirtschaftlichen Erfolgs geknüpft (Überschreiten der Gewinnschwelle bei der Vermarktung).

Würde die Förderung von **vornherein als rückzahlbar** bewilligt, müsste der Zuwendungsempfänger im Falle des Misserfolgs ein erhebliches wirtschaftliches Risiko eingehen, zu dem er möglicherweise nicht bereit wäre. Es käme dann ggf. nicht zur Durchführung des Projekts und das erhebliche staatliche Interesse bliebe unerfüllt.

---

[37] Zur Zahlung „pro-rata-temporis" oder zur möglichen Kapitalisierung solcher Zinszuschüsse vgl. beim Bund Nr. 14 der Verfahrenshinweise für die Aufstellung des Bundeshaushalts 2021 und des neuen Finanzplans 2020 bis 2024; Rundschreiben des BMF vom 20.12.2019 – II A 1 – H 1105/19/10002:001; DOK 2015/1001626.

10. Die Finanzierungsformen

Würde die Zuwendung andererseits **von Anfang an als nicht rückzahlbar** gewährt, würde die öffentliche Hand an einem von ihr mit herbeigeführten, wirtschaftlichen Erfolg nicht partizipieren.

Die Knüpfung der Rückzahlbarkeit an den tatsächlichen wirtschaftlichen Erfolg des Vorhabens löst den Interessenkonflikt von Zuwendungsgeber und Zuwendungsempfänger im Sinne eines **für beide vertretbaren Ausgleichs**.

10.4 Nicht rückzahlbare Zuwendungen

Nicht rückzahlbare Zuwendungen sind entgegen der Vorgabe in den Allgemeinen Verwaltungsvorschriften (VV Nr. 1.2 Satz 2 zu § 44 BHO) der **Regelfall**. Dies hat verschiedene Gründe:

- Sofern eine Zuwendung eine Finanzierungslücke ausgleicht (Fehlbedarfsfinanzierung) oder sogar sämtliche zuwendungsfähige Ausgaben abdeckt (Vollfinanzierung), werden sich die Vermögens- und Einkommensverhältnisse finanzschwacher Zuwendungsempfänger auch nach Durchführung des Projekts regelmäßig nicht verbessert haben. Die Rückzahlung der Zuwendung von „armen" Zuwendungsempfängern ist deshalb von vornherein unwahrscheinlich.

- Sofern eine Zuwendung den finanziellen Anreiz zur Erfüllung des im erheblichen Bundes- oder Landesinteresses liegenden Zuwendungszwecks darstellt (Anteilfinanzierung), wäre es kontraproduktiv, die staatlichen Leistungen zu einem späteren Zeitpunkt vom Zuwendungsempfänger wieder zurückzufordern.

- Bei Festbetragsfinanzierungen stünde die Rückzahlung der Förderung der beabsichtigten Verwaltungsvereinfachung entgegen.

11. Veranschlagung von Zuwendungen im Haushaltsplan

> **Überblick**
>
> - Die Ermächtigung zur Bewilligung von Zuwendungen erteilt der Haushaltsgesetzgeber im Haushaltsplan.
> - Förderprogramme sollen nur veranschlagt werden, wenn ihre Ziele hinreichend bestimmt sind, um eine spätere Erfolgskontrolle durchführen zu können.
> - Um den Haushaltsplan im Hinblick auf die hohe Zahl von Förderprogrammen nicht unnötig aufzublähen, sind thematisch zusammenhängende Förderungen in so genannte Sammeltitel aufzunehmen.
> - Betragsmäßig hohe institutionelle Förderungen werden dagegen in gesonderten Titeln veranschlagt, während betragsmäßig kleinere ebenfalls thematisch zusammengefasst werden können.
> - Haushaltssystematisch sind Zuwendungen regelmäßig in die Hauptgruppe 6 einzuordnen. Betreffen sie investive Bereiche, kommen auch die Hauptgruppen 7 und 8 in Betracht.

11.1 Ermächtigungsgrundlage für die Gewährung

Die **Ermächtigung** zur Gewährung von Zuwendungen erteilt der Haushaltsgesetzgeber im Haushaltsplan (§ 3 Abs. 1 BHO).

§ 3 Abs. 1 BHO – Wirkungen des Haushaltsplans:

„Der Haushaltsplan ermächtigt die Verwaltung, Ausgaben zu leisten und Verpflichtungen einzugehen."

11.2 Ausgabengruppe nach der Haushaltssystematik

Die Haushaltssystematik weist Zuwendungen grundsätzlich der **Hauptgruppe 6** des Gruppierungsplans zu (Zuweisungen und Zuschüsse).

Beispiel:

Ein Förderprogramm für die Durchführung von Kulturveranstaltungen fällt in die Hauptgruppe 6.

Werden Zuwendungen jedoch für Bau- oder Investitionsausgaben gewährt, fallen sie in die speziell hierfür vorgesehenen **Haupt-**

11. Veranschlagung von Zuwendungen im Haushaltsplan

gruppen 7 (Baumaßnahmen) **oder 8** (sonstige Investitionen). Vgl. dazu § 13 Abs. 3 BHO – Gruppierungsplan des Bundes.

> **Beispiele:**
>
> Ein Programm zur Sanierung von Baudenkmälern fällt in die Hauptgruppe 7. Ein Programm zur Ausstattung von Schulen mit IT-Technik gehört in die Hauptgruppe 8.

11.3 Veranschlagung von Projektförderungen

Grundsätzlich sind die Ausgaben und Verpflichtungsermächtigungen in den Haushaltsplänen nach Zwecken getrennt zu veranschlagen (§ 17 Abs. 1 Satz 1 BHO). Bei der Vielzahl der geförderten Projekte würde dies jedoch den Grundsatz der Haushaltstransparenz („Klarheit und Wahrheit") beeinträchtigen. Deshalb werden Zuwendungen thematisch zusammengefasst in so genannten **Sammeltiteln** veranschlagt (Nr. 11.3 HRB Bund).

> **Beispiel:**
>
> Für jedes Förderprogramm wird („Thema") ein einzelner Haushaltstitel ausgebracht, aus dem wiederum alle programmbezogenen Projekte finanziert werden.

Soweit **mehrere Förderprogramme** ihrerseits wiederum unter ein übergeordnetes Thema subsumiert werden können, können auch sie in einem Haushaltstitel zusammengefasst werden. Der Haushaltsplan weist dann eine hohe Aggregierung auf. Ggf. können die Haushaltsansätze dann für jedes einzelne Programm in verbindlichen Erläuterungen (vgl. § 17 Abs. 1 Satz 2 BHO) festgelegt werden.

> **Beispiel:**
>
> Unter der Zweckbestimmung „Förderung erneuerbarer Energien" werden Förderprogramme für Solar-, Bio- und Windenergie sowie für die Stromproduktion aus Wasserkraft gemeinsam veranschlagt.

Haushaltsmittel für Förderprogramme sollen darüber hinaus nur veranschlagt werden, wenn ihre **Ziele** für eine spätere Erfolgskontrolle hinreichend bestimmt sind (VV Nr. 3.5 zu § 23 BHO, vgl. Teil II 22).

I. Materielle Grundlagen des Zuwendungsrechts

11.4 Veranschlagung von institutionellen Förderungen

Institutionelle Zuwendungen belasten die Haushalte von Bund und Ländern dauerhaft, vgl. Teil I 8.6. Für sie gelten deshalb **besondere Voraussetzungen** für die Veranschlagung.

> **Praxis-Tipp:**
> Im Folgenden wird dies am Beispiel des Bundes erläutert.

Wenn die Zuwendung für die Betriebsausgaben einer Einrichtung **mehr als 25 Mio. Euro** beträgt, ist die Förderung in einem gesonderten Titel zu veranschlagen.

Wenn die Zuwendung für die Betriebsausgaben mehrerer Einrichtungen jeweils **bis zu 25 Mio. Euro** beträgt und ihre Aufgaben gleich oder vergleichbar sind (Zweckidentität), können ihre Förderungen zusammen in einem Titel veranschlagt werden. In verbindlichen Erläuterungen wird für jede Einrichtung der auf sie entfallende Haushaltsbetrag festgeschrieben (Nr. 11.1 HRB Bund).

> **Beispiel:**
>
> Ein Bundesministerium fördert sechs Forschungseinrichtungen auf dem Gebiet der erneuerbaren Energien. Die Förderung für fünf Einrichtungen erfolgt aus einem einzigen Haushaltstitel, weil der Förderbetrag für deren Betriebsausgaben jeweils unter 25 Mio. Euro liegt. Die sechste Forschungseinrichtung erhält für ihre Betriebsausgaben eine Förderung von mehr als 25 Mio. Euro. Für sie muss das Bundesministerium einen gesonderten Haushaltstitel ausbringen. Die beiden Titel wiederum werden in der Titelgruppe „Forschungseinrichtungen auf dem Gebiet der erneuerbaren Energien" zusammengefasst.

Die Wertgrenzen stellen auf die Förderung der **Betriebsausgaben** ab, weil die Ausgaben zur Förderung von Investitionen regelmäßig schwanken.

11. Veranschlagung von Zuwendungen im Haushaltsplan

Beispiel:

Bei einer Einrichtung wird eine einmalige mehrjährige Baumaßnahme durchgeführt. Nur deshalb liegt ihre Förderung in den betreffenden Jahren ausnahmsweise über 25 Mio. Euro, die reinen Betriebsausgaben liegen regelmäßig unter dem Schwellenwert. Die Ausgaben für die Förderung werden weiterhin im Sammeltitel veranschlagt.

Auch thematisch zusammenhängende **Projektförderungen und institutionelle Förderungen auf dem gleichen Gebiet** mit Förderbeträgen bei den Betriebsausgaben bis zu 25 Mio. Euro können in einem Sammeltitel kombiniert werden. In verbindlichen Erläuterungen werden dann sowohl die Förderbeträge für die einzelnen Einrichtungen zur institutionellen als auch für die jeweiligen Förderprogramme zur Projektförderung ausgewiesen (Nr. 11.3 HRB Bund).

Beispiel:

Ein Landesministerium fördert fünf Museen der bildenden Kunst institutionell. Daneben legt es noch zwei Förderprogramme für die Durchführung von Sonderausstellungen sowie für den Ankauf von Kunstgegenständen zur Erweiterung der Sammlungen nicht institutionell geförderter Museen auf. Alle Förderungen werden unter der Zweckbestimmung „Förderung von Museen der bildenden Kunst" in einem Haushaltstitel veranschlagt.

Ausgaben für **Investitionen** bei institutionellen Förderungen sind neben den Betriebsausgaben in gesonderten Titeln der Obergruppe 89 zu veranschlagen (Nrn. 11.1, 11.2 HRB Bund).

Die **Wirtschaftspläne und Stellenübersichten** großer institutionell geförderter Einrichtungen sind außerdem in Anlagen zum Haushaltsplan zusammengefasst darzustellen (§ 26 Abs. 3 BHO, Nr. 11.4 HRB Bund). Die Stellenpläne aller institutionell geförderten Einrichtungen sind beim Bund darüber hinaus nach § 14 Abs. 2 des Haushaltsgesetzes grundsätzlich verbindlich.

I. Materielle Grundlagen des Zuwendungsrechts

11.5 Prüffragen für die Veranschlagung von Zuwendungen

- Liegt überhaupt eine Zuwendung vor (z. B. Abgrenzung zu Aufträgen)?
- Kann der Zuwendungszweck alternativ durch die Übernahme von Bürgschaften, Garantien oder sonstigen Gewährleistungen erreicht werden? – VV Nr. 3.1 zu § 23 BHO
- Liegt bei institutionellen ZE ein Haushalts- oder Wirtschaftsplan vor, der alle zu erwartenden Einnahmen und Ausgaben sowie einen Organisations- und Stellenplan enthält? – VV Nr. 3.4 zu § 23 BHO
- Liegt bei institutionell geförderten ZE eine Übersicht über das Vermögen und die Schulden sowie über die voraussichtlichen Verpflichtungen zu Lasten künftiger Jahre vor? – VV Nr. 3.4 zu § 23 BHO
- Wurden, insbesondere bei Förderprogrammen, die Ziele so bestimmt, dass eine Erfolgskontrolle durchgeführt werden kann? – VV Nr. 3.5 zu § 23 BHO, § 7 BHO
- Wie wurden, insbesondere bei Förderprogrammen, die Ausgaben kalkuliert (z. B. politische Vorgabe, Schätzung, Vorjahresansatz oder nachvollziehbare Bedarfskalkulation)?
- Liegen bei Baumaßnahmen, größeren Beschaffungen oder Entwicklungsmaßnahmen Planungsunterlagen und Kostenschätzungen vor? – § 24 BHO
- Wurde bei der Neuaufnahme von institutionellen Zuwendungsempfängern des Bundes das Omnibusprinzip eingehalten? – Vgl. Teil I 8.6.

II. Das Verwaltungsverfahren bei Zuwendungen

1.	**Verfahrensrecht bei Zuwendungen**	106
1.1	Materie des öffentlichen Rechts	106
1.2	Geltung des Verwaltungsverfahrensgesetzes	107
1.3	Haushaltsrechtliche Verfahrensvorgaben	108
2.	**Die Phasen des Zuwendungsverfahrens**	108
3.	**Der Zuwendungsantrag**	109
3.1	Allgemeines	110
3.2	Mindestbestandteile eines Antrags zur Projektförderung	111
3.3	Mindestbestandteile eines Antrags zur institutionellen Förderung	112
3.4	Allgemeiner Antragsvordruck	113
3.5	Beispiel für einen allgemeinen Antragsvordruck – Projektförderung – Zuwendungsantrag	114
4.	**Die fachliche Unterlage des Zuwendungsantrags**	119
4.1	Projektbeschreibung oder Arbeitsplan	119
4.2	Projektbeschreibung bei Projektförderungen	121
4.3	Arbeitsplan bei institutionellen Förderungen	121
4.4	Beispiel für die Struktur einer fachlichen Unterlage anhand der vier „W-Fragen"	122
5.	**Die monetäre Unterlage des Zuwendungsantrags**	124
5.1	Finanzierungs- oder Wirtschaftsplan	125
5.2	Finanzierungsplan bei Projektförderungen	126
5.3	Kalkulationsgrundlagen	127
5.4	Sperren	127
5.5	Verknüpfung von Finanzierungs- und Meilensteinplan	128
5.6	Finanzierungsübersicht	129

5.7	Wirtschaftsplan bei institutionellen Förderungen	129
5.8	Beispiel für einen Finanzierungsplan	131
5.9	Beispiel für eine Verknüpfung von Arbeitspaketen (AP) und Finanzierung	132
6.	**Zuwendungsfähige Ausgaben**	**133**
6.1	Begriff der zuwendungsfähigen Ausgaben	133
6.2	Bewilligungszeitraum	134
6.3	Vorsteuerabzugsberechtigung	135
6.4	Ausgeschlossene zuwendungsfähige Ausgaben	136
6.5	Kosten statt Ausgaben	136
7.	**Enger oder weiter Ansatz bei zuwendungsfähigen Ausgaben**	**137**
7.1	Grundsatzentscheidung	138
7.2	Enger Ansatz (ohne Grundausstattung)	138
7.3	Begründung für Vollfinanzierung	139
7.4	Finanzierung von Ersatzkräften	139
7.5	Weiter Ansatz (mit Grundausstattung)	140
8.	**Pauschalen**	**141**
8.1	Soll-Vorschrift	141
8.2	Vereinfachung durch Standardisierung	142
8.3	Bemessung von Pauschalen	142
8.4	Pauschale als Zuschlag	143
8.5	Regelmäßige Überprüfung	144
8.6	Gefahr der Doppelabrechnung	144
9.	**Die Prüfung des Zuwendungsantrags**	**144**
9.1	Bedeutung der Antragsprüfung	144
9.2	Strukturierter Prozess	145
9.3	Interessenbekundungsverfahren	145
10.	**Inhaltlich-fachliche Prüfung**	**147**
10.1	Prinzip der Bestenauslese bei Projektförderungen	147
10.2	Nutzwertanalysen	148

10.3	Durchführung der Nutzwertanalyse	149
10.4	Gefahren der Nutzwertanalyse	149
10.5	Beispiel für eine Nutzwertanalyse	150
10.6	Inhaltlich-fachliche Prüfung bei institutionellen Förderungen	151
10.7	Einfache Förderungen	151
11.	**Formulierung des Förderziels**	**151**
11.1	Grundsätzliches	152
11.2	SMART-Konzept der Zieldefinition	152
11.3	Merkmal „spezifisch"	153
11.4	Merkmal „messbar"	153
11.5	Merkmal „angemessen"	154
11.6	Merkmal „realistisch"	155
11.7	Merkmal „terminiert"	156
11.8	Mitwirkung des Antragstellers	157
11.9	Dokumentation der Zielbestimmung	157
11.10	Beispiele für smarte Förderziele	158
11.11	Einfache Förderungen	159
11.12	Bindung des Zuwendungsempfängers an das Förderziel	160
11.13	Absehen von der Bindung des Zuwendungsempfängers an das Förderziel	161
12.	**Feststellung der zuwendungsfähigen Ausgaben**	**162**
12.1	Minimalprinzip	163
12.2	Durchführung der Prüfung	163
13.	**Ordnungsgemäße Geschäftsführung, Bonität und Nachhaltigkeit**	**166**
13.1	Ordnungsgemäße Geschäftsführung	166
13.2	Bonität	169
13.3	Nachhaltigkeit der Förderung	170

14.	**Bemessung der Höhe der Zuwendung**	171
14.1	Zuwendungsfähige Ausgaben als Grundlage	171
14.2	Fehlbedarfsfinanzierung	172
14.3	Berechnung des Fehlbedarfs	172
14.4	Einnahmen und Drittmittel	172
14.5	Eigenmittel des Zuwendungsempfängers	173
14.6	Eingeschränkte Anwendung der Fehlbedarfsfinanzierung	175
14.7	Anteilfinanzierung	176
14.8	Interesse von Zuwendungsempfänger und Zuwendungsgeber	176
14.9	Festbetragsfinanzierung	178
14.10	Vollfinanzierung	179
14.11	Festsetzung der Zuwendung als Höchstbetrag	179
15.	**Ergebnis der Antragsprüfung**	180
15.1	Bewilligung oder Ablehnung	180
15.2	Dokumentationspflicht	182
15.3	Inhalt des Vermerkes	183
16.	**Die Bewilligung der Zuwendung**	183
16.1	Zuwendungsbescheid	184
16.2	Zuwendungsvertrag	186
16.3	Beispiel für einen Zuwendungsbescheid	187
16.4	Haupt- und Nebenbestimmungen im Zuwendungsbescheid	190
16.5	Allgemeine Nebenbestimmungen	191
16.6	Besondere Nebenbestimmungen	194
17.	**Die Auszahlung der Zuwendung**	196
17.1	Grundsätzlich	197
17.2	Voraussetzung bestandskräftiger Bescheid	197
17.3	Reihenfolge der Inanspruchnahme	198
17.4	Auszahlung nur für fällige Zahlungen	199

17.5	Ratenweise Auszahlung zur alsbaldigen Verwendung	200
17.6	Taggenaue Auszahlung im Abrufverfahren (nur Bund)	200
17.7	Längere Vorauszahlung im Anforderungsverfahren (Bund und Länder)	201
17.8	Anforderungsverfahren beim Bund	201
17.9	Anforderungsverfahren bei den Ländern	203
17.10	Anforderung der Zuwendung über den Jahreswechsel hinaus	203
17.11	Berechnung der Frist zur alsbaldigen Verwendung	204
17.12	Auszahlungsverfahren bei institutioneller Förderung	204
17.13	Mitteilungspflicht bei nicht alsbaldiger Verwendung	205
17.14	Widerrufsmöglichkeit des Zuwendungsbescheids bei nicht alsbaldiger Verwendung	205
17.15	Verzinsungsmöglichkeit bei nicht alsbaldiger Verwendung	206
17.16	Verzinsungsmöglichkeit bei Abweichung von der Reihenfolge der Inanspruchnahme	207
17.17	Widerruf des Zuwendungsbescheids nach Verzinsung	207
17.18	Übersicht über das Auszahlungsverfahren	208
17.19	Nachgängige Auszahlung der Zuwendung	209
18.	**Zwischennachweis bei Projektförderungen**	210
18.1	Funktion des Zwischennachweises	210
18.2	Bestandteile des Zwischennachweises	211
18.3	Vorlage des Zwischennachweises	211
18.4	Begleitendes Monitoring	211
18.5	Widerrufsmöglichkeiten laufender Förderungen	212
19.	**Verwendungsnachweis**	213
19.1	Funktion des Verwendungsnachweises	214
19.2	Spiegelbildlichkeit des Verwendungsnachweises	214
19.3	Inhalt des Sachberichts	215
19.4	Sachbericht bei Projektförderungen	215
19.5	Sachbericht beim Zwischennachweis	216

19.6	Sachbericht bei institutioneller Förderung	216
19.7	Förderung von Baumaßnahmen	217
19.8	Beispiel für einen spiegelbildlichen Sachbericht	217
19.9	Inhalt und Struktur des zahlenmäßigen Nachweises	217
19.10	Zahlenmäßiger Nachweis bei Projektförderungen des Bundes	218
19.11	Zahlenmäßiger Nachweis bei Projektförderungen der Länder	219
19.12	Zahlenmäßiger Nachweis beim Zwischennachweis (Bund und Länder)	219
19.13	Zahlenmäßiger Nachweis bei institutionellen Förderungen	219
19.14	Zahlenmäßiger Nachweis bei Förderungen an Gebietskörperschaften	220
19.15	Zahlenmäßiger Nachweis bei Förderungen auf Kostenbasis	220
19.16	Beispiel für den zahlenmäßigen Nachweis einer Projektförderung (Bund)	221
19.17	Beispiel für die Belegliste einer Projektförderung (Bund)	225
19.18	Einfacher Verwendungsnachweis	225
19.19	Verwendungsbestätigung	226
19.20	Belege	227
20.	**Die Vorlage des Verwendungsnachweises**	**228**
20.1	Materieller Begriffsinhalt	229
20.2	Vorlagefrist bei Projektförderungen	229
20.3	Vereinfachung des Fristbeginns in der Praxis	230
20.4	Abweichende Frist bei Förderungen an Gebietskörperschaften	230
20.5	Vorlagefrist bei institutionellen Förderungen	231
20.6	Abweichende Fristsetzung	231
20.7	Mängelfeststellungen der Rechnungshöfe	232
20.8	Erzwingung der Vorlage	232

20.9	Möglichkeit 1: Widerruf des Zuwendungsbescheids	232
20.10	Möglichkeit 2: Auszahlungsstopp	233
20.11	Möglichkeit 3: Einbehaltung einer Schlussrate	234
20.12	Möglichkeit 4: Nachträgliche Auszahlung der gesamten Zuwendung	235
20.13	Gewährung von Fristverlängerungen	235
21.	**Die Prüfung des Verwendungsnachweises**	**235**
21.1	Pflichtaufgabe	236
21.2	Unterschiedliche Regelungsdichte bei Bund und Ländern	236
21.3	Bewilligungsbehörde als prüfende Stelle	237
21.4	Beauftragter als prüfende Stelle	237
21.5	Prüfende Stelle bei gemeinsamen Förderungen	238
21.6	Regelung im Zuwendungsbescheid zur prüfenden Stelle	238
21.7	Zweistufiges Prüfungsverfahren beim Bund	239
21.8	Kursorische Prüfung auf der ersten Stufe	240
21.9	Durchführung der Prüfung	241
21.10	Abschluss der kursorischen Prüfung	241
21.11	Übergang zur vertieften Prüfung	242
21.12	Abgrenzung der kursorischen zur vertieften Prüfung	243
21.13	Auswahl der vertieft zu prüfenden Nachweise	243
21.14	Gewinnung von Stichproben	244
21.15	Anhörung des Bundesrechnungshofes	245
21.16	Ausnahmen vom Stichprobenverfahren	245
21.17	Durchführung der vertieften Prüfung	246
21.18	Vorlage der Belege, Auskunftspflicht	246
21.19	Stichprobe in der Stichprobe	246
21.20	Prüffragen für den Sachbericht	247
21.21	Prüffragen für den zahlenmäßigen Nachweis und die Belegliste	248

21.22	Prüfung des Verwendungsnachweises bei institutioneller Förderung	249
21.23	Prüfung des Sachberichts	250
21.24	Prüfung des Jahresabschlusses	250
21.25	Prüfung der Vermögensrechnung	252
21.26	Beauftragung von Wirtschaftsprüfern	253
21.27	Fristen für die Verwendungsnachweisprüfung	253
21.28	Konkrete zeitliche Vorgaben beim Bund	254
21.29	Stopp neuer Bewilligungen	255
21.30	Stopp laufender Auszahlungen	256
21.31	Vermerk über die Verwendungsnachweisprüfung	257
21.32	Vermerk bei der kursorischen Prüfung	257
21.33	Vermerk bei der vertieften Prüfung	258
21.34	Gemeinsame Förderung oder Beauftragung eines Dritten	259
21.35	Beispiel für einen Prüfungsvermerk – vertiefte Prüfung Projektförderung –	259
21.36	Abschluss des Verfahrens gegenüber dem Zuwendungsempfänger	264
21.37	Prüfergebnis ohne Beanstandungen	264
21.38	Prüfungsergebnis mit Folgerungen	265
21.39	Besonderheit bei vorläufigen Zuwendungsbescheiden	265
22.	**Erfolgskontrolle bei Zuwendungen**	265
22.1	Rechtliche Vorgabe	266
22.2	Methodik	267
22.3	Abgestufte Erfolgskontrolle bei Zuwendungen	270
22.4	Erfolgskontrolle als eigenständige Prüfung	271
23.	**Wegfall des Zuwendungsanspruchs**	271
24.	**Rücknahme rechtswidriger Zuwendungsbescheide**	273
24.1	Grundsätzliche Rücknahmemöglichkeit	274
24.2	Einschränkung der Rücknahmemöglichkeit bei schutzwürdigem Vertrauen	275

24.3	Vorliegen schutzwürdigen Vertrauens	276
24.4	Ermessensausübung beim nicht vom Vertrauensschutz umfassten Teil der Zuwendung	277
24.5	Von vornherein kein schutzwürdiges Vertrauen	278
25.	**Widerruf rechtmäßiger Zuwendungsbescheide**	**279**
25.1	Grundsätzliche Widerrufsmöglichkeit	280
25.2	Nicht zweckentsprechende Verwendung	281
25.3	Nicht alsbaldige Verwendung	282
25.4	Nicht mehr zweckentsprechende Verwendung	283
25.5	Auflagenverstöße	284
25.6	Umfang des Widerrufs	284
25.7	Zeitlicher Umfang des Widerrufs	284
25.8	Betragsmäßiger Umfang des Widerrufs	285
25.9	Ermessensausübung	286
25.10	Bagatellgrenzen	287
26.	**Frist für die Rücknahme oder den Widerruf**	**289**
26.1	Jahresfrist	289
26.2	Beginn des Fristlaufs	289
26.3	„Tatsachen"	290
26.4	Dokumentationserfordernis bei der Prüfung des Verwendungsnachweises	291
26.5	Keine Geltung der Jahresfrist	291
27.	**Korrektur von Finanzierungsverbesserungen – alt: Unwirksamkeit des Zuwendungsbescheids**	**292**
27.1	Finanzierungsverbesserungen	292
27.2	Ermäßigungsklausel in den Allgemeinen Nebenbestimmungen	293
27.3	Fehlbedarfs- und Vollfinanzierung	294
27.4	Anteilfinanzierung	294
27.5	Festbetragsfinanzierung	295
27.6	Keine Verrechnung zwischen Einnahmenreduzierungen und Ausgabenermäßigungen	296

27.7	Bagatellgrenze	296
27.8	Auswirkung der Finanzierungsart auf die Ermäßigung der Zuwendung im Hinblick auf die Ermäßigungsklausel	298
27.9	Bisheriges Verständnis der Ermäßigungsklausel als auflösende Bedingung	298
27.10	Rechtsprechung des Bundesverwaltungsgerichts zur Ermäßigungsklausel	299
27.11	Lösung für die Bewilligungsbehörden bei bereits erlassenen Zuwendungsbescheiden	300
28.	**Korrektur von Finanzierungsverbesserungen – alternativ: endgültige Festsetzung der Zuwendung**	**304**
28.1	Wirkungsgleicher Einsatz der Ermäßigungsklausel	304
28.2	Übertragung auf Zuwendungsbescheide	305
28.3	Zügige Prüfung und Schlussbescheid	307
28.4	Abschließende Festsetzung der Höhe der Förderung	308
28.5	Gemeinsame Förderungen von Bund und Ländern	309
29.	**Erstattung der Zuwendung**	**309**
29.1	Grundsatz	310
29.2	Umfang der Erstattung	310
29.3	Entreicherung	311
29.4	Verjährung des Erstattungsanspruchs	313
30.	**Sonstige verwaltungsrechtliche Anforderungen**	**314**
30.1	Schriftliche Festsetzung	314
30.2	Anhörung des Zuwendungsempfängers	315
30.3	Begründung des Verwaltungsakts	316
31.	**Verzinsung des Erstattungsbetrags**	**317**
31.1	Grundsätzliche Zinspflicht	318
31.2	Variabler Zinssatz	318
31.3	Zinsberechnung	319
31.4	Beginn des Verzinsungszeitraums	319
31.5	Ende des Verzinsungszeitraums	320
31.6	Absehen vom Zinsanspruch	321

31.7	Abweichungen in Ländern	322
31.8	Bagatellfälle	322
31.9	Elektronische Hilfe zins-online	323
32.	**Verzinsung bei nicht alsbaldiger Verwendung**	**324**
32.1	Grundsatz	324
32.2	Tatbestand „nicht alsbaldiger Verwendung"	324
32.3	Gleiche Regelungen wie bei Erstattungszinsen	325
32.4	Beginn und Ende des Verzinsungszeitraums	325
32.5	Abweichen von der Reihenfolge der Inanspruchnahme der Deckungsmittel	326

II. Das Verwaltungsverfahren bei Zuwendungen

1. Verfahrensrecht bei Zuwendungen

> **Überblick**
>
> - Die Bewilligung von Zuwendungen ist eine öffentlich-rechtliche Verwaltungstätigkeit.
> - Entsprechend gelten für das Handeln der Bewilligungsbehörde und die Ausgestaltung der Rechtsbeziehung zum Zuwendungsempfänger das jeweilige Verwaltungsverfahrensgesetz des Bundes oder des Landes.
> - Dies garantiert einen rechtmäßigen und effizienten Verfahrensablauf sowie ein rechtsstaatlichen Ansprüchen genügendes Ergebnis.
> - Die Bewilligungsbehörde ist die Herrin des einfach, zügig und zweckmäßig durchzuführenden Verfahrens. Ihr stehen zahlreiche Handlungsoptionen zur Verfügung.
> - Neben die Vorschriften des allgemeinen Verwaltungsrechts treten die zahlreichen formellen und inhaltlichen Vorgaben der zuwendungsrechtlichen Spezialmaterie.

1.1 Materie des öffentlichen Rechts

Nur der Bund, Länder oder Gemeinden bzw. Gemeindeverbände können Zuwendungen im Sinne des Haushaltsrechts vergeben. Nach der von der Rechtswissenschaft entwickelten Sonderrechtstheorie[38] zählt das Zuwendungsrecht deshalb zum **öffentlichen Recht**. Entsprechend

- ist die Gewährung von Zuwendungen eine öffentlich-rechtliche Verwaltungstätigkeit,

- stehen Bewilligungsbehörde und Zuwendungsempfänger in einem öffentlich-rechtlichen Rechtsverhältnis und

- werden Zuwendungen im Regelfall durch schriftlichen Bescheid bewilligt (VV Nr. 4.1 zu § 44 BHO).

---

[38] Vgl. *Maurer,* in: Maurer/Waldhoff, Allgemeines Verwaltungsrecht, 19. Aufl., München 2017, Rn. 17 zu § 3.

1. Verfahrensrecht bei Zuwendungen

Praxis-Tipp:
Im Ausnahmefall kommen auch ein öffentlich-rechtlicher Vertrag (VV Nr. 4.3 zu § 44 BHO) oder – insbesondere bei Zuwendungen ins Ausland – ein privatrechtlicher Zuwendungsvertrag in Frage; vgl. Teil II 16.2.

1.2 Geltung des Verwaltungsverfahrensgesetzes

Für das Verwaltungsverfahren gilt bei Bundeszuwendungen das **Verwaltungsverfahrensgesetz** des Bundes, bei Zuwendungen der Länder und Gemeinden das des jeweiligen Bundeslandes. Bundes- und Landesregelungen entsprechen sich im Wesentlichen in Wortlaut und Nummerierung.

Praxis-Tipp:
Lediglich das Verwaltungsverfahrensgesetz des Landes Schleswig-Holstein weist eine andere Nummerierung als die anderen Verwaltungsverfahrensgesetze auf. Zur besseren Verständlichkeit und Übersicht werden im Folgenden die Vorschriften des Bundes herangezogen.

Die Verwaltungsverfahrensgesetze stellen sicher, dass sowohl das Ergebnis der von der Verwaltung hergestellten Produkte als auch der vorangegangene Verfahrensablauf rechtsstaatlichen Anforderungen entspricht.[39]

Die Bewilligungsbehörde ist **Herrin des Verfahrens**. Es ist einfach, zweckmäßig und zügig durchzuführen (§ 10 Satz 2 VwVfG (Bund)). Die Bewilligungsbehörde verfügt hierzu über vielerlei Handlungsoptionen zur formalen und inhaltlichen Ausgestaltung.

Dies betrifft z. B. die **Möglichkeiten**

- zur Bestimmung von Formularen und Vordrucken, Fristen und Terminen – § 31 VwVfG (Bund)
- der Heranziehung von Nachweisen und Beweismitteln – § 26 VwVfG (Bund)

---

[39] *Detterbeck*, in: Basistexte Öffentliches Recht, 2005, Einführung S. XVIII.

II. Das Verwaltungsverfahren bei Zuwendungen

- die Verknüpfung der Bewilligung einer Zuwendung mit Bedingungen und Auflagen – § 36 VwVfG (Bund)
- die Aufhebung von Zuwendungsbescheiden sowie die Rückforderung von Zuwendungen unter den gesetzlich bestimmten Voraussetzungen – §§ 48 bis 49a VwVfG (Bund)

1.3 Haushaltsrechtliche Verfahrensvorgaben

Neben den Regelungen des Verwaltungsverfahrensrechts enthalten die zahlreichen

- gesetzlichen Regelungen des Haushaltsrechts,
- allgemeinen Verwaltungsvorschriften zu §§ 44 BHO/LHO,
- besonderen Verwaltungsvorschriften und
- ggf. ressortspezifische Förderrichtlinien

weitere spezifische haushalts- und zuwendungsrechtliche Vorgaben für das Zuwendungsverfahren.

2. Die Phasen des Zuwendungsverfahrens

Das Zuwendungsverfahren besteht regelmäßig aus **acht Phasen.** Sie bauen aufeinander auf und sind Schritt für Schritt nacheinander zu durchlaufen:

- Antrag
- Antragsprüfung
- Bewilligung
- Auszahlung
- Laufende Überwachung
- Verwendungsnachweis
- Prüfung der Verwendung
- Erfolgskontrolle

Die **Verfahrensleitung** liegt bei der Bewilligungsbehörde, als der Vertreterin der öffentlichen Belange.

Unabhängig hiervon müssen beide Seiten des Zuwendungsverhältnisses die Interessen der jeweils anderen Seite bei ihren Überlegungen und Entscheidungen mitberücksichtigen, damit die öffentlichen und privaten Belange in einen schonenden Ausgleich gebracht werden können. Diese **kooperative** Grundfärbung entspricht der Grundkonstellation einer Zuwendung als Win-win-Situation zwischen Zuwendungsgeber und Zuwendungsempfänger, vgl. Teil I 1.1 bis 1.3.

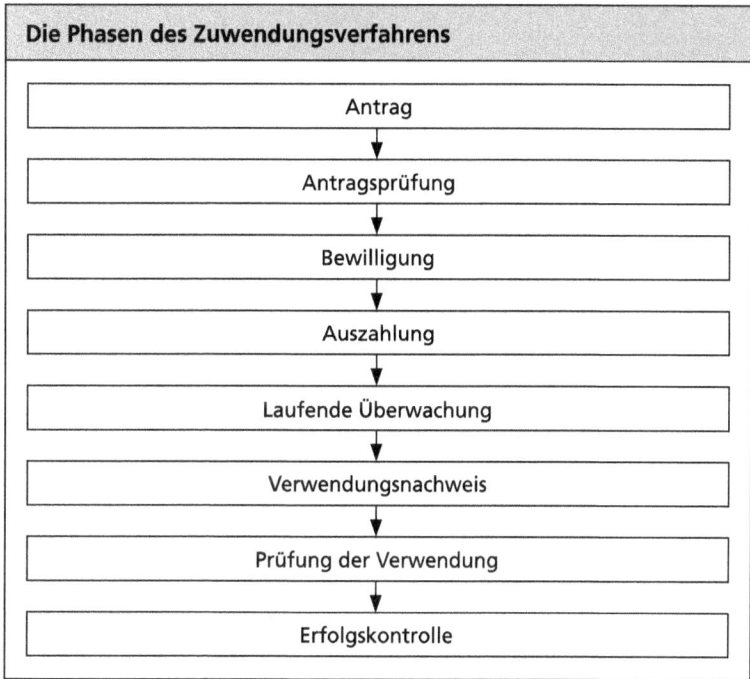

3. Der Zuwendungsantrag

Überblick

- Zuwendungen werden nur auf Antrag des Begünstigten gewährt.
- Anhand der Informationen im Zuwendungsantrag soll die Bewilligungsbehörde möglichst unaufwendig und zügig entscheiden können.

II. Das Verwaltungsverfahren bei Zuwendungen

- Die Mindestbestandteile eines Zuwendungsantrags sind in den Allgemeinen Verwaltungsvorschriften aufgeführt.
- Dies sind vor allem eine inhaltliche und monetäre Unterlage zum Fördergegenstand sowie verschiedene Erklärungen des Antragstellers.
- Für die Metainformationen sowie die abzugebenden Erklärungen sollte die Bewilligungsbehörde einen Mantelvordruck vorgeben.
- Daneben kann die Bewilligungsbehörde weitere Unterlagen, Nachweise und Informationen zu allen entscheidungserheblichen Umständen verlangen.

3.1 Allgemeines

Zuwendungen werden nicht von Amts wegen gewährt. Es bedarf der **Initiative des Begünstigten**. Vgl. dazu VV Nr. 3.1 Satz 1 zu § 44 BHO:

VV Nr. 3.1 zu § 44 BHO:

„Für die Bewilligung einer Zuwendung bedarf es grundsätzlich eines schriftlichen Antrags. Auf Verlangen der Bewilligungsbehörde sind die Angaben durch geeignete Unterlagen zu belegen."

Der Bewilligungsbehörde ist es aber nicht verwehrt, potentiell geeignete Antragsteller ausdrücklich **zur Antragstellung aufzufordern**. Dies folgt aus dem Grundsatz der Wirtschaftlichkeit und Sparsamkeit. In seiner Ausprägung als Maximalprinzip verlangt er von der Verwaltung, die mit der Förderung verbundenen Ziele bestmöglich umzusetzen.

Die Antragstellung kann auch **elektronisch** geschehen, wenn die Behörde hierfür einen Zugang eröffnet oder sogar vorschreibt. Vgl. § 3a Abs. 1 VwVfG:

§ 3a Abs. 1 VwVfG – Elektronische Kommunikation:

„Die Übermittlung elektronischer Dokumente ist zulässig, soweit der Empfänger hierfür einen Zugang eröffnet."

Hierin liegt ein erhebliches Vereinfachungs- und Beschleunigungspotential, das Bund und Länder noch zu wenig nutzen. Das E-Government-Gesetz des Bundes (BGBl. I S. 2749 ff.) schafft zwar bessere Voraussetzungen für zeit- und ortsunabhängige Verwaltungsdienste, ist von einem „Vollausbau" elektronischer Verfahren aber noch weit entfernt.

3. Der Zuwendungsantrag

Beispiel:

Im Programm des BMVI „De-minimis" zur Förderung der Sicherheit und Umwelt in Unternehmen des Güterkraftverkehrs mit schweren Nutzfahrzeugen vom 15.12.2015 ist die Antragstellung ausschließlich über ein elektronisches Antragsportal zulässig (Bundesanzeiger AT 05.01. 2016 B4).

Der Zuwendungsantrag muss es der Bewilligungsbehörde ermöglichen, möglichst unaufwendig und zügig entscheiden zu können. Der Antragsteller hat deshalb alle **Angaben in der** von der Bewilligungsbehörde **vorgesehenen Form** zu machen und sämtliche Unterlagen vorzulegen, die für die Prüfung erforderlich sind. Unrichtige oder unvollständige Angaben im Antragsverfahren können zur späteren Rücknahme des Zuwendungsbescheids und zur Erstattungspflicht der Zuwendung führen. Vgl. dazu §§ 48, 49a VwVfG (Bund).

Der Antragsteller kann erwarten, dass das Antragsverfahren **zügig durchgeführt** wird, um baldmöglichst Planungssicherheit zu erlangen.

3.2 Mindestbestandteile eines Antrags zur Projektförderung

Bei einer Projektförderung muss ein Zuwendungsantrag **mindestens** folgende Unterlagen und Informationen enthalten:

- Antragsschreiben/-vordruck mit allgemeinen Angaben – keine Regelung in den Allgemeinen Verwaltungsvorschriften.

- Projektbeschreibung zum Inhalt des Vorhabens sowie zum erwarteten Output bzw. Outcome – keine Regelung in den Allgemeinen Verwaltungsvorschriften.

- Finanzierungsplan zum erforderlichen finanziellen Input sowie Finanzierungsübersicht zur Gesamtfinanzierung der zuwendungsfähigen Ausgaben – VV Nr. 3.2.1 zu § 44 BHO.

- Erklärung, dass mit der Maßnahme noch nicht begonnen wurde wegen des Verbots der Förderung bereits begonnener Maßnahmen (nur bei Projektförderung) – VV Nrn. 1.3, 3.2.1 zu § 44 BHO.

- Erklärung zum Vorsteuerabzug, um entscheiden zu können, ob die vom Zuwendungsempfänger gezahlte Umsatzsteuer in die zuwendungsfähigen Ausgaben mit einbezogen werden kann oder ob nur die Netto-Beträge zu Grunde zu legen sind – VV Nr. 3.2.3 zu § 44 BHO; § 15 UStG.

II. Das Verwaltungsverfahren bei Zuwendungen

- Erklärung, dass dem Antragsteller die subventionserheblichen Tatsachen und die Strafbarkeit eines Subventionsbetrugs bekannt sind (VV Nr. 3.4.4 zu § 44 BHO), wenn die Zuwendung auch eine Subvention im strafrechtlichen Sinn (§ 264 Abs. 7 StGB) ist. Die subventionserheblichen Tatsachen muss die Bewilligungsbehörde im Antragsvordruck oder in anderer mit dem Antrag zusammenhängender Weise bezeichnen – VV Nr. 3.4.1 zu § 44 BHO.

In verschiedenen Ländern sind darüber hinaus **weitere Erklärungen** abzugeben. So verlangt Berlin z. B. eine Erklärung, dass der Antragsteller im Fall der Bewilligung mit der Veröffentlichung bestimmter Angaben einverstanden ist (AV Nr. 3.2.4 i. V. m. Nr. 1.5 zu § 44 LHO).

Daneben kann die Bewilligungsbehörde **weitere Unterlagen und Informationen** verlangen, die sie nach ihrem sachgerechten Ermessen für die Entscheidung über den Zuwendungsantrag benötigt, z. B. zur Bestimmung der Höhe des Eigenanteils des Zuwendungsempfängers oder zu dessen Bonität.

Auf Verlangen der Bewilligungsbehörde sind alle **Angaben** durch geeignete Unterlagen **zu belegen** (VV Nr. 3.1 Satz 1 zu § 44 BHO).

3.3 Mindestbestandteile eines Antrags zur institutionellen Förderung

Bei der institutionellen Förderung besteht der Zuwendungsantrag **mindestens** aus:

- Antragsschreiben/-vordruck mit allgemeinen Angaben – keine Regelung in den Allgemeinen Verwaltungsvorschriften.

- Arbeitsplan mit den durchzuführenden Aufgaben sowie Angaben zum erwarteten Output bzw. Outcome – keine Regelung in den Allgemeinen Verwaltungsvorschriften.

- Haushalts- oder Wirtschaftsplan, ggf. mit Überleitungsrechnung von Doppik auf kameralistische Darstellung – VV Nrn. 3.2.2 zu § 44 BHO, 3.4 zu § 23 BHO.

- Erklärung zum Vorsteuerabzug, um entscheiden zu können, ob die vom Zuwendungsempfänger gezahlte Umsatzsteuer in die zuwendungsfähigen Ausgaben mit einbezogen werden kann oder ob nur die Netto-Beträge zu Grunde zu legen sind – VV Nr. 3.2.3 zu § 44 BHO; § 15 UStG.

3. Der Zuwendungsantrag

3.4 Allgemeiner Antragsvordruck

Der allgemeine Antragsvordruck ist eine Art Mantel, in dem die wichtigsten Angaben zum Zuwendungsantrag zusammenfasst werden. Hier sollten **alle Informationen** bzw. Erklärungen aufgenommen werden, die nicht in besonderen Unterlagen (z. B. in der inhaltlichen oder monetären Unterlage) darzustellen sind.

Vor allem sind dies:

- Metainformation zum Vorhaben (bei Projektförderung z. B. Kurzbezeichnung, Thema, Ziel, Projektlaufzeit) oder zu den satzungsgemäßen Aufgaben der geförderten Einrichtung (institutionelle Förderung).

- Höhe der zuwendungsfähigen Ausgaben; Höhe der beantragten Förderung.

- Meta- und Kontaktdaten des Antragstellers (z. B. Rechtsform, Anschrift, Steuernummer).

- Ansprechpartner beim Antragsteller (z. B. zeichnungsbefugte Personen, Projektleiter, administrativer Bearbeiter).

- Bankverbindung.

- Hinweise der Bewilligungsbehörde zum Antrags- und Bewilligungsverfahren (z. B. im Hinblick auf den Datenschutz, der Funktion von Antragsunterlagen, Fristen und Termine etc.)

- Erforderliche Erklärungen des Antragstellers (z. B. hinsichtlich des noch nicht erfolgten Vorhabenbeginns, der Vorsteuerabzugsberechtigung, möglicher weiterer Förderanträge bei anderen Stellen oder hinsichtlich der subventionserheblichen Tatsachen).

II. Das Verwaltungsverfahren bei Zuwendungen

3.5 Beispiel für einen allgemeinen Antragsvordruck – Projektförderung – Zuwendungsantrag

Für das nachstehende Vorhaben beantrage ich eine Zuwendung in Höhe von insgesamt *[Betrag Euro]*.

Vorhaben	
Kurzbezeichnung	
Thema und Ziel	
Zuwendungsfähige Ausgaben	
Beantragte Förderung	
Projektlaufzeit	
Projektbeschreibung	Vgl. Anlage
Finanzierungsplan	Vgl. Anlage
Meilensteinplan	Vgl. Anlage

Antragsteller	
Name der Institution	
Rechtsform	
Straße	
Ort	
Telefon	
Fax	
E-Mail	

3. Der Zuwendungsantrag

Zahlungsempfänger	
Kontoinhaber	
Geldinstitut	
IBAN	
BIC	
Ggf. Verbuchungsstelle	
Ggf. Verbuchungszweck	

Projektleitung	
Name	
Vorname	
Akad. Grad	
Telefon	
Fax	
E-Mail	

Ansprechperson für administrative Fragen	
Name	
Vorname	
Akad. Grad	
Telefon	
Fax	
E-Mail	

Bevollmächtigter Unterzeichner	
Name	
Vorname	
Akad. Grad	
Telefon	
Fax	
E-Mail	

II. Das Verwaltungsverfahren bei Zuwendungen

Datenschutzhinweis:

Die im Antrag enthaltenen personenbezogenen Daten und sonstigen Angaben werden von [Bezeichnung der Bewilligungsbehörde] im Rahmen ihrer Zuständigkeit verarbeitet und genutzt. Eine Weitergabe dieser Daten an andere Stellen richtet sich nach dem Bundesdatenschutzgesetz (BDSG) bzw. der Datenschutz-Grundverordnung (DSGVO).

Hinweise zum Zuwendungsantrag:

- Das Thema soll das Vorhaben möglichst allgemein verständlich kennzeichnen und inhaltlich zusammenfassen.

- Die Projektbeschreibung ist Bestandteil des Antrags. Sie ist notwendig, damit die Bewilligungsbehörde prüfen kann, ob das Vorhaben förderungswürdig ist und an seiner Durchführung ein erhebliches Bundesinteresse besteht.

- Die Meilensteinplanung ist ebenfalls Bestandteil des Antrags. Sie ist notwendig, damit die Bewilligungsbehörde prüfen kann, ob die einzelnen Bearbeitungsschritte des Vorhabens zeitgerecht sowie erfolgreich durchgeführt und ob das Ziel der Förderung voraussichtlich erreicht werden wird.

- Auch der Finanzierungsplan ist Bestandteil des Antrags. Er ist notwendig, damit die Bewilligungsbehörde die Notwendigkeit und Wirtschaftlichkeit der zuwendungsfähigen Ausgaben prüfen kann.

- Die im Finanzierungsplan aufgeführten Ausgaben sind unter Berücksichtigung der vorgenommenen Kalkulationen sowie der zur Verfügung stehenden Daten, Kenntnisse und Erfahrungen darzustellen. Es gilt der Grundsatz der Wirtschaftlichkeit.

- Ausgaben für Honorare an hauptberufliche Mitarbeiterinnen und Mitarbeiter sind nicht zuwendungsfähig.

- Ausgaben für bewegliche Sachen (Gegenstände), die der Grundausstattung des Antragstellers zuzurechnen sind, sind nicht zuwendungsfähig.[40]

- Zuwendungsfähig sind nur die notwendigen Ausgaben für Gegenstände, die ausschließlich zur Durchführung des geplanten Vorhabens zwingend erforderlich sind.

- Reisekosten richten sich nach den Regelungen für Bundes-/Landesbedienstete.

---

[40] Vgl. Teil II 7.

3. Der Zuwendungsantrag

Mit der Unterzeichnung des Zuwendungsantrags werden folgende Erklärungen abgegeben:

- Von der der Förderung zu Grunde liegenden Förderrichtlinie *[Bezeichnung, Fundstelle]* sowie den im Fall einer Bewilligung zu beachtenden Allgemeinen Nebenbestimmungen *[Bezeichnung Fundstelle]* habe ich Kenntnis genommen.[41]

- Der fachliche Inhalt des Vorhabens sowie das beabsichtigte Vorgehen ergeben sich aus der Projektbeschreibung und dem Meilensteinplan.

- Die vorgesehene Finanzierung enthält der Finanzierungsplan.

- Mit der Durchführung des Vorhabens wurde noch nicht begonnen und wird vor Erhalt des Zuwendungsbescheids auch nicht begonnen werden.[42]

- Hinsichtlich Lieferungen und Leistungen besteht für das Vorhaben eine/keine Berechtigung zum Vorsteuerabzug nach § 15 UStG.[43]

- Der Antragsteller wird überwiegend / nicht überwiegend durch Zuwendungen der öffentlichen Hand finanziert.[44]

- Die im Finanzierungsplan veranschlagten Personal- und Sachmittel sind *[ggf. einzeln aufführen]* / sind nicht der Grundausstattung des Antragstellers zuzurechnen bzw. vorhandene Personal- und Sachmittel der Grundausstattung können nicht für das Vorhaben genutzt werden.[45]

---

[41] Der auf dem Antrag basierende Zuwendungsbescheid ist bei einer möglichen verwaltungsgerichtlichen Überprüfung von Entscheidungen der Bewilligungsbehörde nach dem so genannten Empfängerhorizont auszulegen. Bei einer positiven Kenntnisnahme der Förderrichtlinie durch den Zuwendungsempfänger, z. B. hinsichtlich des Förderziels oder der Zuwendungsfähigkeit von Ausgaben, kann dies für die Beurteilung ausschlaggebend sein, wie der Zuwendungsempfänger ggf. nicht eindeutige Regelungen des Zuwendungsbescheides hätte verstehen müssen.

[42] Bereits begonnene Vorhaben dürfen grundsätzlich nicht gefördert werden (VV Nr. 1.3 zu § 44 BHO, vgl. Teil III 4.). Sollte sich die Erklärung später als nicht zutreffend herausstellen, kann der Zuwendungsbescheid nach § 48 VwVfG zurückgenommen werden, vgl. Teil II 24.

[43] Dies ist ausschlaggebend für die Entscheidung, ob bei der Bestimmung der Höhe der zuwendungsfähigen Ausgaben die vom Zuwendungsempfänger gezahlte Umsatzsteuer mit einzubeziehen ist (VV Nr. 3.2.3 zu § 44 BHO); vgl. Teil II 6.3.

[44] Dies ist bei Projektförderungen ausschlaggebend für die Frage, ob der Zuwendungsempfänger dem so genannten Besserstellungsverbot unterworfen ist (§ 8 Abs. 2 HG 2020 Bund; Nr. 1.3 ANBest-P); vgl. Teil III 5.

[45] Dies betrifft die Frage, ob auch bereits vorhandene Grundausstattung beim Zuwendungsempfänger finanziert werden soll; vgl. Teil II 7.

II. Das Verwaltungsverfahren bei Zuwendungen

- Der Finanzierungsplan enthält Ausgaben *[ggf. einzeln aufführen]* / keine Ausgaben, die durch Dritte gedeckt sind.[46]
- Das Vorhaben wird / wird nicht anderweitig mit Zuwendungen oder Aufträgen öffentlich finanziert. / Für das Vorhaben wurden weitere Zuwendungen/Deckungsmittel bei folgenden Stellen beantragt *[Höhe der beantragten Förderung angeben sowie Stellen namentlich aufführen]*.[47]
- Lizenz- oder Zusammenarbeitsverträge, die Ergebnisse oder Teilergebnisse des Vorhabens zum Gegenstand haben, bestehen mit folgenden Partnern *[aufführen]* / bestehen nicht und sind auch nicht beabsichtigt.[48]
- Durch das Vorhaben entstehen keine / folgende *[ggf. einzeln aufführen]* Folgeausgaben.[49]
- Der Antragsteller unterhält eine eigene Prüfungseinrichtung *[Bezeichnung einfügen]*. Diese wird die Verwendungs- und die Zwischennachweise innerhalb der im Bewilligungsbescheid vorgegebenen Frist prüfen und dem Zuwendungsgeber das Prüfungsergebnis mitteilen. / Der Antragsteller unterhält keine eigene Prüfungseinrichtung.[50]
- Soweit im Antrag personenbezogene Daten von Beschäftigten des Antragstellers oder sonstigen natürlichen Personen enthalten sind, wurden diese entsprechend dem obenstehenden Datenschutzhinweis informiert und deren Einverständnis eingeholt.[51]

---

[46] Dies ist ausschlaggebend für die Frage, ob der Zuwendungsempfänger tatsächlich mit den anfallenden zuwendungsfähigen Ausgaben wirtschaftlich belastet ist.

[47] Diese Angabe konkretisiert noch einmal die vorangehende Erklärung. Sie soll Doppelförderungen vermeiden. Bei einer Förderung durch mehrere Zuwendungsgeber sollten diese sich möglichst abstimmen (VV Nr. 1.4 zu § 44 BHO).

[48] Dies betrifft eine mögliche spätere Verwertung der Ergebnisse der Förderung (z. B. bei Zuwendungen für Forschungs- und Entwicklungsvorhaben). Eine Beteiligung Dritter an einer wirtschaftlichen Verwertung kann Auswirkungen auf die bedingte Rückzahlbarkeit der Förderung haben, vgl. Teil I 10.3.

[49] Ggf. ist die Klärung erforderlich, ob der Zuwendungsempfänger die Folgeausgaben finanzieren kann oder ob hieraus ggf. eine weitere Förderung notwendig werden kann, um die Nachhaltigkeit des Ergebnisses zu gewährleisten.

[50] Eine eigene Prüfungseinrichtung des Zuwendungsempfängers (z. B. die Innenrevision eines Unternehmens oder das Rechnungsprüfungsamt einer Gemeinde oder Universität) soll die Verwendung der Zuwendung einer „Vorprüfung" unterziehen (Nrn. 8.2 ANBest-I, 7.2 ANBest-P, ANBest-GK). Dies ersetzt nicht die Prüfung der Verwendungsnachweise durch die Bewilligungsbehörde (VV Nr. 11 zu § 44 BHO), beugt aber zusätzlich einem möglichen Fehlverhalten des Zuwendungsempfängers vor und stärkt dessen interne Kontrollsysteme.

[51] Dies berücksichtigt zwingende Erfordernisse des Datenschutzes und wälzt deren Sicherstellung auf den Antragsteller ab. Sofern das Einverständnis der Betroffenen nicht vorliegt, kann die Zuwendung nicht gewährt werden.

- Mir ist bekannt, dass folgende Angaben in meinem Antrag subventionserhebliche Tatsachen im Sinne des § 264 StGB sind (§ 2 Abs. 1 Subventionsgesetz) *[im Einzelnen von der Bewilligungsbehörde hier aufzuführen]*. Mir ist ferner die Strafbarkeit von Subventionsbetrug nach § 264 StGB bekannt.[52]

Die Richtigkeit und Vollständigkeit der Angaben im Antrag wird versichert.

[Ort, Datum, Unterschrift der/des Bevollmächtigten]

4. Die fachliche Unterlage des Zuwendungsantrags

Überblick

- Die fachliche Unterlage ist der Kern des Zuwendungsantrags. Sie enthält Angaben zum geförderten Vorhaben oder zur Aufgabenwahrnehmung einer Einrichtung.
- Die für die Bewilligungsbehörden entscheidungsrelevanten Angaben können in Form von vier „W-Fragen" zusammengefasst werden.
- Was soll gemacht werden (Gegenstand der Förderung)?
- Wozu soll es gemacht werden (Förderziel)?
- Wie soll es gemacht werden (Arbeitsschritte)?
- Womit soll es gemacht werden (Ressourceneinsatz)?
- Idealerweise gibt die Bewilligungsbehörde hierzu eine feste Struktur vor, um die Anträge besser vergleichen zu können.

4.1 Projektbeschreibung oder Arbeitsplan

Die fachliche Unterlage ist das **Herzstück** des Zuwendungsantrags. Mit ihr muss der Antragsteller die Bewilligungsbehörde von der Förderwürdigkeit seiner Maßnahme (Projektförderung) oder seiner Aufgabenwahrnehmung insgesamt (institutionelle Förderung) überzeugen.

---

[52] Dieser Passus ist nur bei Zuwendungen aufzunehmen, die unter den strafrechtlichen Subventionsbegriff fallen.

II. Das Verwaltungsverfahren bei Zuwendungen

Bei der Projektförderung wird sie als Projekt- oder **Vorhabenbeschreibung** bezeichnet, bei der institutionellen Förderung als Arbeits- oder **Aufgabenplan**.

> **Praxis-Tipp:**
> Die Verwaltungsvorschriften treffen keinerlei Aussage zu Inhalt und Form der Projektbeschreibung oder des Arbeitsplans. Die Bewilligungsbehörde muss hierzu eigene Vorlagen oder Muster entwickeln. Dies kann übergreifend auch in Förderrichtlinien durch das zuständige Ministerium geschehen.

Die fachliche Unterlage sollte in knapper aussagekräftiger Form ein stichhaltiges Bild von der persönlichen und fachlichen Eignung des Antragstellers vermitteln und alle für die Entscheidungsfindung **wesentlichen Aspekte** enthalten.

Dabei sollte der Antragsteller nicht nur seine eigenen Interessen, sondern auch die **Perspektive der Bewilligungsbehörde** berücksichtigen. Dies umfasst insbesondere die

- Bezugnahme auf die staatlichen Förderziele,
- die wirtschaftliche Ausgestaltung der einzelnen Arbeitsschritte (Projektförderung) oder der Aufgabenwahrnehmung (institutionelle Förderung),
- die wirtschaftliche Kalkulation der Ressourcen sowie
- die Darstellung der finanziellen Eigenleistung und mögliche Leistungen Dritter.

Auch ggf. auftretende **Probleme** bei der Umsetzung und Lösungsstrategien sollten antizipiert und **nicht ausgeklammert** werden. Wer sich mit den Risiken seines Vorhabens (Projektförderung) oder seiner Aufgabenwahrnehmung insgesamt (institutionelle Förderung) befasst, zeigt, dass er seine Tätigkeiten fachlich durchdrungen und sachgerecht konzipiert hat.

Je deutlicher die **Vorteile für beide Seiten** des Zuwendungsverhältnisses in der fachlichen Unterlage **herausgearbeitet** werden, je höher ist die Wahrscheinlichkeit einer positiven Förderentscheidung. Das ideale Zuwendungsverhältnis beschreibt eine Win-win-Situation, bei der alle Beteiligten in der Sache profitieren. Zuwendungen zielen auf einen langfristigen und nachhaltigen Effekt und nicht auf einen kurzfristigen Gewinn oder Vorteil.

4. Die fachliche Unterlage des Zuwendungsantrags

4.2 Projektbeschreibung bei Projektförderungen
Um die inhaltlich-fachlichen Unterlagen besser vergleichen zu können und um die Antragsteller bei ihrer Erstellung anzuleiten, empfiehlt es sich für die Bewilligungsbehörde, eine feste Struktur der Projektbeschreibungen verbindlich vorzugeben. Dies kann in Form eines weiteren **Vordrucks** oder zumindest durch eine Grobgliederung als Textvorlage geschehen.

Im Ergebnis geht es in der Projektbeschreibung um die Beantwortung von **vier „W-Fragen"**:

- *Was* soll gemacht werden (Gegenstand der Förderung)?
- *Wozu* soll es gemacht werden (Förderziel)?
- *Wie* soll es gemacht werden (Arbeitsschritte)?
- *Womit* soll es gemacht werden (Ressourceneinsatz)?

Praxis-Tipp:
Vgl. dazu im Einzelnen Teil II 4.4.

4.3 Arbeitsplan bei institutionellen Förderungen
Im Arbeitsplan sind die konkreten **Aufgaben und Vorhaben** zu beschreiben, die die Einrichtung im Antragszeitraum zu erledigen beabsichtigt.

Hierzu gehören auch konkrete **fachliche Ziele**, um den Erfolg der Förderung feststellen zu können (VV Nr. 11a.3 zu § 44 BHO).

Praxis-Tipp:
Vgl. zur Zielbestimmung Teil II 11 sowie zur Erfolgskontrolle Teil II 22.

Die bloße Bezugnahme auf die **Satzung** oder Zielsetzung der Einrichtung reicht nicht aus. Diese Beschreibungen werden in aller Regel zu abstrakt sein, um das erhebliche staatliche Interesse an der Aufgabenwahrnehmung jedes Jahr aufs Neue beurteilen zu können.

Je nach Größe der Einrichtung kann die Beschreibung der Aufgaben **abteilungs- oder auf kleinere Arbeitseinheiten bezogen** erfolgen. Wie bei der Projektförderung kann sich die Darstellung an den vier „W-Fragen" orientieren.

II. Das Verwaltungsverfahren bei Zuwendungen

Da institutionelle Förderungen de facto auf längere Dauer angelegt sind (vgl. Teil II 8.3) und die Einrichtungen regelmäßig nicht im Wettbewerb mit anderen um die Förderung stehen, sollte der Arbeitsplan sowohl die in der jüngeren Vergangenheit erzielten Ergebnisse und Fortschritte ausweisen als auch die beabsichtigte **künftige inhaltliche Entwicklung** der Aufgabenwahrnehmung. Dies begegnet der Gefahr eines „sich Einrichtens in der Förderung" und einer hieraus möglicherweise resultierenden fachlichen Bequemlichkeit.

4.4 Beispiel für die Struktur einer fachlichen Unterlage anhand der vier „W-Fragen"

Beispiel fachliche Unterlage

I. Gegenstand des Vorhabens/der Aufgabenwahrnehmung („Was?")
- Problembeschreibung, Analyse der Ausgangslage.
- Kurzbeschreibung der Maßnahme.
- Bezug zu den ggf. in einer Förderrichtlinie beschriebenen Fördergegenständen.

II. Ziel des Vorhabens („Wozu?")
- Zielbeschreibung.
- Bezug zu den förderpolitischen Zielen des Zuwendungsgebers.
- Kriterien für die Messung der Zielerreichung.
- Erfolgsaussichten.
- Anwendung und Verwertungsmöglichkeiten.

III. Durchführung des Vorhabens („Wie?")
- Inhaltliches Vorgehen.
- Darstellung von Teilaufgaben/Arbeitspaketen/Zwischenergebnissen verbunden mit einer Meilensteinplanung (inhaltlich, zeitlich).
- Balkenplan zum zeitlichen Ablauf.

IV. Begründung des Ressourceneinsatzes („Womit"?)
- Notwendigkeit und Angemessenheit der einzelnen Ausgabenansätze.
- Verknüpfung des Ressourcenbedarfs mit Teilaufgaben/Arbeitspaketen.

4. Die fachliche Unterlage des Zuwendungsantrags

- Vorhandenes Personal und Sachmittel als einzubringende Grundausstattung.
- Vorgesehener Einsatz eigener Mittel und Erläuterung der finanziellen Leistungsfähigkeit.
- Möglichkeit der Einwerbung von Drittmitteln.

I. Gegenstand des Vorhabens (Projektförderung)/der Aufgabenwahrnehmung (Institutionelle Förderung) – („Was?")

- Problembeschreibung (knappe Beschreibung des gegenwärtigen Zustands, der mit dem Vorhaben verändert werden soll), Analyse der Ausgangslage (Stand von Wissenschaft und Technik, Informationsrecherchen, bisherige Arbeiten, Referenzen).
- Kurzbeschreibung der Maßnahme (z. B. „Weiterentwicklung von Verfahren oder Abläufen", „Betrieb einer Beratungsstelle", „Ankauf eines Kunstgegenstands", „Durchführung einer Tagung").
- Bezug zu den ggf. in einer Förderrichtlinie beschriebenen Fördergegenständen (Verbindung zur Förderrichtlinie und den dort beschriebenen Fördergegenständen herstellen).

II. Ziel des Vorhabens („Wozu?")

- Zielbeschreibung (z. B. „Qualität steigern", „Effizienz verbessern", „Konfliktlagen entschärfen", „Besucherzahlen erhöhen", „fachliche Zusammenarbeit intensivieren").
- Bezug zu den förderpolitischen Zielen des Zuwendungsgebers (Verbindung zur Förderrichtlinie und den dort beschriebenen Förderzielen herstellen).
- Kriterien für die Messung der Zielerreichung (z. B. Kennzahlen, Indikatoren).
- Erfolgsaussichten (z. B. erwarteter Zielerreichungsgrad, Zeitpunkt der Zielerreichung, Risikofaktoren, Risikoszenarien, Gegenmaßnahmen).
- Anwendung und Verwertungsmöglichkeiten (z. B. Verwertungspläne, wirtschaftliche Erfolgsaussichten).

II. Das Verwaltungsverfahren bei Zuwendungen

III. Durchführung des Vorhabens („Wie?")

- Inhaltliches Vorgehen.
- Darstellung von Teilaufgaben/Arbeitspaketen/Zwischenergebnissen verbunden mit einer Meilensteinplanung – inhaltlich, zeitlich (ermöglicht der Bewilligungsbehörde die bessere Beurteilung des zielführenden Vorgehens sowie eine begleitende Verlaufskontrolle/Zwischennachweis).
- Balkenplan zum zeitlichen Ablauf (Visualisierung der Meilensteinplanung)

IV. Begründung des Ressourceneinsatzes („Womit"?)

- Notwendigkeit und Angemessenheit der einzelnen Ausgabenansätze (z. B. Mengengerüst, Erläuterung des Personalbedarfs, Begründung für Beschaffungen oder Aufträge an Dritte, Notwendigkeit von Reisen).
- Verknüpfung des Ressourcenbedarfs mit Teilaufgaben/Arbeitspaketen (Verknüpfung von Projektbeschreibung und Finanzierungsplan).
- Vorhandenes Personal und Sachmittel als einzubringende Grundausstattung (verbale Erläuterung und Bezifferung in Geld, z. B. Stundensatz für eingebrachtes Personal).
- Vorgesehener Einsatz eigener Mittel und Erläuterung der finanziellen Leistungsfähigkeit.
- Möglichkeit der Einwerbung von Drittmitteln.

5. Die monetäre Unterlage des Zuwendungsantrags

Überblick

- Die monetäre Unterlage ist die Übersetzung der fachlichen Unterlage in ein Zahlenwerk.
- Sie besteht im Wesentlichen aus der Ausgaben- und Einnahmenplanung.
- Bei Projektförderungen besteht die monetäre Unterlage aus einer aufgegliederten Berechnung der mit dem Zuwendungszweck zusammenhängenden Ausgaben mit einer Übersicht über die beabsichtigte Finanzierung.
- Die Ansätze und die ihnen zu Grunde liegenden Kalkulationen sind zu belegen.

5. Die monetäre Unterlage des Zuwendungsantrags

- Zur besseren Transparenz bietet es sich an, die einzelnen Umsetzungsschritte/Arbeitspakete aus der fachlichen Unterlage mit den damit jeweils verbundenen Ausgaben in einer Matrix zu verknüpfen.
- Bei der institutionellen Förderung entspricht die monetäre Unterlage in Aufbau und Gliederung dem Haushaltsplan des Zuwendungsgebers. Bei doppisch buchenden Zuwendungsempfängern bestehen Besonderheiten.
- Je aussagekräftiger die monetäre Unterlage ist, je besser kann sich die Bewilligungsbehörde von der wirtschaftlichen Planung des Antragstellers überzeugen.

5.1 Finanzierungs- oder Wirtschaftsplan

Die monetäre Unterlage beschreibt den geplanten Ressourcenverbrauch des Antragstellers für sein Vorhaben (Projektförderung) oder seine Aufgabenwahrnehmung insgesamt (institutionelle Förderung) in finanzieller Hinsicht. Sie ist kameral in **Einnahmen und Ausgaben** zu gliedern.

Zu den **Einnahmen** (Deckungsmittel) gehören

- alle Zuwendungen,
- sämtliche anderen Leistungen Dritter (z. B. Spenden),
- die Projekteinnahmen sowie
- die eigenen Mittel des Zuwendungsempfängers.[53]

Ausgaben sind alle **Geldzahlungen** im Zusammenhang mit dem Zuwendungszweck, sofern hierfür eine Ermächtigung in der monetären Unterlage besteht (Nr. 1.2 ANBest-P).

In die monetäre Unterlage sind nur Ausgaben aufzunehmen, die für die Erfüllung des Zuwendungszwecks notwendig und **wirtschaftlich** kalkuliert sind, vgl. Teil II.12.

Einnahmen und Ausgaben müssen in den jeweiligen Gesamtsummen gegeneinander ausgeglichen sein, weil ansonsten das Vorhaben oder die Einrichtung finanziell nicht gesichert ist. Der Grundsatz der Wirtschaftlichkeit **verbietet** der Bewilligungsbehörde eine bloße **Anfinanzierung** (VV Nr. 1.2 Satz 3 zu § 44 HO).

---

[53] Nr. 6.2.2 Satz 1 ANBest-P.

II. Das Verwaltungsverfahren bei Zuwendungen

Vorgaben zur Form und zum Inhalt (vgl. Teil II 5.8) sollte die Bewilligungsbehörde als Merkblatt sowie im Rahmen eines **Vordrucks** an die Antragsteller kommunizieren.

5.2 Finanzierungsplan bei Projektförderungen

Der Finanzierungsplan ist die **aufgegliederte Berechnung** der mit dem Zuwendungszweck zusammenhängenden Ausgaben mit einer Übersicht über die beabsichtigte Finanzierung (Einnahmen), vgl. VV Nr. 3.2.1 zu § 44 BHO.

Er wird für den gesamten **Bewilligungszeitraum** der Förderung aufgestellt (Projektdauer).

Bei überjährigen Projekten muss der Finanzierungsplan den Ausgabenbedarf in jedem betroffenen **Haushaltsjahr** ausweisen, damit die Bewilligungsbehörde ihre eigene Haushaltsplanung darauf abstellen und den Bedarf an Verpflichtungsermächtigungen einschätzen kann.

Als Grobgliederung nach **Ausgabearten** bietet sich die Orientierung an der Systematik des Haushaltsplans (§ 13 Abs. 2 Nr. 2 BHO) an:

- Personalausgaben
- Sächliche Verwaltungsausgaben
- Investitionen in bewegliche Sachen
- Investitionen in unbewegliche Sachen (insbesondere Gebäude)

Inwieweit diese **Hauptpositionen** ihrerseits **untergliedert** werden müssen, hängt im jeweiligen Einzelfall von der Prüfungstiefe ab, mit der die Bewilligungsbehörde die Angaben des Antragstellers zu hinterfragen gedenkt. Um eine valide Aussage zur wirtschaftlichen Kalkulation der Ausgaben – und damit ggf. auch der Bemessung der Zuwendung – treffen zu können, wird eine Beschränkung auf die genannten Hauptpositionen in aller Regel nicht ausreichen.

> **Praxis-Tipp:**
> Als Beispiel für eine angemessene Untergliederung vgl. Teil II 5.8

5. Die monetäre Unterlage des Zuwendungsantrags

5.3 Kalkulationsgrundlagen

Die vom Antragsteller vorgesehenen Ausgaben sind mit den jeweiligen **Kalkulationsansätzen** zu belegen. Dies können z. B. sein:

- Richtwerte
- Zeitansätze
- Mengengerüste
- Qualitative Aspekte (z. B. Anforderungsprofile von Mitarbeitern, Eigenschaften von zu nutzendem Material oder Gegenständen)
- Vergütungsstrukturen
- Preislisten von Anbietern
- Konkrete Angebote von Lieferanten
- Rechtliche Vorgaben (z. B. Mindestlohn, Tarifverträge)
- Erfahrungswerte

Je aussagekräftiger die Kalkulation ist, umso besser kann sich die Bewilligungsbehörde nicht nur ein Bild von der wirtschaftlichen Planung des Vorhabens, sondern auch von der Zuverlässigkeit und persönlichen Eignung des Antragstellers machen. Wer sich bereits bei der Antragstellung nicht in die Karten schauen lässt, betritt erst gar nicht den Boden eines offenen und partnerschaftlichen Verhältnisses als Basis einer vertrauensvollen Zusammenarbeit zwischen Zuwendungsgeber und Zuwendungsempfänger.

Für die Bewilligungsbehörde auf der anderen Seite bedeutet dies, ihre **Prüfkriterien** ebenfalls offenzulegen, bei ihrer Prüfung nicht kleinlich vorzugehen und sich auf die wesentlichen Aspekte zu beschränken.

5.4 Sperren

Kann die Notwendigkeit und Angemessenheit zuwendungsfähiger Ausgaben vom Antragsteller selbst oder von der Bewilligungsbehörde nicht abschließend beurteilt werden, besteht die Möglichkeit, den betreffenden **Ansatz zunächst vorläufig** festzulegen und seine spätere Inanspruchnahme von der Zustimmung der Bewilligungsbehörde abhängig zu machen (Sperre).

II. Das Verwaltungsverfahren bei Zuwendungen

> **Beispiel:**
> Im Bewilligungsbescheid wird formuliert:
> „Die Ausgaben bei Position [XY] dürfen in Höhe von bis zu … Euro nur mit meiner Zustimmung geleistet werden. Gleiches gilt für Verpflichtungen zur Leistung von Ausgaben. Die Zustimmung wird erteilt, wenn …"

5.5 Verknüpfung von Finanzierungs- und Meilensteinplan

Bei inhaltlich komplexen Vorhaben mit einer vergleichsweise hohen Förderung bietet es sich an, die in der Projektbeschreibung aufgeführten einzelnen Umsetzungsschritte/Arbeitspakete mit den damit jeweils verbundenen Ausgaben zu verknüpfen. Jedem einzelnen Vorgehensschritt der Meilensteinplanung werden die hiermit verbundenen einzelnen Ausgaben zugeordnet. So entsteht eine **Matrix aus inhaltlichem Vorgehen und Ressourcenverbrauch**.

> **Praxis-Tipp:**
> Vgl. dazu Teil II 5.9 Beispiel für eine Verknüpfung von Arbeitspaketen (AP) und Finanzierung.

Dies erhöht die **Transparenz** der Kalkulation noch einmal und damit auch die Prüfmöglichkeiten der Bewilligungsbehörde.

> **Beispiel:**
> Ein Vorhaben umfasst nach der Meilensteinplanung fünf Arbeitspakete, die aufeinander aufbauen und sich auf einen Projektzeitraum von 2 ½ Jahren verteilen. Aus der Verknüpfung der einzelnen Arbeitspakete mit den jeweils hierfür anfallenden Ausgaben erkennt die Bewilligungsbehörde, dass ausschließlich für das dritte Arbeitspaket ein bestimmtes teures Gerät benötigt wird, das der Antragsteller anschaffen möchte. Für die Bewilligungsbehörde ergibt sich hieraus die Frage: Bedarf es für die einmalige Nutzung des Geräts tatsächlich der Anschaffung oder wäre z. B. auch dessen Miete möglich?

5. Die monetäre Unterlage des Zuwendungsantrags

5.6 Finanzierungsübersicht

Den kalkulierten Ausgaben sind in der Finanzierungsübersicht die für das Projekt vorgesehenen Einnahmen (Deckungsmittel) **gegenüberzustellen.**

Ausgaben und Deckungsmittel müssen sich gegenseitig **ausgleichen**, da ansonsten die für die Gewährung einer Zuwendung zwingend erforderliche Gesamtfinanzierung des Vorhabens (VV Nr. 1.2 Satz 3 zu § 44 BHO) nicht gesichert ist.

Die Deckungs**mittel** umfassen im Wesentlichen

- aus der Projektdurchführung unmittelbar resultierende Einnahmen (z. B. Eintrittsgelder oder Nutzungsgebühren),
- die finanzielle Eigenleistung des Zuwendungsempfängers,
- finanzielle Beiträge Dritter (z. B. aus weiteren Förderungen),
- die beantragte Zuwendung.

Im Hinblick auf den Grundsatz der Subsidiarität und den Umstand, dass der Zuwendungsempfänger eine eigene Aufgabe erfüllt (vgl. Teil II 4.2), sollte die **Zuwendung** in der Reihenfolge der Deckungsmittel **zuletzt aufgeführt** werden.

5.7 Wirtschaftsplan bei institutionellen Förderungen

Bei institutioneller Förderung ist die monetäre Unterlage ein **Wirtschafts- oder Haushaltsplan.**[54]

Der Plan wird für ein **Haushaltsjahr** aufgestellt und muss alle zu erwartenden Einnahmen und voraussichtlich zu leistenden Ausgaben enthalten.[55]

Sofern es sich nicht bereits aus Bilanzen oder dem Wirtschafts- oder Haushaltsplan selbst ergibt, müssen **beigefügt** werden:

- Organisationsplan,
- Stellenplan,
- Vermögens- und Schuldenübersicht,
- Übersicht über die bereits bestehenden sowie voraussichtlich einzugehenden Verpflichtungen der nächsten Jahre.[56]

---

[54] VV Nr. 3.2.2 zu § 44 BHO.
[55] VV Nr. 3.4 Satz 2 zu § 23 BHO.
[56] VV Nr. 3.4 Satz 3 zu § 23 BHO.

II. Das Verwaltungsverfahren bei Zuwendungen

Der Haushalts- oder Wirtschaftsplan soll in der Form dem Haushaltsplan des Zuwendungsgebers **entsprechen** und nach den für diesen geltenden Grundsätzen aufgestellt werden.[57] Dies umfasst sowohl die gesetzlichen Regelungen als auch die der Allgemeinen Verwaltungsvorschriften zur BHO/LHO.

Insbesondere gilt dies für:

- Jährlichkeitsgrundsatz – §§ 1, 4 BHO
- Notwendigkeitsgrundsatz – § 6 BHO
- Grundsatz der Wirtschaftlichkeit und Sparsamkeit – § 7 BHO
- Vollständigkeitsgrundsatz – § 11 Abs. 2 BHO
- Fälligkeitsprinzip – § 11 Abs. 2 BHO
- Bruttoprinzip – § 15 Abs. 1 BHO
- Grundsatz der sachlichen und zeitlichen Bindung – §§ 17 Abs. 1, 45 BHO
- Deckungsfähigkeiten – §§ 20, 46 BHO
- Erforderlichkeit von Verpflichtungsermächtigungen – §§ 16, 38 BHO
- Möglichkeit von Sperren – §§ 22, 36 BHO
- Veranschlagung und Bewirtschaftung der Stellen – § 17 Abs. 4, § 49 BHO

Bucht der Zuwendungsempfänger nach den Regeln der kaufmännischen **doppelten Buchführung**, kann der Haushalts- oder Wirtschaftsplan dem hierfür geltenden Kontenplan entsprechen. Allerdings ist dann eine Überleitungsrechnung auf Einnahmen und Ausgaben vorzulegen.[58]

> **Praxis-Tipp:**
> Im Übrigen gelten die Ausführungen für den Finanzierungsplan bei Projektförderungen **sinngemäß**.

---

[57] Beim Bund: Haushaltstechnische Richtlinien des Bundes (HRB).
[58] VV Nr. 3.4.2 zu § 23 BHO.

5. Die monetäre Unterlage des Zuwendungsantrags

5.8 Beispiel für einen Finanzierungsplan

I. Ausgaben

1	Personalausgaben[1]	660.000
1.1	Mitarbeiter 1 (Beschäftigungsumfang im Projekt 100 %)	300.000
1.2	Mitarbeiter 2 (Beschäftigungsumfang im Projekt 70 %)	210.000
1.3	Mitarbeiter 3 (Beschäftigungsumfang im Projekt 50 %)	150.000
2	Sächliche Verwaltungsausgaben[2]	48.000
2.1	Geschäftsbedarf	15.000
2.2	Kommunikationsgebühren	3.000
2.3	Kraftfahrzeughaltung	1.500
2.4	Ausstattungs- und Gebrauchsgegenstände[3]	7.500
2.5	Miete Gerät 1[4]	3.500
2.6	Reisekosten[5]	1.500
2.7	Vergabe von Arbeiten an Dritte[6]	15.000
2.8	Vermischte Ausgaben[7]	1.000
3	Investitionen[2]	14.500
3.1	Erwerb Gerät 2[8]	6.500
3.2	Erwerb Gerät 3[8]	8.000
Gesamtausgaben		**722.500**

[1] Arbeitgeber-Brutto incl. Sozialabgaben.
[2] Bei umsatzsteuerpflichtigen Leistungen abhängig von der Vorsteuerabzugsberechtigung Netto- oder Bruttobeträge.
[3] Unter 5.000 Euro im Einzelfall.
[4] Nur kurzfristiger Einsatz im Projekt, daher keine Anschaffung, sondern Miete.
[5] Nach bundes- oder landesrechtlicher Regelung.
[6] Nach vorliegenden Angeboten.
[7] Soweit anderen Positionen nicht zuordnenbar.
[8] Durchgehender Einsatz im Projekt.

II. Finanzierungsübersicht

1	Projekteinnahmen	2.500
2	Eigenmittel	360.000
3	Zuwendung Land	180.000
4	Zuwendung Bund	180.000
Deckungsmittel insgesamt		**722.500**

II. Das Verwaltungsverfahren bei Zuwendungen

5.9 Beispiel für eine Verknüpfung von Arbeitspaketen (AP) und Finanzierung

	AP 1	AP 2	AP 3	AP 4	AP 5	Zusammen
Aktivitäten	....	....	....	....	....	
Ergebnis	....	....	....	....	....	
Termin	....	....	....	....	....	
Mitarbeiter 1[1]	60.000	60.000	60.000	60.000	60.000	300.000
Mitarbeiter 2[2]	70.000	–	70.000	–	70.000	210.000
Mitarbeiter 3[1]	30.000	30.000	30.000	30.000	30.000	150.000
Geschäftsbedarf[3]	3.000	3.000	3.000	3.000	3.000	15.000
Kommunikationsgebühren[3]	600	600	600	600	600	3.000
Kraftfahrzeughaltung[3]	300	300	300	300	300	1.500
Ausstattungs- und Gebrauchsgegenstände[3]	1.500	1.500	1.500	1.500	1.500	7.500
Miete Gerät 1[4]	–	–	3.500	–	–	3.500
Reisekosten[5]	200		700		600	1.500
Vergabe von Arbeiten an Dritte[6]	4.000	2.000	–	9.000	–	15.000
Vermischte Ausgaben[3]	200	200	200	200	200	1.000
Erwerb Gerät 2[7]		1.625	1.625	1.625	1.625	6.500
Erwerb Gerät 3[8]	1.600	1.600	1.600	1.600	1.600	8.000
Zusammen	171.400	100.825	173.025	107.825	169.425	722.500

[1] Durchgehend im Projekt eingesetzt; deshalb zur Vereinfachung linear auf den gesamten Projektzeitraum verteilt.
[2] Nur in bestimmten Phasen des Projekts eingesetzt.
[3] Ausgaben fallen durchgehend an, deshalb zur Vereinfachung linear auf den gesamten Projektzeitraum verteilt.
[4] Nur kurzfristiger Einsatz im Projekt, daher keine Anschaffung, sondern Miete.
[5] Ausgaben fallen für bestimmte Reisen zu bestimmten Terminen an.
[6] Ausgaben fallen für bestimmte Arbeiten zu bestimmten Terminen an.
[7] Ab Kauf durchgehender Einsatz im Projekt.
[8] Durchgehender Einsatz im Projekt.

6. Zuwendungsfähige Ausgaben

Überblick
■ Zuwendungsfähig sind Ausgaben, die zur wirtschaftlichen Verwirklichung des Zuwendungszwecks notwendig sind.
■ Häufig werden sie der Sache nach in einem Positivkatalog der zu Grunde liegenden Förderrichtlinie spezifiziert.
■ In zeitlicher Hinsicht müssen sie im Bewilligungszeitraum anfallen. Dies ist der für die Erreichung des Zuwendungszwecks erforderliche zeitliche Ansatz.
■ Ist der Zuwendungsempfänger zum Vorsteuerabzug berechtigt, dürfen nur die Nettobeträge (ohne Umsatzsteuer) als zuwendungsfähig anerkannt werden.
■ Nur wenige Ausgaben sind nach den allgemeinen Regelungen des Zuwendungsrechts zwingend von der Zuwendungsfähigkeit ausgeschlossen.
■ Ausgaben sind stets Geldflüsse beim Zuwendungsempfänger. Kalkulatorische Kosten sind regelmäßig nicht zuwendungsfähig.
■ Bei Zuwendungen an Unternehmen dürfen der Förderung beim Bund und in einigen Ländern ausnahmsweise auch Kosten zu Grunde gelegt werden. Dies kann auch bei Förderungen aus EU-Fonds der Fall sein.

6.1 Begriff der zuwendungsfähigen Ausgaben

Der Begriff der zuwendungsfähigen Ausgaben ist im Zuwendungsrecht nicht definiert.

Aus dem allgemeinen Haushaltsrecht kann abgeleitet werden, dass es sich um solche Ausgaben handelt, die **zur wirtschaftlichen Verwirklichung des Zuwendungszwecks notwendig** sind.[59]

Der Begriff der Ausgabe bedeutet, dass es zu einem **Geldfluss** kommen muss. Das Zuwendungsrecht nimmt insofern die grundsätzlich kamerale Ausrichtung der Haushaltspläne des Bundes und der weit überwiegenden Zahl der Länder auf.

---

[59] §§ 6,7 BHO; Nrn. 1 ANBest-I, ANBest-P, ANBest-GK, ANBest-P-Kosten.

II. Das Verwaltungsverfahren bei Zuwendungen

Häufig sind die konkret zuwendungsfähigen Ausgaben in einer **Förderrichtlinie** festgelegt (Positivkatalog). Ausgaben, die hier nicht aufgeführt sind, dürfen nicht in den Finanzierungsplan aufgenommen werden. Ggf. bestimmt eine Förderrichtlinie auch Höchstbeträge oder quantitative und qualitative Maßstäbe.

> **Beispiel:**
>
> Eine Richtlinie zur Förderung von Sprachkursen für Migranten bestimmt:
>
> „Die nachstehenden Ausgaben können als zuwendungsfähig anerkannt werden. Sie sind wirtschaftlich und sparsam zu kalkulieren:
>
> - Je Kurs 1 Dozent mit abgeschlossener Hochschulausbildung und Zusatzqualifikation „Deutsch als Zweitsprache" mit X Wochenstunden (Vergütung nicht über vergleichbar E 13 TVöD).
> - Je Kurs 1 Sozialpädagoge mit X Wochenstunden (Vergütung nicht über vergleichbar E 10 TVöD).
> - Je Kurs 1 Bürosachbearbeiter für organisatorische Angelegenheiten mit X Wochenstunden (Vergütung nicht über vergleichbar E 7 TVöD).
>
> Förderfähig ist bei den Personalausgaben jeweils das Bruttogehalt zuzgl. Arbeitgeberanteil an den Sozialversicherungsbeiträgen.
>
> - Raummiete und Mietnebenkosten mit höchstens X Euro je Kurs.
> - Lehrbücher, Skripte, Wörterbücher mit höchstens X Euro je Teilnehmer.

6.2 Bewilligungszeitraum

Entscheidend ist weiterhin, dass nur solche Ausgaben zuwendungsfähig sind, die im Bewilligungszeitraum anfallen. Der Begriff des Bewilligungszeitraums ist im Zuwendungsrecht nicht definiert. Er hat insbesondere folgende zuwendungsrechtliche Bedeutung:

- **Durchführungszeitraum** für das geförderte Vorhaben (gegenständlicher Zuwendungszweck) mit der Folge, dass grundsätzlich nur die in diesem Zeitraum geleisteten Ausgaben zuwendungsfähig sind.

6. Zuwendungsfähige Ausgaben

- **Anspruchszeitraum** für die Auszahlung der Zuwendung.
- **Anknüpfungspunkt** für die Fristberechnung zur Vorlage des Verwendungsnachweises (vgl. z. B. Nr. 6.1 ANBest-P-Bund).

Die Dauer des Bewilligungszeitraums orientiert sich bei der **Projektförderung** an dem **für die Durchführung der Maßnahme notwendigen Zeitraum**.

Bei der **institutionellen Förderung** orientiert sich der Bewilligungszeitraum grundsätzlich am **Haushaltsjahr** und läuft damit vom 1. Januar bis 31. Dezember des jeweiligen Kalenderjahrs.

Ausnahmsweise kann die Bewilligungsbehörde bei der Abrechnung eines Vorhabens auch noch Ausgaben als zuwendungsfähig anerkennen, wenn die **Zahlung** zwar **nach Ablauf** des Bewilligungszeitraums erfolgt, die Ursache der Ausgabe aber noch im Bewilligungszeitraum lag.

> **Beispiel:**
>
> Der Bewilligungszeitraum endete am 31. Juli. Am 10. August geht noch eine projektbezogene Rechnung ein.

6.3 Vorsteuerabzugsberechtigung

Sofern der Antragsteller hinsichtlich der zuwendungsfähigen Ausgaben zum Vorsteuerabzug (§ 15 UstG) berechtigt ist, belastet ihn gezahlte Umsatzsteuer durch die Verrechnungsmöglichkeit gegenüber dem Finanzamt nicht. Bei einer Vorsteuerabzugsberechtigung dürfen im Finanzierungsplan deshalb bei umsatzsteuerpflichtigen Leistungen Dritter nur die **Netto-Beträge** angesetzt werden (VV Nr. 2.6 zu § 44 BHO). Liegt keine Berechtigung zum Vorsteuerabzug vor, dürfen die Brutto-Beträge geltend gemacht werden.

Es kommt vor, dass Zuwendungsempfänger nur **teilweise** zum Vorsteuerabzug berechtigt sind. Dann muss geklärt werden, ob die Vorsteuerabzugsberechtigung die Erfüllung des Zuwendungszwecks umfasst.

Mit dem Zuwendungsantrag muss eine entsprechende **Erklärung** abgegeben werden (VV Nr. 3.2.3 zu § 44 BHO; vgl. Teil II 6.3).

6.4 Ausgeschlossene zuwendungsfähige Ausgaben

Die nachstehend aufgeführten Ausgaben sind **ausdrücklich** von der Förderfähigkeit ausgeschlossen:

- bei institutioneller Förderung: Ausgaben für Wirtschaftsprüfungsunternehmen, wenn die Prüfung des Jahresabschlusses nicht gesetzlich vorgeschrieben oder aus besonderen Gründen geboten ist – VV Nr. 2.7 zu § 44 BHO
- Personalausgaben, die gegen das Besserstellungsverbot verstoßen (bei institutioneller Förderung grundsätzlich immer; bei Projektförderungen nur, wenn die Gesamtausgaben des Zuwendungsempfängers überwiegend aus Zuwendungen der öffentlichen Hand bestritten werden – § 8 Abs. 2 HG, Nr. 1.3 ANBest-P, Nr. 1.3 ANBest-I; vgl. Teil III.5
- Ausgaben für Umsatzsteuer, wenn der Zuwendungsempfänger vorsteuerabzugsberechtigt ist – VV Nr. 2.6 zu § 44 BHO; vgl. Teil III 5
- bestimmte Versicherungsbeiträge bei institutionellen Zuwendungsempfängern – Nr. 1.4 ANBest-I

6.5 Kosten statt Ausgaben

Kalkulatorische Kosten (z. B. Abschreibungen bereits beschaffter Gegenstände) sind nach der Systematik des Zuwendungsrechts grundsätzlich **nicht zuwendungsfähig** (etwas anderes gilt bei Förderungen aus EU-Fonds).

Eine **Ausnahme** gilt beim Bund und verschiedenen Ländern **für gewerbliche Unternehmen**, die aus Gründen der Konkurrenzfähigkeit, in Kosten und nicht in Ausgaben kalkulieren müssen.

> **VV Nr. 13a.1 zu § 44 BHO:**
>
> „Bei Projektförderung können Zuwendungen an gewerbliche Unternehmen, insbesondere für Forschungs- und Entwicklungsvorhaben, anstatt zur Deckung der zuwendungsfähigen Ausgaben zur Deckung der zuwendungsfähigen Kosten des Zuwendungsempfängers bewilligt werden, wenn eine Bemessung der Zuwendung nach Ausgaben im Hinblick auf die Verrechnung von Gemeinkosten einschließlich kalkulatorischer Kosten nicht sinnvoll ist."

Statt auf Ausgabenbasis können Zuwendungen bei solchen Zuwendungsempfängern, insbesondere für Forschungs- und Entwicklungsvorhaben, ausnahmsweise zur Deckung der zuwendungsfähigen

Kosten des Zuwendungsempfängers bewilligt werden, wenn eine Bemessung der Zuwendung nach Ausgaben im Hinblick auf die **Verrechnung von Gemeinkosten** einschließlich kalkulatorischer Kosten nicht sinnvoll ist.[60]

Zuwendungsfähig können dann die dem Vorhaben zuzurechnenden **Selbstkosten** des Zuwendungsempfängers sein, die bei wirtschaftlicher Betriebsführung anfallen.[61]

Einen **Negativkatalog** zu nicht zuwendungsfähigen Selbstkosten enthält Nr. 5.3 ANBest-P-Kosten. Die dort genannten Kosten dürfen auf keinen Fall als zuwendungsfähig in den Finanzierungsplan einbezogen werden.

7. Enger oder weiter Ansatz bei zuwendungsfähigen Ausgaben

Überblick

- Grundsätzlich unterscheidet die Praxis zwischen einem engen oder weiten Ansatz bei den zuwendungsfähigen Ausgaben.
- Konkret geht es um die Frage, ob beim Zuwendungsempfänger bereits vorhandene Grundausstattung über die Zuwendung mitfinanziert wird oder nicht.
- Beim engen Ansatz bleibt die Grundausstattung außen vor. Dies entspricht am ehesten dem Grundsatz der Subsidiarität.
- Beim weiten Ansatz wird die Grundausstattung in die zuwendungsfähigen Ausgaben einbezogen. Dies entspricht der Anreizfunktion von Zuwendungen.
- Welcher Ansatz sachgerecht ist, hängt von der finanziellen Leistungsfähigkeit des Zuwendungsempfängers sowie von seiner Motivation zur Erfüllung des Zuwendungszwecks ab.
- Der enge Ansatz kann unter Umständen auch als Begründung für Vollfinanzierungen herangezogen werden.
- Der weite Ansatz entspricht dem Bedarf von institutionell geförderten Zuwendungsempfängern und kommt darüber hinaus bei Zuwendungsempfängern in Betracht, die sich ausschließlich durch Zuwendungen finanzieren.

---

[60] VV Nr. 13a.1 zu § 44 BHO.
[61] VV Nr. 13a.3 zu § 44 BHO.

II. Das Verwaltungsverfahren bei Zuwendungen

7.1 Grundsatzentscheidung

Eine wichtige **grundlegende Entscheidung**, die vor jeder Förderung von der Bewilligungsbehörde zu treffen ist, betrifft die Frage, ob

- nur die durch das Projekt *zusätzlich* verursachten Ausgaben (zuwendungsfähige Ausgaben im engen Sinne) oder
- *sämtliche* für das Projekt anfallende Ausgaben (zuwendungsfähige Ausgaben im weiten Sinne)

zuwendungsfähig sein sollen.

Die Entscheidung trifft die Bewilligungsbehörde nach pflichtgemäßem **Ermessen** unter Berücksichtigung der Umstände des Einzelfalls, soweit eine Förderrichtlinie keine entsprechende Vorgabe enthält.

7.2 Enger Ansatz (ohne Grundausstattung)

Beim engen Ansatz bleibt die bereits beim Zuwendungsempfänger vorhandene **Grundausstattung** bei der Bestimmung der zuwendungsfähigen Ausgaben **außen vor**.

> **Beispiele:**
>
> Bereits beim Zuwendungsempfänger beschäftigte Mitarbeiter, die im Projekt tätig sind, dürfen nicht als zuwendungsfähige Ausgaben abgerechnet werden.
>
> Die Miete für einen Raum, der bereits seit einiger Zeit dauerhaft angemietet ist und nun für das Projekt genutzt wird, darf nicht in die zuwendungsfähigen Ausgaben miteinbezogen werden.

Dies wird dem **Grundsatz der Subsidiarität** am besten gerecht. Dem liegt die Überlegung zu Grunde, dass die Ausgaben für Grundausstattung auch ohne die Erfüllung des Zuwendungszwecks anfallen und vom Zuwendungsempfänger ohnehin zu finanzieren wären.

Der enge Ansatz bietet sich vor allem bei Zuwendungsempfängern an, die **bereits aus sich heraus ausreichend** zur Erfüllung des Zuwendungszwecks **motiviert** sind. Sie werden am ehesten bereit sein, ihre Grundausstattung ohne staatliche Förderung bereitzustellen.

Die Grundausstattung wird beim engen Ansatz **nicht in den Finanzierungsplan aufgenommen**, denn sie gehört nicht zu den zuwendungsfähigen Ausgaben. Dies wird in der Praxis häufig falsch gemacht.

7. Enger oder weiter Ansatz bei zuwendungsfähigen Ausgaben

Sie gehört auch nicht als **„Einnahme" oder Eigenleistung** des Zuwendungsempfängers in den Finanzierungsplan, da sie nicht der Finanzierung der zuwendungsfähigen Ausgaben dient.

Zur Erhöhung der Transparenz ist es aber sinnvoll, den finanziellen „Wert" der eingebrachten **Grundausstattung „nachrichtlich" aufzuführen**.

7.3 Begründung für Vollfinanzierung

In der Praxis **kann** der enge Ansatz eine – grundsätzlich nur ausnahmsweise zulässige (VV Nr. 2.4 zu § 44 BHO; vgl. Teil I 9.5) – **Vollfinanzierung begründen**.

Beispiel:

Bei der Förderung eines Forschungsvorhabens einer Universität umfasst die Förderung nur die zusätzlich bei der Hochschule anfallenden Ausgaben. Dies sind eine ausschließlich für das Vorhaben neu eingestellte Hilfskraft sowie ein zusätzlich benötigtes Gerät. Der Lehrstuhlinhaber bringt seine eigene Arbeitsleistung sowie die beim Lehrstuhl vorhandene weitere personelle und sächliche Grundausstattung unentgeltlich in das geförderte Projekt ein. Mangels anderer Finanzierungsmöglichkeiten der Universität übernimmt der Zuwendungsgeber die zusätzlichen Ausgaben vollständig.

Auf dem Papier sind solche Förderungen Vollfinanzierungen. Tatsächlich beteiligt sich der Zuwendungsempfänger über seine eingebrachte Grundausstattung aber maßgeblich an der Finanzierung des Vorhabens.

7.4 Finanzierung von Ersatzkräften

Wenn personelle oder sächliche Grundausstattung in die Durchführung eines Vorhabens eingebracht wird, diese dann aber für die Wahrnehmung der übrigen Aufgaben des Zuwendungsempfängers **ersetzt** werden muss, ist es ggf. auch beim engen Ansatz sachgerecht, die Ausgaben für die eingebrachte Grundausstattung bis zur Höhe der Ausgaben für den Ersatz in die zuwendungsfähigen Ausgaben einzubeziehen.

II. Das Verwaltungsverfahren bei Zuwendungen

> **Beispiel:**
>
> Der Lehrstuhlinhaber ist so mit der Arbeit im Projekt ausgelastet, dass ihm die Durchführung von Lehrveranstaltungen in einem Semester nicht mehr möglich ist. Für seine Vertretung wird ein Lehrauftrag vergeben. Bis zur Höhe der Ausgaben für den Lehrauftrag können Ausgaben für den Lehrstuhlinhaber als zuwendungsfähige Ausgaben im Projekt anerkannt werden.

7.5 Weiter Ansatz (mit Grundausstattung)

Bei Förderungen, mit denen die **Zuwendungsempfänger erst** zur Erfüllung des Zuwendungszwecks **motiviert werden sollen**, wäre der Ausschluss der Finanzierung von bereits vorhandener Grundausstattung dagegen kontraproduktiv.

Beim weiten Ansatz wird die bereits vorhandene **Grundausstattung** deshalb **einbezogen**.

> **Beispiele:**
>
> Die Personalausgaben für bereits beim Zuwendungsempfänger beschäftigte Mitarbeiter, die im Projekt tätig sind, dürfen als zuwendungsfähige Ausgaben abgerechnet werden.
>
> Die Miete für einen Raum, der bereits seit einiger Zeit dauerhaft angemietet ist und nun für das Projekt genutzt wird, darf in die zuwendungsfähigen Ausgaben miteinbezogen werden.

Der weite Ansatz kann auch bei Zuwendungsempfängern gewählt werden, die sich **ausschließlich** durch Zuwendungen finanzieren und keine andere Möglichkeit der Erzielung von Einnahmen haben.

Dies ist bei den meisten **institutionell geförderten** Zuwendungsempfängern der Fall.

8. Pauschalen

> **Überblick**
>
> - Der Einsatz von Pauschalen zur Bestimmung der zuwendungsfähigen Ausgaben ist vom Zuwendungsrecht ausdrücklich vorgesehen.
> - Sie bewirken sowohl eine Vereinfachung beim Antrag, bei der Abrechnung als auch bei der Prüfung der Zuwendung.
> - Die Angemessenheit von Pauschalen muss empirisch belegt sein. Hierzu können vor allem systematische Untersuchungen, Erfahrungswerte, Vergleichswerte oder konkrete Kalkulationen der Zuwendungsempfänger herangezogen werden.
> - Bei der Festlegung dürfen keine überspannten Anforderungen gestellt werden, um den Vereinfachungseffekt nicht zu konterkarieren.
> - Kommen Pauschalen zum Einsatz, muss ihr Inhalt eindeutig dokumentiert und den Zuwendungsempfängern bekannt sein. Dies vermeidet Doppelabrechnungen.
> - Ihre Angemessenheit muss in regelmäßigen Abständen überprüft werden.

8.1 Soll-Vorschrift

Das Zuwendungsrecht sieht vor, dass der Bemessung der zuwendungsfähigen Ausgaben feste Beträge zu Grunde gelegt werden sollen, soweit dies möglich ist. Vgl. VV Nr. 2.3 zu § 44 BHO:

VV Nr. 2.3 Satz 1 und 2 zu § 44 BHO:

„Der Bemessung der zuwendungsfähigen Ausgaben sollen, soweit dies möglich ist, feste Beträge zu Grunde gelegt werden. Diese Beträge können auch nach Vomhundertsätzen anderer zuwendungsfähiger Ausgaben bemessen werden."

Die Nutzung von Pauschalen ist damit ausdrücklich **als Regelfall** bei der Bestimmung der zuwendungsfähigen Ausgaben **normiert**.

Für eine Bemessung von festen zuwendungsfähigen Beträgen kommen vor allem **Projekte** in Betracht,

- bei denen einzelne Ausgaben nur mit einem erheblichen Aufwand genau festgestellt und belegt werden können, jedoch eine sachgerechte Pauschalierung möglich ist (z. B. Verwaltungsausgaben)[62] oder

---

[62] VV Nr. 2.3.1 zu § 44 BHO.

II. Das Verwaltungsverfahren bei Zuwendungen

- bei denen Richtwerte vorliegen oder festgelegt werden können (z. B. bei Baumaßnahmen)[63].

Bei der **institutionellen Förderung** bieten sich Pauschalen dagegen weniger an, da die Förderung hier sämtliche Ausgaben der Einrichtung umfasst und eine Abgrenzung nicht erforderlich ist.

8.2 Vereinfachung durch Standardisierung

Pauschalen bewirken eine **Vereinfachung** des Förderverfahrens durch Standardisierung:

- Bei der Antragstellung, weil es bei einer einmal festgelegten Pauschale keiner Einzelfallprüfung von zuwendungsfähigen Ausgaben mehr bedarf.
- Beim Verwendungsnachweis, weil pauschal abgerechnete Ausgaben vom Zuwendungsempfänger nicht belegt werden müssen.
- Bei der Prüfung des Verwendungsnachweises, weil sich die Prüfung der Bewilligungsbehörde nur auf die sachgerechte Abrechnung der Pauschale richtet.

8.3 Bemessung von Pauschalen

Tatsächlich werden Pauschalen in der Praxis **nur zurückhaltend genutzt**.

Dies liegt an der zwingenden Notwendigkeit, ihre angemessene Höhe empirisch und nachvollziehbar zu bestimmen. Das Zuwendungsrecht gibt hierfür **keine Methodik** vor und bietet auch keine anderweitige Hilfestellung an.

---

[63] VV Nr. 2.3.2 zu § 44 BHO.

> **Praxis-Tipp:**
> Zur sachgerechten Bestimmung einer Pauschale bedarf es der Ermittlung der **typischen Ausgabenstruktur** des zu pauschalierenden Bereichs. Hieraus können dann Durchschnittssätze abgeleitet werden. Vor allem kann dies wie folgt geschehen:
> - Auswertung eigener Erfahrungen der Bewilligungsbehörde aufgrund langfristiger Förderung eines bestimmten Bereichs (Erfahrungswerte).
> - Vergleiche mit der Ausgabenstruktur ähnlicher Förderbereiche (Vergleichswerte).
> - Heranziehung von nachvollziehbaren (Vor-)Kalkulationen der Zuwendungsempfänger (Kalkulationswerte).

Um dem Regelungsbefehl zur regelmäßigen Nutzung von Pauschalen möglichst in vielen Förderbereichen nachzukommen, dürfen die **Anforderungen** an den empirischen Nachweis **nicht überspannt** werden.

Bei der Bemessung von Pauschalen ist auch zu berücksichtigen, dass es ihrem Wesen entspricht, wenn es bei ihrer Anwendung **vereinzelt „Gewinner" und „Verlierer"** geben kann. Im Einzelfall kann es dazu kommen, dass Zuwendungsempfänger von einer Pauschale profitieren, weil ihre tatsächlichen Ausgaben geringer sind. Andererseits wird es ggf. auch Zuwendungsempfänger geben, bei denen nicht alle tatsächlichen Ausgaben von der Pauschale abgedeckt werden.

Dies kann im Hinblick auf die angestrebte Verwaltungsvereinfachung **hingenommen** werden, solange die Pauschalierung bei der Mehrzahl der Betroffenen zu einem sachgerechten Ergebnis führt. Ist dies nicht der Fall, muss die Angemessenheit der Pauschale bezweifelt werden.

8.4 Pauschale als Zuschlag

Eine Pauschale kann auch einen **„Zuschlag"** auf andere zuwendungsfähige Ausgaben umfassen.

> **Beispiel:**
> Auf die festgestellten tatsächlichen Personalausgaben in Form der tariflichen Gehälter wird eine Pauschale für sonstige Personalnebenkosten (z. B. Sozialbeiträge) angewendet.

II. Das Verwaltungsverfahren bei Zuwendungen

Auch ein Zuschlag muss auf einer **nachvollziehbaren Kalkulation** beruhen.

8.5 Regelmäßige Überprüfung

Die Bewilligungsbehörde sollte die **weitere Angemessenheit** der von ihr angewandten Pauschalen in angemessenen Zeitabständen **überprüfen**.

8.6 Gefahr der Doppelabrechnung

Weiterhin ist beim Einsatz von Pauschalen zu beachten, dass die in ihnen enthaltenen Ausgaben von den Zuwendungsempfängern **nicht zusätzlich** als Einzelausgaben abgerechnet werden dürfen. Dies würde zu einer Doppelförderung führen.

Die von Pauschalen **abgedeckten Ausgabenbereiche** müssen deshalb

- von der Bewilligungsbehörde dokumentiert werden,
- den Zuwendungsempfängern bekannt sein und
- von den nicht von der Pauschalierung umfassten Einzelausgaben deutlich abgegrenzt werden.

9. Die Prüfung des Zuwendungsantrags

9.1 Bedeutung der Antragsprüfung

Das Antrags- und Bewilligungsverfahren hat entscheidende Bedeutung für den **Erfolg der Förderung** und den wirtschaftlichen Einsatz der für Zuwendungen zur Verfügung stehenden Haushaltsmittel. Fehler der Bewilligungsbehörde in diesem Stadium können später nur noch schwer oder überhaupt nicht mehr rückgängig gemacht oder geheilt werden:

- Ein einmal angelaufenes Vorhaben ist in seiner inhaltlichen Ausrichtung und Ausgabenstruktur kaum noch zu ändern.
- Ein einmal erlassener Zuwendungsbescheid kann nur noch eingeschränkt aufgehoben oder geändert werden.

9.2 Strukturierter Prozess

Eine sachgerechte, geeignete und zielführende Antragsprüfung zeichnet sich durch einen **strukturierten und nachvollziehbaren Prozess** aus. Einzelne Prüfmaterien sind zwar an verschiedenen Stellen in den Verwaltungsvorschriften zu § 44 BHO aufgeführt. Eine zusammenhängende und vollständige Regelung fehlt allerdings.

> **Praxis-Tipp:**
> Einzelne Prüfmaterien ergeben sich mittelbar insbesondere aus VV Nr. 3.3 zu § 44 BHO, die den Inhalt des von der Bewilligungsbehörde obligatorisch zu fertigenden Vermerks über das Ergebnis der Antragsprüfung regelt.

Die Antragsprüfung der Bewilligungsbehörde sollte mindestens folgende **Bearbeitungsschritte** umfassen:

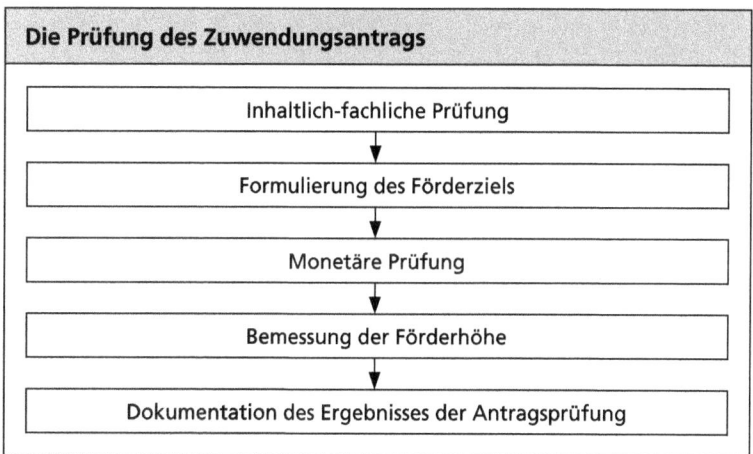

9.3 Interessenbekundungsverfahren

Aus verschiedenen Gründen kann es sich anbieten, das Antragsverfahren durch eine Vorauswahl von potentiellen „Förderkandidaten" so zu kanalisieren, dass nur die vielversprechendsten Projekte die vollständige formelle und materielle Antragsprüfung durchlaufen. Anwendungsfälle sind vor allem inhaltlich anspruchsvolle

II. Das Verwaltungsverfahren bei Zuwendungen

Zuwendungszwecke, bei denen sowohl die Vorbereitung des Zuwendungsantrags durch die Antragsteller als auch die Prüfung durch die Bewilligungsbehörde sehr aufwendig sind. Der Antragstellung kann dann ein so genanntes Interessenbekundungsverfahren vorgeschaltet werden.

Förderungen mit vorgeschaltetem Interessenbekundungsverfahren sind zuwendungsrechtlich nicht geregelt. Sie werden in der Verwaltungspraxis in **zwei Stufen** durchgeführt:

- Auf der ersten Stufe legen Förderinteressenten zunächst lediglich aussagekräftige inhaltliche Skizzen zu ihren Projekten sowie eine summarische Darstellung der zuwendungsfähigen Ausgaben vor. Anhand dieser Angaben wählt die Bewilligungsbehörde die zur Erfüllung des politischen Förderziels voraussichtlich am besten geeigneten und wirtschaftlichsten Vorhaben aus.

- Auf der zweiten Stufe dürfen nur noch die ausgewählten Kandidaten einen vollständigen Zuwendungsantrag mit allen erforderlichen Unterlagen stellen, der die „normale" ausführliche Antragsprüfung durchläuft.

Der **Vorteil** eines Interessenbekundungsverfahrens liegt in der Arbeitsersparnis für beide Seiten. Förderkandidaten können zunächst den Aufwand eines vollständigen Zuwendungsantrags vermeiden. Die Bewilligungsbehörde wiederum muss ihre personellen Ressourcen bei der Antragsprüfung nur noch für die mit hohen Förderchancen verbundenen Anträge aufwenden.

> **Praxis-Tipp:**
> Die Akzeptanz eines Interessenbekundungsverfahrens hängt – insbesondere bei den Bewerbern, die als nicht förderwürdig bereits auf der ersten Stufe ausscheiden – entscheidend davon ab, dass die Bewilligungsbehörde ihre Entscheidungskriterien für die Vorselektion nachvollziehbar und transparent bekanntgibt.

Da die bereits auf der ersten Stufe ausscheidenden Bewerber keinen Anspruch auf Zugang zum eigentlichen Antragsverfahren mehr haben, spricht viel dafür, dass es sich auch bei der Auswahlentscheidung auf der ersten Stufe um einen (belastenden) **Verwaltungsakt** nach § 35 VwVfG handelt.

Den für die zweite Stufe ausgewählten Bewerbern sollte mitgeteilt werden, dass die Zulassung zum Antragsverfahren noch **keinen Rechtsanspruch** auf Förderung eröffnet. Vielmehr trifft die Bewilligungsbehörde ihre endgültige Auswahlentscheidung nach pflichtgemäßem Ermessen erst nach Abschluss der vollständigen Antragsprüfung.

10. Inhaltlich-fachliche Prüfung

Überblick
▪ Die inhaltlich-fachliche Prüfung des Zuwendungsantrags bei Projektförderungen dient der Bestenauslese aus den eingegangenen Anträgen.
▪ Mit Hilfe einer Nutzwertanalyse kann die Qualität der Anträge verglichen und eine Reihung vorgenommen werden.
▪ Eine Nutzwertanalyse ist methodisch einfach in drei aufeinander aufbauenden Stufen durchzuführen.
▪ Der Festlegung und Gewichtung von Bewertungskriterien folgt die Beurteilung der Auswahlalternativen nach einem Punktesystem und schließlich die Ermittlung der mathematischen Abfolge nach Nutzwertpunkten.
▪ Die Bewertungskriterien sind vor allem an den staatlichen Förderzielen sowie der erforderlichen fachlichen Eignung des Zuwendungsempfängers auszurichten.
▪ Um die Nutzwertanalyse zu objektivieren, sollten die Bewertungskriterien dokumentiert und veröffentlicht sowie die Bewertung von mehreren Personen unabhängig voneinander durchgeführt werden.
▪ Bei institutionellen Förderungen kann sich die Nutzwertanalyse auf die einzelnen Vorhaben des Arbeitsplans der Einrichtung beziehen.

10.1 Prinzip der Bestenauslese bei Projektförderungen

Die inhaltlich-fachliche Beurteilung ist der **wichtigste Teil** der Antragsprüfung. An ihr entscheidet sich,

- ob das Projekt überhaupt für eine Förderung in Frage kommen kann,
- welches Vorgehen in der Sache gewählt wird und
- welche Ausgaben sich hieraus ableiten.

II. Das Verwaltungsverfahren bei Zuwendungen

Nach dem Prinzip der **Bestenauslese** sind solche Vorhaben und Antragsteller förderwürdig, die am besten zur Verwirklichung des staatlichen Förderziels geeignet sind, vgl. Teil I 6, II 10.

Grundlage der Bestenauslese sind **qualitative Bewertungskriterien**. Im Hinblick auf die Funktion von Zuwendungen zur Umsetzung politischer und gesellschaftlicher Ziele sind dies vor allem:

- Beitrag der Maßnahme zu den Förderzielen des Bundes oder des Landes
- Zeitpunkt der Zielerreichung
- Verwertbarkeit des Ergebnisses im Hinblick auf seine Breitenwirkung
- fachliche Qualität des Arbeitsprogramms
- Eignung des Antragstellers zur Umsetzung des Arbeitsprogramms
- Bonität und administrative Zuverlässigkeit des Antragstellers

Diese Kriterien können um **förderspezifische Besonderheiten** erweitert oder noch weiter ausdifferenziert werden.

Je mehr Bewertungskriterien herangezogen werden, umso **differenzierter** fällt die Entscheidung aus. Andererseits bergen zu viele Kriterien die Gefahr, sich zu verzetteln und das Wesentliche aus den Augen zu verlieren. Deshalb sollten wichtige von unwichtigen Kriterien unterschieden werden und die ausgewählten Maßstäbe in ein logisches und widerspruchsfreies System gebracht werden.

10.2 Nutzwertanalysen

> **Praxis-Tipp:**
>
> Eine **praktikable Methode** zur Bestenauslese sind Nutzwertanalysen. Ihr Hauptvorzug ist, dass sie keine übersteigerten methodischen Kenntnisse von den Nutzern verlangen und mit geringem Aufwand durchzuführen sind.

Als Resultat der Prüfung liegt für jeden Förderantrag eine **Wertkennzahl** vor, die die Antragsqualität in einer messbaren Größe zusammenfasst.

Grundlage der Nutzwertanalyse ist die vom Antragsteller vorzulegende **Projektbeschreibung** (vgl. Teil II 4). Sie muss alle erforderlichen Informationen enthalten.

10.3 Durchführung der Nutzwertanalyse

Die Durchführung einer Nutzwertanalyse geschieht in **drei Stufen**.

Auf der **ersten Stufe** wird

- für jedes qualitative Bewertungskriterium eine Gewichtung bestimmt, so dass die Gesamtgewichtung in der Summe 100 ergibt,
- daneben für jedes Bewertungskriterium ein Bewertungsmaßstab entwickelt, der das spätere Bewertungsergebnis abgestuft in Punkten ausdrückt und
- als Ausschlusskriterium eine Mindestpunktzahl definiert, die jeder Förderantrag bei jedem Bewertungskriterium mindestens erreichen muss, um nicht aus der Gesamtwertung auszuscheiden.

Beispiel für einen Bewertungsmaßstab:

Skala mit einer Bandbreite von 0 bis 5 Punkten:

- 0 Punkte stehen für „überhaupt nicht erfüllt".
- 5 Punkte stehen für „in vollem Umfang erfüllt".
- Die dazwischen liegende Punkte bilden die Abstufungen.

Auf der **zweiten Stufe** werden

- alle Förderanträge anhand der einzelnen Bewertungskriterien durch Vergabe von Bewertungspunkten beurteilt,
- die jeweiligen Punkte mit der Gewichtung des Bewertungskriteriums multipliziert, um die Bewertungszahl jedes Teilnutzens zu errechnen und anschließend
- die errechneten Teilnutzen jedes Förderantrags zum Gesamtnutzen addiert.

Auf der **dritten Stufe** werden schließlich alle Förderanträge nach ihrem rechnerischen Gesamtnutzen gereiht und so die in fachlicher Hinsicht besten identifiziert.

10.4 Gefahren der Nutzwertanalyse

Nutzwertanalysen sind **subjektive Instrumente** der Entscheidungsfindung. Sie bergen bei nicht sachgerechtem Einsatz das Risiko der Manipulation und dürfen nicht dazu missbraucht werden, einem von vornherein gewünschten Ergebnis das „Mäntelchen" der Objektivität umzuhängen.

II. Das Verwaltungsverfahren bei Zuwendungen

Zur Gewährleistung der Transparenz sollten die Bewertungskriterien, die Gründe für ihre Gewichtung sowie die Bewertungsmaßstäbe deshalb nachvollziehbar **dokumentiert** werden. Hierzu eignet sich am besten eine Förderrichtlinie (vgl. Teil I 3).

Um den Nachteil der Subjektivität abzuschwächen, empfiehlt es sich weiterhin, die Nutzwertanalyse von **verschiedenen** sachkundigen **Personen** der Bewilligungsbehörde unabhängig voneinander durchführen zu lassen, deren jeweilige Bewertungen zu dokumentieren und die Ergebnisse zu vergleichen.[64]

10.5 Beispiel für eine Nutzwertanalyse

5 Punkte bedeuten höchste Qualität, 1 Punkt bedeutet niedrigste Qualität. Um in die Wertung zu gelangen, müssen bei jedem Kriterium mindestens 3 Punkte erreicht werden (Ausschlusskriterium).

Kriterium	Gewicht in %	Vorhaben 1		Vorhaben 2		Vorhaben 3	
		Punkte	Ergeb.	Punkte	Ergeb.	Punkte	Ergeb.
Beitrag zu den Förderzielen des Bundes	40	3	120	4	160	4	160
Zeitpunkt der Zielerreichung	20	4	80	5	100	4	80
Verwertbarkeit des Ergebnisses i.S. einer Breitenwirkung	20	3	60	5	100	4	80
Fachliche Eignung des Antragstellers	10	3	30	5	50	3	30
Persönliche Eignung des Antragstellers	10	3	30	4	40	(2)	20
Endsumme	100		320		450		(370)

Vorhaben 2 ist mit der Höchstpunktzahl das fachlich beste und damit förderwürdig. Vorhaben 3 scheidet wegen der Unterschreitung der Mindestpunktzahl beim Kriterium der persönlichen Eignung des Antragstellers aus der Wertung aus.

---

[64] Vgl. zu Nutzwertanalysen als Instrument zur Bestimmung des erheblichen Bundesinteresses *Mayer*, in: Heuer/Scheller, Kommentar zum Haushaltsrecht, Stand: 67. Ergänzungslieferung, 2018, Rn. 294 ff. zu § 44 BHO.

10.6 Inhaltlich-fachliche Prüfung bei institutionellen Förderungen

Bei institutionellen Förderungen gibt es in aller Regel **keine Konkurrenz** um die Gewährung der Zuwendung. Hat es eine Einrichtung einmal in den Kreis der Förderempfänger geschafft, wird sie regelmäßig jährlich für einen längeren Zeitraum finanziert.

Die Bestenauslese bei der inhaltlich-fachlichen Prüfung kann sich daher nur noch auf das von der Einrichtung durchzuführende **Arbeitsprogramm** (vgl. Teil II 4.3) beziehen.

> **Praxis-Tipp:**
>
> Es sind daher die **einzelnen Tätigkeiten** der Einrichtung daraufhin zu untersuchen, welche für den Zuwendungsgeber den höchsten Nutzen haben. Tätigkeiten mit hohem Nutzwert werden der Förderung zu Grunde gelegt, solche mit geringerem Nutzwert nicht. Auch hier kann eine Nutzwertanalyse der Auslese dienen.

Auf diese Weise muss sich die Einrichtung immer wieder neu mit den qualitativen Erwartungen des Zuwendungsgebers **auseinandersetzen.** Auch der Zuwendungsgeber muss seine inhaltlich-fachlichen Vorstellungen stets auf das Neue definieren.

10.7 Einfache Förderungen

Zur Auswahlentscheidung bei einfachen Förderungen vgl. Teil II 11.11.

11. Formulierung des Förderziels

> **Überblick**
>
> - Die Bewilligungsbehörde muss grundsätzlich jeder einzelnen Bewilligung einer Zuwendung ein Förderziel zu Grunde legen.
> - Zur methodisch einfachen Zielbestimmung bietet sich die sogenannte SMART-Methode an. Ein Ziel muss danach spezifisch, messbar, angemessen, realistisch und terminiert sein.
> - In vielen Fällen ist es sachgerecht, den Zuwendungsempfänger an der Bestimmung des Förderziels zu beteiligen.
> - Ob der Zuwendungsempfänger auf die Erreichung des Förderziels verpflichtet wird, entscheidet die Bewilligungsbehörde im Einzelfall. Verwaltungsrechtlich geschieht dies am einfachsten durch eine Auflage im Zuwendungsbescheid.

II. Das Verwaltungsverfahren bei Zuwendungen

> - In vielen Fällen ist die verbindliche Vorgabe des Förderziels nicht möglich oder sinnvoll.
> - Bei einfachen Förderungen kann ausnahmsweise auf ein maßnahmenbezogenes Förderziel verzichtet werden. Dann ist die bloße Durchführung der Maßnahme gleichzeitig der Erfolg der Förderung.

11.1 Grundsätzliches

Mit jeder einzelnen Förderung verfolgt die öffentliche Hand ein **gesellschaftliches Ziel,** vgl. Teil I 1.

Um prüfen zu können, ob die erwartete Wirkung tatsächlich eingetreten ist, muss das Förderziel anhand **konkreter Maßstäbe** messbar sein. Nur so kann die zuwendungsrechtlich vorgeschriebene Erfolgskontrolle durchgeführt werden (VV Nr. 11a zu § 44 BHO; vgl. Teil II 22).

Die Zielbestimmung ist Aufgabe der **Bewilligungsbehörde**. Es empfiehlt sich jedoch, den Antragsteller hieran zu beteiligen (vgl. unten Teil II 11.8).

VV Nr. 4.2.3, 1. Spiegelstrich zu § 44 BHO:

„Die Bezeichnung des Zuwendungszwecks muss so eindeutig und detailliert festgelegt werden, dass sie auch als Grundlage für eine begleitende und abschließende Kontrolle des Erfolgs des Vorhabens oder des Förderprogramms dienen kann. Der Zuwendungszweck ist gegebenenfalls durch Erläuterungen zu präzisieren."

11.2 SMART-Konzept der Zieldefinition

Praxis-Tipp:

Als **methodisch einfaches Vorgehen** zur Zieldefinition bietet sich das mit dem Kürzel SMART bezeichnete Konzept zur Zieldefinition an.[65]

---

[65] Vgl. z. B. European Commission, Ex ante Evaluation, A Practical Guide for preparing proposals expenditure programmes, Brüssel, 2001, S. 13, oder den vom Bundesministerium des Innern herausgegebenen Praxisleitfaden der Bundesregierung „Projektmanagement für die öffentliche Verwaltung", Berlin, 2012, S. 17 f. Zur Bestimmung geeigneter und im Rahmen von Erfolgskontrollen messbarer Ziele vgl. auch Arbeitsanleitung Einführung in Wirtschaftlichkeitsuntersuchungen, BMF-Rundschreiben vom 12.01.2011 – II A 3 – H 1012, GMBl. 2011, S. 76 ff., sowie Schriftenreihe des Präsidenten des Bundesrechnungshofes als Bundesbeauftragter für Wirtschaftlichkeit der Verwaltung, Band 18, Anforderungen an Wirtschaftlichkeitsuntersuchungen finanzwirksamer Maßnahmen nach § 7 Bundeshaushaltsordnung, Bonn, 2013, Textziffern 4.3, 4.4, 4.9.

11. Formulierung des Förderziels

Jeder Buchstabe dieses Akronyms steht für ein bestimmtes Qualitätskriterium, das eine geeignete Zielbestimmung erfüllen sollte.

Das SMART-Prinzip eignet sich sowohl für qualitative als auch für rein quantitative Erfolgsfaktoren. Es ist **einfach durchzuführen** und erfordert keine speziellen methodischen Kenntnisse.

Ein Ziel **muss** danach

- spezifisch,
- messbar,
- angemessen,
- realistisch und
- terminiert

sein.

11.3 Merkmal „spezifisch"

Das Förderziel muss klar und eindeutig formuliert sein. Es ist **konkret** auf die geförderte Maßnahme zu beziehen.

> **Beispiel:**
> Um die Sprachkompetenz von Asylbewerbern zu verbessern, soll ein Sprachkurs durchgeführt werden.

11.4 Merkmal „messbar"

Nur wenn konkrete **Erfolgsindikatoren** bestimmt werden, ist das festgelegte Ziel einem Soll-Ist-Vergleich im Rahmen der vorzunehmenden Erfolgskontrolle zugänglich.

Messkriterien können **quantitative oder qualitative Zustände** abbilden oder eine Kombination aus beidem.

Soll der Erfolg einer Maßnahme lediglich anhand quantitativer Kriterien gemessen werden, reicht in aller Regel eine **einfache Zählung**.

> **Beispiel:**
> Der Sprachkurs soll von mindestens X Teilnehmern besucht werden.

II. Das Verwaltungsverfahren bei Zuwendungen

Für qualitative Erfolgskriterien müssen dagegen geeignete **Kennzahlen** gebildet werden, die einen Vorher-Nachher-Vergleich ermöglichen. Sie sollten

- einen einschlägigen Bezug zum Förderziel haben,
- mit möglichst wenig Aufwand zu erheben sein,
- belastbare, eindeutige und leicht auswertbare Informationen geben und
- vom Zieladressaten nicht manipuliert werden können.

Beispiel:

Der Erfolg des Sprachkurses soll daran gemessen werden, wie viele Teilnehmer ihre Sprachkenntnisse nach Abschluss signifikant verbessert haben. Als Kennzahl werden die Niveaustufen des Gemeinsamen Europäischen Referenzrahmens für Sprachen herangezogen:

A1 – Anfänger.
A2 – Grundlegende Kenntnisse.
B1 – Fortgeschrittene Sprachverwendung.
B2 – Selbstständige Sprachverwendung.
C1 – Fachkundige Sprachkenntnisse.
C2 – Annähernd muttersprachliche Kenntnisse.

Der erreichte Sprachstand der Teilnehmer wird durch einen Test am Ende des Kurses geprüft.

11.5 Merkmal „angemessen"

Das Förderziel muss in einem angemessenen **Verhältnis** zur fachlichen Qualität der Maßnahme und zum finanziellen Aufwand stehen.

Inhaltlich **einfache Maßnahmen** mit geringer Förderhöhe werden mit einem eher einfachen Ziel verknüpft. Häufig umfasst dies rein quantitative Messkriterien.

11. Formulierung des Förderziels

> **Beispiel:**
> Der Sprachkurs wird von einem freiwilligen Helfer in dessen Freizeit durchgeführt. Er umfasst 60 Unterrichtsstunden und wird in einem Gemeinschaftsraum der Asylbewerberunterkunft erteilt. Die 20 Teilnehmer verfügen mehrheitlich über keinen formalen Schulabschluss. Die Zuwendung umfasst lediglich einfaches Unterrichtsmaterial und die Fahrtkosten des freiwilligen Helfers. Der Kurs war erfolgreich, wenn ihn mindestens fünf Teilnehmer durchgängig besuchen.

Inhaltlich **anspruchsvolle Maßnahmen** mit hohem Fördervolumen müssen dagegen mit anspruchsvollen qualitativen Förderzielen verknüpft werden.

> **Beispiel:**
> Der Sprachkurs wird von einer akademisch ausgebildeten hauptberuflichen Lehrkraft auf dem Gebiet „Deutsch als Zweitsprache" durchgeführt. Er umfasst 180 Unterrichtsstunden. Es nehmen 20 Zuwanderer teil, die in ihren Herkunftsländern ausschließlich in akademischen Berufen tätig waren. Sie verfügen bereits über ein Sprachniveau von A 2 nach dem Gemeinsamen Europäischen Referenzrahmen für Sprachen (Grundlegende Kenntnisse). Die Zuwendung deckt 90 Prozent der zuwendungsfähigen Ausgaben, die vor allem aus der Miete eines geeigneten Unterrichtsraums, dem Gehalt der Lehrkraft (TVöD Entgeltgruppe 13) und anspruchsvollem Unterrichtsmaterial bestehen. Ziel der Förderung ist, mindestens 50 Prozent der Teilnehmer auf ein Sprachniveau von mindestens B 1 (fortgeschrittene Sprachverwendung) zu heben. Der Kurserfolg wird auf der Grundlage eines Einstufungstests bewertet.

11.6 Merkmal „realistisch"

Ein geeignetes Förderziel muss **tatsächlich erreichbar** und seine Verwirklichung vom Zuwendungsempfänger beeinflussbar sein.

Es **nutzt nichts**, ein Ziel zu setzen, bei dem von vornherein feststeht, dass es der Zuwendungsempfänger bei aller Anstrengung nicht wird erreichen können.

Kein fachlich seriös arbeitender Zuwendungsempfänger wird eine unrealistische Zielbestimmung durch die Bewilligungsbehörde akzeptieren. Insofern **korrespondiert** das Merkmal „realistisch" sehr stark mit dem Kriterium der Angemessenheit.

II. Das Verwaltungsverfahren bei Zuwendungen

> **Beispiel:**
>
> Der freiwillige Helfer, der den Sprachkurs in der Asylbewerberunterkunft durchführen soll, wird eine „Durchhaltequote" von mehr als 25 Prozent nach seinen bisherigen Erfahrungen als wirklichkeitsfremd ablehnen und ggf. von seinem Engagement zurücktreten.

11.7 Merkmal „terminiert"

Schließlich muss die Zielsetzung mit einem Termin verbunden werden, an dem der Erfolg der Förderung eingetreten sein soll. Dies ist dann auch der geeignete **Zeitpunkt** für die Durchführung der Erfolgskontrolle. Vgl. dazu Teil II 22.

In den meisten Fällen wird der Erfolg der Förderung mit dem **Abschluss** der Maßnahme zusammenfallen.

> **Beispiel:**
>
> Bei beiden Sprachkursen kann der Erfolg („Durchhaltequote", Verbesserung der sprachlichen Fähigkeiten) bereits zum Abschluss der Maßnahme festgestellt werden.

Ist eine Erfolgsmessung nicht sofort zum Abschluss des Vorhabens möglich, muss dem Zuwendungsempfänger im Bewilligungsbescheid ggf. aufgegeben werden, die für eine spätere Erfolgsmessung erforderlichen **Informationen** zur Verfügung zu stellen und sich an der Durchführung der Erfolgskontrolle zu beteiligen.

> **Beispiel:**
>
> Der anspruchsvolle Sprachkurs soll den Teilnehmern auch bei der Arbeitssuche helfen. Hierzu werden auch berufsspezifische Sprachkenntnisse vermittelt und Betriebspraktika durchgeführt. Als weiteres Erfolgskriterium wird daher festgelegt: Mindestens die Hälfte der erfolgreichen Teilnehmer soll spätestens zwölf Monate nach Abschluss der Maßnahme eine Tätigkeit auf dem ersten Arbeitsmarkt gefunden haben. Dem Anbieter des Kurses wird im Zuwendungsbescheid auferlegt, eine entsprechende Abfrage bei den Teilnehmern durchzuführen und das Ergebnis der Bewilligungsbehörde mitzuteilen.

11. Formulierung des Förderziels

11.8 Mitwirkung des Antragstellers

Besonders bei anspruchsvollen Maßnahmen sollte der Zielbestimmung eine intensive **Abstimmung** zwischen Antragsteller und Bewilligungsbehörde vorausgehen. Nicht selten verfügt der Antragsteller über ein höheres Fachwissen als die Bearbeiter bei der Bewilligungsbehörde. Es spricht nichts dagegen, sich diese Kompetenz nutzbar zu machen.

> **Praxis-Tipp:**
> So sollte den Antragstellern aufgegeben werden, bereits in ihren **Zuwendungsanträgen** messbare Ziele für die von ihnen für eine Förderung vorgeschlagenen Projekte zu formulieren, vgl. Teil II 3. Dies wird in den meisten Fällen bewirken, dass
> - die vorgeschlagenen Förderziele einerseits nicht zu anspruchslos sind, um die angestrebte Bewilligung der Zuwendung nicht zu gefährden,
> - andererseits aber auch nicht unrealistisch anspruchsvoll sind, um den Erfolg der Maßnahme nicht von vornherein unmöglich zu machen.

Es liegt sodann bei der Bewilligungsbehörde, den richtigen Ausgleich zwischen diesen beiden Polen zu finden. Anzustreben ist ein **Interessenausgleich** zwischen den Vorstellungen des staatlichen Zuwendungsgebers als „Treuhänder" der öffentlichen Mittel sowie den legitimen Intentionen des potentiellen Zuwendungsempfängers.

Am Ende des Abstimmungsprozesses muss eine realistische, angemessene und von beiden Beteiligten akzeptierte **Zielvereinbarung** stehen, um drei wesentliche Komponenten der SMART-Kriterien zu erfüllen.

11.9 Dokumentation der Zielbestimmung

Die Bewilligungsbehörde ist verpflichtet, ihre zur Zieldefinition angestellten Überlegungen und Entscheidungsgründe im **Vermerk über das Ergebnis der Antragsprüfung** nachvollziehbar darzustellen und ihre Schlussfolgerungen zu dokumentieren (VV Nr. 3.3.6 zu § 44 BHO).

Die Zielbestimmung gehört auch in den **Zuwendungsbescheid** (VV Nr. 4.2.3 zu § 44 BHO 1. Text).

II. Das Verwaltungsverfahren bei Zuwendungen

Ob der Zuwendungsempfänger auf das Erreichen des Förderziels **verpflichtet** wird, muss die Bewilligungsbehörde in jedem Einzelfall entscheiden. In den meisten Fällen wird dies nicht möglich sein.

SMART-Konzept	
S	**Spezifisch,** also konkret auf die Maßnahme bezogen und eindeutig.
M	**Messbar** anhand konkreter Indikatoren, die mit der Zieldefinition festgelegt werden.
A	**Angemessen** anspruchsvoll im Verhältnis zum Umfang der Förderung und von den Zieladressaten akzeptiert.
R	**Realistisch** erreichbar und vom Zieladressaten beeinflussbar.
T	**Terminiert** im Hinblick auf den Zeitpunkt der Zielerreichung, ggf. mit an zeitlichen Meilensteinen gebundenen Zwischenzielen.

11.10 Beispiele für smarte Förderziele

Maßnahme	Förderziel	SMARTes – Förderziel
Errichtung einer betrieblichen Kindertagesstätte am Betriebsstandort Stuttgart	Erhöhung der Rückkehrzahlen aus dem Elternurlaub	Erhöhung der Rückkehrzahlen aus dem Elternurlaub am Standort Stuttgart (spezifisch) bis zum 31.12. 2020 (terminiert) um 35 % (messbar, angemessen, akzeptiert, realistisch erreichbar) durch verbessertes Betreuungsangebot (spezifisch)

11. Formulierung des Förderziels

Maßnahme	Förderziel	SMARTes – Förderziel
Umstellung eines Produktionsverfahrens von Spritzguss auf Kaltguss	Weniger Ausschussprodukte	Verringerung der Anzahl von Ausschussprodukten (spezifisch) ab Einführung des Verfahrens am 01.07.2020 (terminiert) um 20 % (messbar, angemessen, akzeptiert, realistisch erreichbar) durch Umstellung von Spritzguss auf Kaltguss (spezifisch)
Durchführung einer Ausstellung	Erhöhung der Besucherzahl	Erhöhung der monatlichen Besucherzahlen (spezifisch) während der Ausstellungsdauer (terminiert) um 30 % (messbar, angemessen, akzeptiert, realistisch erreichbar) durch interaktive Besucheransprache.
Betrieb einer Arbeitsvermittlung	Vermittlung von Arbeitslosen in eine unbefristete Beschäftigung	Vermittlung von 40 % (messbar, angemessen, akzeptiert, realistisch erreichbar) der Klienten in eine unbefristete Beschäftigung (spezifisch) spätestens 4 Monate nach Erstkontakt (terminiert)
Einbau einer Rauchgasentschwefelungsanlage	Reduzierung der Schwefelemissionen	Reduzierung der Schwefelgase (spezifisch) um mindestens 70 % (messbar, angemessen, akzeptiert, realistisch erreichbar) für mindestens 5 Jahre ab Inbetriebnahme (terminiert)

11.11 Einfache Förderungen

Praxis-Tipp:
Bei inhaltlich sehr einfachen Förderungen können der gegenständliche Verwendungszweck der Zuwendung und das maßnahmenbezogene Förderziel **zusammenfallen**. Hier muss für das einzelne Vorhaben kein gesondertes Förderziel mehr definiert werden.

Vor allem betrifft dies Förderprogramme, die auf die schnelle und breite **Implementierung von technischen Neuerungen** (z. B. im

II. Das Verwaltungsverfahren bei Zuwendungen

Rahmen des Umweltschutzes) oder die Änderung von einfachen Zuständen abzielen.

Solche Zuwendungen haben regelmäßig **einfachste Fördervoraussetzungen**, die der Bewilligungsbehörde keine oder nur sehr geringe Ermessensspielräume bei der Auswahl der Vorhaben und Zuwendungsempfänger belassen. Auch eine Bestenauslese ist bei solchen Förderungen nicht erforderlich.

Beispiele:

- Förderung des Einbaus von Wärmepumpen
- Förderungen zum Kauf von Elektroautos
- Förderungen zum Einbau einbruchshemmender Fenster und Türen in Gebäuden
- Förderungen zum Einbau von Partikelfiltern in Diesel-PKW
- Förderungen zur Wiederaufforstung von sturmgeschädigten Waldflächen

Hier ist bereits die **bloße Durchführung** der Maßnahme der Erfolg der Einzelförderung.

11.12 Bindung des Zuwendungsempfängers an das Förderziel

Ob der Zuwendungsempfänger – neben der obligatorischen Verpflichtung auf den gegenständlichen Verwendungszweck – auch an das Erreichen des Förderziels gebunden werden soll, entscheidet die Bewilligungsbehörde nach pflichtgemäßem **Ermessen**.

Die Bindung des Zuwendungsempfängers an das Förderziel stellt den im Hinblick auf den Grundsatz der Wirtschaftlichkeit (§ 7 BHO) anzustrebenden **Idealzustand** dar. Verfehlt der Zuwendungsempfänger ein verbindlich vorgegebenes Förderziel, kann der Zuwendungsbescheid wegen Zweckverfehlung aufgehoben werden[66] und die Zuwendung ist zu erstatten.[67]

Praxis-Tipp:

Die verbindliche Vorgabe eines Förderziels bietet sich vor allem an, wenn der Zuwendungsempfänger durch die Förderung einen erheblichen **wirtschaftlichen Vorteil** erlangt.

---

[66] § 49 Abs. 3 Nr. 1 VwVfG (Bund).
[67] § 49a VwVfG (Bund).

11. Formulierung des Förderziels

Die verbindliche Vorgabe eines Förderziels kann verwaltungsrechtlich am einfachsten in eine **Auflage** im Zuwendungsbescheid gekleidet werden.

> **Beispiele:**
>
> Die Förderung der Ansiedlung von Industrieunternehmen wird an die Auflage geknüpft, für einen bestimmten Zeitraum eine bestimmte Anzahl von Arbeitsplätzen zur Verfügung zu stellen.
>
> Die Förderung einer Anlage zur Abgasreinigung darf nur behalten werden, wenn bestimmte Grenzwerte nicht überschritten werden.

11.13 Absehen von der Bindung des Zuwendungsempfängers an das Förderziel

In vielen – wenn nicht den meisten – Fällen der Förderpraxis wird es aber **nicht möglich** sein, den Zuwendungsempfänger auf das Erreichen des Förderziels zu verpflichten. Dies gilt vor allem für Förderungen, in denen der Erfolg auch von äußeren Faktoren abhängt, die der Zuwendungsempfänger entweder überhaupt nicht oder nur eingeschränkt beeinflussen kann.

> **Beispiel:**
>
> Ein Sprachförderkurs für Asylbewerber wird mit dem Ziel gefördert, mindestens einen bestimmten Anteil der Teilnehmer auf ein höheres Sprachvermögen nach dem Gemeinsamen Europäischen Referenzrahmen zu heben. Der Erfolg der Maßnahme hängt nicht allein von der Qualität des Unterrichts, sondern ganz entscheidend auch von den intellektuellen Fähigkeiten, den konkreten Lebensumständen und der Motivation der Teilnehmer ab.

Auch andere **wichtige Gründe** sprechen in vielen Fällen dafür, von der Verpflichtung des Zuwendungsempfängers auf das Erreichen des Förderziels abzusehen:

- Bei Bagatellförderungen ist der Kontrollaufwand unverhältnismäßig hoch.

- Bei Massenförderungen steht die hohe Zahl der Bewilligungen einer flächendeckenden Kontrolle entgegen.

II. Das Verwaltungsverfahren bei Zuwendungen

- Die Übernahme des Risikos für einen Misserfolg steht einem motivierenden Charakter von Förderungen entgegen (Anteilfinanzierungen).
- Finanzschwache Zuwendungsempfänger werden die Rückzahlung der Förderung bei einem Misserfolg ohnehin nicht leisten können (Fehlbedarfs- und Vollfinanzierungen).
- Bei Teilfinanzierungen „haften" Zuwendungsempfänger bereits mit ihrem Eigenanteil für Fehlschläge. Je höher dieser ausfällt, umso höher ist auch der eigene Verlust.
- Zahlreiche Förderungen dienen gerade dazu, dem Zuwendungsempfänger das wirtschaftliche Risiko für einen Misserfolg abzunehmen.
- Bei Forschungs- und Entwicklungsvorhaben, die einen hohen Anteil an den Förderungen von Bund und Ländern haben, lassen sich anhand von konkreten Messkriterien überprüfbare Ziele nur eingeschränkt bestimmen.

12. Feststellung der zuwendungsfähigen Ausgaben

Überblick

- Bei der Prüfung der zuwendungsfähigen Ausgaben wechselt die Sichtweise der Bewilligungsbehörde zum Minimalprinzip als Ausprägung des Grundsatzes der Wirtschaftlichkeit.
- Jede einzelne Ausgabe ist zumindest stichprobenweise auf ihre grundsätzliche, qualitative und quantitative Notwendigkeit sowie ihre preisliche Kalkulationsgrundlage zu untersuchen.
- Je niedriger der Eigenanteil des Zuwendungsempfängers ist, umso geringer ist sein Anreiz, sich wirtschaftlich zu verhalten.
- Hieran muss die Bewilligungsbehörde die Intensität ihrer Prüfung ausrichten.
- Umgekehrt gilt: Je höher der Eigenanteil des Zuwendungsempfängers und damit auch sein eigenes Interesse an einer wirtschaftlichen Kalkulation ist, umso eher kann die Bewilligungsbehörde ihre Prüfung beschränken.

12. Feststellung der zuwendungsfähigen Ausgaben

12.1 Minimalprinzip

Nach der Selektion der fachlich besten Anträge ist im nächsten Schritt der Antragsprüfung zu klären, wie viel sie **kosten**.

> **Praxis-Tipp:**
> Jetzt wechselt die Perspektive zum **Minimalprinzip**. Danach müssen die als qualitativ förderfähig identifizierten Vorhaben oder Tätigkeiten mit möglichst geringen Ausgaben durchgeführt werden.

Die von den Antragstellern vorgesehenen zuwendungsfähigen Ausgaben sind von der Bewilligungsbehörde hierzu auf ihre **Notwendigkeit** hin zu hinterfragen.

12.2 Durchführung der Prüfung

Grundlage der Prüfung ist die **monetäre Antragsunterlage** mit den für jede Ausgabenposition summarisch angesetzten Ausgaben.

Zur Überprüfung der Notwendigkeit der summarischen Ansätze ist es zwingend erforderlich, diese in die jeweils erfassten **Einzelausgaben** aufzugliedern.

> **Beispiel:**
> Der Finanzierungsplan einer Projektförderung enthält bei der Ausgabenposition „Geräte" einen Gesamtansatz von 10.000 Euro. Dem liegen folgende einzelnen Beschaffungen zu Grunde:
>
> Gerät A: 4.000 EUR
>
> Gerät B: 3.500 EUR
>
> Gerät C: 2.500 EUR.

Sodann wird jede **einzelne Ausgabe** auf ihre Notwendigkeit und wirtschaftliche Kalkulation hin untersucht.

> **Praxis-Tipp:**
> Die Prüfung kann systematisch **in Stufen** geschehen.

II. Das Verwaltungsverfahren bei Zuwendungen

Auf der **ersten Stufe** untersucht die Bewilligungsbehörde, ob es der der Ausgabe zu Grunde liegenden Leistung überhaupt bedarf, um den Zuwendungszweck zu erreichen (grundsätzliche Notwendigkeit).

> **Beispiel:**
> Wird das Gerät A zwingend benötigt oder geht es auch mit einem bereits vorhandenen? Wenn der Antragsteller bereits über ein geeignetes Gerät verfügt, muss kein neues angeschafft werden. Die Bewilligungsbehörde könnte sich hierzu das Inventar des Antragstellers vorlegen lassen.

Auf der **zweiten Stufe** geht es um die Frage, in welcher Quantität es der Leistung zur Erfüllung des Zuwendungszwecks bedarf (quantitative Notwendigkeit).

> **Beispiel:**
> Wie oft wird das Gerät A benötigt? Wenn das Gerät nur wenige Male benötigt wird, könnte der Antragsteller es möglicherweise auch leihen.

Die **dritte Stufe** betrifft die Frage, in welcher Qualität die Leistung erbracht werden muss (qualitative Notwendigkeit).

> **Beispiel:**
> Welche Funktionsmerkmale muss das Gerät A aufweisen? Reicht ein Standardgerät aus oder bedarf es darüber hinausgehender Funktionen?

Auf der **vierten Stufe** wird schließlich festgestellt, auf welcher Kalkulationsgrundlage die für die Leistung geltend gemachte Ausgabe beruht (preisliche Kalkulationsgrundlage). Da der beste Preis im Wege des Wettbewerbs zu erzielen ist, sollten bei jeder Beschaffung stets mindestens drei Angebote eingeholt werden.

> **Beispiel:**
> Liegen zu dem Gerät A Angebote oder Katalogpreise vor?

Häufig werden preisliche Kalkulationsgrundlagen in **Förderrichtlinien** vorgegeben oder können aus anderen rechtlichen Zusammenhängen herangezogen werden.

12. Feststellung der zuwendungsfähigen Ausgaben

Beispiele:
Richtwerte für Bauausgaben, Pauschalen für Verwaltungsausgaben, Reisekostenrecht des Bundes oder der Länder für notwendige Reisen, Tarifverträge für die Bezahlung von Mitarbeitern.

Bei umfangreichen Finanzierungsplänen kann die Untersuchung der einzelnen Ausgabenansätze auf **Stichproben** beschränkt werden, soweit die Kalkulationen des Antragstellers plausibel erscheinen.

Dies gilt auch in Fällen, in denen der Zuwendungsempfänger einen **hohen Eigenanteil** an den Ausgaben trägt und bereits deshalb ein hohes eigenes Interesse an einer wirtschaftlichen Erfüllung des Zuwendungszwecks hat.

Umgekehrt gilt: Je **niedriger** der **Eigenanteil** des Zuwendungsempfängers ausfällt, desto geringer ist sein Interesse an einer wirtschaftlichen Ausgabenkalkulation. Dem sollte der Prüfaufwand der Bewilligungsbehörde Rechnung tragen.

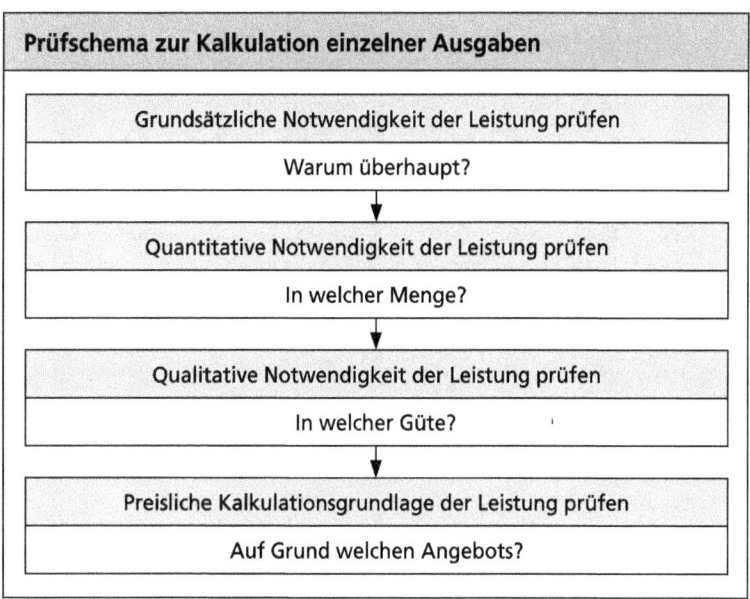

13. Ordnungsgemäße Geschäftsführung, Bonität und Nachhaltigkeit

13.1 Ordnungsgemäße Geschäftsführung

Unabhängig von der fachlichen Eignung eines Antragstellers sowie der Qualität des Förderantrags dürfen Zuwendungen nur solchen Empfängern bewilligt werden, bei denen eine ordnungsgemäße Geschäftsführung gesichert erscheint und die in der Lage sind, die Verwendung der Mittel bestimmungsgemäß nachzuweisen (VV Nr. 1.2 Satz 2 zu § 44 BHO). Die Bewilligungsbehörde muss mit anderen Worten prüfen, ob ein Zuwendungsempfänger so zuverlässig ist, dass ihm öffentliche Mittel „anvertraut" werden können. Das Merkmal der Zuverlässigkeit gilt sowohl bei der institutionellen Förderung als auch bei der Projektförderung.

Insbesondere muss ein Zuwendungsempfänger hierzu die Gewähr bieten, dass er

- ein gefördertes Projekt (Projektförderung) oder seine satzungsgemäßen Aufgaben sowie seinen Arbeitsplan (institutionelle Förderung) inhaltlich, so wie im Zuwendungsbescheid auferlegt, durchführt,
- dabei alle im Zuwendungsbescheid und seinen Nebenbestimmungen geregelten Auflagen einhält (z. B. das Gebot des wirtschaftlichen Verhaltens, die Zweckbindungen des Wirtschafts- oder Finanzierungsplans, die Anforderung von Zuwendungsmitteln zur alsbaldigen Verwendung, die Mitteilungspflichten, die Einhaltung des Besserstellungsverbots),
- sich auch in allen anderen Zusammenhängen rechtstreu verhält (z. B. im Hinblick auf steuer-, sozialabgaben-, arbeits- und tarifrechtliche Pflichten),[68]
- seine Buchhaltung nach den Grundsätzen ordnungsgemäßer Buchführung führt (z. B. Einhaltung des Vier-Augen-Prinzips bei der Leistung von Auszahlungen, Durchführung von Bankgeschäften nur von Personen mit besonderer Bankvollmacht; Sicherstellung der physischen und digitalen Kassensicherheit; vollständige, zeitnahe, richtige und geordnete Erfassung sämtlicher Geschäftsvorfälle, Erfassung aller Forderungen und Schulden,

---

[68] Vgl. beim Bund auch VV Nr. 1.2 Satz 2 zu § 44 BHO im Hinblick auf staatsanwaltschaftliche Ermittlungsverfahren wegen eines gegen öffentliche Haushalte gerichteten Vermögensdeliktes.

13. Ordnungsgemäße Geschäftsführung, Bonität und Nachhaltigkeit

Erstellung eines Jahresabschlusses; Nutzung geeigneter interner Kontroll- und Prüfungssysteme),

- sich eine Geschäftsorganisation gibt, die die sorgfältige Führung und Überwachung aller Aufgaben gewährleistet (z. B. durch sachlich sinnvolle und transparente Aufgaben und Verantwortungsabgrenzung),

- über geeignete interne Regelwerke verfügt (z. B. Satzung, Geschäftsordnung, Regelungen zur Korruptionsprävention) und angemessene Kontrollmechanismen unterhält (z. B. regelmäßige Kassenprüfungen, interne Revision) sowie

- nach den bisherigen Erfahrungen der Bewilligungsbehörde Verwendungsnachweise aus vorangegangenen Förderungen termin- und ordnungsgemäß erbringt.

Grundsätzlich kann bei jedem Antragsteller die ordnungsgemäße Geschäftsführung unterstellt werden, solange der Bewilligungsbehörde keine gegenteiligen Anhaltspunkte bekannt sind. Je höher die zu bewilligende Förderung ausfällt, umso eher ist die Verwaltung jedoch gehalten, sich durch eigene Prüfungen ein entsprechendes objektives und sachgerechtes Bild zu machen. Dies kann entweder durch die Anforderung geeigneter Unterlagen und/oder durch örtliche Erhebungen geschehen. Verweigert sich ein Antragsteller einer derartigen Untersuchung, kann der Zuwendungsantrag nach pflichtgemäßem Ermessen von der Bewilligungsbehörde zurückgewiesen werden, da zu einem maßgeblichen Förderkriterium keine durch eigene Erkenntnisse gestützte Einschätzung vorgenommen werden kann.

Praxis-Tipp:
Zum zuwendungsrechtlichen Ermessen vgl. Teil III 1.

Gesonderte Prüfungen der ordnungsgemäßen Geschäftsführung können auch auf geeignete Stichproben unter allen Antragstellern beschränkt werden. Bei der Auswahl der Stichproben können vergleichbare Kriterien wie bei der stichprobenweisen Auswahl von Verwendungsnachweisen zur vertieften Prüfung nach VV Nr. 11.1.3 zu § 44 BHO herangezogen werden, vgl. Teil II 21.14.

II. Das Verwaltungsverfahren bei Zuwendungen

Wann bei Mängeln die Grenze überschritten ist, bei der die Verwaltung nicht (mehr) von einer ordnungsgemäßen Geschäftsführung ausgehen kann, unterliegt dem pflichtgemäßen Ermessen der Bewilligungsbehörde. Dies kann bereits bei einem einzigen gravierenden Täuschungsversuch der Fall sein, aber auch bei einer Häufung verschiedener kleinerer Mängel. Die Formulierung in der Verwaltungsvorschrift, dass eine ordnungsgemäße Geschäftsführung als gesichert „erscheinen" muss, eröffnet der Bewilligungsbehörde einen sachgerechten Einschätzungsspielraum. Solange sich die Einschätzung der Verwaltung auf objektive Kriterien und nicht auf eine der Lebenserfahrung widersprechende Würdigung der jeweiligen Verhältnisse stützt, wird sie kaum beanstandet werden können. Unter dem Gesichtspunkt des Gleichbehandlungsgebots nach Art. 3 Abs. 1 GG ist es aber besonders wichtig, dass sich die Bewilligungsbehörde nicht von sachfremden Erwägungen leiten lässt und eine ständige Verwaltungspraxis ausbildet.

> **Praxis-Tipp:**
> Es empfiehlt sich für Bewilligungsbehörden, einen entsprechenden Prüf- und Bewertungskatalog aufzustellen, der regelmäßig evaluiert und fortgeschrieben wird.

In folgenden Fällen verneint eine Bewilligungsbehörde regelmäßig das Vorliegen der ordnungsgemäßen Geschäftsführung:

- wiederholte erheblich verspätete Vorlage von Zwischen- und Verwendungsnachweisen
- wiederholte unwirtschaftliche Verwendung der Zuwendung
- wiederholte nicht zweckentsprechende Verwendung der Zuwendung
- wiederholte nicht alsbaldige Verwendung der Zuwendung
- Täuschung der Bewilligungsbehörde über einen bereits erfolgten Maßnahmenbeginn
- zahlreiche nicht belegte Ausgaben
- trotz mehrfacher Aufforderung keine Verwendung vorgegebener Antrags- und Nachweisunterlagen
- wiederholte Versäumnis von Fristen ohne hinreichende Gründe

13. Ordnungsgemäße Geschäftsführung, Bonität und Nachhaltigkeit

- keine ordnungsgemäße Verbuchung von Einnahmen und Ausgaben
- Eröffnung eines Insolvenzverfahrens
- Verurteilung wegen Bankrotts
- Verurteilung wegen Subventionsbetrug
- Verurteilung wegen Steuerhinterziehung
- Zahlungsrückstände bei Sozialversicherungsträgern
- Verstöße gegen tarifvertragliche Verpflichtungen
- Beschäftigung von Schwarzarbeitern
- Verstöße gegen Arbeitsschutzregeln
- erschwerte telefonische oder schriftliche Erreichbarkeit

13.2 Bonität

Im weitesten Sinne gehört zur ordnungsgemäßen Geschäftsführung auch die Bonität des potentiellen Zuwendungsempfängers. Die finanzielle Leistungsfähigkeit betrifft insbesondere die Frage, ob der Antragsteller ggf. überschuldet ist, ob er seinen finanziellen Pflichten auch außerhalb des Zuwendungsverhältnisses nachkommen kann und ob er wirtschaftlich in der Lage ist, seinen nach dem Wirtschafts- oder Finanzierungsplan vorgesehenen finanziellen Eigenanteil aufzubringen. Ihrer Prüfung kann die Bewilligungsbehörde insbesondere folgende Angaben und Unterlagen zu Grunde legen:

- Jahresabschluss mit Bilanz, Gewinn- und Verlustrechnung, Geschäfts- bzw. Lagebericht
- Entwicklung des Eigenkapitals
- Kontenübersicht
- Vermögensübersicht
- Übersicht über Schulden und laufende Verbindlichkeiten
- Erklärung über laufende Inkasso- oder Insolvenzverfahren
- Bankauskunft

II. Das Verwaltungsverfahren bei Zuwendungen

- Bankbürgschaft
- Unbedenklichkeitsbescheinigung von Finanzamt und Sozialversicherungsträgern
- SCHUFA- oder DATEV-Auskunft

Praxis-Tipp:
Je höher der aufzubringende Eigenanteil und je weniger bekannt der Antragsteller der Bewilligungsbehörde ist, je sorgfältiger sollte die Bonitätsprüfung durchgeführt werden.

13.3 Nachhaltigkeit der Förderung

Bei Zuwendungen für Baumaßnahmen und Beschaffungen muss der Zuwendungsempfänger auch in finanzieller Hinsicht die Gewähr für die ordnungsgemäße Verwendung und Unterhaltung der Anlagen bieten (VV Nr. 1.2 Satz 2 zu § 44 BHO). Die Vorschrift greift eigentlich zu kurz, denn dies muss für jedes Förderergebnis gelten, das dauerhaft vom Zuwendungsempfänger genutzt oder betrieben werden soll.

Beispiele:

- Förderungen zur Existenzgründung
- Errichtung von
  - Beratungsstellen
  - Museen
  - Theatern
  - Bibliotheken
  - Krankenhäusern
  - Pflegeeinrichtungen
  - Mehrgenerationenhäusern

Die Bewilligungsbehörde muss hierzu eine mittelfristige Prognose über die finanzielle Leistungsfähigkeit des Zuwendungsempfängers treffen. Dabei kann sie sich grundsätzlich auf die gleichen Unterlagen wie bei der Bonitätsprüfung stützen. Sollen auch laufende

Einnahmen oder ein Geschäftsbetrieb die Nachhaltigkeit des aus der Förderung Geschaffenen sichern, wäre auch eine Art „Businessplan" vom Antragsteller zu fordern.

Praxis-Tipp:
Wie ein Businessplan gegliedert werden kann und welchen Inhalt er haben sollte, erfahren Sie zum Beispiel im Existenzgründerportal des Bundesministeriums für Wirtschaft (www.existenzgruender.de).

14. Bemessung der Höhe der Zuwendung

Überblick

- Bei der Fehlbedarfsfinanzierung richtet sich die Höhe der Förderung nach der finanziellen Leistungsfähigkeit des Zuwendungsempfängers. Die umfangreiche Prüfung der Bewilligungsbehörde richtet sich auf dessen liquide Mittel, die Einnahmen, das Vermögen sowie seine anderweitige Aufgabenwahrnehmung.
- Bei der Anteilfinanzierung richtet sich die Höhe der Förderung nach der Motivation des Zuwendungsempfängers. Die Bewilligungsbehörde muss dessen Interesse an der Erfüllung des Zuwendungszwecks gegenüber dem staatlichen Interesse abwägen.
- Die Festbetragsfinanzierung ist eine Abwandlung der Fehlbedarfs- oder Anteilfinanzierung. Entsprechend ist die Höhe des Festbetrags zu ermitteln.
- Bei der Vollfinanzierung entspricht die Höhe der Förderung den zuwendungsfähigen Ausgaben.
- Bei allen Finanzierungsarten außer der Festbetragsfinanzierung ist die Zuwendung stets als Höchstbetrag festzusetzen.

14.1 Zuwendungsfähige Ausgaben als Grundlage

Ausgangspunkt für die Bemessung der Höhe der Zuwendung sind die zuvor ermittelten zuwendungsfähigen Ausgaben.

Die Bestimmung der Höhe der Zuwendung richtet sich **sodann** nach der Finanzierungsart.

14.2 Fehlbedarfsfinanzierung

Die Fehlbedarfsfinanzierung richtet sich an Zuwendungsempfänger, die bereits aus sich heraus ausreichend zur Erfüllung des Zuwendungszwecks motiviert sind, vgl. Teil I 9.2.

VV Nr. 2.2.2 zu § 44 BHO

„[Die Zuwendung wird (…) bewilligt, und zwar] zur Deckung des Fehlbedarfs, der insoweit verbleibt, als der Zuwendungsempfänger die zuwendungsfähigen Ausgaben nicht durch eigene oder fremde Mittel zu decken vermag (…);"

Zu betrachten ist deshalb die **finanzielle Leistungsfähigkeit** des Zuwendungsempfängers insgesamt. Er muss alle ihm zur Verfügung stehenden Mittel für den Zuwendungszweck einsetzen. Mit der Zuwendung wird nur das finanziert, was ihm „fehlt".

Verfügt der Zuwendungsempfänger über **ausreichende finanzielle Eigenmittel**, um den Zuwendungszweck zu erreichen, besteht damit auch kein Fehlbedarf und im Hinblick auf den Subsidiaritätsgrundsatz darf keine Zuwendung gewährt werden.

14.3 Berechnung des Fehlbedarfs

Der Fehlbedarf **berechnet sich wie folgt**:

Zuwendungsfähige Ausgaben
minus zweckbezogene Einnahmen
minus Drittmittel
minus Eigenmittel des Zuwendungsempfängers
= Fehlbedarf

14.4 Einnahmen und Drittmittel

Für die mit dem Zuwendungszweck zusammenhängenden Einnahmen muss der Zuwendungsempfänger die **Kalkulationsgrundlagen** offenlegen.

Sie sollten **zurückhaltend** geplant werden, da Einnahmeausfälle die Gesamtfinanzierung des Zuwendungszwecks gefährden. Fallen höhere

14. Bemessung der Höhe der Zuwendung

Einnahmen als geplant an, reduzieren sie die Zuwendung. Vgl. Teil II 27 und 28.

Drittmittel dürfen nur dann berücksichtigt werden, wenn sie rechtsverbindlich zugesagt sind. Ggf. ist der Zuwendungsbescheid unter eine entsprechende aufschiebende Bedingung (vgl. § 36 Abs. 2 Nr. 2 VwVfG (Bund)) zu stellen.

> **Im Zuwendungsbescheid wird formuliert:**
> „Meine Bewilligung steht unter der aufschiebenden Bedingung, dass die nach dem Finanzierungsplan ebenfalls zur Finanzierung vorgesehene Förderung des Landes in Höhe von ... Euro rechtsverbindlich bewilligt wird."

14.5 Eigenmittel des Zuwendungsempfängers

Die Ermittlungen der Bewilligungsbehörde zu den Eigenmitteln des Zuwendungsempfängers sind wesentlich **komplexer**.

Die Prüfung der Eigenmittel des Zuwendungsempfängers erstreckt sich auf **vier Prüfungsfelder**.

Im **ersten Prüfungsfeld** geht es darum, welche Geldbestände der Zuwendungsempfänger kurzfristig zur Finanzierung des Projekts einsetzen kann (flüssige Mittel).

> **Beispiele:**
> - Bargeld in der Kasse
> - Guthaben auf dem Girokonto
> - Termineinlagen, die im Bewilligungszeitraum fällig werden

Der Zuwendungsempfänger muss hierzu sämtliche **Bankverbindungen** offenlegen und Einblick in die Kontounterlagen ermöglichen. Um die Entwicklung der Geldbestände beurteilen zu können, darf sich die Verwaltung nicht auf die aktuellen Kontostände beschränken, sondern muss auch die Geldflüsse der jüngeren Vergangenheit einbeziehen.

Verschont werden können solche Mittel, die der Zuwendungsempfänger zur Bedienung von bereits bestehenden angemessenen Ver-

II. Das Verwaltungsverfahren bei Zuwendungen

pflichtungen benötigt. Hierzu sind die begründenden Unterlagen vorzulegen (z. B. Verträge).

Das **zweite Prüfungsfeld** betrifft die längerfristig gebundenen Vermögenswerte des Zuwendungsempfängers, die er ggf. unter zumutbaren Bedingungen veräußern und zu Geld machen kann.

Beispiele:

- Längerfristige Geldanlagen
- Aktien, Beteiligungen
- Grundbesitz und andere Sachwerte
- Rechte, Forderungen

Vom Zuwendungsempfänger kann die Vorlage entsprechender **Inventare** verlangt werden.

Verschont werden kann angemessenes betriebsnotwendiges Vermögen.

Beispiele:

- Geschäftsräume
- Ausstattungsgegenstände
- Fuhrpark

Das **dritte Prüfungsfeld** umfasst alle sachgerechten Möglichkeiten, die der Zuwendungsempfänger ausschöpfen kann, um Einnahmen zur Verbesserung seiner finanziellen Situation zu erzielen.

Beispiele:

- Bankdarlehen, Beleihung von Sachwerten, Fremdkapital
- Erwerbswirtschaftliche Betätigung
- Gebühren, Mitgliedsbeiträge, Spenden

Es muss sich um realistische und **zumutbare** Optionen handeln.

Im **vierten Prüfungsfeld** muss sich der Zuwendungsempfänger schließlich fragen lassen, inwieweit er andere Aufgaben, die seine finanziellen Mittel belasten, zu Gunsten des geförderten Projekts zurück- oder einstellen kann.

14. Bemessung der Höhe der Zuwendung

> **Beispiel:**
> Neben dem geförderten Projekt nimmt der Zuwendungsempfänger mit seinem Stammpersonal noch andere Aufgaben wahr. Statt für das Projekt zusätzliche Mitarbeiter einzustellen und aus der Zuwendung zu finanzieren, verlangt die Bewilligungsbehörde, Stammpersonal im Projekt einzusetzen, das nicht im Rahmen der zuwendungsfähigen Ausgaben abgerechnet werden darf (enger Ansatz bei den zuwendungsfähigen Ausgaben; vgl. Teil II 7.2).

Auch hier muss es sich um **realistische** und sachgerechte Optionen zur Prioritätensetzung handeln.

Über Aufwand und Nachdruck, mit dem der Fehlbedarf aufgeklärt wird, entscheidet die Bewilligungsbehörde nach pflichtgemäßem Ermessen und nach Lage des jeweiligen Einzelfalls. Auf jeden Fall sollten im **Antragsvordruck** entsprechende Angaben verlangt werden.

> **Praxis-Tipp:**
> Sollten sich die Angaben später als unzutreffend herausstellen, bestehen hinsichtlich des Zuwendungsbescheides die Rücknahmemöglichkeiten nach § 48 VwVfG.

14.6 Eingeschränkte Anwendung der Fehlbedarfsfinanzierung

> **Praxis-Tipp:**
> Die Rigidität der Prüfung der Eigenmittel des Zuwendungsempfängers führt dazu, dass die Fehlbedarfsfinanzierung nur **in bestimmten Fällen** Sinn macht.

In der Regel handelt es sich

- entweder um institutionelle Förderungen,
- oder um Projektförderungen von extrem finanzschwachen Zuwendungsempfängern.

In beiden Fällen sind die Zuwendungsempfänger zwingend von der Förderung **abhängig**.

II. Das Verwaltungsverfahren bei Zuwendungen

In allen anderen Konstellationen würden potentielle Zuwendungsempfänger von der Erfüllung des Zuwendungszwecks eher Abstand nehmen, als sich den rigiden Bedingungen der Fehlbedarfsfinanzierung zu unterwerfen. Für diese Fälle kennt das Zuwendungsrecht die **Anteilfinanzierung**.

14.7 Anteilfinanzierung

Bei der Anteilfinanzierung dient die Zuwendung als **Anreiz** für den Zuwendungsempfänger, den Zuwendungszweck zu erfüllen, vgl. Teil I 9.3.

VV Nr. 2.2.1 Satz 1 zu § 44 BHO:

„[Die Zuwendung wird festgesetzt] nach einem **bestimmten Vomhundertsatz** oder Anteil der zuwendungsfähigen Ausgaben."

Es kommt – anders als bei der Fehlbedarfsfinanzierung – nicht darauf an, in welcher Höhe dem Zuwendungsempfänger die finanziellen Mittel zur Erfüllung des Zuwendungszwecks fehlen. Vielmehr geht es um die Frage, wie hoch die Zuwendung ausfallen muss, um den Zuwendungsempfänger zur Erfüllung des Zuwendungszwecks **zu bewegen**.

Die Zuwendung wird deshalb nach einem **bestimmten Vomhundertsatz** oder Anteil der zuwendungsfähigen Ausgaben festgesetzt (VV Nr. 2.2.1 zu § 44 BHO).

14.8 Interesse von Zuwendungsempfänger und Zuwendungsgeber

Praxis-Tipp:

Um die Motivationslücke des Zuwendungsempfängers einschätzen zu können, sollte zunächst beurteilt werden, welches **Eigeninteresse** den Zuwendungsempfänger zur Erfüllung des Zuwendungszwecks antreibt.

Dieses speist sich regelmäßig aus folgenden Quellen:

- fachliches Interesse
- wirtschaftliches Interesse
- persönliches Interesse

14. Bemessung der Höhe der Zuwendung

- ideelles Interesse
- Erwartungen maßgeblicher Dritter (Stakeholder) an sein Handeln (z. B. Anteilseigner, Mitarbeiter, Mitglieder, Kunden)
- zeitliche Dringlichkeit

Als **Anhaltspunkte** für die Einschätzung können vor allem herangezogen werden:

- Erfahrungen der Bewilligungsbehörde aus früheren Förderungen
- Erfahrungen anderer Bewilligungsbehörden
- Expertisen unabhängiger Dritter (z. B. Branchenkenner, Gutachter)
- Rückkopplung mit Fachverbänden und Interessenvertretern, soweit dies mit dem gebotenen Maß an kritischer Würdigung geschieht

Der Motivation der Zuwendungsempfänger ist das **staatliche Interesse** an der Erfüllung des Zuwendungszwecks gegenüberzustellen. Dieses speist sich z. B. aus:

- Parlamentsbeschlüssen
- Regierungsprogrammen
- Absichtserklärungen
- fachlichen Erfordernissen
- zeitlicher Dringlichkeit

> **Praxis-Tipp:**
> Es liegt in der Natur der Sache, dass die Abwägung zwischen den Interessen von Zuwendungsempfänger und Zuwendungsgeber zwangsläufig auf eine **Schätzung** hinauslaufen muss. Dies muss hingenommen werden, da insbesondere die Interessen- und Motivationslage des Zuwendungsempfängers zu seiner inneren Sphäre gehört und daher kaum objektivierbar ist.

Häufig wird die Entscheidung über den Förderanteil der öffentlichen Hand auf der ministeriellen Ebene getroffen und der Bewilligungsbehörde in einer **Förderrichtlinie** vorgegeben.

II. Das Verwaltungsverfahren bei Zuwendungen

Steht der prozentuale Förderanteil fest, bemisst sich die einzelfallbezogene Höhe der Förderung nach der einfachen **Rechenformel**

zuwendungsfähige Ausgaben X Fördersatz = Förderhöhe.

Bei inhaltlich und hinsichtlich der zuwendungsfähigen Ausgaben vergleichbaren Vorhaben ist auch ein **Wettbewerb** der Antragsteller um den niedrigsten Fördersatz denkbar.

Auch ist es möglich, den Fördersatz am Ergebnis der **Nutzwertanalyse** (vgl. Teil II 10.2 bis 10.5) auszurichten: Je höher der Nutzwert, umso höher der Fördersatz.

14.9 Festbetragsfinanzierung

VV Nr. 2.2.3 Satz 1 zu § 44 BHO:

„[Die Zuwendung wird festgesetzt] mit einem **festen Betrag** an den zuwendungsfähigen Ausgaben."

Einer Festbetragsfinanzierung kann entweder die Ausgangslage einer **Fehlbedarfs- oder** einer **Anteilfinanzierung** zu Grunde liegen, vgl. Teil I 9.4.

> **Praxis-Tipp:**
> Entsprechend ist dann auch bei der Bemessung des Festbetrags vorzugehen.

Dabei kann die Zuwendung auch auf das Vielfache eines Betrags festgesetzt werden, der sich für eine bestimmte Einheit ergibt (VV Nr. 2.2.3 zu § 44 BHO). In diesem Fall ergibt sich der Festbetrag durch die Anwendung einer **Pauschale**, vgl. Teil I 8.

> **Beispiele:**
>
> Zur Förderung einer Tagung wird ein bestimmter Betrag je Teilnehmer bewilligt.
>
> Zur Wiederaufforstung nach einem Sturmschaden wird ein fester Förderbetrag je Hektar betroffener Waldfläche festgesetzt.
>
> Je Schüler erhält eine Gemeinde einen Festbetrag als Zuschuss zur Errichtung eines Lehrschwimmbeckens.

14. Bemessung der Höhe der Zuwendung

14.10 Vollfinanzierung

VV Nr. 2.4 Satz 1 zu § 44 BHO:

„Eine Zuwendung darf ausnahmsweise zur Vollfinanzierung bewilligt werden, wenn die Erfüllung des Zwecks in dem notwendigen Umfang nur bei Übernahme sämtlicher zuwendungsfähiger Ausgaben durch den Bund möglich ist."

Bei der nur ausnahmsweise zulässigen Vollfinanzierung (vgl. Teil I 9.5) wird die Zuwendung in Höhe der **gesamten zuwendungsfähigen Ausgaben** festgesetzt (VV Nr. 2.2.1 zu § 44 BHO).

> **Praxis-Tipp:**
> Hier dient die **Ausgabenkalkulation** im Finanzierungsplan gleichzeitig der Bestimmung der Förderhöhe.

Die Ermittlung der zuwendungsfähigen Ausgaben durch die Bewilligungsbehörde bedarf daher **gesteigerter Sorgfalt**.

14.11 Festsetzung der Zuwendung als Höchstbetrag

Im Bewilligungsbescheid ist bei der Fehlbedarfs-, Anteil- und Vollfinanzierung festzulegen, dass die Zuwendung als **Höchstbetrag** gewährt wird (VV Nrn. 2.2.1, 2.2.2, 2.4 zu § 44 BHO).

Dies bedeutet, dass eine spätere Erhöhung der zuwendungsfähigen Ausgaben nicht zu einer automatischen Erhöhung der Zuwendung führt. Der Zuwendungsempfänger hat **keinen Anspruch auf eine höhere Förderung**. Er muss die Mehrausgaben grundsätzlich alleine tragen. Ausnahmsweise kann die Zuwendung unter bestimmten Voraussetzungen aber im Rahmen einer Nachbewilligung aufgestockt werden.

Die Begrenzung auf den Höchstbetrag geschieht im Zuwendungsbescheid durch die **Formulierung** „bis zur Höhe von".

> **Begrenzung auf den Höchstbetrag**
> „... gewähre ich Ihnen eine Zuwendung zur Projektförderung als Anteilfinanzierung von 50 Prozent der zuwendungsfähigen Ausgaben bis zur Höhe von 5.000 Euro."

II. Das Verwaltungsverfahren bei Zuwendungen

> **Praxis-Tipp:**
> Bei der **Festbetragsfinanzierung** bedarf es der Begrenzung auf den Höchstbetrag nicht, da hier bereits begrifflich von einem festen Förderbetrag auszugehen ist.

15. Ergebnis der Antragsprüfung

Überblick

- Das Ergebnis der Antragsprüfung mündet in die Bewilligung oder Ablehnung der Förderung.
- Die Ablehnung ist zwingend zu begründen.
- Das Ergebnis der Antragsprüfung muss bei Bewilligungen in einem Aktenvermerk dokumentiert werden.
- Bei abgelehnten Anträgen reicht die Begründung im Bescheid zur Dokumentation.

15.1 Bewilligung oder Ablehnung

Die Antragsprüfung mündet entweder in die Bewilligung der Zuwendung oder in die Ablehnung des Zuwendungsantrags. Wenn Bewilligungen ausgesprochen werden, erfolgt dies in der Praxis regelmäßig **„antragsgemäß"** (zum Zuwendungsbescheid vgl. Teil II 16). Dies muss nicht zwingend bedeuten, dass die Bewilligungsbehörde dem ursprünglichen Antrag des Zuwendungsempfängers ohne Änderungen entsprochen hat. Vielmehr wird das Ergebnis der Antragsprüfung und des vorangegangenen Austausches zwischen Verwaltung und Antragsteller häufig in einen neuen bzw. geänderten Zuwendungsantrag übernommen. Dem wird dann vollumfänglich vom Zuwendungsgeber entsprochen. Nach § 39 Abs. 2 Nr. 1 VwVfG muss der Verwaltungsakt dann von der Verwaltung nicht begründet werden.

Anders ist es bei **abgelehnten Zuwendungsanträgen**. Zieht der Antragsteller seinen Zuwendungsantrag nicht nach entsprechenden Hinweisen der Bewilligungsbehörde zurück, erlässt diese einen Ablehnungsbescheid. Nach § 39 Abs. 1 VwVfG sind darin die wesentlichen tatsächlichen und rechtlichen Gründe mitzuteilen, die die

15. Ergebnis der Antragsprüfung

Behörde zu ihrer Entscheidung bewogen haben. Da die Bewilligung bzw. die Ablehnung einer Zuwendung eine Ermessensentscheidung ist (§ 23 BHO), muss die Begründung die Gesichtspunkte erkennen lassen, von denen die Behörde bei der Ausübung ihres Ermessens ausgegangen ist.

Nach welchen Kriterien das zuwendungsrechtliche Ermessen auszuüben ist, erfahren Sie in Kapitel III 1.

Ablehnungsgründe können vielfältiger Natur sein. Sie können alle Aspekte der materiellen und formellen Antragsprüfung umfassen, zum Beispiel:

- Das Vorhaben kann qualitativ nicht überzeugen und liegt daher nicht im erheblichen staatlichen Interesse (z. B. weil das operative Förderziel nicht oder nicht im ausreichenden Maß zur Erfüllung des politischen Förderziels beiträgt).
- Das Förderziel wird nach der Zeitplanung zu spät erreicht.
- Das Vorhaben erfüllt nicht die in einer Förderrichtlinie festgelegten inhaltlichen Anforderungen.
- Der Antragsteller ist persönlich und/oder fachlich nicht geeignet, den Zuwendungszweck umzusetzen.
- Die zuwendungsfähigen Ausgaben sind nicht wirtschaftlich kalkuliert oder entsprechen nicht den Vorgaben einer Förderrichtlinie.
- Erforderliche Nachweise zur Belegung der Notwendigkeit und Angemessenheit der zuwendungsfähigen Ausgaben wurden nicht erbracht.
- Der erforderliche Zuwendungsbetrag ist zu hoch.
- Es stehen keine Haushaltsmittel (mehr) zur Verfügung.
- Der Antragsteller verfügt im Fall der Fehlbedarfsfinanzierung über ausreichende Eigenmittel.
- Es konnten keine Drittmittel in dem gebotenen Umfang eingeworben werden.
- Die Maßnahme wurde bereits begonnen und ist deshalb nicht förderfähig.
- Eine Ausschlussfrist zur Vorlage des vollständigen und ordnungsgemäßen Zuwendungsantrags wurde nicht eingehalten.

> **Praxis-Tipp:**
>
> Je weniger die Ablehnungsgründe in der Person des Antragstellers oder fachlichen Aspekten des Vorhabens liegen und je mehr sie auf das staatliche Interesse und die mit ihm verbundenen Förderziele abstellen, umso eher wird der Adressat bereit sein, sie zu akzeptieren. Auch die Gerichte räumen der Verwaltung im Hinblick auf das Vorliegen eines erheblichen staatlichen Interesses einen weiten Beurteilungs- und Ermessensspielraum ein. Auch das Fehlen von Haushaltsmitteln ist objektiv kaum zu widerlegen.

15.2 Dokumentationspflicht

Die Bewilligungsbehörde muss das Ergebnis der Antragsprüfung in einem **Aktenvermerk** dokumentieren.

> **VV Nr. 3.3 Satz 1 zu § 44 BHO**
>
> „Das Ergebnis der Antragsprüfung ist zu vermerken."

Die Dokumentation muss in knapper Form Auskunft zu allen entscheidungserheblichen Gesichtspunkten geben. Der Vermerk ist sozusagen das „institutionelle Gedächtnis" der Bewilligungsbehörde, auf das zu einem späteren Zeitpunkt zurückgegriffen werden kann (z. B. bei der Prüfung des Verwendungsnachweises).

> **Praxis-Tipp:**
>
> Im Vermerk kann auch auf **andere Unterlagen** Bezug genommen werden (z. B. die Nutzwertanalyse als Ergebnis der inhaltlich-fachlichen Prüfung).

Als zusammenfassendes Dokument ist der Vermerk über das Ergebnis der Antragsprüfung auch eine wichtige **Erkenntnisquelle für die externe Finanzkontrolle** durch die Rechnungshöfe und interne Prüfungsstellen.

Bei **abgelehnten Zuwendungsanträgen** reicht der Bescheid zur Dokumentation, da die Ablehnungsgründe dort aufzuführen sind, vgl. § 39 VwVfG (Bund).

15.3 Inhalt des Vermerkes

Vermerk über das Ergebnis der Antragsprüfung
▪ Ziele der Förderung. ▪ Beitrag der Förderung zu den übergreifenden förderpolitischen Zielen. ▪ Begründung des erheblichen staatlichen Interesses. ▪ Begründung der Wahl der Finanzierungsart. ▪ Ermittlung des Umfangs der zuwendungsfähigen Ausgaben ▪ Begründung zur Notwendigkeit und Höhe der Förderung. ▪ Darstellung der Gesamtfinanzierung des Vorhabens. ▪ Finanzielle Auswirkung der Bewilligung auf künftige Haushaltsjahre. ▪ Sonstige entscheidungserhebliche Punkte.

16. Die Bewilligung der Zuwendung

Überblick
▪ Zuwendungen werden regelmäßig schriftlich durch einen Zuwendungsbescheid bewilligt; in seltenen Ausnahmefällen durch einen Zuwendungsvertrag. ▪ In die Bewilligung müssen alle für den Zuwendungsempfänger geltenden Vorgaben und Regelungen aufgenommen werden. Dies sind Haupt- und Nebenbestimmungen. ▪ Die regelmäßig für alle Zuwendungsempfänger anzuwendenden Nebenbestimmungen sind in standardisierten Allgemeinen Nebenbestimmungen zusammengefasst. Sie decken alle typischen Fallkonstellationen ab und sind der Bewilligung grundsätzlich unverändert beizufügen. ▪ Neben die Allgemeinen Nebenbestimmungen können besondere Nebenbestimmungen treten, die besonderen Umständen Rechnung tragen. Sie können vom zuständigen Fachministerium standardisiert vorgegeben sein, aus speziellen Vorgaben der Allgemeinen Verwaltungsvorschriften resultieren oder von der Bewilligungsbehörde einzelfallbezogen geregelt werden.

II. Das Verwaltungsverfahren bei Zuwendungen

16.1 Zuwendungsbescheid

 VV Nr. 4.1 Satz 1 zu § 44 BHO:
„Zuwendungen werden durch schriftlichen Zuwendungsbescheid bewilligt."

Zuwendungsbescheide sind Verwaltungsakte nach § 35 VwVfG.

Der Zuwendungsbescheid konstituiert das Rechtsverhältnis zwischen der Bewilligungsbehörde und dem Zuwendungsempfänger. Er hat eine **doppelte Natur**: Einerseits hat er begünstigenden Charakter im Hinblick auf die Gewährung eines finanziellen Vorteils. Andererseits enthält er für das Behalten der Zuwendung wesentliche Auflagen und Bedingungen. Es überwiegt nach herrschendem Rechtsverständnis der begünstigende Charakter.

> **Praxis-Tipp:**
> Da das Zuwendungsrecht als **Binnenrecht** nur die Verwaltung bindet, müssen alle für den Zuwendungsempfänger geltenden Vorgaben und Regelungen in die Bewilligung aufgenommen werden.

Ein Zuwendungsbescheid muss folgende Mindestbestandteile enthalten:[69]

- genaue Bezeichnung des Zuwendungsempfängers als Beteiligter im Verwaltungsverfahren – § 13 Abs. 1 VwVfG (Bund)
- genaue Bezeichnung des Zuwendungszwecks als Grundlage für die Kontrolle der zweckentsprechenden Verwendung und für die Erfolgskontrolle – VV Nr. 4.2.3 zu § 44 BHO
- Bewilligungszeitraum als Zeitraum, in dem der Zuwendungszweck erreicht werden soll, in dem zuwendungsfähige Ausgaben förderfähig sind sowie als Anknüpfungspunkt für die Vorlagefrist des Verwendungsnachweises – VV Nr. 4.2.3 zu § 44 BHO; vgl. Nr. 6.1 ANBest-P
- Zuwendungsart – VV Nr. 4.2.2 zu § 44 BHO
- Finanzierungsart – VV Nr. 4.2.2 zu § 44 BHO
- Finanzierungsform – VV Nr. 4.2.4 zu § 44 BHO

---

[69] VV Nr. 4.2 zu § 44 BHO.

16. Die Bewilligung der Zuwendung

- Umfang der zuwendungsfähigen Ausgaben – VV Nr. 4.2.4 zu § 44 BHO
- ggf. Definition der „alsbaldigen Verwendung" – VV Nr. 8.2.5 zu § 44 BHO
- Höhe der Zuwendung, die bei Anteil-, Fehlbedarfs- und Vollfinanzierung auf einen Höchstbetrag zu begrenzen ist – VV Nrn. 2.2.1, 2.2.2 und 2.4 zu § 44 BHO
- Begründung für Abweichungen vom Antrag – § 39 VwVfG[70]
- Verweis auf die Allgemeinen Nebenbestimmungen (ANBest) als Bestandteil des Bescheids und ggf. Aufnahme spezifischer Nebenbestimmungen – VV Nr. 5 zu § 44 BHO
- Regelung zur Zweckbindung von aus Zuwendungsmitteln angeschafften Gegenständen sowie Regelung, wie nach Ablauf des Bewilligungszeitraums mit angeschafften Gegenständen verfahren werden soll – VV Nr. 4.2.3 zu § 44 BHO
- ggf. Hinweis auf subventionserhebliche Tatsachen und Offenbarungspflicht nach § 3 SubvG – VV Nr. 4.2.7 zu § 44 BHO
- ggf. Benennung der Stelle, gegenüber der der Verwendungsnachweis zu erbringen ist – VV Nr. 4.2.6 zu § 44 BHO
- bei institutioneller Förderung der Hinweis, dass aus der gewährten Zuwendung nicht auf künftige Förderung geschlossen werden kann – vgl. jährliches Haushaltsführungsrundschreiben des BMF
- Rechtsbehelfsbelehrung – § 37 Abs. 6 VwVfG (Bund); VV Nr. 4.2.10 zu § 44 BHO

Praxis-Tipp:
Wegen der jüngeren Rechtsprechung des Bundesverwaltungsgerichts, nach der die Ermäßigungsklausel nach Nr. 2 der ANBest nicht mehr als auflösende Bedingung verstanden werden kann, wird die Verwaltung künftig verstärkt vom Instrument des vorläufigen Zuwendungsbescheids Gebrauch machen; vgl. Teil II 28.

---

[70] Bei von der Verwaltung geforderten Änderungen des Zuwendungsantrags (insbesondere der Projektbeschreibung oder des Finanzierungsplans) bitten viele Bewilligungsbehörden den Antragsteller um eine Änderung seines Antrags. Sie können dann „antragsgemäß" bewilligen.

II. Das Verwaltungsverfahren bei Zuwendungen

16.2 Zuwendungsvertrag

Ausnahmsweise dürfen Zuwendungen auch im Wege einer **vertraglichen Vereinbarung** zwischen der Bewilligungsbehörde und dem Zuwendungsempfänger bewilligt werden, vgl. VV Nr. 4.3 zu § 44 BHO; § 54 VwVfG (Bund).

Der **Nachteil** von Zuwendungsverträgen besteht vor allem darin, dass die Folgen von Vertragsverstößen nach zivilrechtlichen Regelungen (vgl. § 62 Satz 2 VwVfG) durchzusetzen sind. Bewilligungsbehörden machen von Zuwendungsverträgen daher zu Recht kaum Gebrauch.

Praktische Relevanz haben Zuwendungsverträge vor allem in zwei Fällen:

- bei **ausländischen Empfängern,** da deutsche Behörden im Ausland gegenüber ausländischen Personen nicht hoheitlich handeln können bzw. dürfen. Nachteilig ist in solchen Fällen, dass das Vertragsverhältnis wegen des Gerichtsstands dem ausländischen Zivilrecht unterfällt.

- wenn nicht beliehene **Personen des Privatrechts** Zuwendungen vergeben, z. B. bei der Weiterleitung nach VV Nr. 12 zu § 44 BHO oder im Rahmen eines Treuhandverhältnisses nach § 44 Abs. 2 BHO und VV Nr. 16 ff. zu § 44 BHO.

> **Praxis-Tipp:**
> Zur Aufgabenwahrnehmung auf dem Gebiet des Zuwendungsrechts kraft Beleihung vgl. § 44 Abs. 3 BHO sowie VV Nr. 19 f. zu § 44 BHO.

Zuwendungsverträge umfassen im Wesentlichen die **gleichen Inhalte wie Zuwendungsbescheide.** Hinzu kommen noch Regelungen zu den

- Gründen für den Rücktritt vom Vertrag,
- Rückzahlungsverpflichtungen im Falle des Vertragsrücktritts sowie zur
- Verzinsung der Rückzahlungsansprüche.

Die Regelungen sollten inhaltlich den Vorgaben der §§ 48 bis 49a VwVfG (Bund) entsprechen.

16. Die Bewilligung der Zuwendung

16.3 Beispiel für einen Zuwendungsbescheid

15. Dezember 2018
Museum für Moderne Kunst
50000 Köln[71]
Az. III 3 – 504/06

Zuwendungsbescheid
Ihr Antrag vom 15. Mai 2018
... Anlagen

Sehr geehrte Damen und Herren,

ich bewillige Ihnen als Fehlbedarfsfinanzierung[72] für die Zeit vom 1. Januar 2019 bis zum 31. Dezember 2021 (Bewilligungszeitraum) eine nicht rückzahlbare[73] Zuwendung in Höhe von bis zu[74]

1.230.500,00 Euro

(einemillionzweihundertdreißigtausendfünfhundert Euro; null Cent)[75]

für die Vorbereitung und Durchführung Ihres Ausstellungsvorhabens „Das Menschenbild des 20. Jahrhunderts"[76], mit dem Sie die Besucherzahl Ihres Museums für die Dauer der Ausstellung um mindestens 20 Prozent gegenüber dem Durchschnittswert des Vorjahres steigern wollen[77]. Die Zuwendung wird als Projektförderung[78] gewährt. Sie dient der Finanzierung der nicht durch die Grundausstattung Ihres Museums und durch Deckungsmittel Dritter abgedeckten zusätzlichen Ausgaben für das Projekt.[79] Die Zuwendungsfähigkeit von Ausgaben richtet sich u.a. nach den Vorgaben in der Förderrichtlinie [Bezeichnung].

---

[71] Bezeichnung des Zuwendungsempfängers.
[72] Finanzierungsart.
[73] Finanzierungsform.
[74] Begrenzung auf den Höchstbetrag.
[75] Höhe der Zuwendung.
[76] Gegenständlicher Verwendungszweck.
[77] Förderziel.
[78] Zuwendungsart.
[79] Grundsätzlich zuwendungsfähige Ausgaben.

II. Das Verwaltungsverfahren bei Zuwendungen

Die Bewilligung steht unter der Bedingung, dass die Gesamtfinanzierung des Vorhabens gesichert ist.[80]

Die Mittel sind zweckgebunden und entsprechend Ihrem Antrag sowie der Projektbeschreibung (Anlage) im Bewilligungszeitraum zu verwenden. Der Finanzierungsplan (Anlage) ist nach Maßgabe der Nr. 1.2 ANBest-P verbindlich.[81] Der Umfang der zuwendungsfähigen Ausgaben beträgt danach 1.905.500 Euro.

Die mit Hilfe der Zuwendung erworbenen Gegenstände dürfen nur im Rahmen des Zuwendungszwecks verwendet werden.[82] Nach Beendigung des Projekts dürfen sie für andere satzungsgemäße Zwecke Ihres Museums weiterverwendet werden.[83] Die aus der Zuwendung finanzierte neue Alarmanlage muss ab funktionsfähiger Installation mindestens 15 Jahre betrieben werden (Bindungsfrist).[84] Der Zeitpunkt der funktionsfähigen Installation sowie ggf. eine vorzeitige Außerbetriebnahme der Anlage sind mir unverzüglich anzuzeigen.

Es gelten die beigefügten Allgemeinen Nebenbestimmungen für Zuwendungen zur Projektförderung (ANBest-P), die Bestandteil dieses Bescheids sind (Anlage).[85] Der von Ihnen nach Nr. 6.2.1 ANBest-P vorzulegende Sachbericht ist in der gleichen Struktur wie die Projektbeschreibung zu erstellen."[86]

Alternative 1:[87]

Sie werden ermächtigt, die Zuwendung nach Bedarf für fällige Zahlungen im Rahmen des Zuwendungszwecks bei der Bundeskasse XY abzurufen (Nr. 1.4 Sätze 1 und 2 ANBest-P). Zusätzlich gelten die Regelungen der beigefügten BNBest-Abruf als besondere Nebenbestimmungen zum Zuwendungsbescheid (Anlage). Sie sind Bestandteil dieses Bescheids.

---

[80] Auflösende Bedingung für den Fall, dass weitere Geldgeber ihre Förderung oder der Zuwendungsempfänger seinen eigenen finanziellen Beitrag nicht leisten.
[81] Zweckbindung der Zuwendung inhaltlich nach der Projektbeschreibung sowie nach den Zweckbestimmungen des Finanzierungsplans.
[82] Zweckbindung von aus der Zuwendung beschafften Gegenständen.
[83] Zweckbindung über den Bewilligungszeitraum hinaus.
[84] Zweckbindung über den Bewilligungszeitraum hinaus.
[85] Standardisierte Auflagen und Bedingungen.
[86] Vgl. Teil II 19.2 bis 19.8.
[87] Regelfall nach VV Nr. 7.2 zu § 44 BHO; vgl. Teil II 17.6. Die beiden hier dargestellten Alternativen orientieren sich am Bundesrecht.

16. Die Bewilligung der Zuwendung

Alternative 2:[88]

Die Zuwendung wird nur insoweit und nicht eher ausgezahlt, als Sie die Mittel voraussichtlich alsbald nach Auszahlung für fällige Zahlungen im Rahmen des Zuwendungszwecks benötigen (Nr. 1.4 Sätze 3 ff. ANBest-P). Der Zeitraum der alsbaldigen Verwendung nach Nr. 1.4 Satz 4 ANBest-P beträgt 3 Wochen.

Abweichend hiervon behalte ich mir vor, einen Restbetrag in Höhe von 10.000 Euro erst nach Vorlage des ordnungsgemäßen Verwendungsnachweises auszuzahlen.[89] Außerdem behalte ich es mir vor, die Auszahlung der Zuwendung zu stoppen, wenn mir der in Nrn. 6.1 Satz 2 und 6.3 ANBest-P geforderte Zwischennachweis nicht rechtzeitig und bzw. oder nicht ordnungsgemäß vorgelegt wird.[90]

Die Gewährung der Zuwendung steht unter dem Vorbehalt der Verfügbarkeit der veranschlagten Haushaltsmittel. Für die Inanspruchnahme gelten folgende bindende Jahrestranchen:[91]

Haushaltsjahr 2019: bis zu 370.000 Euro

Haushaltsjahr 2020: bis zu 550.000 Euro

Haushaltsjahr 2021: bis zu 310.500 Euro

Zur Kontrolle der Zielerreichung haben Sie mir nach Beendigung der Ausstellung die Besucherzahl Ihres Museums nach dem beigefügten Muster mit dem Verwendungsnachweis vorzulegen (Anlage).

Ich behalte mir vor, den Bescheid aus wichtigen Gründen zu widerrufen (Widerrufsvorbehalt i. S. d. § 49 Abs. 2 Nr. 1 Verwaltungsverfahrensgesetz).[92]

Die Zuwendung kann erst ausgezahlt werden, wenn dieser Bescheid nach Ablauf der Rechtsbehelfsfrist bestandskräftig geworden ist. Sie können die Bestandskraft des Zuwendungsbescheids vorher herbeiführen, wenn Sie auf der Empfangsbestätigung (Anlage ...) erklären, dass Sie auf einen Rechtsbehelf verzichten.[93]

---

[88] Alternative Möglichkeit nach VV Nr. 7.4 zu § 44 BHO; vgl. Teil II 17.8.
[89] Einbehalt als Anreiz zur termingerechten oder früheren Vorlage des Verwendungsnachweises; vgl. Teil II 20.11.
[90] Möglichkeit zur Erzwingung der Vorlage des Zwischennachweises; vgl. Teil II 20.10.
[91] Entsprechend den Haushalts- und Finanzplanungsansätzen der Bewilligungsbehörde.
[92] Vorgabe des BMF im jährlichen Haushaltsführungsrundschreiben.
[93] Auszahlung der Zuwendung setzt bestandskräftigen Bescheid voraus; vgl. Teil II 17.2.

II. Das Verwaltungsverfahren bei Zuwendungen

> **Vorläufigkeitsregelung:**[94]
>
> Die Zuwendung setze ich als Höchstbetrag vorläufig fest. Ihre konkrete Höhe werde ich erst nach Prüfung des von Ihnen vorzulegenden Verwendungsnachweises im Wege eines Schlussbescheides festlegen. Welche Ausgaben im Rahmen der Verwendungsnachweisprüfung als zuwendungsfähig anerkannt werden, richtet sich nach diesem Zuwendungsbescheid, den dazugehörigen Nebenbestimmungen sowie der Förderrichtlinie [Bezeichnung]. Eine Ermäßigung der zuwendungsfähigen Ausgaben sowie eine Erhöhung oder das Hinzutreten von Deckungsmitteln gegenüber dem dieser Bewilligung zugrunde liegenden Finanzierungsplan wirkt sich bei der Förderhöhe gemäß den in Nr. 2 ANBest [Bezeichnung] aufgeführten Vorgaben aus. Alle übrigen Regelungen dieses Zuwendungsbescheids sind endgültig.
>
> [Rechtsbehelfsbelehrung]
>
> Mit freundlichen Grüßen

16.4 Haupt- und Nebenbestimmungen im Zuwendungsbescheid

Die **Hauptregelung** des Zuwendungsbescheids umfasst

- den Zuwendungszweck,
- die Höhe der Zuwendung,
- die Zuwendungs- und Finanzierungsart,
- die Finanzierungsform sowie
- den Bewilligungszeitraum.

> **Praxis-Tipp:**
>
> Wie jeder andere Verwaltungsakt, auf den kein Anspruch besteht, darf auch ein Zuwendungsbescheid nach pflichtgemäßem Ermessen mit **konkretisierenden Nebenbestimmungen** erlassen werden, vgl. § 36 VwVfG (Bund).

---

[94] Für den Fall, dass die Höhe der Zuwendung zunächst nur vorläufig festgelegt werden soll, vgl. Teil II 28.

16. Die Bewilligung der Zuwendung

Das Verwaltungsrecht kennt folgende **Arten von Nebenbestimmungen**:

- Befristung, nach der eine Begünstigung oder Belastung zu einem bestimmten Zeitpunkt beginnt, endet oder für einen bestimmten Zeitraum gilt – § 36 Abs. 1 Nr. 1 VwVfG (Bund)

- Bedingung, nach der der Eintritt oder der Wegfall einer Vergünstigung oder einer Belastung von dem ungewissen Eintritt eines zukünftigen Ereignisses abhängt – § 36 Abs. 1 Nr. 2 VwVfG (Bund)

- Vorbehalt des Widerrufs, der einen nachträglichen Widerruf des Verwaltungsakts ermöglicht – § 36 Abs. 1 Nr. 3 VwVfG (Bund)

- Auflage, durch die dem Begünstigten ein Tun, Dulden oder Unterlassen vorgeschrieben wird – § 36 Abs. 1 Nr. 4 VwVfG (Bund)

- Auflagenvorbehalt, der die nachträgliche Aufnahme, Änderung oder Ergänzung einer Auflage in den Verwaltungsakt ermöglicht – § 36 Abs. 1 Nr. 5 VwVfG (Bund)

16.5 Allgemeine Nebenbestimmungen

Die Finanzministerien des Bundes und der Länder haben die grundsätzlich allen Zuwendungsempfängern aufzuerlegenden Regelungen in Allgemeinen Nebenbestimmungen (ANBest) zusammengefasst und sie als **Standard** für die beiden Zuwendungsarten der institutionellen Förderung und der Projektförderung formuliert.

Für die **Besonderheiten** der Förderung von Gebietskörperschaften, der Förderung von Unternehmen auf Kostenbasis sowie für die Förderungen von Baumaßnahmen gibt es modifizierte bzw. ergänzende Fassungen der ANBest.

Es gelten danach beim **Bund** für

- Zuwendungen zur institutionellen Förderung die ANBest-I – Anlage 1 zur VV Nr. 5.1 zu § 44 BHO,

- Zuwendungen zur Projektförderung die ANBest-P – Anlage 2 zur VV Nr. 5.1 zu § 44 BHO,

- Zuwendungen zur Projektförderung an Gebietskörperschaften die ANBest-GK – Anlage 3 zur VV Nr. 5.1 zu § 44 BHO,

- Zuwendungen zur Projektförderung auf Kostenbasis die ANBest-P-Kosten – Anlage 4 zur VV Nr. 5.1 zu § 44 BHO,

II. Das Verwaltungsverfahren bei Zuwendungen

- Zuwendungen für Baumaßnahmen in bestimmten Fällen als Ergänzung die NBest-Bau – VV Nr. 6.2 zu § 44 BHO; Anlage zu den baufachlichen Ergänzungsbestimmungen (ZBau).

Bei den **Ländern** existieren entsprechende Allgemeine Nebenbestimmungen.

Die Allgemeinen Nebenbestimmungen sind so abgefasst, dass sie für alle Förderungen in den jeweils betroffenen Fällen gelten können. Aufgrund ihrer **Typisierung** werden sie im weitesten Sinne auch zum Zuwendungsrecht gezählt.

Die Bewilligungsbehörde ist grundsätzlich verpflichtet, die jeweils zutreffenden Allgemeinen Nebenbestimmungen zum **Bestandteil des Zuwendungsbescheids** zu machen, vgl. VV Nr. 5.1 zu § 44 BHO; in Einzelfällen darf die Bewilligungsbehörde Ausnahmen von den ANBest regeln (VV Nr. 5.3.5 zu § 44 BHO).

Die Allgemeinen Nebenbestimmungen haben am Beispiel der ANBest-P im Wesentlichen folgende **Inhalte**:

- Verpflichtung zur wirtschaftlichen und sparsamen Verwendung der Zuwendung (Auflage) – Nr. 1.1 ANBest-P
- Grundsätzliche Verbindlichkeit des Finanzierungsplans (Auflage) – Nr. 1.2 ANBest-P; Ausnahme Festbetragsfinanzierung
- In bestimmten Fällen Geltung des so genannten Besserstellungsverbots (Auflage) – Nr. 1.3 ANBest-P
- Regelungen zur Auszahlung der Zuwendung (Auflage) – Nr. 1.4 ANBest-P
- Grundsätzliches Verbot für Vorausleistungen (Auflage) – Nr. 1.5 ANBest-P
- Möglichkeit des Widerrufs des Zuwendungsbescheids, wenn sich herausstellt, dass der Zuwendungszweck nicht zu erreichen ist (Widerrufsvorbehalt) – Nr. 1.6 ANBest-P
- Ermäßigung der Zuwendung bei nachträglich eingetretenen projektbezogenen Minderausgaben und/oder Mehreinnahmen – Nr. 2 ANBest-P
- Anwendung des öffentlichen Vergaberechts in bestimmten Fällen (Auflage) – Nr. 3 ANBest-P
- Maßgaben zur Behandlung und Inventarisierung von Gegenständen (Auflage) – Nr. 4 ANBest-P

16. Die Bewilligung der Zuwendung

- Mitteilungspflichten bei besonderen Vorkommnissen (Auflage) – Nr. 5 ANBest-P
- Regelungen zum Inhalt und der Vorlage des Verwendungsnachweises (Auflage) – Nr. 6 ANBest-P
- Maßgaben zur Duldung von Prüfungshandlungen der Bewilligungsbehörde oder von ihr Beauftragten sowie zur Vorprüfung des Verwendungsnachweises durch eigene Prüfungseinrichtungen des Zuwendungsempfängers (Auflage) – Nrn. 7.1 und 7.2 ANBest-P
- Erläuterung zum Prüfungsrecht des Bundesrechnungshofes (Hinweis) – Nr. 7.3 ANBest-P; nur Hinweis, da gesetzliche Regelung mit Außenwirkung in § 99 BHO.
- Erläuterung zur Erstattung der Zuwendung und Verzinsung (Hinweis) – Nr. 8 ANBest-P; nur Hinweis, da gesetzliche Regelung mit Außenwirkung in §§ 48 ff. VwVfG (Bund)

Die Übersicht zeigt, dass nahezu **sämtliche Ausprägungen** verwaltungsrechtlicher Nebenbestimmungen in den Allgemeinen Nebenbestimmungen vertreten sind.

Wichtig: Jeder Zuwendungsbescheid enthält in Form des Bewilligungszeitraums auch eine Befristung. Dieser entzieht sich jedoch einer Standardisierung und ist deshalb im Text des Zuwendungsbescheids als Hauptregelung einzelfallbezogen festzulegen.

> **Praxis-Tipp:**
> Die in den Allgemeinen Nebenbestimmungen enthaltenen **Erläuterungen und Hinweise** haben keinen Regelungscharakter. Zur Begründung von Entscheidungen sollte in diesen Fällen stets auf die gesetzliche Grundlage und nur ergänzend auf die Allgemeinen Nebenbestimmungen verwiesen werden.

In Ausnahmefällen oder in Fällen von geringer finanzieller Bedeutung darf die Bewilligungsbehörde **Abweichungen** von den Allgemeinen Nebenbestimmungen im Zuwendungsbescheid regeln (VV Nrn. 5.3 und 14 zu § 44 BHO), vgl. Teil III 3. Die Abweichungen können sowohl Erleichterungen als auch Beschwerungen für den Zuwendungsempfänger umfassen.[95]

---

[95] Vgl. hierzu auch *Mayer*, in: Heuer/Scheller, Kommentar zum Haushaltsrecht, Stand: 67. Ergänzungslieferung, 2018, Rn. 76 ff.

II. Das Verwaltungsverfahren bei Zuwendungen

16.6 Besondere Nebenbestimmungen

An die Seite der Allgemeinen Nebenbestimmungen können zusätzliche Nebenbestimmungen treten, die für **bestimmte Förderbereiche** entweder wiederum allgemein vorgegeben sind oder von der Bewilligungsbehörde einzelfallbezogen festzulegen sind.

So existieren zahlreiche von den Finanzministerien des Bundes und der Länder sowie von den Förderressorts aufgestellte **standardisierte** Nebenbestimmungen. Zur Abgrenzung von den Allgemeinen Nebenbestimmungen werden diese als Besondere Nebenbestimmungen (BNBest) bezeichnet. Beispielhaft sind zu nennen:

- Abrufrichtlinien des Bundes – BN-Best-Abruf
- Besondere Nebenbestimmungen für Zuwendungen des Bundesministeriums für Bildung und Forschung zur Projektförderung auf Ausgabenbasis – BNBest-BMBF 98
- Nebenbestimmungen für Zuwendungen auf Kostenbasis des Bundesministeriums für Bildung und Forschung an Unternehmen der gewerblichen Wirtschaft für Forschungs- und Entwicklungsvorhaben – NKBF 98
- Besondere Nebenbestimmungen des Auswärtigen Amts für die Gewährung von Zuwendungen gemäß Nr. 15.2 VV zu § 44 BHO – BNBest-AA
- Besondere Nebenbestimmungen Straßenbau – BNBest-StraBayern
- Besondere Nebenbestimmungen für Zuwendungen zur Projektförderung – BNBest-P NRW
- Besondere Nebenbestimmungen für EFRE-kofinanzierte Zuwendungen – BNBest-EFRE Saarland

> **Praxis-Tipp:**
> Ressortspezifische BNBest müssen auf Bundesebene mit dem Bundesministerium der Finanzen **abgestimmt** werden, wenn sie Abweichungen vom generellen Zuwendungsrecht enthalten, vgl. VV Nr. 15.2 Satz 1 zu § 44 BHO. Der Bundesrechnungshof ist stets vor ihrem Erlass anzuhören (§ 103 Abs. 1 BHO, VV Nr. 15.2 Satz 2 zu § 44 BHO).

16. Die Bewilligung der Zuwendung

Auch die Allgemeinen Verwaltungsvorschriften zu den §§ 44 BHO/LHO schreiben den Bewilligungsbehörden in bestimmten Fallkonstellationen die Regelung besonderer Nebenbestimmungen **im Zuwendungsbescheid** vor. Beim Bund betrifft dies – je nach Einzelfall – vor allem:

- Zweckbindung von aus der Zuwendung beschafften Gegenständen auch über den Bewilligungszeitraum hinaus – VV Nr. 4.2.3 zu § 44 BHO
- Regelung, wie mit aus der Zuwendung beschafften Gegenständen nach Ablauf der zeitlichen Bindung zu verfahren ist – VV Nr. 4.2.3 zu § 44 BHO
- Vorbehalt dinglicher Rechte zur Sicherung etwaiger Erstattungsansprüche (insbesondere, wenn aus der Zuwendung Grundstücke oder Rechte erworben werden) – VV Nr. 5.6.1 zu § 44 BHO
- Modalitäten der Rückzahlung und Verzinsung bei unbedingt oder bedingt rückzahlbaren Zuwendungen – VV Nr. 5.6.2 zu § 44 BHO
- Einräumung von Benutzungsrechten an Schutzrechten oder Übertragung von Schutzrechten oder angemessene Beteiligung aus Erträgen aus diesen Rechten – VV Nr. 5.6.3 zu § 44 BHO
- Nutzbarmachung von Forschungsergebnissen und den Ergebnissen wissenschaftlicher Arbeiten für die Allgemeinheit (z. B. durch Veröffentlichung) – VV Nr. 5.6.4 zu § 44 BHO
- Beteiligung fachtechnischer Dienststellen – VV Nr. 5.6.5 zu § 44 BHO
- Zurückhaltung einer Schlussrate bei der Auszahlung bis zur ordnungsgemäßen Vorlage des Verwendungsnachweises – VV Nr. 5.6.6 zu § 44 BHO
- Widerrufsvorbehalt bei zwingenden Gründen oder allgemeiner Haushaltsvorbehalt – VV Nr. 5.8 zu § 44 BHO

Von der **Bewilligungsbehörde** je nach Einzelfall nach eigenem pflichtgemäßen Ermessen zu regelnde Nebenbestimmungen können vor allem betreffen:

- Bedingung, dass die Zuwendung unter dem Vorbehalt der gesicherten Gesamtfinanzierung des Vorhabens steht – VV Nr. 1.2 zu § 44 BHO
- bei überjährigen Zuwendungen die betragsmäßigen einzelnen Jahrestranchen als Konkretisierung der Hauptregelung

II. Das Verwaltungsverfahren bei Zuwendungen

- aufschiebende Bedingung, nach der mit der Auszahlung der Zuwendung erst nach Bestandskraft des Zuwendungsbescheids begonnen wird – VV Nr. 7.1 zu § 44 BHO
- Zeitraum der alsbaldigen Verwendung der Zuwendung beim Anforderungsverfahren als Auflage – VV Nrn. 7.4 und 8.2.5 Alt. 2 zu § 44 BHO; vgl. Teil II 17.7 bis 17.9
- Auflage, dass einzelne Ausgabenansätze im Finanzierungsplan gesperrt sind und Ausgaben nur nach vorheriger Einwilligung der Bewilligungsbehörde geleistet werden dürfen
- Konkretisierung des Inhalts von Zwischen- und Verwendungsnachweisen und/oder Vorgabe von zu verwendenden Vordrucken als Auflagen
- Berichts- und Informationspflichten außerhalb der Zwischen- und Verwendungsnachweise zum begleitenden finanziellen und inhaltlichen Monitoring des Vorhabens als Auflagen
- ggf. Mitwirkungspflichten des Zuwendungsempfängers bei der Erfolgskontrolle als Auflagen
- ggf. Abweichungen von den ANBest, soweit die Bewilligungsbehörde hierzu befugt ist – VV Nrn. 5.3, 5.4, 5.5 und 14 zu § 44 BHO; vgl. Teil III 3

17. Die Auszahlung der Zuwendung

> **Überblick**
>
> - Die Auszahlung der Zuwendung beginnt frühestens nach Bestandskraft des Zuwendungsbescheids.
> - Die Reihenfolge der Inanspruchnahme der an der Finanzierung des Vorhabens Beteiligten richtet sich nach der Finanzierungsart.
> - Die jeweilige Teilzahlung wird entweder taggenau (Abrufverfahren) oder für einen längeren Zeitraum im Voraus ausgezahlt (Anforderungsverfahren).
> - Kann der Zuwendungsempfänger die ausgezahlte Zuwendung nicht alsbald verwenden, muss er dies der Bewilligungsbehörde mitteilen.
> - Die nicht alsbaldige Verwendung der Zuwendung kann zum Widerruf der Zuwendung führen. Sofern dies unverhältnismäßig ist, können Zinsen erhoben werden.

17. Die Auszahlung der Zuwendung

- Die Zuwendung kann bei entsprechender finanzieller Leistungsfähigkeit des Zuwendungsempfängers auch nachträglich ausgezahlt werden. Entweder wiederum ratenweise oder erst nach Prüfung des Verwendungsnachweises.

17.1 Grundsätzlich

Das Auszahlungsverfahren für Zuwendungen ist sehr kleinteilig und teilweise **verwaltungsaufwendig** geregelt. Grund hierfür ist vor allem, die öffentliche Hand so wenig wie möglich mit Finanzierungskosten zu belasten.

Teilweise gehen Bund und Länder beim Auszahlungsverfahren **unterschiedliche Wege**, auf die im Folgenden eingegangen wird.

Das Auszahlungsverfahren richtet sich nach den nachfolgend erläuterten **Grundsätzen und Modalitäten**.

17.2 Voraussetzung bestandskräftiger Bescheid

Das Auszahlungsverfahren beginnt erst, wenn die Rechtsbeziehung zwischen Zuwendungsgeber und Zuwendungsempfänger auf einer **gesicherten Grundlage** steht (VV Nr. 7.1 Satz 1 zu § 44 BHO). Dies ist die formelle Bestandskraft des Zuwendungsbescheids, vgl. §§ 43 ff. VwVfG (Bund).

Die Bestandskraft tritt ein, wenn der Zuwendungsbescheid nicht mehr mit einem Rechtsbehelf angefochten werden kann. Dies ist grundsätzlich nach **Ablauf der Rechtsbehelfsfrist** (vgl. § 70 Abs. 1 VwGO) der Fall.

Praxis-Tipp:

In vielen Fällen machen die Bewilligungsbehörden die Zuwendungsempfänger deshalb auf die Möglichkeit der Erklärung des **Rechtsmittelverzichts** aufmerksam (VV Nr. 7.1 Satz 1 zu § 44 BHO). Dies ist vor allem unkritisch, wenn der Zuwendungsbescheid im Antragsverfahren bereits zwischen Bewilligungsbehörde und Zuwendungsempfänger abgestimmt wurde.

II. Das Verwaltungsverfahren bei Zuwendungen

> **Beispiel:**
>
> Die Bewilligungsbehörde regelt im Zuwendungsbescheid:
> „Um die Auszahlung der Zuwendung zu beschleunigen, können Sie mit dem beiliegenden Formblatt auf die Einlegung eines Rechtsbehelfs verzichten."

Greift der Zuwendungsempfänger den Zuwendungsbescheid mit einem **Rechtsbehelf** an, darf mit der Auszahlung der Zuwendung nicht begonnen werden.

17.3 Reihenfolge der Inanspruchnahme

Die Reihenfolge der Inanspruchnahme der Zuwendung, der Mittel Dritter sowie der Eigenmittel des Zuwendungsempfängers richtet sich im Weiteren nach der **Finanzierungsart**.

Bei der **Fehlbedarfsfinanzierung** muss der Zuwendungsempfänger zunächst seine gesamten für das Projekt vorgesehenen Eigenmittel verbrauchen. Erst danach darf er auf die Zuwendung zugreifen.

> **Praxis-Tipp:**
>
> Für den Fall, dass sich noch **weitere Geldgeber** an der Förderung beteiligen, müssen auch deren Mittel vor Auszahlung der Zuwendung verbraucht werden (Nr. 1.4.2 ANBest-P). Sollte dies mit den Auszahlungsregeln der anderen Mittelgeber kollidieren, muss im Zuwendungsbescheid eine anderweitige Regelung getroffen werden. Dabei ist es vertretbar, wenn die öffentlichen Mittel anteilig mit denen der anderen Mittelgeber ausgezahlt werden.

Bei der **Anteil- und Festbetragsfinanzierung** wird die Zuwendung anteilig mit etwaigen Zuwendungen anderer Zuwendungsgeber und den vorgesehenen eigenen und sonstigen Mitteln des Zuwendungsempfängers ausgezahlt (Nr. 1.4.1 ANBest-P).

17. Die Auszahlung der Zuwendung

> **Beispiel:**
> Der Finanzierungsanteil von Zuwendungsempfänger und Zuwendungsgeber an den zuwendungsfähigen Ausgaben beträgt jeweils 50 Prozent. An jedem vom Zuwendungsempfänger für das Projekt zu zahlenden Euro beteiligen sich beide Parteien bei der Leistung der Ausgabe mit 50 Cent.

Bei der **Vollfinanzierung** besteht keine Regelung zur Reihenfolge der Auszahlung, da weder Eigenmittel des Zuwendungsempfängers noch Mittel Dritter zur Finanzierung des Vorhabens heranzuziehen sind.

> **Praxis-Tipp:**
> Ebenfalls keine Regelung besteht für den Fall, dass auch **Projekteinnahmen** zur Finanzierung des Vorhabens beitragen. Es ist sachgerecht, wenn diese – sobald sie eingegangen sind – vor allen anderen Mitteln zu nutzen sind. Ggf. empfiehlt es sich, eine entsprechende Regelung in den Zuwendungsbescheid aufzunehmen.

17.4 Auszahlung nur für fällige Zahlungen

Die Zuwendung wird nur für beim Zuwendungsempfänger fällige Zahlungen ausgezahlt. Vor Fälligkeit darf der Zuwendungsempfänger keine Ausgaben leisten. Dies gebietet der **Grundsatz der Wirtschaftlichkeit** (Nr. 1.1 ANBest-P).

Für die Bestimmung des Zeitpunkts der Fälligkeit gelten die mit Auftragnehmern vereinbarten oder mangels Vereinbarung auf der Rechnung angegebenen **Zahlungsfristen**.

Auch darf der Zuwendungsempfänger grundsätzlich keine **Zahlungen vor Empfang der Gegenleistung** vereinbaren oder bewirken. Etwas anderes gilt nur, wenn dies allgemein üblich oder durch besondere Umstände gerechtfertigt ist (Nr. 1.5 ANBest-P).

II. Das Verwaltungsverfahren bei Zuwendungen

> **Beispiel:**
> Vor der Auslieferung eines bestellten Gegenstands darf die Rechnung nicht bezahlt werden.

17.5 Ratenweise Auszahlung zur alsbaldigen Verwendung

Zuwendungen werden nicht in einer Summe unmittelbar nach Bekanntgabe des Zuwendungsbescheids, sondern grundsätzlich ratenweise nach dem **Bedarf** des Zuwendungsempfängers an liquiden Mitteln für die Durchführung des Vorhabens ausgezahlt.

Es kommt also auf den projektbezogenen **negativen Cashflow** beim Zuwendungsempfänger an. Die ausgezahlte Zuwendung ist *„alsbald für fällige Zahlungen zu verwenden"* (VV Nr. 8.2.5 zu § 44 BHO; Nr. 1 BNBest-Abruf; Nr. 1.4 Satz 3 ANBest-P).

> **Praxis-Tipp:**
> Der konkrete Begriffsinhalt der **„alsbaldigen Verwendung"** muss beim Bund einzelfallabhängig von der Bewilligungsbehörde festgelegt werden (vgl. unten). Bei den Ländern ist er in den Allgemeinen Verwaltungsvorschriften vorgegeben.

17.6 Taggenaue Auszahlung im Abrufverfahren (nur Bund)

Im Hinblick auf den Zeitpunkt der Auszahlung und die alsbaldige Verwendung des Teilbetrags durch den Zuwendungsempfänger soll beim Bund vorrangig das so genannte **Abrufverfahren** angewendet werden. Hierzu sind die „Besonderen Nebenbestimmungen für den Abruf von Zuwendungen" (BNBest-Abruf) zum Bestandteil des Zuwendungsbescheids zu erklären.[96]

> **Praxis-Tipp:**
> Vgl. die Formulierungsalternative 1 im Beispiel für einen Zuwendungsbescheid Teil II 16.3.

Beim Abrufverfahren wird der Zuwendungsempfänger ermächtigt, die jeweilige Zuwendungsrate **am Tage des Bedarfs** für fällige Zah-

---

[96] VV Nr. 7.2 zu § 44 BHO.

17. Die Auszahlung der Zuwendung

lungen (Nr. 1.1 BNBest-Abruf) bei der Bundeskasse zur Auszahlung auf sein Girokonto abzurufen. Dies stellt sicher, dass der Bund keinerlei Ausgaben zur Vorfinanzierung des Zuwendungsempfängers leisten muss. Insofern ist es für die öffentliche Hand die wirtschaftlichste Auszahlungsvariante.

Praxis-Tipp:
Zum genauen Verfahren vgl. Nr. 3 BNBest-Abruf.

„**Alsbaldige Verwendung**" bedeutet im Abrufverfahren für den Zuwendungsempfänger, dass er den ausgezahlten Teilbetrag am Auszahlungstag für fällige Zahlungen verwenden muss.[97]

Beispiel:
Die ausgezahlte Zuwendung wird dem Konto des Zuwendungsempfängers am 22. Juni gutgeschrieben. Sie muss am gleichen Tag für fällige Zahlungen im Rahmen des Zuwendungszwecks verwendet werden.

17.7 Längere Vorauszahlung im Anforderungsverfahren (Bund und Länder)

Das Abrufverfahren gilt beim **Bund** nicht zwingend. In bestimmten Fällen kann stattdessen das so genannte Anforderungsverfahren angewandt werden.

Die **Länder** kennen das Abrufverfahren für Projektförderungen nicht. Bei ihnen gilt stets das Anforderungsverfahren.

Beim Anforderungsverfahren erhält der Zuwendungsempfänger die Rate für einen längeren Zeitraum **im Voraus** ausgezahlt.

17.8 Anforderungsverfahren beim Bund

Beim Bund kann das Anforderungsverfahren angewendet werden, **wenn**

- der jährliche Zuwendungsbedarf bis zu 500.000 Euro beträgt,
- die Zuwendung in einer einzigen Rate ausgezahlt wird,

---
[97] VV Nr. 8.5, 1. Alt. zu § 44 BHO; Nr. 1 BNBest-Abruf.

II. Das Verwaltungsverfahren bei Zuwendungen

- dem Bund durch den selbstständigen Geldabruf Nachteile entstehen können oder
- besondere Gründe dies rechtfertigen.[98]

Beispiele:

- **Nachteile durch den selbstständigen Geldabruf** können z. B. entstehen, wenn Zweifel an der ordnungsgemäßen Geschäftsführung des Zuwendungsempfängers bestehen; allerdings wäre dann auch zu prüfen, ob überhaupt eine Zuwendung gewährt werden darf (VV Nr. 1.2 Satz 1 zu § 44 BHO; vgl. Teil II 13.1).
- Nach einer Abstimmung zwischen den Bundesministerien können **besondere Gründe** insbesondere sein, wenn Zuwendungen durch eine Zentralstelle (Projektträger/Förderbanken) ausgezahlt, durch Dritte kofinanziert (z. B. Mischfinanzierung Bund/Land), an Zuwendungsempfänger mit Sitz im Ausland geleistet oder auf der Grundlage von mit dem BMF abgestimmten Sonderregelungen bewilligt werden.

Die Vorauszahlung kann den Bedarf für **bis zu sechs Wochen** umfassen (VV Nr. 8.2.5 zu § 44 BHO).

Praxis-Tipp:

Wie lang der Vorauszahlungszeitraum konkret ausfallen soll, bestimmt die Bewilligungsbehörde nach pflichtgemäßem Ermessen **einzelfallbezogen** im Zuwendungsbescheid (VV Nr. 7.4 zu § 44 BHO). Stimmen in der Literatur sprechen sich für eine standardisierte Festlegung eines Sechs-Wochen-Zeitraums aus.[99] Dies mag de lege ferenda im Hinblick auf eine Verwaltungsvereinfachung überlegenswert sein, widerspricht jedoch der geltenden Vorschrift und dem Zweck der Ermessensermächtigung (§ 114 VwGO).

Die Bewilligungsbehörde muss den Zeitraum wählen, der für den Bund im jeweiligen Einzelfall am **wirtschaftlichsten** ist.

---

[98] Nr. 1.2 Abrufrichtlinie.
[99] *Dittrich*, Bundeshaushaltsordnung, Stand: 54. Aktualisierung, 2018, Rn. 40.2.5 zu § 44 BHO.

17. Die Auszahlung der Zuwendung

> **Beispiel:**
> Bei einem Projekt werden fast ausschließlich Personalausgaben gefördert. Hier wäre es unwirtschaftlich, die Zuwendung sechs Wochen im Voraus auszuzahlen. Es reicht aus, wenn die Mittel dem Zuwendungsempfänger monatlich wenige Tage vor dem Gehaltszahlungstermin zur Verfügung gestellt werden.

Die jeweilige Vorauszahlungsrate ist bei der Bewilligungsbehörde anzufordern. Dabei ist die **Verwendung der bereits ausgezahlten Teilbeträge** in summarischer Form nachzuweisen.[100] Dies kann z. B. durch die betragsmäßige Angabe der bisherigen Ausgaben je Position des Finanzierungsplans geschehen.

Alsbaldige Verwendung bedeutet im Anforderungsverfahren, dass der Zuwendungsempfänger den ausgezahlten Teilbetrag innerhalb des festgelegten Zeitraums für fällige Zahlungen verwenden muss.[101]

17.9 Anforderungsverfahren bei den Ländern

Bei den Ländern gilt grundsätzlich eine Vorauszahlungsfrist von **zwei Monaten**. Ansonsten entspricht das Verfahren weitgehend dem des Bundes.

17.10 Anforderung der Zuwendung über den Jahreswechsel hinaus

Der Anspruch des Zuwendungsempfängers auf Auszahlung der Zuwendung unterliegt nicht dem **Jährlichkeitsgrundsatz**.

> **Praxis-Tipp:**
> Am **letzten Kassentag des Haushaltsjahres** kann dem Zuwendungsempfänger daher noch der entsprechende Teilbetrag für den für ihn geltenden Vorauszahlungszeitraum ausgezahlt werden.

---

[100] VV Nr. 7.3 zu § 44 BHO; Nr. 1.4 ANBest-P.
[101] Nr. 1.4 Satz 3 ANBest-P.

17.11 Berechnung der Frist zur alsbaldigen Verwendung

Der **Beginn der Frist** zur alsbaldigen Verwendung ist der Tag des Geldeingangs auf dem Konto des Zuwendungsempfängers.

Der Bund fingiert den Auszahlungstag als den **dritten Tag** nach der Aufgabe des Zahlungsauftrags an das Geldinstitut, vgl. Nr. 3.3 der Anlage zur VV Nr. 3.3 zu § 34 BHO. Im Hinblick auf die im BGB geregelte eintägige Ausführungsfrist (Geschäftstag) für elektronische Überweisungen (§ 675s Abs. 1 BGB) ist dies sachgerecht und angemessen.

Das **Ende der Frist** berechnet sich je Bemessung nach Tagen, Wochen oder Monaten nach § 188 BGB.

> **Beispiel:**
>
> Für die alsbaldige Verwendung der Zuwendung im Anforderungsverfahren gilt nach dem Zuwendungsbescheid eine Frist von einem Monat. Die Bundeskasse hat den Überweisungsauftrag am 5. Juni (Montag) an die Bank gegeben. Der Zuwendungsempfänger verbraucht die Mittel am 9. Juli.
>
> **Fristberechnung:**
>
> Der dritte Tag nach der Aufgabe des Zahlungsauftrags an das Geldinstitut (Nr. 3.3 Anlage zu VV 34 BHO) ist der 8. Juni und damit auch das die Frist auslösende Ereignis. Die Frist läuft dementsprechend am 8. Juli ab (§ 188 Abs. 2 BGB). Bei einer Verwendung erst am 9. Juli ist die Frist der alsbaldigen Verwendung überzogen.

> **Praxis-Tipp:**
> Zu den Folgen einer nicht alsbaldigen Verwendung für den Zuwendungsempfänger vgl. unten Teil II 17.13 ff. sowie 32.

17.12 Auszahlungsverfahren bei institutioneller Förderung

Beim Bund werden institutionelle Zuwendungsempfänger grundsätzlich an das Abrufverfahren angeschlossen.

17. Die Auszahlung der Zuwendung

17.13 Mitteilungspflicht bei nicht alsbaldiger Verwendung

Kann der Zuwendungsempfänger den ausgezahlten Teilbetrag nicht am Tag der Auszahlung (Abrufverfahren) oder innerhalb der festgelegten Frist (Anforderungsverfahren) für fällige Zahlungen verwenden, muss er dies unverzüglich der Bewilligungsbehörde **mitteilen** (Nr. 5.4 ANBest-P).

Die **Bewilligungsbehörde entscheidet**, ob der nicht verwendete Betrag beim Zuwendungsempfänger verbleiben und mit der Auszahlung des nächsten Teilbetrags verrechnet oder von ihm zurückgezahlt werden soll.

> **Praxis-Tipp:**
> **Entscheidungsmaßstab** ist der Grundsatz der Wirtschaftlichkeit, bei dem auch der Verwaltungsaufwand zu berücksichtigen ist. Bei kleineren Beträgen oder sofern der nicht alsbald verwendete Betrag bei der nächsten kurzfristig anstehenden Auszahlung wieder auszuzahlen wäre, ist es im Hinblick auf den Verwaltungsaufwand sachgerecht, von einer Rückzahlung abzusehen.

17.14 Widerrufsmöglichkeit des Zuwendungsbescheids bei nicht alsbaldiger Verwendung

Bei nicht alsbaldiger Verwendung der Zuwendung ist die Bewilligungsbehörde ermächtigt, den Zuwendungsbescheid im Rahmen einer Ermessensentscheidung ganz oder teilweise zu **widerrufen,** § 48 Abs. 3 Nr. 1 VwVfG (Bund); vgl. Teil II 25.3.

Dies zeigt, dass der Gesetzgeber der alsbaldigen Verwendung eine hohe Bedeutung beimisst.

In vielen Fällen dürfte diese weitgehende Sanktion allerdings **unverhältnismäßig** sein, sodass sich ihr Anwendungsbereich auf extreme Fälle beschränkt.

II. Das Verwaltungsverfahren bei Zuwendungen

Beispiele:

- Ein Zuwendungsempfänger ruft im Abrufverfahren kurz nach der Bewilligung die gesamte Zuwendung in einer Summe bei der Bundeskasse ab.
- Ein Zuwendungsempfänger täuscht die Bewilligungsbehörde im Anforderungsverfahren regelmäßig beim summarischen Nachweis der bisher verbrauchten Zuwendung. Entgegen seiner Darlegungen nutzt er die nicht verbrauchte Zuwendung in erheblichem Umfang zur Sicherstellung seiner allgemeinen Liquidität.

17.15 Verzinsungsmöglichkeit bei nicht alsbaldiger Verwendung

Neben der Möglichkeit zum Widerruf des Zuwendungsbescheids kann die Bewilligungsbehörde Zinsen in Höhe von **fünf Prozentpunkten jährlich über dem Basiszinssatz** nach § 274 BGB verlangen (so genannter isolierter Zinsanspruch), § 49a Abs. 4 VwVfG (Bund); vgl. Teil II 32.

In den Allgemeinen Verwaltungsvorschriften wird das Ermessen der Bewilligungsbehörde insoweit gelenkt, als die Verzinsung **regelmäßig** vorzunehmen ist. Ein Absehen von der Zinserhebung ist nur im begründeten Ausnahmefall möglich.

Der **Verzinsungszeitraum** umfasst die „Zeit von der Auszahlung bis zur zweckentsprechenden Verwendung".[102]

Für die **Berechnung der Zinsen** gilt beim Bund die Anlage zur VV Nr. 3.3 zu § 34 BHO.[103] Danach beginnt die Verzinsung mit dem Tag, der auf den Auszahlungstag folgt.[104]

Beispiel:

Fingierter Eingang der (Bundes-)Zuwendung auf dem Konto des Zuwendungsempfängers am 15. März (Auszahlungstag; vgl. oben). Frist zur alsbaldigen Verwendung im Vorauszahlungsverfahren ein Monat. Tatsächliche Verwendung am 5. Mai. Verzinsungszeitraum: 16. März bis 5. Mai.

---

[102] VV Nr. 8.7 Satz 1 zu § 44 BHO.
[103] VV Nr. 8.8 zu § 44 BHO.
[104] Nr. 2.1.2 der Anlage zur VV Nr. 3.3 zu § 34 BHO.

17. Die Auszahlung der Zuwendung

Auch kleinere Zinsbeträge sind grundsätzlich zu erheben. Beim Bund gilt die so genannte „**Kleinbetragsregelung**", bei der von der Anforderung von Beträgen von weniger als sieben Euro abgesehen werden soll. Ist der Anspruchsgegner eine juristische Person des öffentlichen Rechts, gelten – unter der Voraussetzung der Gegenseitigkeit – Beträge von weniger als 36 Euro als Kleinbetrag, der nicht angefordert werden soll.[105] Bei **Teilbeträgen** gilt die jeweilige Kleinbetragsgrenze für den Jahresbetrag eines Anspruchs.[106]

> **Praxis-Tipp:**
> Als **Arbeitshilfe** steht im Förderportal des Bundes das Berechnungsprogramm zins-online zur Verfügung. Das Programm unterstützt die Berechnung der Zinsansprüche für voll- und anteilfinanzierte Vorhaben sowie für die Rückzahlung von Zuwendungen, siehe: www.foerderportal.bund.de/zinsonline/.

17.16 Verzinsungsmöglichkeit bei Abweichung von der Reihenfolge der Inanspruchnahme

Die Möglichkeit für die Zinserhebung durch die Bewilligungsbehörde besteht **entsprechend**, wenn der Zuwendungsempfänger die Zuwendung in Anspruch nimmt, obwohl er andere Mittel anteilig oder vorrangig hätte einsetzen müssen.[107]

> **Beispiel:**
> Bei einer Festbetragsfinanzierung finanziert der Zuwendungsempfänger die einzelnen Zahlungen nicht anteilig, sondern bis zu deren Verbrauch zunächst ausschließlich aus der Zuwendung.

17.17 Widerruf des Zuwendungsbescheids nach Verzinsung

Auch nach der Verzinsung nicht alsbald verwendeter Auszahlungsbeträge oder bei Abweichungen von der Reihenfolge der Inanspruchnahme kann die Bewilligungsbehörde den Zuwendungsbescheid nach der **ausdrücklichen gesetzlichen Regelung** noch ganz oder teilweise widerrufen (§ 49a Abs. 4 Satz 3 VwVfG (Bund)).

---

[105] VV Nr. 7.1.1 zu § 59 BHO.
[106] VV Nr. 7.4 zu § 59 BHO.
[107] § 49a Abs. 4 Satz 2 VwVfG (Bund); VV Nr. 8.7 S. 2 zu § 44 BHO.

II. Das Verwaltungsverfahren bei Zuwendungen

> **Beispiel:**
>
> In einem mehrjährigen Projekt stellt die Bewilligungsbehörde fest, dass der Zuwendungsempfänger die Zuwendung regelmäßig mit hohen Beträgen und für lange Zeiträume nicht alsbald verwendet. Nachdem mehrere Zinsanforderungen und Ermahnungen der Bewilligungsbehörde zur Regeltreue keine Verhaltensänderung beim Zuwendungsempfänger bewirkt haben, widerruft die Bewilligungsbehörde den gesamten Zuwendungsbescheid für Vergangenheit und Zukunft.

17.18 Übersicht über das Auszahlungsverfahren

Beginn der Auszahlung	Auszahlung beginnt erst bei bestandkräftigem Bescheid.		
Umfang der Auszahlung	Auszahlung in Teilbeträgen für fällige Zahlungen des ZE.		
Reihenfolge der Inanspruchnahme der an der Finanzierung Beteiligten	Fehlbedarfsfinanzierung	Anteil- und Festbetragsfinanzierung	Vollfinanzierung
	Erst vollständiges Verbrauchen der Eigenmittel des ZE.	Auszahlung von Beginn an anteilmäßig nach Förderquote.	Zuwendung deckt alle Ausgaben, daher sofortiger Auszahlungsbeginn.
Zeitpunkt der Auszahlung und alsbaldige Verwendung durch den ZE	Abrufverfahren	Anforderungsverfahren	
	Auszahlung am Tage des Bedarfs und taggleiche Verwendung.	Auszahlung für einen bestimmten Zeitraum im Voraus. Beim Bund: Bis zu sechs Wochen. Bei den Ländern: Regelfrist zwei Monate.	
Sanktion bei nicht alsbaldiger Verwendung	Widerruf Zuwendungsbescheid; isolierter Zinsanspruch.		

17. Die Auszahlung der Zuwendung

17.19 Nachgängige Auszahlung der Zuwendung

> **Praxis-Tipp:**
> Sofern der Zuwendungsempfänger hierzu finanziell in der Lage ist, können das **aufwendige Auszahlungsverfahren** und vor allem auch die ggf. vorzunehmende Verzinsung nicht alsbald verwendeter Teilbeträge durch eine nachgehende Auszahlung der Zuwendung vermieden werden.

> **Beispiel:**
> Bewilligungsbehörde und Zuwendungsempfänger vereinbaren, dass die Zuwendungsraten jeden Monat nachträglich für die in diesem Zeitraum tatsächlich geleisteten zuwendungsfähigen Ausgaben ausgezahlt werden.
>
> Im Zuwendungsbescheid wird bei einer Anteilfinanzierung geregelt:
>
> „Abweichend von Nr. 1.4 ANBest-P wird die auf die in einem Kalendermonat angefallenen zuwendungsfähigen Ausgaben anteilig entfallende Zuwendung rückwirkend nach Anforderung durch den Zuwendungsempfänger ausgezahlt. Der Zuwendungsempfänger hat die geleisteten Ausgaben summarisch darzulegen."

Ausdrücklich sehen die Allgemeinen Verwaltungsvorschriften auch die Möglichkeit vor, die Zuwendung „in geeigneten Fällen" erst **nach Vorlage des Verwendungsnachweises** in einer Summe auszuzahlen (VV Nr. 5.9 zu § 44 BHO). Geeignet sind vor allem solche Fälle, in denen es sich um einen vergleichsweise geringen Betrag handelt und der Zuwendungsempfänger in der Lage ist, diesen vorzufinanzieren.

> **Beispiel:**
> Eine Umweltprämie für die Anschaffung einer neuen Heizung in Höhe von 1.000 Euro für Privathaushalte wird erst nach fertiggestellter und nachgewiesener Installation ausgezahlt.

II. Das Verwaltungsverfahren bei Zuwendungen

18. Zwischennachweis bei Projektförderungen

Überblick

- Der Zwischennachweis ist ein Instrument der begleitenden Erfolgskontrolle (Monitoring) bei überjährigen Projekten. Er ist grundsätzlich spätestens vier Monate nach Ablauf des Haushaltsjahres vorzulegen.
- Der Zwischennachweis besteht aus einem Sachbericht zum Projektfortschritt und einem summarischen zahlenmäßigen Nachweis zu dessen monetärer Abwicklung.
- Mit seiner Hilfe kann die Bewilligungsbehörde prüfen, ob das Projekt inhaltlich und in seiner finanziellen Abwicklung planmäßig verläuft.
- Stellt sich heraus, dass der Zuwendungszweck voraussichtlich nicht erreicht wird, muss die Bewilligungsbehörde den Zuwendungsbescheid widerrufen.

18.1 Funktion des Zwischennachweises

Bei überjährigen Projekten muss sich die Bewilligungsbehörde vom **Projektfortschritt** überzeugen. Ist der Zuwendungszweck nicht bis zum Ablauf des Haushaltsjahrs erfüllt, muss der Zuwendungsempfänger hierzu einen Zwischennachweis führen. Vgl. Nr. 6.1 Satz 2 ANBest-P:

Nr. 6.1 Satz 2 ANBest-P:

„Ist der Zuwendungszweck nicht bis zum Ablauf des Haushaltsjahres erfüllt, ist innerhalb von vier Monaten nach Ablauf des Haushaltsjahres über die in diesem Jahr erhaltenen Beträge ein Zwischennachweis zu führen."

Der Zwischennachweis ist ein Instrument der **begleitenden Erfolgskontrolle** (Monitoring). Anhand seiner Informationen kann die Bewilligungsbehörde prüfen, ob das Projekt insoweit planmäßig verläuft, als

- der Zuwendungszweck voraussichtlich erreicht werden wird und
- die bisher ausgezahlten Teilbeträge der Zuwendung zweckentsprechend verwendet wurden.

18. Zwischennachweis bei Projektförderungen

18.2 Bestandteile des Zwischennachweises

Der Zwischennachweis **besteht** aus einem Sachbericht und einem zahlenmäßigen Nachweis.

Im **Sachbericht** ist der inhaltliche Fortschritt des Vorhabens im Vergleich zur Planung darzulegen.

Der **zahlenmäßige Nachweis** enthält die im Berichtszeitraum geleisteten Ausgaben in summarischer Form (Nr. 6.3 ANBest-P).

> **Praxis-Tipp:**
> Zu Funktion und konkretem Inhalt beider Berichtsteile vgl. Teil II 19.

18.3 Vorlage des Zwischennachweises

Der Zwischennachweis ist der Bewilligungsbehörde spätestens **vier Monate nach Ablauf des Haushaltsjahres** vorzulegen.

Umfasst sein Berichtszeitraum in einem Haushaltsjahr **nicht mehr als drei Monate**, kann der Sachbericht mit dem nächsten Nachweis verbunden werden (Nr. 6.1 Sätze 2 und 3 ANBest-P).

> **Beispiel:**
> Der Bewilligungszeitraum eines Projekts reicht vom 01.10.2018 bis zum 01.10.2021: Der Sachbericht für den Zeitraum vom 01.10. bis 31.12.2018 umfasst nicht mehr als drei Monate und kann deshalb mit dem Sachbericht für das Jahr 2019 verbunden werden.

18.4 Begleitendes Monitoring

Läuft das Vorhaben nicht wie in der Projektbeschreibung vorgesehen und gefährdet dies dessen wirtschaftliche und erfolgreiche Durchführung, muss die Bewilligungsbehörde **steuernd eingreifen**. Gemeinsam mit dem Zuwendungsempfänger sollte sie die Ursachen analysieren und Gegenmaßnahmen ergreifen.

II. Das Verwaltungsverfahren bei Zuwendungen

> **Praxis-Tipp:**
> Die Möglichkeit der laufenden Beeinflussung eines Projekts wird von den Bewilligungsbehörden häufig **vernachlässigt**. Dies ist regelmäßig Anlass für Kritik der Rechnungshöfe von Bund und Ländern.

18.5 Widerrufsmöglichkeiten laufender Förderungen

Sollte sich beim Monitoring herausstellen, dass der Zuwendungszweck auch bei Gegenmaßnahmen voraussichtlich nicht erreicht werden wird, muss die Bewilligungsbehörde den Zuwendungsbescheid mindestens **für die Zukunft** widerrufen. Ein weiteres Festhalten an der Förderung wäre unwirtschaftlich. Die ANBest-P enthalten einen entsprechenden Widerrufsvorbehalt.[108]

> **Beispiel:**
> Nach dem Sachbericht zum Zwischennachweis stellt sich heraus, dass die angestrebten Zwischenziele trotz des planmäßigen Vorgehens des Zuwendungsempfängers nicht verwirklicht werden konnten. Deshalb kann auch nicht mehr mit dem Erreichen des Förderziels gerechnet werden. Die Bewilligungsbehörde widerruft den Zuwendungsbescheid mit sofortiger Wirkung für die Zukunft.

Liegt die Ursache für das Scheitern des Projekts in einer unwirtschaftlichen oder nicht zweckentsprechenden Verwendung der Zuwendung, kann die Bewilligungsbehörde den Zuwendungsbescheid auch **für die Vergangenheit** widerrufen, § 49 Abs. 3 Nr. 1, 1. Alt. VwVfG (Bund).

> **Beispiel:**
> Der Zuwendungsempfänger in dem oben genannten Beispiel hat einen anderen Weg im Projekt eingeschlagen, als in der Projektbeschreibung festgelegt war. Die Bewilligungsbehörde widerruft den Bewilligungsbescheid wegen nicht zweckentsprechender Verwendung der Zuwendung auch für die Vergangenheit.

---

[108] Nr. 1.6 ANBest-P i. V. m. § 49 Abs. 2 Nr. 1 VwVfG (Bund).

Für den Fall, dass sich der Zuwendungszweck nicht oder mit der bewilligten Zuwendung nicht erreicht werden kann, darf der Zuwendungsempfänger die Bewilligungsbehörde hierüber nicht bis zur Vorlage des Zwischennachweises in Unkenntnis lassen. Sobald er selbst die voraussichtliche Erfolglosigkeit des Vorhabens erkennt, trifft ihn eine in den ANBest-P geregelte **Mitteilungspflicht** (Nr. 5.3 ANBest-P).

Unterlässt der Zuwendungsempfänger die Mitteilung, begeht er einen **Auflagenverstoß**, der ebenfalls zum Widerruf des Zuwendungsbescheids auch für die Vergangenheit führen kann, § 49 Abs. 3 Nr. 2 VwVfG; vgl. Teil II 25.5.

Beispiel:

Der Zuwendungsempfänger lässt die Bewilligungsbehörde in Unkenntnis und macht weiter, als sei nichts geschehen.

19. Verwendungsnachweis

Überblick

- Im Verwendungsnachweis legt der Zuwendungsempfänger inhaltlich und monetär Rechenschaft über die Verwendung der Zuwendung.
- Hauptbestandteile des Verwendungsnachweises sind der Sachbericht und der zahlenmäßige Nachweis.
- Beide Unterlagen sind das Spiegelbild der fachlichen und der monetären Unterlage aus dem Antrags- und Bewilligungsverfahren. Dies ermöglicht der Bewilligungsbehörde einen einfachen Vergleich von „Soll" und „Ist" der Förderung.
- Der Sachbericht beschreibt output und outcome der Förderung. Im zahlenmäßigen Nachweis sind alle tatsächlich angefallenen Einnahmen und Ausgaben aufzuführen.
- Sämtliche Einnahmen und Ausgaben müssen belegt sein. Die Belege sind grundsätzlich im Original aufzubewahren und ggf. vorzulegen.
- In verschiedenen Ländern gibt es in bestimmten Fällen Vereinfachungen in Form des „einfachen Verwendungsnachweises" oder der „Verwendungsbestätigung".

19.1 Funktion des Verwendungsnachweises

Als einziger Verfahrensschritt ist die Führung des Verwendungsnachweises **gesetzlich angeordnet**. Vgl. § 44 Abs. 1 Satz 2 BHO:

> **§ 44 Abs. 1 Satz 1 und 2 BHO:**
> „Zuwendungen dürfen nur unter den Voraussetzungen des § 23 gewährt werden. Dabei ist zu bestimmen, wie die zweckentsprechende Verwendung der Zuwendungen nachzuweisen ist."

Dies zeigt seine besondere Bedeutung.

Mit dem Verwendungsnachweis legt der Zuwendungsempfänger **Rechenschaft** über die Verwendung der Zuwendung beziehungsweise der Haushaltsmittel. Dies umfasst:

- Die Durchführung des geförderten Projekts.
- Das Erreichen des Förderziels.
- Die monetäre Verwendung der Fördermittel.

Aus Sicht der **Bewilligungsbehörde** gibt der Verwendungsnachweis Auskunft darüber,

- ob das mit der Zuwendung angestrebte Förderziel und damit das erhebliche staatliche Interesse tatsächlich erfüllt wurde und
- ob die hierfür verwendeten Haushaltsmittel ordnungsgemäß und wirtschaftlich verwendet wurden.

Der Verwendungsnachweis dient damit auch der **rückschauenden Legitimation** der Zuwendungsvergabe. Er ist deshalb als Rechnungsbeleg aufzubewahren.

19.2 Spiegelbildlichkeit des Verwendungsnachweises

Die fachliche und die monetäre Unterlage aus dem Antragsverfahren sowie dem Bewilligungsbescheid enthalten das inhaltliche und monetäre **„Soll"** der Förderung, vgl. Teil II 4 und 5. Beim Verwendungsnachweis muss der Zuwendungsempfänger diesen Vorgaben das tatsächliche inhaltliche und monetäre **„Ist"** der Förderung **gegenüberstellen**.

Die ANBest regeln deshalb, dass der Zuwendungsempfänger mit dem Verwendungsnachweis wiederum eine **inhaltliche und** eine **monetäre Unterlage** vorlegen muss. **Dies sind**

- der Sachbericht sowie
- der zahlenmäßige Nachweis.

19. Verwendungsnachweis

Praxis-Tipp:

Um den bei der Prüfung des Verwendungsnachweises durchzuführenden Soll-Ist-Vergleich auf möglichst einfache Weise durchführen zu können, empfiehlt es sich, dass sich die Prüfunterlagen **spiegelbildlich** entsprechen:

- Der Sachbericht ist das Spiegelbild der fachlichen Unterlage (Projektbeschreibung oder Arbeitsplan).
- Der zahlenmäßige Nachweis ist das Spiegelbild der monetären Unterlage (Finanzierungsplan oder Wirtschafts- bzw. Haushaltsplan).

19.3 Inhalt des Sachberichts

Der Sachbericht ist das **Kernstück** des Verwendungsnachweises.

Er beschreibt neben dem **Output** (Ergebnis) auch das **Outcome** (Zielerreichung) der Förderung.

19.4 Sachbericht bei Projektförderungen

Nr. 6.2.1 ANBest-P:

„*In dem Sachbericht sind die Verwendung der Zuwendung sowie das erzielte Ergebnis im Einzelnen darzustellen und den vorgegebenen Zielen gegenüberzustellen. Im Sachbericht ist auf die wichtigsten Positionen des zahlenmäßigen Nachweises einzugehen. Ferner ist die Notwendigkeit und Angemessenheit der geleisteten Arbeit zu erläutern.*"

Die anzustrebende **Spiegelbildlichkeit** kommt in der Regelung der ANBest-P bedauerlicherweise nicht klar genug zum Ausdruck. Sie umreißt zwar den Inhalt der Unterlage, es fehlt jedoch die Bezugnahme auf die Projektbeschreibung. Die Bewilligungsbehörde sollte die Spiegelbildlichkeit deshalb im Zuwendungsbescheid ergänzend regeln.

Beispiel:

„Der von Ihnen nach Nr. 6.2.1 ANBest-P vorzulegende Sachbericht ist in der gleichen Struktur wie die Projektbeschreibung zu erstellen."

II. Das Verwaltungsverfahren bei Zuwendungen

Im Idealfall gibt die Bewilligungsbehörde die **Struktur des Sachberichts** im Einzelnen vor (z. B. in einem zu verwendenden Word-Dokument oder einem Vordruck). Die Gliederung nach Arbeitspaketen wie in der Projektbeschreibung (vgl. Teil II 4) erleichtert auch die geforderte Erläuterung der Notwendigkeit und Angemessenheit der geleisteten Arbeit.

Zum Nachweis der im Projekt geleisteten Arbeitsstunden kann die Bewilligungsbehörde im Zuwendungsbescheid ergänzend die Vorlage von **Zeitaufschreibungen** der Projektmitarbeiter zur Auflage machen.

19.5 Sachbericht beim Zwischennachweis

Inhaltlich unterscheiden sich die Sachberichte beim (Schluss-)Verwendungsnachweis und beim Zwischennachweis nicht. Bei mehrjährigen Projekten kann deshalb insbesondere ein nach Arbeitspaketen gegliederter Sachbericht über die Jahre hinweg bis zum Schlussbericht **fortgeschrieben** werden.

19.6 Sachbericht bei institutioneller Förderung

Nr. 7.2 ANBest-I:

Bei institutioneller Förderung sind nach den **ANBest-I** im Sachbericht

„die Tätigkeit des Zuwendungsempfängers sowie das erzielte Ergebnis im abgelaufenen Haushalts- oder Wirtschaftsjahr darzustellen und den vorgegebenen Zielen gegenüberzustellen. Im Sachbericht ist auf die wichtigsten Positionen des zahlenmäßigen Nachweises einzugehen. Ferner ist die Notwendigkeit und Angemessenheit der geleisteten Arbeit zu erläutern. Tätigkeits-, Lage-, Abschluss- und Prüfungsberichte und etwaige Veröffentlichungen sind beizufügen."

Auch hier sollte die **Spiegelbildlichkeit** zum Arbeitsplan im Zuwendungsbescheid vorgegeben werden.

Beispiel:

„Der von Ihnen nach Nr. 7.2. ANBest-I vorzulegende Sachbericht ist in der gleichen Struktur wie der Arbeitsplan zu erstellen."

19.7 Förderung von Baumaßnahmen

Zu den Besonderheiten des Verwendungsnachweises bei Zuwendungen für **Baumaßnahmen** vgl. Nrn. 2 und 3 der Baufachlichen Nebenbestimmungen (NBest-Bau), VV Nr. 6.2 zu § 44 BHO.

19.8 Beispiel für einen spiegelbildlichen Sachbericht

Projektbeschreibung	Sachbericht
Kurzbeschreibung der Maßnahme	
Geplante Durchführung ggf. mit Arbeitspaketen und Meilensteinen	Tatsächliche Durchführung ggf. mit Arbeitspaketen und Meilensteinen
Geplanter Ressourceneinsatz ggf. verknüpft mit Arbeitspaketen oder Teilaufgaben	Tatsächlicher Ressourceneinsatz ggf. verknüpft mit Arbeitspaketen oder Teilaufgaben
Geplantes Ziel mit Kriterien für die Messung der Zielerreichung	Tatsächlich erreichtes Ziel unter Berücksichtigung der Messkriterien
Geplante Anwendungs- und Verwertungsmöglichkeiten	Tatsächliche Anwendungs- und Verwertungsmöglichkeiten

19.9 Inhalt und Struktur des zahlenmäßigen Nachweises

Der zahlenmäßige Nachweis muss alle mit dem Zuwendungszweck zusammenhängenden Einnahmen und Ausgaben enthalten (Nr. 6.2.2 Satz 1 ANBest-P). Er bildet die **gesamte Finanzierung** ab und beschränkt sich nicht lediglich auf die Zuwendung.

Zu den **Einnahme**n (Deckungsmittel) gehören

- alle Zuwendungen,
- sämtliche anderen Leistungen Dritter (z. B. Spenden),
- die Projekteinnahmen sowie
- die eigenen Mittel des Zuwendungsempfängers.[109]

---
[109] Nr. 6.2.2 Satz 1 ANBest-P.

II. Das Verwaltungsverfahren bei Zuwendungen

> **Praxis-Tipp:**
> Spenden können ausnahmsweise als Deckungsmittel außer Betracht bleiben, wenn die Spender ausdrücklich bestimmen, dass sie nicht zur Reduzierung von öffentlichen Mitteln führen dürfen. Hierzu bedarf es der Entscheidung der Bewilligungsbehörde, die einen strengen Maßstab anlegen muss. Ggf. kann sie ihre Einwilligung von der konkreten Verwendung der Spende abhängig machen (z. B. für eine Projekterweiterung, die auch im erheblichen staatlichen Interesse liegt).

Ausgaben sind alle Geldzahlungen im Zusammenhang mit dem Zuwendungszweck im Bewilligungszeitraum, sofern hierfür eine Ermächtigung in der monetären Bewilligungsunterlage besteht (Nr. 1.2 ANBest-P).

Zum zahlenmäßigen Nachweis gehört auch eine **Erklärung**, dass die Ausgaben notwendig waren, wirtschaftlich und sparsam verfahren wurde und die Angaben mit den Büchern und Belegen übereinstimmen (Nr. 6.2.2 ANBest-P).

Die **Regelungen zum zahlenmäßigen Nachweis** unterscheiden sich je nach Zuwendungsart, Empfänger der Förderung[110], Förderung auf Ausgaben- oder Kostenbasis[111] sowie zwischen Bund und Ländern teilweise deutlich.

19.10 Zahlenmäßiger Nachweis bei Projektförderungen des Bundes

Bei Projektförderungen des Bundes sind die **Einnahmen und Ausgaben** im zahlenmäßigen Nachweis in zeitlicher Folge und **entsprechend der Gliederung des Finanzierungsplans** (Spiegelbildlichkeit) auszuweisen (Nr. 6.2.2 Satz 2 ANBest-P).

Außerdem ist eine **tabellarische Belegliste** beizufügen, in der die Ausgaben nach Art und in zeitlicher Reihenfolge getrennt aufgelistet sind (Belegliste). Aus der Belegliste müssen Tag, Empfänger/Einzahler sowie Grund und Einzelbetrag jeder Zahlung ersichtlich

---
[110] Vereinfachte Regelungen für Gebietskörperschaften (ANBest-Gk).
[111] ANBest-P-Kosten.

sein.[112] Während der zahlenmäßige Nachweis nach den Positionen des Finanzierungsplans zu gliedern ist, stellt die Belegliste einzig auf die Chronologie ab. Dies ermöglicht insbesondere die Prüfung, ob die ausgezahlten Zuwendungsbeträge alsbald verwendet wurden. Vgl. Teil II 17.5.

Mit der Belegliste müssen **keine Belege** vorgelegt werden. Diese verbleiben zunächst beim Zuwendungsempfänger und werden von der Bewilligungsbehörde ggf. erst für die Durchführung einer so genannten vertieften Prüfung angefordert. Vgl. Teil II 21.11.

19.11 Zahlenmäßiger Nachweis bei Projektförderungen der Länder

Zum Aufbau und Inhalt des zahlenmäßigen Nachweises gelten im Wesentlichen die **gleichen Regelungen** wie beim Bund.

Bei den meisten Ländern gibt es jedoch keine Belegliste. Hier müssen die **Belege** grundsätzlich regelmäßig bereits mit dem zahlenmäßigen Nachweis vorgelegt werden.

Wesentliche Erleichterungen gelten darüber hinaus für den so genannten **"einfachen Verwendungsnachweis"** bei Förderungen mit geringem finanziellen Volumen, vgl. Teil II 19.18.

19.12 Zahlenmäßiger Nachweis beim Zwischennachweis (Bund und Länder)

Während im (Schluss-)Verwendungsnachweis alle einzelnen Einnahmen und Ausgaben aufzuführen sind, reicht im Zwischennachweis die lediglich **summarische Angabe** je Position des Finanzierungsplans (Nr. 6.3 ANBest-P).

19.13 Zahlenmäßiger Nachweis bei institutionellen Förderungen

Sofern der Zuwendungsempfänger nach Einnahmen und Ausgaben bucht (kamerale Buchführung), besteht der zahlenmäßige Nachweis aus der **Jahresrechnung** als Spiegelbild des Haushalts- oder Wirtschaftsplans (Nr. 7.3 Satz 1 ANBest-I).

Die Angaben sind zu den einzelnen Positionen **summarisch** aufzuführen. Das heißt, die einzelnen Einnahmen und Ausgaben müssen nicht angegeben werden.

---

[112] Nr. 6.2.2 Satz 3 und 4 ANBest-P. Gilt nur für den Bund und einige Bundesländer.

II. Das Verwaltungsverfahren bei Zuwendungen

Außerdem sind das **Vermögen und** die **Schulden** des Zuwendungsempfängers im Vergleich zum Jahresbeginn aufzuführen (Nr. 7.3 Satz 2 ANBest-I).

Bucht der Zuwendungsempfänger doppisch, ist der Jahresabschluss mit Bilanz sowie Gewinn- und Verlustrechnung vorzulegen. Bei Kapitalgesellschaften kommen noch der Anhang sowie der Lagebericht hinzu (Nr. 7.3 Satz 3 ANBest-I). Bei **kaufmännischer Buchführung** kann die Bewilligungsbehörde außerdem eine Überleitungsrechnung auf Einnahmen und Ausgaben entsprechend den Positionen des Haushalts- oder Wirtschaftsplans verlangen (Nr. 7.3 Satz 4 ANBest-I).

Erhält der Zuwendungsempfänger neben der institutionellen Förderung **auch Projektförderungen,** sind diese nachrichtlich einzeln aufzuführen. Dadurch kann sich die Bewilligungsbehörde ein vollständiges Bild von der finanziellen Situation des Zuwendungsempfängers machen (Nr. 7.3 Satz 5 ANBest-I).

19.14 Zahlenmäßiger Nachweis bei Förderungen an Gebietskörperschaften

Bei der Förderung von Gebietskörperschaften oder Zusammenschlüssen von Gebietskörperschaften besteht eine **Erleichterung.**

Im zahlenmäßigen Nachweis reicht hier der **summarische Ausweis** der Einnahmen und Ausgaben je Position des Finanzierungsplans und der Finanzierungsübersicht. Die einzelnen Einnahmen und Ausgaben sind nicht anzugeben.[113]

19.15 Zahlenmäßiger Nachweis bei Förderungen auf Kostenbasis

Hier besteht der zahlenmäßige Nachweis aus einer **Nachkalkulation** als Spiegelbild der Vorkalkulation sowie dem Finanzierungsnachweis (Nrn. 7.4 und 7.5 ANBest-P-Kosten).

---

[113] Nr. 6.4 ANBest-Gk.

19. Verwendungsnachweis

19.16 Beispiel für den zahlenmäßigen Nachweis einer Projektförderung (Bund)

Ausgaben in zeitlicher Folge entsprechend der Gliederung des Finanzierungsplans					
Pos. F-Plan	Art des Ansatzes	Nr. Beleg	Tag der Zahlung (chronologisch)	Empfänger/ Grund	Betrag in Euro
1	Personalausgaben				
1.1	Mitarbeiter 1				
				Summe 1.1	
1.2	Mitarbeiter 2				
				Summe 1.2	
1.3	Mitarbeiter 3				
				Summe 1.3	
2	Sächliche Verwaltungsausgaben				
2.1	Geschäftsbedarf				
				Summe 2.1	

II. Das Verwaltungsverfahren bei Zuwendungen

Ausgaben in zeitlicher Folge entsprechend der Gliederung des Finanzierungsplans					
Pos. F-Plan	Art des Ansatzes	Nr. Beleg	Tag der Zahlung (chronologisch)	Empfänger/ Grund	Betrag in Euro
2.2	Kommunikationsgebühren				
				Summe 2.2	
2.3	Kraftfahrzeughaltung				
				Summe 2.3	
2.4	Ausstattungs- und Gebrauchsgegenstände				
				Summe 2.4	
2.5	Miete Gerät 1				
				Summe 2.5	
2.6	Reisekosten				
				Summe 2.6	

19. Verwendungsnachweis

Ausgaben in zeitlicher Folge entsprechend der Gliederung des Finanzierungsplans					
Pos. F-Plan	Art des Ansatzes	Nr. Beleg	Tag der Zahlung (chronologisch)	Empfänger/ Grund	Betrag in Euro
2.7	Vergabe von Arbeiten an Dritte				
				Summe 2.7	
2.8	Vermischte Ausgaben				
				Summe 2.8	
3	Investitionen				
3.1	Erwerb Gerät 1				
				Summe 3.1	
3.2	Erwerb Gerät 2				
				Summe 3.2	

Gesamtausgaben	

II. Das Verwaltungsverfahren bei Zuwendungen

Die Ausgaben waren notwendig und es wurde wirtschaftlich und sparsam verfahren. Sämtliche Angaben stimmen mit den Büchern und Belegen überein.[114]

Einnahmen in zeitlicher Folge entsprechend der Gliederung der Finanzierungsübersicht					
Pos. F-Plan	Art des Ansatzes	Nr. Beleg	Tag der Zahlung (chronologisch)	Empfänger/ Grund	Betrag in Euro
1	Projekteinnahmen				
				Summe 1	
2	Eigenmittel				
				Summe 2	
3	Zuwendung Land				
				Summe 3	
4	Zuwendung Bund				
				Summe 4	
				Gesamteinnahmen	

---

[114] Vgl. Nr. 7.4 ANBest-P.

19. Verwendungsnachweis

19.17 Beispiel für die Belegliste einer Projektförderung (Bund)

\multicolumn{6}{c}{Ausgaben in zeitlicher Reihenfolge (Belegliste)}
Nr. Beleg	Datum der Zahlung (chronologisch)	Empfänger	Zahlungsgrund	Pos. F.-Plan	Zahlbetrag in Euro

19.18 Einfacher Verwendungsnachweis

Der einfache Verwendungsnachweis **unterscheidet** sich vom „normalen" Verwendungsnachweis dadurch, dass

- im zahlenmäßigen Nachweis die Einnahmen und Ausgaben nicht einzeln, sondern nur summarisch entsprechend der Gliederung des Finanzierungsplans aufzuführen und außerdem
- weder Belege noch eine Belegliste vorzulegen sind.

II. Das Verwaltungsverfahren bei Zuwendungen

Dies **schränkt die Prüfung** der zweckentsprechenden und wirtschaftlichen Verwendung der Fördermittel erheblich **ein**.[115]

Ein einfacher Verwendungsnachweis kommt daher grundsätzlich nur bei vergleichsweise **geringen Förderbeträgen** und einer einfachen, bei der Bewilligung gut prognostizierbaren Ausgabenstruktur von Projekten in Betracht.

Kombiniert mit einer Festbetragsfinanzierung führt der einfache Verwendungsnachweis zu einer erheblichen **Verwaltungsvereinfachung**.

Aufgrund der erheblichen Kritik des Bundesrechnungshofes an der mangelnden Prüfbarkeit hat der **Bund** den einfachen Verwendungsnachweis im Jahr 2006 weitgehend abgeschafft und durch die oben beschriebene Kombination aus zahlenmäßigem Nachweis und Belegliste ersetzt.

Lediglich bei **Zuwendungen an Gebietskörperschaften** und Zusammenschlüssen von Gebietskörperschaften kann der zahlenmäßige Nachweis beim Bund noch in der vereinfachten Form erfolgen (Nr. 6.4 ANBest-Gk).

Auch der Verwendungsnachweis bei einer **institutionellen Förderung** ist – wenn auch nicht so bezeichnet – im Ergebnis ein einfacher Verwendungsnachweis (Nr. 7.3 ANBest-I).

Bei den **Ländern** ist der einfache Verwendungsnachweis dagegen noch in unterschiedlicher Weise verbreitet. Während z. B. Berlin und Thüringen dem Bund gefolgt sind und ihn weitgehend abgeschafft haben, stellen andere Länder seine Nutzung in das Ermessen der Bewilligungsbehörde oder binden sie an die Höhe der Förderung.

In Bayern ist die vereinfachte Führung des Nachweises dagegen zum **Regelfall** erhoben worden (VV Nr. 10.2 zu Art. 44 BayHO).

19.19 Verwendungsbestätigung

Bei Festbetragsfinanzierungen oder der Förderung mit Kostenpauschalen sind die Länder **Bayern und Brandenburg** noch einen Schritt weitergegangen. Sie lassen als zahlenmäßigen Nachweis die Möglichkeit einer so genannten Verwendungsbestätigung zu. Hierin ist die zweckentsprechende Verwendung der Zuwendung lediglich

---

[115] Bemerkungen des Bundesrechnungshofes 2003, BT-Drs. 15/2020, S. 96.

vom Zuwendungsempfänger zu erklären. Vgl. dazu VV Nr. 10.3 zu Art. 44 BayHO, VV Nr. 10.4 zu § 44 LHO Brandenburg.

Ob diese so genannte **"Postkartenlösung"** noch der gesetzlichen Forderung eines „Nachweises" gerecht wird, ist umstritten. Vor allem die Rechnungshöfe wenden ein, dass sie keine geeigneten Prüfungsansätze für die Bewilligungsbehörde bietet, um die zweckentsprechende und wirtschaftliche Verwendung der Zuwendung beurteilen zu können.[116] Einen Gesetzentwurf des Bundesrates, die Verwendungsbestätigung in § 26 Haushaltsgrundsätzegesetz zu verankern, hat der Deutsche Bundestag im Jahr 2008 abgelehnt.[117]

In keinem anderen Bereich als dem des Verwendungsnachweises **divergiert** das Zuwendungsrecht von Bund und Ländern sowie der Länder untereinander mehr.

19.20 Belege

Jede Einnahme und Ausgabe muss vom Zuwendungsempfänger belegt werden können. Fehlt es am Beleg, fehlt es am Nachweis und die betreffenden Geldflüsse dürfen von der Bewilligungsbehörde nicht anerkannt werden.

> **Praxis-Tipp:**
> Die Erstellung so genannter **"Eigenbelege"** muss der absolute Ausnahmefall sein. Sie kommen allenfalls in Frage, wenn
> - sachgerechte Gründe für das Fehlen eines Nachweises glaubhaft dargelegt werden können,
> - sie sich nur auf vergleichsweise geringe Beträge beschränken und
> - die Buchführung des Zuwendungsempfängers ansonsten lückenlos ist.

Ein **Anspruch auf Anerkennung** von Eigenbelegen durch die Bewilligungsbehörde besteht nicht.

---

[116] Vgl. Präsident des Bundesrechnungshofes als Bundesbeauftragter für Wirtschaftlichkeit in der Verwaltung, Schriftenreihe Band 10, Prüfung der Vergabe und der Bewirtschaftung von Zuwendungen, 2. Aufl., 2016, S. 115 f.
[117] BT-Drs. 16/7252 mit der ablehnenden Stellungnahme der Bundesregierung.

II. Das Verwaltungsverfahren bei Zuwendungen

Alle Belege müssen die **im Geschäftsverkehr üblichen Angaben** und Anlagen enthalten. Bei Ausgabenbelegen sind dies insbesondere:

- Zahlungsempfänger,
- Grund der Zahlung,
- Zahlungsbeweis,
- Verwendungszweck von Gegenständen.

Außerdem müssen Belege ein unveränderliches eindeutiges **Zuordnungsmerkmal** zum Projekt enthalten; z. B. die Projektbezeichnung oder die Projektnummer. Dies verhindert, dass ein Nachweis in mehreren Projekten abgerechnet werden kann.[118]

Die Originalbelege sowie alle sonstigen mit der Förderung zusammenhängenden Unterlagen (z. B. Verträge) muss der Zuwendungsempfänger fünf Jahre nach Vorlage des Verwendungsnachweises **aufbewahren**, sofern nicht steuerrechtliche oder andere Vorschriften eine längere Aufbewahrungsfrist vorschreiben.

Die Aufbewahrung kann auch auf **Bild- oder Datenträgern** geschehen, wenn das Aufnahme- und Wiedergabeverfahren den Grundsätzen ordnungsgemäßer Buchführung oder einer in der öffentlichen Verwaltung allgemein zugelassenen Regelung entspricht.[119]

20. Die Vorlage des Verwendungsnachweises

Überblick

- Der Verwendungsnachweis ist innerhalb **bestimmter in den Allgemeinen Nebenbestimmungen geregelten Fristen** vorzulegen.
- Bei Zuwendungen zur Projektförderung ist der Verwendungsnachweis sechs Monate nach Erfüllung des Zuwendungszwecks, spätestens jedoch mit Ablauf des sechsten auf den Bewilligungszeitraum folgenden Monats vorzulegen.
- Bei Zuwendungen zur institutionellen Förderung beträgt die Vorlagefrist sechs Monate nach Ablauf des Haushaltsjahres.

---

[118] Nr. 6.4 ANBest-P.
[119] Nr. 6.5 ANBest-P; vgl. hierzu Nr. 6 der Grundsätze ordnungsgemäßer Buchführung bei Einsatz automatisierter Verfahren im Haushalts-, Kassen- und Rechnungswesen des Bundes (GoBIT-HKR), Elektronische Erfassung von Unterlagen in Papierform.

20. Die Vorlage des Verwendungsnachweises

- Die Bewilligungsbehörde kann abweichende Vorlagefristen regeln. Kürzere Fristen bieten sich insbesondere bei betragsmäßig geringen und einfachen Förderungen an.
- Ein Viertel bis ein Drittel der Verwendungsnachweise werden nicht fristgerecht vorgelegt oder sind nicht ordnungsgemäß.
- Für die Bewilligungsbehörde bestehen verschiedene Sanktionsmöglichkeiten, um die Vorlage zu erzwingen.

20.1 Materieller Begriffsinhalt

„Vorlage des Verwendungsnachweises" bedeutet **materiell**, dass der Verwendungsnachweis vollständig sein und den in den ANBest sowie ggf. im Zuwendungsbescheid konkretisierten oder ergänzten Vorgaben entsprechen muss („ordnungsgemäß").

Ein **unvollständiger** oder inhaltlich unzureichender Verwendungsnachweis gilt als nicht vorgelegt.

20.2 Vorlagefrist bei Projektförderungen

Bei Projektförderungen beträgt die Vorlagefrist grundsätzlich **sechs Monate** nach Erfüllung des Zuwendungszwecks.[120] Gemeint ist der gegenständliche Zuwendungszweck, vgl. Teil I 5.2.

Der Fristlauf **beginnt** danach mit dem tatsächlichen Abschluss des Projekts.

Mangels eigener Vorschriften im Verwaltungs- und Zuwendungsrecht gelten für die **Fristberechnung** die Regelungen des BGB (§§ 186 bis 193 BGB).

Beispiel:

Das geförderte Projekt endet am 2. Februar. Der Fristlauf beginnt damit am 3. Februar (vgl. § 187 Abs. 1 BGB) und die Frist endet am 2. August (vgl. § 188 Abs. 2 BGB).

Ist das Vorhaben bereits **vor Ende des Bewilligungszeitraums** abgeschlossen und damit der gegenständliche Zuwendungszweck erreicht, fallen der Beginn des Fristlaufs für die Vorlage des Verwen-

---
[120] Nrn. 6.1 ANBest-P, 7.1 ANBest-P-Kosten.

II. Das Verwaltungsverfahren bei Zuwendungen

dungsnachweises und der Ablauf des Bewilligungszeitraums auf unterschiedliche Termine.

> **Beispiel:**
>
> Im voranstehenden Beispiel endet der Bewilligungszeitraum erst am 15. Februar, der Fristlauf für die Vorlage des Bewilligungszeitraums beginnt wegen des vorzeitigen Abschlusses des Projekts trotzdem bereits am 3. Februar.

Spätestens ist der Verwendungsnachweis mit Ablauf des sechsten auf den Bewilligungszeitraum folgenden Monats vorzulegen (Nr. 6.1 ANBest-P). Der Monat, in dem der Bewilligungszeitraum endet, ist dabei nicht mitzurechnen.

> **Beispiel:**
>
> Der Bewilligungszeitraum ist am 15. Februar abgelaufen. Der sechste auf den Bewilligungszeitraum folgende Monat ist August. Die Frist zur Vorlage des Verwendungsnachweises endet am 31. August.

20.3 Vereinfachung des Fristbeginns in der Praxis

> **Praxis-Tipp:**
>
> Aus Vereinfachungsgründen berechnet die Verwaltung die Frist häufig stets ab **Ende des Bewilligungszeitraums**, obwohl dies streng genommen der differenzierten Ausgestaltung der Regelung in den AN Best-P nicht gerecht wird (vgl. oben).

Für den Zuwendungsempfänger bedeutet dies in vielen Fällen eine **stillschweigende Fristverlängerung**, weil zahlreiche Projekte bereits vor dem Ablauf des – regelmäßig großzügig bemessenen – Bewilligungszeitraums inhaltlich beendet sind.

20.4 Abweichende Frist bei Förderungen an Gebietskörperschaften

Bei Projektförderungen an Gebietskörperschaften beträgt die Vorlagefrist **ein Jahr** nach Erfüllung des Zuwendungszwecks, spätestens ein Jahr nach Ablauf des Bewilligungszeitraums (Nr. 6.1 ANBest-Gk).

20. Die Vorlage des Verwendungsnachweises

20.5 Vorlagefrist bei institutionellen Förderungen

Institutionelle Förderungen werden für ein Haushaltsjahr bewilligt, vgl. Teil I 8.3. Hier beträgt die Regelfrist für die Vorlage des Verwendungsnachweises **sechs Monate nach Ablauf des Haushaltsjahres** (Nr. 7.1 ANBest-I).

Dies ist stets der **30. Juni**.

20.6 Abweichende Fristsetzung

Bei Vorliegen **besonderer Umstände** darf die Bewilligungsbehörde im Zuwendungsbescheid eine von den ANBest abweichende Frist für die Vorlage des Verwendungsnachweises regeln (VV Nr. 5.3.4 zu § 44 BHO).

Da die als Standard vorgegebene Vorlagefrist mit sechs Monaten (bei Gebietskörperschaften sogar ein Jahr; vgl. oben) bereits sehr großzügig bemessen ist, kommen vor allem **Fristverkürzungen** in Frage.

> **Praxis-Tipp:**
>
> Hiervon sollte insbesondere bei inhaltlich **einfachen** und betragsmäßig geringen Förderungen Gebrauch gemacht werden. Die Erfahrung zeigt: Je kürzer Fristen sind, umso ernster werden sie genommen und umso näher sind alle Beteiligten noch an der Sache.

> **Beispiel:**
>
> Im Zuwendungsbescheid wird geregelt:
>
> „Abweichend von Nr. 6.1 Satz 1 ANBest-P ist mir der Verwendungsnachweis mit Ablauf des zweiten auf den Bewilligungszeitraum folgenden Monats vorzulegen."

Eine kurze Frist kann die Zuwendungsempfänger auch dazu motivieren, den Verwendungsnachweis bereits während der Projektdurchführung **vorzubereiten**. Insbesondere bei der monetären Abrechnung spricht viel dafür, **jede Einzelzahlung** sofort im zahlenmäßigen Nachweis und der Belegliste zu erfassen, um so bereits während der Projektdurchführung jederzeit den finanziellen Status abrufen zu können.

II. Das Verwaltungsverfahren bei Zuwendungen

20.7 Mängelfeststellungen der Rechnungshöfe

Die Rechnungshöfe von Bund und Ländern stellen in querschnittlichen Untersuchungen immer wieder **erhebliche Missstände** bei der Vorlage der Verwendungsnachweise fest:

- Ein Viertel bis ein Drittel der Verwendungsnachweise werden nicht fristgerecht und/oder nicht ordnungsgemäß vorgelegt.
- Teilweise erfolgt die Übersendung durch die Zuwendungsempfänger erst mit mehreren Jahren Verzögerung oder überhaupt nicht.
- In vielen Fällen bleiben die Bewilligungsbehörden untätig oder ihre Versuche, die Zuwendungsempfänger zur Einhaltung ihrer Pflichten zu bewegen, sind erfolglos.
- Mahnungen werden teilweise mehrfach wiederholt, sie erfolgen in großen zeitlichen Abständen und werden schließlich vollständig eingestellt.
- Je mehr Zeit seit der Förderung verstrichen ist, je mehr erlahmen die Aktivitäten der Verwaltung.

Dies wird der **Bedeutung des Verwendungsnachweises** als Instrument der Rechenschaft und dem Gesetzesbefehl in § 44 Abs. 1 Satz 2 BHO/LHO an die Verwaltung nicht gerecht.

20.8 Erzwingung der Vorlage

Das Verwaltungsrecht und das Zuwendungsrecht eröffnen der Bewilligungsbehörde **abgestufte Möglichkeiten**, um die Vorlage des Verwendungsnachweises zu erzwingen oder das Ausbleiben des Nachweises zu sanktionieren.

Da die ANBest nicht überfrachtet werden sollen, muss die Bewilligungsbehörde diese Möglichkeiten teilweise jedoch selbst im **Zuwendungsbescheid** verankern.

20.9 Möglichkeit 1: Widerruf des Zuwendungsbescheids

Bei der in den ANBest geregelten Pflicht zur fristgerechten und ordnungsgemäßen Vorlage des Verwendungsnachweises handelt es sich um eine **Auflage** im Sinne des § 36 Abs. 2 Nr. 4 VwVfG.

20. Die Vorlage des Verwendungsnachweises

Auflagenverstöße berechtigen die Verwaltung grundsätzlich zum **Widerruf** des Zuwendungsbescheids nach § 48 Abs. 3 Nr. 2 VwVfG, vgl. Teil II 25.5.

Hierauf wird der Zuwendungsempfänger in den ANBest ausdrücklich **hingewiesen** (Nrn. 9.3.2 ANBest-I, ANBest-P-Kosten, 8.3.2 ANBest-P). Kein Förderungsempfänger kann anführen, von dieser Sanktionsmöglichkeit nichts gewusst zu haben.

Wichtig: In den ANBest-Gk fehlt der Hinweis, da das Wissen um die verwaltungsrechtlichen Regelungen bei Gebietskörperschaften vorausgesetzt wird.

Die Aufhebung des Zuwendungsbescheids sollte dem in Verzug geratenen Zuwendungsempfänger bereits **mit der ersten Mahnung** zur Vorlage des Nachweises in Aussicht gestellt und höchstens noch einmal wiederholt werden. Bei häufigeren Wiederholungen verliert die Drohung an Glaubwürdigkeit.

Da es sich bei der Rechenschaftslegung um eine Kernpflicht des Zuwendungsempfängers handelt, reduziert sich das Ermessen der Bewilligungsbehörde im Fall von **schwerwiegenden und hartnäckigen Zuwiderhandlungen** des Förderungsempfängers auf null. Die Verwaltung ist in solchen Fällen zur vollständigen Aufhebung der Bewilligung verpflichtet.

20.10 Möglichkeit 2: Auszahlungsstopp

Wird bei überjährigen Förderungen der Zwischennachweis nicht rechtzeitig und/oder nicht ordnungsgemäß vorgelegt, kann die Bewilligungsbehörde die weitere Auszahlung der Zuwendung stoppen, wenn sie sich dies im Zuwendungsbescheid **vorbehalten** hat.

> **Im Bewilligungsbescheid wird geregelt:**
>
> „Ich behalte mir vor, die Auszahlung der Zuwendung auszusetzen, wenn mir der in Nrn. 6.1 Satz 2 und 6.3 ANBest-P geforderte Zwischennachweis nicht rechtzeitig und bzw. oder nicht ordnungsgemäß vorgelegt wird."

Sobald der ordnungsgemäße Zwischennachweis vorliegt, können die einbehaltenen Beträge **nachgezahlt** und die laufende Auszahlung wieder aufgenommen werden.

II. Das Verwaltungsverfahren bei Zuwendungen

Bei Zuwendungsempfängern, die wiederholt oder mehrfach gefördert werden, kann der Auszahlungsstopp auch **übergreifend** für sämtliche Förderungen in den jeweiligen Zuwendungsbescheiden verankert werden.

> **Beispiel:**
>
> Im Bewilligungsbescheid wird geregelt:
>
> „Ich behalte mir vor, die Auszahlung dieser Zuwendung sowie aller weiteren von mir gewährten Zuwendungen an Sie auszusetzen, wenn mir in einem oder mehreren Fällen der in Nrn. 6.1 ff. ANBest-P geforderte Verwendungs- oder Zwischennachweis nicht rechtzeitig oder nicht ordnungsgemäß vorgelegt wird."

20.11 Möglichkeit 3: Einbehaltung einer Schlussrate

Als **probates Mittel** hat sich die Einbehaltung einer Schlussrate erwiesen, deren Auszahlung im Zuwendungsbescheid an die Vorlage des Verwendungsnachweises geknüpft wird (VV Nr. 5.6.6 zu § 44 BHO).

> **Beispiel:**
>
> Im Bewilligungsbescheid wird geregelt:
>
> „Ich behalte mir vor, einen Restbetrag in Höhe von [XY] Euro erst nach Vorlage des ordnungsgemäßen Verwendungsnachweises auszuzahlen."

Sofern die Schlussrate erst **im nächsten Haushaltsjahr** nach Projektende fällig würde, ist bei der Haushaltsplanung darauf zu achten, dass im Auszahlungsjahr hierfür ausreichende Haushaltsmittel zur Verfügung stehen. In diesen Fällen ist bei der Bewilligung auch eine entsprechende Verpflichtungsermächtigung erforderlich.[121]

---

[121] § 38 Abs. 1 BHO.

20.12 Möglichkeit 4: Nachträgliche Auszahlung der gesamten Zuwendung

Als weitere Möglichkeit sehen die Verwaltungsvorschriften zu §§ 44 BHO/LHO ausdrücklich vor, dass Förderungen in geeigneten Fällen erst nach Vorlage des Verwendungsnachweises **in einer Summe** ausgezahlt werden.[122]

Geeignet sind hierfür insbesondere betragsmäßig geringe Förderungen sowie Zuwendungsempfänger, die über ausreichende Mittel zur Vorfinanzierung der geförderten Maßnahme verfügen.

Sinnvollerweise sollte der Verwendungsnachweis vor der Auszahlung auch durch die Bewilligungsbehörde **geprüft** sein. Es wäre nicht sachgerecht und auch kaum vermittelbar, wenn die ausgezahlte Förderung kurze Zeit später wieder zurückgefordert würde.

> **Beispiel:**
>
> Im Bewilligungsbescheid wird geregelt:
>
> „Die Zuwendung zahle ich Ihnen in einer Summe nach fristgerechter und ordnungsgemäßer Vorlage des Verwendungsnachweises und dessen Prüfung durch mich aus."

20.13 Gewährung von Fristverlängerungen

Führt der Zuwendungsempfänger **sachgerechte Gründe** für die erst verspätet mögliche Vorlage des Zwischen- oder Verwendungsnachweises an, kann die Bewilligungsbehörde nach pflichtgemäßem Ermessen eine angemessene Nachfrist gewähren.

21. Die Prüfung des Verwendungsnachweises

> **Überblick**
>
> - Die Prüfung des Verwendungsnachweises ist eine Pflichtaufgabe der Verwaltung. Die Prüfung kann von der Bewilligungsbehörde selbst oder einer beauftragten Stelle durchgeführt werden.
> - Es bietet sich an, die Prüfung in einem zweistufigen Verfahren durchzuführen, das aus einer kursorischen und einer vertieften Prüfung besteht. Beim Bund ist dieses Vorgehen verpflichtend.

---

[122] VV Nr. 5.9 zu § 44 BHO.

II. Das Verwaltungsverfahren bei Zuwendungen

- Die kursorische Prüfung ist eine Plausibilitätsprüfung, bei der schnell Klarheit darüber geschaffen werden soll, ob Anhaltspunkte für einen Erstattungsanspruch bestehen.
- Die vertiefte Prüfung durchlaufen bei Projektförderungen nur die bei der kursorischen Prüfung auffälligen sowie stichprobenweise ausgesuchten Verwendungsnachweise.
- Die Prüfung des Verwendungsnachweises muss zügig geschehen, damit das Prüfungsverfahren zeitnah abgeschlossen werden kann. Beim Bund bestehen hierfür zeitliche Vorgaben.
- Umfang und Ergebnis der Prüfung sind in einem Vermerk zu dokumentieren. Das Ergebnis ist dem Zuwendungsempfänger mitzuteilen. Ggf. sind auch übergreifende Schlussfolgerungen zu ziehen.

21.1 Pflichtaufgabe

Aus der gesetzlichen Regelung zum Nachweis der zweckentsprechenden Verwendung der Zuwendung (§ 44 Abs. 1 Satz 2 BHO) folgt die Prüfpflicht der Verwaltung. Andernfalls liefe der **Gesetzesbefehl** ins Leere.

Verwendungsnachweise ungeprüft zu lassen, ist deshalb ein **Pflichtverstoß** der Bewilligungsbehörde.

21.2 Unterschiedliche Regelungsdichte bei Bund und Ländern

Wie der Verwendungsnachweis selbst, so ist auch dessen Prüfung **höchst unterschiedlich** beim Bund und den Ländern geregelt.

Beim **Bund** sind die Vorgaben sehr ausführlich und sehen ein zweistufiges Verfahren vor. Es geht maßgeblich auf Empfehlungen des Bundesrechnungshofes zurück.

Bei den **Ländern** sind die Vorschriften meist eher kurz und rudimentär. Die nur wenigen Vorgaben auf Landesebene ermöglichen es den Bewilligungsbehörden, ihr Prüfverfahren sehr frei nach den jeweils förderungsspezifischen Erfordernissen auszugestalten. Sofern das Landesrecht nichts anderes vorsieht, können sich Landesbehörden oder kommunale Zuwendungsgeber an das Prüfverfahren des Bundes anlehnen.

21. Die Prüfung des Verwendungsnachweises

21.3 Bewilligungsbehörde als prüfende Stelle

Der Verwendungsnachweis kann **sowohl** durch die Bewilligungsbehörde **als auch** durch eine von ihr beauftragte Stelle erfolgen (VV Nr. 11.1 zu § 44 BHO).

Für die Prüfung durch die **Bewilligungsbehörde** spricht deren Sachnähe zum Antrags- und Bewilligungsverfahren, aus dem das „Soll" der Förderung in Form der Bewilligung als Prüfungsmaßstab abgeleitet wurde.

Die **Vorbereitung der Prüfung** verursacht damit einen geringeren Aufwand, als wenn ein Dritter sich hier erst einarbeiten muss.

Auch liegen die **Ergebnisse der Prüfung** bereits unmittelbar und ungefiltert bei der Stelle, die ggf. erforderliche Folgerungen gegenüber dem Zuwendungsempfänger oder für neue Förderungen zu ziehen hat (VV Nr. 11.4 zu § 44 BHO); vgl. Teil II 21.29 und 21.30.

21.4 Beauftragter als prüfende Stelle

Ein Vorteil, eine **andere Stelle** mit der Prüfung zu beauftragen, kann vor allem darin liegen, dass diese die Prüfung möglichst unbefangen und nicht „betriebsblind" vornehmen kann.

Mit der Prüfung des Verwendungsnachweises kontrolliert sich die Bewilligungsbehörde in gewisser Weise auch **selbst**, z. B., wenn deutlich wird, dass Mängel bei einer besseren laufenden Begleitung des Vorhabens hätten verhindert werden können.

Auch können die im Bewilligungsverfahren und bei der Projektbegleitung häufig erforderlichen regelmäßigen Kontakte zwischen den bei der Bewilligungsbehörde und dem Zuwendungsempfänger handelnden Personen die gebotene **Objektivität** beeinflussen.

Ein Dritter darf nur mit der Verwendungsnachweisprüfung beauftragt werden, wenn dies sachgerecht und **wirtschaftlich** ist (§ 7 Abs. 1 BHO).

In jedem Fall bleibt die Bewilligungsbehörde gegenüber ihrer vorgesetzten Behörde und dem Haushaltsgesetzgeber für die Verwendung der Haushaltsmittel, die sie als Zuwendungen ausgereicht hat, **verantwortlich**.

Die Bewilligungsbehörde muss sich deshalb regelmäßig von der **Arbeitsqualität** und den Arbeitsergebnissen des Beauftragten überzeugen. Hierzu sollte sie mindestens

II. Das Verwaltungsverfahren bei Zuwendungen

- Entscheidungsmaßstäbe, Prüfschwerpunkte und Ermessensspielräume des Beauftragten klar definieren,
- dessen Tätigkeit beaufsichtigen,
- sich Zweifelsfälle vorlegen lassen und
- sich in allen Fällen das Recht zur Letztentscheidung vorbehalten.

21.5 Prüfende Stelle bei gemeinsamen Förderungen

Fördern **mehrere Stellen** des Bundes oder des Landes oder auch mehrere juristische Personen gemeinsam, so sollen sie unter anderem vereinbaren, wer von ihnen den Verwendungsnachweis prüft (VV Nr. 1.4.5 Satz 1 zu § 44 BHO).

Das Prinzip **„Einer für alle"** erleichtert dem Zuwendungsempfänger die Kommunikation und stellt sicher, dass er nach einheitlichen Kriterien behandelt wird. Häufig prüft entweder die Stelle, die die höchste Zuwendung gewährt oder die in räumlicher Nähe zum Zuwendungsempfänger angesiedelt ist.

Bei gemeinsamen Förderungen unterschiedlicher juristischer Personen des öffentlichen Rechts kann für die Prüfung das **Recht der prüfenden Stelle** angewendet werden. Deren Entscheidungen sollten sich die übrigen Zuwendungsgeber aus Gründen eines einheitlichen Auftritts gegenüber dem Zuwendungsempfänger grundsätzlich zu eigen machen.

Für Zweifelsfälle sollte in der Zuständigkeitsvereinbarung ein **Abstimmungsverfahren** etabliert werden.

Beträgt die Zuwendung über 100.000 Euro, sind die **Rechnungshöfe** vor der Vereinbarung zu hören, in allen Fällen sind sie zu unterrichten (VV Nr. 1.4.5 Satz 2 zu § 44 BHO).

21.6 Regelung im Zuwendungsbescheid zur prüfenden Stelle

Die Allgemeinen Nebenbestimmungen gehen als Standard davon aus, dass der Verwendungsnachweis gegenüber der Bewilligungsbehörde zu erbringen ist. Soll hiervon abgewichen werden, muss dies im **Zuwendungsbescheid** gesondert festgelegt werden. Vgl. VV Nrn. 4.2.6, 5.6.6 zu § 44 BHO.

21. Die Prüfung des Verwendungsnachweises

Beispiel:

Im Zuwendungsbescheid wird geregelt:

„Der Verwendungsnachweis gemäß Nr. 6 ANBest-P ist nicht gegenüber mir, sondern [Bezeichnung der Stelle] zu erbringen. Die prüfende Stelle ist befugt, alle mit der Prüfung zusammenhängenden Handlungen vorzunehmen. Ich bitte, die Kommunikation im Zusammenhang mit dem Verwendungsnachweis und seiner Prüfung ausschließlich mit der prüfenden Stelle zu führen. Erforderlichenfalls werde ich von dieser unterrichtet oder beteiligt."

Auch wenn der Zuwendungsbescheid keine entsprechende Regelung enthält, kann die Bewilligungsbehörde einen Dritten mit der Verwendungsnachweisprüfung beauftragen. Hierbei handelt es sich um eine rein **innerbehördliche Entscheidung**, die nicht der Mitwirkung oder gar Billigung des Zuwendungsempfängers bedarf.

21.7 Zweistufiges Prüfungsverfahren beim Bund

In vielen Fällen ist der prüfenden Stelle eine eingehende Prüfung aller Verwendungsnachweise nicht möglich. Hohen Fallzahlen steht regelmäßig **zu wenig Personal** gegenüber.

Dies birgt die **Gefahr**, dass die Kontrolle der Nachweise entweder überhaupt nicht, zu spät oder nur oberflächlich geschieht. Beim Bund hat eine Querschnittsprüfung des Bundesrechnungshofes im Jahr 2003 solche gravierenden Mängel eindrucksvoll belegt.[123] Eine Vielzahl von Verwendungsnachweisen blieb in der Bundesverwaltung entweder völlig ungeprüft oder die Prüfung erfolgte erst Jahre nach der Vorlage.

Die externe Finanzkontrolle weist deshalb regelmäßig auf die Bedeutung **zeitnaher und aussagekräftiger** Verwendungsnachprüfungen hin, weil dies

- Rechtssicherheit schafft,
- Beweisschwierigkeiten und Rechtsstreitigkeiten entgegenwirkt,
- Korruption, Untreue und sonstigen schweren Verfehlungen vorbeugt und
- die Entscheidungsgrundlage für sich anschließende Förderungen verbreitert.[124]

---

[123] Bemerkungen des Bundesrechnungshofes 2003, BT-Drs. 15/2020, S. 97 ff.
[124] Vgl. Präsident des Bundesrechnungshofes als Bundesbeauftragter für Wirtschaftlichkeit in der Verwaltung, Schriftenreihe Band 10, Prüfung der Vergabe und der Bewirtschaftung von Zuwendungen, 2. Aufl., 2016, S. 126 f.

II. Das Verwaltungsverfahren bei Zuwendungen

Um das Spannungsverhältnis zwischen dem Anspruch des Gesetzgebers und den objektiven Möglichkeiten der prüfenden Stelle aufzulösen, wurde auf Bundesebene im Jahr 2006 ein **zweistufiges Prüfungsverfahren** eingeführt.

Die **erste Stufe** bildet eine kursorische Prüfung als Mindestkontrolle, die alle Verwendungsnachweise durchlaufen.

Auf der **zweiten Stufe** erfolgt eine vertiefte Prüfung, die nur noch eine Auswahl von Verwendungsnachweisen betrifft.

Daran knüpft sich die Erwartung einer **qualitativen Verbesserung** und einer zeitlichen Beschleunigung gegenüber dem vorherigen Zustand.

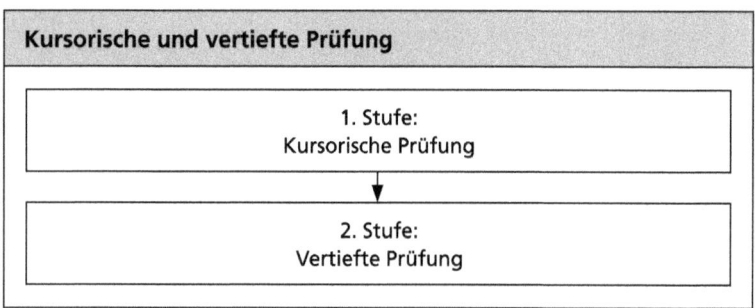

21.8 Kursorische Prüfung auf der ersten Stufe

VV Nr. 11.1 Satz 1 zu § 44 BHO:

„Die Bewilligungsbehörde, die nach Nr. 1.4 zuständige oder sonst beauftragte Stelle hat regelmäßig innerhalb von drei Monaten nach Eingang des Zwischen- oder Verwendungsnachweises in einem ersten Schritt festzustellen, ob nach den Angaben im Nachweis Anhaltspunkte für die Geltendmachung eines Erstattungsanspruchs gegeben sind (kursorische Prüfung)."

Ziel der Untersuchung ist, möglichst bald nach Eingang des Verwendungsnachweises festzustellen, ob aus ihm Anhaltspunkte ersichtlich sind, die auf einen möglichen Erstattungsanspruch des Zuwendungsgebers hindeuten (VV Nr. 11.1 zu § 44 BHO).

Wie dies konkret geschehen soll, regeln die **Verwaltungsvorschriften** allerdings nicht.

Nach dem Duden beschreibt das **Wort „kursorisch"** einen *„von einem zum anderen schnell fortschreitenden" Prozess*.

21. Die Prüfung des Verwendungsnachweises

Verlangt wird demnach eine zügige **Schlüssigkeitsprüfung**, bei der die Angaben im Verwendungsnachweis als richtig unterstellt werden, sofern sie bei schneller Durchsicht plausibel erscheinen.

21.9 Durchführung der Prüfung

Im Kern ist die kursorische Prüfung ein **einfacher Soll-Ist-Vergleich** mit geringer Prüfungstiefe. Dem kommt es entgegen, wenn die fachlichen und monetären Prüfunterlagen (Sachbericht und zahlenmäßiger Nachweis) jeweils ihren Pendants aus dem Antrags- und Bewilligungsverfahren (Projektbeschreibung und Finanzierungsplan) spiegelbildlich entsprechen. Vgl. Teil II 19.2.

> **Praxis-Tipp:**
> Voraussetzung für die kursorische Prüfung ist ein vollständiger und ordnungsgemäßer Verwendungsnachweis. Die Prüfung der **Geeignetheit des Nachweises** sollte daher stets am Beginn der Untersuchung stehen.
>
> Die VV Nr. 11.1.1 zu § 44 BHO, die die Prüfung der Ordnungsmäßigkeit des Verwendungsnachweises als Teil der vertieften Prüfung normiert, steht regelungssystematisch an der falschen Stelle. Bei einem nicht ordnungsgemäßen Verwendungsnachweis dürfte das Ziel der kursorischen Prüfung in den allermeisten Fällen nicht zu erreichen sein, weil prüfungsrelevante Informationen fehlen.

Nicht ordnungsgemäße Verwendungsnachweise sollten von der prüfenden Stelle unverzüglich gegenüber dem Zuwendungsempfänger **beanstandet** werden. Ggf. ist auf die Widerrufsmöglichkeit des Zuwendungsbescheids nach § 49 Abs. 3 Nr. 2 VwVfG hinzuweisen. Vgl. Teil II 25.5.

21.10 Abschluss der kursorischen Prüfung

Ergibt die kursorische Prüfung **keine Erkenntnisse**, die auf einen Erstattungsanspruch des Zuwendungsgebers gegenüber dem Zuwendungsempfänger hindeuten, ist die Prüfung abgeschlossen.

II. Das Verwaltungsverfahren bei Zuwendungen

> **Beispiel:**
>
> Die Bearbeiterin der prüfenden Stelle hat festgestellt, dass der Verwendungsnachweis ordnungsgemäß und fristgerecht eingegangen ist. Ihr Vergleich der tatsächlichen Gesamtausgaben gegenüber der Planung zeigte keine Abweichungen. Die Gegenüberstellung der Endsummen der jeweiligen Positionen des zahlenmäßigen Nachweises zu den Ansätzen im Finanzierungsplan ergab bei überschlägiger Betrachtung keine Mehrausgaben von mehr als 20 Prozent je Einzelposition. Die in der Belegliste aufgeführten Einzelzahlungen erschienen nach schneller Durchsicht sachgerecht und angemessen. Arbeitsnachweise und Zeitaufschreibungen der Projektmitarbeiter liegen vor. Alle Einnahmen sind wie erwartet geflossen und das Gesamtergebnis des zahlenmäßigen Nachweises ist in Einnahmen und Ausgaben ausgeglichen. Aus dem Sachbericht geht hervor, dass das Vorhaben wie geplant im Bewilligungszeitraum durchgeführt wurde und die in der Projektbeschreibung aufgeführten Ziele erreicht wurden.

21.11 Übergang zur vertieften Prüfung

Ergeben sich dagegen **Anhaltspunkte für einen Erstattungsanspruch**, muss die Untersuchung in Form einer vertieften Prüfung (vgl. unten II 21.17 ff.) intensiviert werden.

> **Beispiele:**
>
> Bei der Durchsicht der Belegliste fallen der Bearbeiterin der Bewilligungsbehörde zwei größere Zahlungen auf, bei denen sich der Zusammenhang mit dem Zuwendungszweck für sie nicht erschließt und die auch im Sachbericht nicht erläutert werden: Es ist aufzuklären, ob die Zuwendung teilweise nicht zweckentsprechend verwendet wurde.
>
> Bereits die kursorische Durchsicht erweist, dass der Zuwendungsempfänger Ausgabenpositionen um mehr als die tolerierte 20-Prozent-Abweichung (Nr. 1.2 Satz 3 ANBest-P) überschritten hat: Es ist festzustellen, ob sich der Zuwendungsempfänger nicht an die Auflage in den ANBest-P gehalten hat.

21. Die Prüfung des Verwendungsnachweises

> Gegenüber der Planung haben sich die zuwendungsfähigen Ausgaben für das Vorhaben verringert oder die Einnahmen erhöht: Je nach Finanzierungsart hat sich dann auch die Zuwendung ermäßigt, Nr. 2 ANBest-P; vgl. Teil II 27 und 28.
>
> Aus der Belegliste ist ersichtlich, dass bereits vor der Bewilligung der Zuwendungen Zahlungen geleistet wurden: Dies kann ein Hinweis auf einen Verstoß gegen das Verbot des vorzeitigen Maßnahmenbeginns sein, VV Nr. 1.3 zu § 44 BHO; vgl. Teil III 4.
>
> Aus dem Sachbericht ergibt sich, dass das Ziel des Vorhabens nicht erreicht wurde: Möglicherweise hat der Zuwendungsempfänger das Vorhaben nicht entsprechend der Planung durchgeführt.

21.12 Abgrenzung der kursorischen zur vertieften Prüfung

Die kursorische Prüfung verliert bei **zu enger Betrachtung** ihren Sinn. Sie soll dazu beitragen, mehr Zeit für die vertiefte Prüfung ausgesuchter Vorhaben und die Behandlung wesentlicher Problemstellungen zu gewinnen.

Wenn bei der prüfenden Stelle Zweifel an Angaben im Verwendungsnachweis bestehen und sie zur Aufklärung Rücksprache mit dem Zuwendungsempfänger nimmt, hat sie den Boden der kursorischen Prüfung verlassen.

> **Praxis-Tipp:**
> Es sollte daher zwischen wesentlichen und unwesentlichen Feststellungen unterschieden werden. Bei unwesentlichen Feststellungen ist der **„Mut zur Lücke"** systemkonform.

21.13 Auswahl der vertieft zu prüfenden Nachweise

VV Nr. 11.1 Satz 2 zu § 44 BHO:
„In einem zweiten Schritt sind die Nachweise vertieft zu prüfen."

Die vertiefte Prüfung durchläuft nur eine **Auswahl** von Verwendungsnachweisen. Und zwar solche,

- bei denen die kursorische Prüfung Anhaltspunkte für einen Erstattungsanspruch ergeben hat oder
- die – unabhängig vom Ergebnis der kursorischen Prüfung – im Rahmen eines Stichprobenverfahrens ausgewählt wurden.

II. Das Verwaltungsverfahren bei Zuwendungen

21.14 Gewinnung von Stichproben

Die Nutzung eines Stichprobenverfahrens ist beim Bund als **Sollvorschrift** ausgestaltet.[125] Das heißt, das Stichprobenverfahren ist die Regel, der Verzicht auf Stichproben und damit die vertiefte Prüfung sämtlicher Verwendungsnachweise ist die von der Bewilligungsbehörde zu begründende Ausnahme.

Die Auswahl der Stichproben muss insbesondere folgenden **Kriterien** entsprechen:[126]

- **Mindestanteil** an Förderfällen und am Fördervolumen, damit jeder Zuwendungsempfänger damit rechnen muss, mit seinem Vorhaben in die vertiefte Prüfung zu geraten („Prüfungsbedrohung").

- Besondere Berücksichtigung von **Erstbewilligungen** an einen Zuwendungsempfänger, weil bei unerfahrenen Zuwendungsempfängern von einer höheren Fehlerquote auszugehen ist und sich die prüfende Stelle für mögliche künftige Förderungen ein Urteil über deren Zuverlässigkeit bilden soll.

- **Mindestprüfungsturnus** bei Folgebewilligungen an einen Zuwendungsempfänger, damit auch „Stammkunden" wissen, dass sie auf jeden Fall von Zeit zu Zeit geprüft werden.

- Berücksichtigung von **Erkenntnissen aus vorangegangenen Nachweisprüfungen**, um festzustellen, ob sich Fehler und Mängel einzelner Zuwendungsempfänger wiederholen und damit deren Zuverlässigkeit in Frage steht.

Die Kriterien zur Ausgestaltung des Stichprobenverfahrens sind bewusst **abstrakt** gehalten, um der großen Bandbreite der Förderungen gerecht zu werden.

> **Praxis-Tipp:**
>
> Welche Mindestquoten an Prüfungen beispielsweise zu erfüllen sind, hängt vor allem von den **personellen Möglichkeiten** der Bewilligungsbehörde und der Fehleranfälligkeit der Förderverfahren ab.

---

[125] VV Nr. 11.1.3 Satz 4 zu § 44 BHO.
[126] VV Nr. 11.1.3 Satz 5 zu § 44 BHO.

21. Die Prüfung des Verwendungsnachweises

Grundsätzlich gilt: **Je sorgfältiger die Antragsprüfung** und je besser die Planungsgenauigkeit, je geringer wird die mögliche Fehlerquote sein und je geringer kann damit auch der Mindestanteil an den Prüfquoten ausfallen.

Bei einem „**lernenden System**" kann die Mindestquote je „Förderjahrgang" schwanken und jeweils an die Ergebnisse der vorangegangenen Prüfungen angepasst werden.

Die Art und Weise der Gewinnung von Stichproben sollte im Übrigen **nicht veröffentlicht** werden, damit sich die Prüfungsbetroffenen nicht darauf einstellen können.

21.15 Anhörung des Bundesrechnungshofes

Vor Festlegung der Kriterien im Einzelnen und deren Implementierung ist beim Bund der Bundesrechnungshof anzuhören.[127] Die externe Finanzkontrolle kann so ihren breiten Erfahrungsschatz in die Ausgestaltung des Stichprobenverfahrens einbringen und zur Qualitätssicherung beitragen.

Die Anhörungspflicht besteht auch, wenn ein etabliertes Stichprobenverfahren **geändert** werden soll.

21.16 Ausnahmen vom Stichprobenverfahren

Ausnahmen vom Stichprobenverfahren sind vor allem **denkbar** bei

- geringen Fallzahlen an Bewilligungen,
- betragsmäßig erheblichem Volumen der Einzelförderungen,
- Vorhaben von erheblicher fachlicher oder politischer Bedeutung,
- erwarteter hoher durchgängiger Fehlerquote (z. B. bei neuen Programmen mit unerfahrenen Zuwendungsempfängern),
- erwarteten hohen Rückforderungen (z. B., wenn die zuwendungsfähigen Ausgaben nur schwer kalkulierbar sind).

In diesen Fällen sind **sämtliche Verwendungsnachweise** vertieft zu prüfen.

---

[127] VV Nr. 11.1.3 Satz 4 zu § 44 BHO.

II. Das Verwaltungsverfahren bei Zuwendungen

21.17 Durchführung der vertieften Prüfung

Ziel der vertieften Prüfung ist festzustellen, ob die Zuwendung **zweckentsprechend verwendet** wurde.[128]

Dies umfasst insbesondere die **Prüffelder**, ob

- dem gegenständlichen Verwendungszweck der Zuwendung entsprochen wurde,
- dies in wirtschaftlicher Weise geschah,
- alle weiteren mit der Bewilligung verbundenen Auflagen und Bedingungen[129] eingehalten wurden und ob
- Umstände bestehen, die die vollständige oder teilweise Aufhebung des Zuwendungsbescheids und die Erstattung der Zuwendung erfordern.

Zur Klärung sind der Sachbericht und der zahlenmäßige Nachweis sowie ggf. weitere vorzulegende Unterlagen so intensiv zu untersuchen und zu hinterfragen, dass der prüfenden Stelle eine hinreichend **abgesicherte Bewertung** möglich ist. Die geringe Kontrolldichte der kursorischen Prüfung ist nur dann vertretbar, wenn die vertiefte Prüfung das Entdeckungsrisiko von Mängeln signifikant erhöht.

21.18 Vorlage der Belege, Auskunftspflicht

Die beim Bund für die kursorische Prüfung nicht vorzulegenden Belege sind bei der vertieften Prüfung nunmehr **einzureichen**.

Darüber hinaus muss der Zuwendungsempfänger alle weiteren erforderlichen Informationen und **Auskünfte geben** sowie örtliche Erhebungen dulden.[130]

Nach Abschluss der Prüfung sind die vorgelegten Belege **zurückzugeben**.

21.19 Stichprobe in der Stichprobe

Je nach Umfang und Aufwand der Prüfung kann die prüfende Stelle die Angaben im Verwendungsnachweis sowie die Sichtung der

---
[128] VV Nr. 11.1.2 zu § 44 BHO.
[129] Aus der Hauptregelung, spezifischen Nebenbestimmungen sowie den ANBest und BNBest.
[130] Nrn. 7.1 ANBest-P, ANBest-Gk, 8.1 ANBest-P-Kosten.

21. Die Prüfung des Verwendungsnachweises

Belege auf Stichproben beschränken, wenn dies – z. B. im Hinblick auf die zu erwartende Fehlerquote – **sachgerecht** ist (Stichprobe in der Stichprobe), vgl. VV Nr. 11.1.3 Satz 2 zu § 44 BHO.

> **Praxis-Tipp:**
> Hierzu können aus der Belegliste und dem zahlenmäßigen Nachweis einzelne Belege vorab **gezielt und/oder zufallsbasiert** ausgewählt werden, sodass auf die Vorlage aller Belege verzichtet werden kann.

Der prüfenden Stelle steht es frei, im weiteren Verlauf der Untersuchung **weitere** oder sämtliche Belege anzufordern.

21.20 Prüffragen für den Sachbericht

- Ist der Sachbericht folgerichtig aus vorhandenen Darstellungen in den Zwischennachweisen abgeleitet oder ergeben sich Widersprüche oder Unschlüssigkeiten?
- Wurde das Vorhaben im Bewilligungszeitraum durchgeführt?
- Gibt es Hinweise auf einen ggf. bei der Antragstellung verschwiegenen vorzeitigen Maßnahmenbeginn? – VV Nr. 1.3 zu § 44 BHO
- Wurde das Vorhaben gemäß der Projektbeschreibung durchgeführt (gegenständlicher Zuwendungszweck)? – Ob das Ziel der Förderung erreicht wurde, ist Gegenstand der Erfolgskontrolle.
- Wurde das Ergebnis ggf. wegen einer von der Projektbeschreibung abweichenden Umsetzung nicht erreicht?
- Wurden alle fachlichen Maßgaben/Vorgaben eingehalten?
- War das Vorgehen effektiv und effizient?
- Hatte ein ggf. abweichendes Vorgehen Auswirkung auf die Höhe der Ausgaben sowie deren Wirtschaftlichkeit?
- Waren die geltend gemachten Ausgaben nach dem tatsächlichen Vorgehen notwendig und angemessen?
- Wurden alle Möglichkeiten zur Erzielung von Deckungsmitteln ausgeschöpft?

II. Das Verwaltungsverfahren bei Zuwendungen

21.21 Prüffragen für den zahlenmäßigen Nachweis und die Belegliste

- Ist das Zahlenwerk rechnerisch richtig?
- Sind die wichtigsten Positionen des zahlenmäßigen Nachweises im Sachbericht nachvollziehbar erläutert? – Nr. 6.2.1 Satz 2 ANBest-P
- Sind sämtliche Einnahmen und Ausgaben belegt? – Nr. 6.2.2 Satz 3 ANBest-P
- Sind die Personalausgaben durch Zeitaufschreibungen oder andere geeignete Nachweise belegt?
- Gibt es Anhaltspunkte für eine nicht zweckentsprechende Verwendung?
- Gibt es Anhaltspunkte für eine unwirtschaftliche Verwendung? – Nr. 1.1 ANBest-P
- Wurde der Finanzierungsplan eingehalten? – Nr. 1.2 Satz 2 ANBest-P
- Wurden Einzelansätze um mehr als 20 % überschritten? – Nr. 1.2 Satz 3 ANBest-P
- Hat die Bewilligungsbehörde Abweichungen von der 20-%-Grenze zugestimmt?
- Hat sich die Gesamtfinanzierung des Vorhabens geändert? – Nr. 1.2 Satz 2 ANBest-P
- Sind Deckungsmittel hinzugetreten oder weggefallen? – Nr. 1.2 Satz 1 ANBest-P
- Ist aus den Zahlungsdaten ein vorzeitiger Maßnahmenbeginn erkennbar? – VV Nr. 1.3 zu § 44 BHO
- Wurden nur Zahlungen abgerechnet, die innerhalb des Bewilligungszeitraums geleistet wurden?
- Wurden Zahlungen vor Empfang der Gegenleistung geleistet? – Nr. 1.5 ANBest-P
- Wurden ggf. die Regelungen des Vergaberechts eingehalten? – Nr. 3 ANBest-P
- Wurden aus der Zuwendung beschaffte Gegenstände inventarisiert? – Nr. 4.2 ANBest-P

- Wurden aus der Zuwendung beschaffte Gegenstände nur für den Zuwendungszweck eingesetzt? – Nr. 4.1 ANBest-P
- Sind die aus der Zuwendung beschafften Gegenstände noch vorhanden?
- Sind die aus der Zuwendung beschafften Gegenstände
    - für andere förderungswürdige Zwecke zu verwenden,
    - vom ZE zuwendungsmindernd zu verkaufen,
    - an den Zuwendungsgeber abzuliefern,
    - dem ZE gegen Restwertabgeltung zu überlassen? – VV Nr. 4.2.3 Satz 5 ff. zu § 44 BHO
- Hat der Zuwendungsempfänger das Besserstellungsverbot eingehalten, sofern er hierzu verpflichtet war? – Nr. 1.3 ANBest-P
- Enthält die Belegliste sämtlicher Einnahmen und Ausgaben in zeitlicher Folge? – Nr. 6.2.2 Sätze 3 und 4 ANBest-P
- Wurde die Zuwendung entsprechend den Regelungen für die jeweilige Finanzierungsart angefordert? – Nr. 1.4.1 ANBest-P
- Wurde die Zuwendung alsbald verwendet? – Nr. 1.4 ANBest-P; VV Nr. 8.2.5 zu § 44 BHO
- Wurden Zinsen für nicht unmittelbar, aber alsbald verwendete Zuwendungsbeträge erzielt und als zusätzliche Deckungsmittel eingesetzt? – Nr. 1.1 ANBest-P
- Müssen Zinsen gemäß § 49a Abs. 4 VwVfG erhoben werden? – VV Nr. 8.7 zu § 44 BHO
- Sind nicht verbrauchte Zuwendungsmittel beim Zuwendungsempfänger vorhanden und müssen diese zurückgefordert werden?

21.22 Prüfung des Verwendungsnachweises bei institutioneller Förderung

Die Prüfung des Verwendungsnachweises bei der institutionellen Förderung ist in den Allgemeinen Verwaltungsvorschriften **nicht geregelt**.

Grundsätzlich kann auch sie in eine kursorische und vertiefte Untersuchung **unterteilt** werden.

II. Das Verwaltungsverfahren bei Zuwendungen

Bei einer ersten **kursorischen Betrachtung** können der zahlenmäßige Nachweis und der Sachbericht zunächst im Hinblick auf offenkundige Auffälligkeiten durchgesehen werden. Dies dient der Orientierung und ermöglicht einen schnellen Überblick über das Wesentliche.

Wenn bereits hier Mängel festgestellt werden, können sofort **Aufsichts- und Steuerungsmaßnahmen** im Hinblick auf die bereits laufende neue Förderung ergriffen werden.

Beispiel:

> Bei der kursorischen Prüfung stellt sich bereits bei erster Lektüre des Sachberichts heraus, dass die Einrichtung ihren Arbeitsplan im abgelaufenen Jahr nur unvollständig erfüllt hat. Die Bewilligungsbehörde lässt sich deshalb kurzfristig den Erledigungsstand des laufenden Jahres berichten.

Nach der ersten kursorischen Durchsicht der Unterlagen folgt, wie bei der Projektförderung, die **intensive Untersuchung** des Nachweises.

21.23 Prüfung des Sachberichts

Die Prüfung des Sachberichts bei institutioneller Förderung kann in **vergleichbarer Weise** wie bei der Projektförderung geschehen.

Festgestellt wird, ob der der Bewilligung zu Grunde liegende **Arbeitsplan** der Einrichtung erfüllt und die damit verbundenen Ziele erreicht wurden. Wenn der Arbeitsplan in verschiedene durchzuführende konkrete Aktivitäten gegliedert ist, können diese wie einzelne Vorhaben bei der Projektförderung untersucht werden.

Sollte die Einrichtung über eine Kostenrechnung verfügen, können für die jeweiligen Einzelaktivitäten **Kostenträger** angelegt werden, die eine Zuordnung der jeweiligen Sach- und Personalausgaben ermöglichen. So kann die wirtschaftliche Verwendung der institutionellen Förderung aufgabenbezogen beurteilt werden.

21.24 Prüfung des Jahresabschlusses

So wie der Haushalts- oder Wirtschaftsplan bei nicht doppisch buchenden Einrichtungen dem Bundes- bzw. dem Landeshaushalt nachgebildet ist,[131] entspricht auch die Jahresrechnung als zahlen-

---

[131] VV Nr. 3.4.1 zu § 23 BHO.

21. Die Prüfung des Verwendungsnachweises

mäßiger Nachweis der institutionell geförderten Zuwendungsempfänger den **Haushaltsrechnungen** der Zuwendungsgeber.

> **Praxis-Tipp:**
> Es bietet sich für die Bewilligungsbehörde daher an, die Jahresrechnung ebenso zu prüfen, wie es die **Rechnungshöfe** bei der Haushaltsrechnung tun. Diese gliedern ihr Vorgehen in eine Gesamtrechnungsprüfung und eine Einzelrechnungsprüfung.

Bei der **Gesamtrechnungsprüfung** sind vor allem folgende Fragen zu untersuchen:[132]

- Wurden die Ausgabenansätze eingehalten?
- Wurden Deckungsfähigkeiten zwischen einzelnen Ansätzen nur in zugelassener Weise genutzt?
- Gab es über- und außerplanmäßige Ausgaben, denen die Bewilligungsbehörde nicht zugestimmt hat?
- Wurden nur solche Verpflichtungen für kommende Jahre eingegangen, zu denen der Haushalts- oder Wirtschaftsplan die Einrichtung ermächtigt hat?
- Wurden ggf. bestehende Einsparauflagen und Sperren eingehalten?
- Wurden sonstige mit dem Haushalts- oder Wirtschaftsplan verbundene Maßgaben eingehalten (z. B. das Besserstellungsverbot)?
- Sind alle vorgesehenen Deckungsmittel erzielt worden?
- Haben sich gegenüber der Planung Ausgabenermäßigungen oder Einnahmeverbesserungen (Finanzierungsverbesserungen) ergeben, die Auswirkung auf die Höhe der Zuwendung haben?[133]

Bei der **Einzelrechnungsprüfung** ist insbesondere zu untersuchen, ob

- die Einnahmen und Ausgaben ordnungsgemäß belegt sind,
- die Ausgaben zweckentsprechend waren,
- die Ausgaben wirtschaftlich verwendet wurden,
- sonstige Auflagen (z. B. das Besserstellungsverbot, vgl. Teil III 5) beachtet wurden.

---

[132] Vgl. hierzu z. B. § 41 der Prüfungsordnung des Bundesrechnungshofes (PO-BRH).
[133] Nr. 2 ANBest-I.

II. Das Verwaltungsverfahren bei Zuwendungen

Dies kann auf geeignete **Stichproben** beschränkt werden. Vgl. hierzu z. B. § 40 PO-BRH.

Da die einzelnen Zahlungsvorgänge aus der Jahresrechnung nicht erkennbar sind,[134] wird die Bewilligungsbehörde hierzu vor Ort in die Prüfung der **Buchhaltung** des Zuwendungsempfängers eintreten müssen.

21.25 Prüfung der Vermögensrechnung

Bei der Prüfung der Vermögensrechnung liegt der **Fokus** vor allem auf der Entwicklung des Vermögens und möglicher Schulden der institutionell geförderten Einrichtung.

Insbesondere beim **Sachvermögen** ist auf eine zutreffende monetäre Bewertung zu achten. Nicht benötigtes Sachvermögen ist im Hinblick auf den subsidiären Charakter der Zuwendung zu verwerten und die Erlöse sind als Eigenmittel zuwendungsmindernd für die Finanzierung der Aufgaben der Einrichtung einzusetzen.

Rückstellungen darf der Zuwendungsempfänger nur bilden, wenn er hierzu gesetzlich verpflichtet ist.

Rücklagen in Geld sind grundsätzlich verboten (Nr. 1.8 ANBest-I).

Etwas anderes kann die Bewilligungsbehörde für **zweckgebundene Spenden** zulassen. Häufig verlangen Wohltäter, dass ihre Mittel für ganz bestimmte Zwecke zu verwenden sind. Sie wollen auch nicht, dass ihre Geldleistung als zusätzliche Einnahme die öffentliche Förderung schmälert. In diesen Ausnahmefällen sind entsprechende zweckgebundene Rücklagen vertretbar, wenn sich deren Umfang in Grenzen hält. Ggf. kann die Bewilligungsbehörde ihre Einwilligung von der konkreten Verwendung der Rücklage abhängig machen (z. B. nur für Zwecke, die auch im erheblichen staatlichen Interesse liegen).

> **Beispiel:**
>
> Ein institutionell gefördertes Museum startet einen Spendenaufruf zum Erwerb eines bestimmten Kunstgegenstandes. Die Bewilligungsbehörde gestattet, dass die Spendenerlöse bis zum Ankauf des neuen Ausstellungsstücks als Rücklage verbucht werden. Das Museum weist die Spender hierauf hin.

---

[134] Nr. 7.3 Satz 2 ANBest-I.

21. Die Prüfung des Verwendungsnachweises

Wichtig: Beachte die zeitlichen Beschränkungen für die Verwendung von Rücklagen nach §§ 55 Abs. 1 Nr. 5 und 62 Abs. 3 AO.

21.26 Beauftragung von Wirtschaftsprüfern

Wenn institutionell geförderte Zuwendungsempfänger **kaufmännisch** buchen, beauftragen sie häufig einen Wirtschaftsprüfer mit der Prüfung ihres Jahresabschlusses.

Verschiedene Zuwendungsgeber tendieren dazu, diese Prüfung mit der **Kontrolle des Verwendungsnachweises** gleichzusetzen. Sie verzichten dann im Hinblick auf das Testat des Wirtschaftsprüfers auf eine eigene Verwendungsnachweisprüfung.

Dies greift jedoch **zu kurz**. So umfasst die bloße Prüfung des Jahresabschlusses beispielsweise nicht die Frage der wirtschaftlichen und zweckentsprechenden Verwendung der Zuwendung. Auch der Sachbericht ist nicht Gegenstand der Untersuchungen von Wirtschaftsprüfern.

Eine entsprechende **Auftragserweiterung**, um diese Defizite auszugleichen, dürfte regelmäßig nicht wirtschaftlich gegenüber dem eigenen Tätigwerden der Bewilligungsbehörde sein. Auch muss bedacht werden, dass die Einrichtung den Wirtschaftsprüfer beauftragt und nicht die öffentliche Hand. Bei einer Auftragserweiterung hätte sich die Einrichtung ihren Prüfer im Hinblick auf die verwaltungsmäßige Kontrolle der Verwendung der Zuwendung selbst ausgesucht.

Beim Bund sind deshalb bei institutioneller Förderung Ausgaben für Wirtschaftsprüfer **nur zuwendungsfähig, wenn** die Prüfung des Jahresabschlusses **gesetzlich vorgeschrieben** oder aus besonderen Gründen geboten ist (VV Nr. 2.7 zu § 44 BHO).

21.27 Fristen für die Verwendungsnachweisprüfung

Die **Erfahrung** zeigt: Je zeitlich näher die Prüfung zum Abschluss der Förderung erfolgt, umso stärker sind die prüfende Stelle und der Zuwendungsempfänger noch der Sache verhaftet. Je weiter der Abschluss der Förderung und die Prüfung auseinanderfallen, je weniger intensiv fällt die Identifikation – und damit auch die Motivation – auf beiden Seiten noch aus.

II. Das Verwaltungsverfahren bei Zuwendungen

Bei sich wiederholenden Förderungen, Anschlussbewilligungen oder gänzlich neuen Förderungen gibt die Prüfung des Verwendungsnachweises wichtige **Aufschlüsse** über Planungsmängel oder Vollzugsdefizite, die bei den Neubewilligungen vermieden werden können.

> **Praxis-Tipp:**
>
> Die Verwendungsnachweisprüfung sollte daher **zügig** nach Eingang der vollständigen Unterlagen erfolgen, insbesondere wenn die Höhe der Zuwendung zunächst nur vorläufig festgesetzt wurde (Teil II 28), da der Zuwendungsempfänger einen Anspruch auf den zügigen Erlass des Schlussbescheids hat (§ 10 Satz 2 VwVfG; vgl. Teil II 28.3).

21.28 Konkrete zeitliche Vorgaben beim Bund

Beim **Bund** müssen die

- kursorische Prüfung spätestens drei Monate[135] und
- die vertiefte Prüfung neun Monate[136]

  nach Eingang des vollständigen und ordnungsgemäßen Verwendungsnachweises abgeschlossen sein.

Beide Fristen knüpfen an den **Eingang des Nachweises** an und beginnen damit gleichzeitig. Die neunmonatige Frist für die vertiefte Prüfung startet damit nicht erst mit Beendigung der kursorischen Prüfung.

> **Beispiel:**
>
> Der Verwendungsnachweis geht am 1. Februar ein. Die kursorische Prüfung muss spätestens am 30. April und die vertiefte Prüfung spätestens am 31. Oktober abgeschlossen sein.

Es handelt sich um ausschließlich **innerbehördliche Vorgaben**, die eine möglichst zeitnahe Prüfung und ggf. ohne weiteren Verzug daran anknüpfende erforderliche Maßnahmen der Bewilligungsbehörde sicherstellen sollen.

---

[135] VV Nr. 11.1 Satz 1 zu § 44 BHO.
[136] VV Nr. 11.4 Satz 1 zu § 44 BHO.

21. Die Prüfung des Verwendungsnachweises

Die festgelegten Verwaltungsfristen begründen **keinen Anspruch** des Zuwendungsempfängers auf Abschluss des Prüfverfahrens innerhalb dieses Zeitrahmens.

Ein **Überschreiten** führt auch nicht dazu, dass mögliche Rückforderungsansprüche deshalb verjährt oder verwirkt sind. Hierfür gelten ausschließlich die Regelungen des allgemeinen Verwaltungsrechts (§ 48 Abs. 4 VwVfG (Bund)); vgl. Teil II 26.

Kann die prüfende Stelle die Fristen regelmäßig nicht einhalten, muss sie die Gründe hierfür untersuchen und Maßnahmen zur **Abhilfe ergreifen**. Die Fachaufsicht der vorgesetzten Behörden muss sich auch auf die zeitgerechte Durchführung der Verwendungsnachweisprüfungen erstrecken.

In Ausnahmefällen sind **Fristüberschreitungen** möglich.

Insbesondere gilt dies, wenn **externe Prüfungsstellen** eingeschaltet werden müssen, auf deren Zuarbeit die Bewilligungsbehörde keinen Einfluss hat.[137] Dies sind z. B. die Preisüberwachungsstellen der Länder, die den Bewilligungsbehörden im Fall von Zuwendungen auf Kostenbasis bei der Feststellung der tatsächlich angefallenen zuwendungsfähigen Kosten Amtshilfe leisten.

Wenn **Beauftragte** die Verwendungsnachweisprüfung dagegen vollständig an Stelle der Bewilligungsbehörden übernehmen, sind sie – wie die Bewilligungsbehörden selbst – auch an die Zeitvorgaben gebunden.

21.29 Stopp neuer Bewilligungen

Ergibt die Prüfung des Verwendungsnachweises **grundlegende Mängel** beim Zuwendungsempfänger, dürfen Anschlussförderungen so lange nicht bewilligt werden, bis diese behoben sind.[138]

> **Beispiel:**
>
> Der Zuwendungsempfänger ist mit der Vorlage des Verwendungsnachweises in Verzug. Er begründet dies damit, dass sein einziger Mitarbeiter, der mit der Abwicklung öffentlicher Förderungen vertraut ist, nicht mehr bei ihm tätig ist. Die Entscheidung über eine bereits beantragte weitere Förderung verschiebt

---

[137] VV Nr. 11.4 Satz 2 zu § 44 BHO.
[138] VV Nr. 11.4 Satz 3 zu § 44 BHO.

II. Das Verwaltungsverfahren bei Zuwendungen

> die Bewilligungsbehörde, bis der ausstehende Verwendungsnachweis vorliegt und von ihr geprüft wurde. Außerdem muss ihr der Zuwendungsempfänger für die neue Bewilligung darlegen, dass ein für die administrative Abwicklung von Förderungen geeigneter Mitarbeiter zur Verfügung steht.

Sind die Beanstandungen so gravierend, dass die **ordnungsgemäße Geschäftsführung** bei dem betroffenen Zuwendungsempfänger als nicht mehr gesichert erscheint, dürfen ihm überhaupt keine Förderungen mehr gewährt werden.[139]

> **Beispiel:**
>
> Ein bereits mehrfach geförderter Zuwendungsempfänger legt wiederholt nicht ordnungsgemäße Verwendungsnachweise vor. Bei der Prüfung erweist sich außerdem, dass er die Zuwendung regelmäßig teilweise nicht zweckentsprechend oder nicht wirtschaftlich verwendet. Die Bewilligungsbehörde sperrt den Zuwendungsempfänger daraufhin für künftige Förderungen.

21.30 Stopp laufender Auszahlungen

Ergibt die Prüfung des Zwischennachweises grundlegende Beanstandungen, darf eine laufende Förderung an den Zuwendungsempfänger nicht weiter ausgezahlt werden, bis die **Mängel beseitigt** sind,[140] oder der Zuwendungsbescheid ist zu widerrufen.[141]

> **Beispiel:**
>
> Die Prüfung des Sachberichts zum Zwischennachweis ergibt, dass der Zuwendungsempfänger von dem in der Projektbeschreibung vorgegebenen Weg zur Erfüllung des Zuwendungszwecks abgewichen ist. Die Bewilligungsbehörde hat Zweifel, ob das geänderte Vorgehen wirtschaftlich ist und zum Erfolg führen wird. Bis zur Klärung setzt sie die weitere Auszahlung der Zuwendung aus.

---

[139] VV Nr. 1.2 Satz 2 zu § 44 BHO.
[140] VV Nr. 11.4 Satz 4.
[141] VV Nr. 11.4 Satz 5.

21. Die Prüfung des Verwendungsnachweises

21.31 Vermerk über die Verwendungsnachweisprüfung

Der Umfang und das Ergebnis der Prüfung des Verwendungsnachweises sind in einem **Prüfungsvermerk** niederzulegen.

Feststellungen von **unwesentlicher Bedeutung** sind nicht in den Vermerk aufzunehmen.[142]

Die Dokumentationspflicht gilt sowohl für die **kursorische** als auch für die **vertiefte Prüfung**.

21.32 Vermerk bei der kursorischen Prüfung

Bei der kursorischen Prüfung reicht ein einfacher **Ergebnisvermerk**, wenn keine Anhaltspunkte für die Geltendmachung eines Erstattungsanspruchs festgestellt wurden.

Andernfalls sind die **Gründe für den Übergang** in eine vertiefte Prüfung kurz darzustellen.

> **Beispiel:**
>
> Eine prüfende Stelle nutzt für die Dokumentation der kursorischen Prüfung einen (ggf. elektronischen) Stempel, der zwei Ergebnisalternativen vorsieht. Er wird auf dem Verwendungsnachweis angebracht.

Kursorisch geprüft.

Keine Anhaltspunkte für die Geltendmachung eines Erstattungsanspruchs festgestellt.

Folgende Anhaltspunkte für eine vertiefte Prüfung festgestellt

....

....

....

(nicht Zutreffendes streichen)

_____   _____
Name   Datum

---

[142] VV Nr. 11.2 zu § 44 BHO.

II. Das Verwaltungsverfahren bei Zuwendungen

21.33 Vermerk bei der vertieften Prüfung

Anhand des Prüfungsvermerks muss **deutlich** werden, warum die Bewilligungsbehörde das Zuwendungsverfahren gegenüber dem Zuwendungsempfänger abschließen kann oder welche anderen Folgen zu ziehen sind (z. B. die vollständige oder teilweise Aufhebung des Zuwendungsbescheids).

Hierzu müssen aus dem Vermerk **mindestens ersichtlich** sein:

- Der Grund der Prüfung (z. B. Stichprobe, Anhaltspunkte aus der kursorischen Prüfung, Erstbewilligung, hohes Fördervolumen).
- Der Umfang der Prüfung (z. B. Stichproben, vollständig, besondere Schwerpunkte).
- Die Prüfungshandlungen (z. B. Anforderung von Belegen, rechnerisches Nachvollziehen von Angaben, Sichtung von Unterlagen, örtliche Erhebungen).
- Die wesentlichen Prüfungsfeststellungen (z. B. gegenständlicher Zuwendungszweck erfüllt, Ziel der Förderung erreicht, keine Auflagenverstöße, keine Änderung der Gesamtfinanzierung, keine Verstöße gegen die alsbaldige Verwendung, keine verbleibenden Kassenmittel).
- Die im Einzelnen zu ziehenden Schlussfolgerungen (z. B. Abschluss des Verfahrens, vollständige oder teilweise Aufhebung des Zuwendungsbescheids, isolierter Zinsanspruch wegen nicht alsbaldiger Verwendung, übergreifende Folgerungen).

> **Praxis-Tipp:**
>
> Es empfiehlt sich, einen behördeninternen **Vordruck** für den Prüfungsvermerk zu nutzen. So wird sichergestellt, dass
>
> - alle Prüfungen in gleicher Weise durchgeführt werden,
> - allen wichtigen Aspekten Rechnung getragen wird,
> - die Prüfung strukturiert anhand eines „roten Fadens" erfolgt und
> - die Darlegungen den Anforderungen an eine geeignete Dokumentation entsprechen.

Die sachgerechte Dokumentation des Prüfungsergebnisses hat auch besondere Bedeutung für die **Ausschlussfrist** nach **§ 48 Abs. 4 VwVfG**

21. Die Prüfung des Verwendungsnachweises

im Hinblick auf die Aufhebung von Zuwendungsbescheiden. Die Vorschrift lässt die Rücknahme und den Widerruf von Zuwendungsbescheiden nur zu, wenn sie innerhalb eines Jahres erfolgt, seitdem die Bewilligungsbehörde Kenntnis von dem Aufhebungsgrund hat, vgl. Teil II 26.1.

21.34 Gemeinsame Förderung oder Beauftragung eines Dritten

Bei **gemeinsamen Förderungen** nach VV Nr. 1.4 zu § 44 BHO übersendet die prüfende Stelle den anderen an der Förderung beteiligten Finanzierungspartnern einen Abdruck des Vermerks.[143]

Gleiches gilt, wenn die Bewilligungsbehörde eine **andere Stelle** mit der Prüfung des Verwendungsnachweises beauftragt hat.[144]

Mit der Übersendung sollte auch mitgeteilt werden, welche **Folgerungen** die prüfende Stelle gegenüber dem Zuwendungsempfänger empfiehlt. Bei gemeinsamen Förderungen sollten die Partner möglichst ein einheitliches Vorgehen vereinbaren.

21.35 Beispiel für einen Prüfungsvermerk – vertiefte Prüfung Projektförderung –

```
Projekt: _____
Zuwendungsempfänger: _____
Eingang VN am: _____
VN kursorisch geprüft am: _____  durch: _____
VN vertieft geprüft am: _____  durch: _____
```

Grund der Prüfung:

(Z. B. nach dem Zufallsprinzip ausgewählte Stichprobe, erstmalige Vorlage eines Verwendungsnachweises durch den Zuwendungsempfänger, hohes Fördervolumen, grundsätzlich hohe Wahrscheinlichkeit von Rückforderungen wegen der Art der Förderung)

---

[143] VV Nr. 11.3 Satz 1 zu § 44 BHO; vgl. Teil II 21.5.
[144] VV Nr. 11.3 Satz 2 zu § 44 BHO; vgl. Teil II 21.4; außerdem ist ein Abdruck des Sachberichts zu übersenden.

II. Das Verwaltungsverfahren bei Zuwendungen

Durchführung der Prüfung:

(Z. B. Prüfungsumfang, Stichprobe in der Stichprobe, Anzahl der geprüften Belege, Prüfschwerpunkte, besondere Prüfaspekte wie z. B. Vergaberecht, örtliche Prüfung)

Ergebnis der Prüfung:

Gegenstand der Prüfung	Ergebnis der Prüfung
Entspricht der Verwendungsnachweis den im Zuwendungsbescheid geregelten formalen Anforderungen? (Z. B.: Vorgegebene Muster verwendet? Vollständig? Fristgerecht vorgelegt?)	☐ ja ☐ nein Begründung für „nein"; ggf. Folgerungen
Wurde der Bewilligungszeitraum eingehalten?	☐ ja ☐ nein Begründung für „nein"; ggf. Folgerungen
Gibt es Hinweise für einen vorzeitigen Maßnahmenbeginn?	☐ ja ☐ nein Begründung für „ja"; ggf. Folgerungen
Kann anhand des Sachberichts die Durchführung des Projekts nach den Vorgaben der Projektbeschreibung nachvollzogen werden?	☐ ja ☐ nein Begründung; ggf. Folgerungen
Werden die wichtigsten Positionen des zahlenmäßigen Nachweises im Sachbericht ausreichend und nachvollziehbar erläutert?	☐ ja ☐ nein Begründung für „nein"; ggf. Folgerungen

21. Die Prüfung des Verwendungsnachweises

Gegenstand der Prüfung	Ergebnis der Prüfung
Wurde der gegenständliche Zuwendungszweck verwirklicht?	☐ ja ☐ nein Begründung; ggf. Folgerungen
Wurde das Ziel der Förderung erreicht? (Ggf. Gegenstand einer gesonderten Erfolgskontrolle; vgl. Teil II 22)	☐ ja ☐ nein Begründung; ggf. Folgerungen
Welchen Beitrag hat das Projekt zu den übergeordneten Förderzielen des Bundes geleistet? (Förderprogramm.)	Erläuterung
Entspricht der zahlenmäßige Nachweis den Anforderungen? (Z. B.: Einnahmen und Ausgaben entsprechend der Gliederung des Finanzierungsplans aufgeführt? Ausgaben in der Belegliste in zeitlicher Reihenfolge dargestellt? Alle Einnahmen und Ausgaben im zahlenmäßigen Nachweis und der Belegliste enthalten? Zahlenmäßiger Nachweis rechnerisch richtig? Übereinstimmung der Belege mit den Angaben im Verwendungsnachweis? Enthalten die Belege die erforderlichen Angaben?)	☐ ja ☐ nein Begründung; ggf. Folgerungen
Wurde die Zuwendung zweckentsprechend verwendet? (Z. B.: Hinweise auf nicht zweckentsprechende Verwendung im Sachbericht und zahlenmäßigem Nachweis? Können sämtliche geltend gemachten Ausgaben anerkannt werden?)	☐ ja ☐ nein Begründung; ggf. Folgerungen

II. Das Verwaltungsverfahren bei Zuwendungen

Gegenstand der Prüfung	Ergebnis der Prüfung
Wurde die Zuwendung wirtschaftlich verwendet? (Z. B.: Hinweise auf unwirtschaftliche Verwendung im Sachbericht und zahlenmäßigem Nachweis?)	☐ ja ☐ nein Begründung; ggf. Folgerungen
Bei Vorsteuerabzugsberechtigung: Werden nur Entgelte ohne Umsatzsteuer abgerechnet?	☐ ja ☐ nein Folgerungen bei „nein"
Wurden Mittel nicht alsbald verwendet? (nach den Angaben in der Belegliste)	☐ ja, in Höhe von .... Euro ☐ nein Folgerungen bei „ja"
Wurden die im Zuwendungsbescheid geregelten Auflagen eingehalten? (Z. B.: Besserstellungsverbot, Ausschreibungspflichten, Verbot von Vorleistungen, Inventarisierung von Gegenständen, Mitteilungspflichten, besondere Auflagen im Einzelfall.)	☐ ja ☐ nein Folgerungen bei „nein"
Hat sich die Finanzierung gegenüber dem Finanzierungsplan geändert? (Z. B.: Wurden Einzelansätze des Finanzierungsplans unzulässig überschritten?)	☐ ja ☐ nein Erläuterung für „ja"; ggf. Folgerungen Zur Abrechnung der Zuwendung im Einzelnen vgl. Anlage.
Sind verbleibende Kassenmittel zurückzufordern?	☐ ja, in Höhe von .... Euro ☐ nein Folgerungen bei „ja"

21. Die Prüfung des Verwendungsnachweises

Gegenstand der Prüfung	Ergebnis der Prüfung
Hat sich die Gesamtfinanzierung gegenüber der Finanzierungsübersicht geändert (z. B. höhere Deckungsmittel erzielt)?	☐ ja, in Höhe von .... Euro ☐ nein Folgerungen bei „ja"
Muss der Zuwendungsbescheid zurückgenommen/widerrufen werden (ggf. teilweise)? (Z. B. wegen nicht zweckentsprechender oder unwirtschaftlicher Verwendung oder Auflagenverstößen.)	☐ ja, in Höhe von .... Euro ☐ nein Begründung für „ja"
Ist die Erstattung der Zuwendung zu fordern (ggf. teilweise)? (Z. B. wegen Rücknahme/Widerruf des Zuwendungsbescheids oder wegen der Änderung der Zuwendungshöhe im Schlussbescheid.)	☐ ja, in Höhe von .... Euro ☐ nein Begründung für „ja"
Müssen Zinsen erhoben werden? (Z. B. wegen Erstattungsforderung oder nicht alsbaldiger Verwendung.)	☐ ja, in Höhe von .... Euro ☐ nein Begründung für „ja"
Sind übergreifende Folgerungen nach VV Nr. 11.4 Satz 3 und 4 zu § 44 BHO zu ziehen? (Z. B. Keine Neubewilligung oder Auszahlung von Zuwendungen, weil Anhaltspunkte aus der VN-Prüfung entgegenstehen.)	☐ ja ☐ nein Begründung für „ja"
Muss die Bewilligungsbehörde nach dem Ergebnis der Prüfung Folgerungen für ihr eigenes Handeln ziehen? (Z. B. „Systemfehler" bei der Förderung, Förderziele unrealistisch.)	☐ ja ☐ nein Begründung

II. Das Verwaltungsverfahren bei Zuwendungen

Gegenstand der Prüfung	Ergebnis der Prüfung
Kann das Verfahren abgeschlossen werden?	☐ ja ☐ nein Begründung für „nein"
Sonstiges	

_____

Datum, Unterschrift

21.36 Abschluss des Verfahrens gegenüber dem Zuwendungsempfänger

Im Zuwendungsrecht ist **nicht geregelt**, wie das Förderverfahren nach der Prüfung des Verwendungsnachweises gegenüber dem Zuwendungsempfänger abzuschließen ist.

21.37 Prüfergebnis ohne Beanstandungen

Aus Gründen der **Rechtssicherheit** ist es geboten, dem Zuwendungsempfänger das Ergebnis der Prüfung des Verwendungsnachweises mitzuteilen, auch wenn ihm gegenüber nichts mehr zu veranlassen ist.

Die Information kann mit einem **einfachen Schreiben** geschehen.

Beispiel:

Die Bewilligungsbehörde verwendet folgenden Standardtext:

„Nach Prüfung des Verwendungsnachweises schließe ich das Zuwendungsverfahren ab. Auf die Aufbewahrungsfristen nach Nr. 6.5 ANBest-P sowie das Erhebungsrecht des Bundesrechnungshofes nach § 91 Bundeshaushaltsordnung weise ich hin (Nr. 7.3 ANBest-P). Ferner weise ich darauf hin, dass eine Rücknahme oder ein Widerruf des Zuwendungsbescheides nach §§ 48, 49 Verwaltungsverfahrensgesetz (VwVfG) innerhalb der in § 48 Abs. 4 VwVfG genannten Frist möglich ist, sofern Aufhebungsgründe nachträglich bekannt werden."

Sofern der Zuwendungsempfänger noch über den Bewilligungszeitraum **hinausreichende Pflichten** zu erfüllen hat (z. B. die Weiterverwendung von Gegenständen für den Zuwendungszweck oder Mitteilungspflichten im Rahmen einer nachgelagerten Erfolgskontrolle), sollte auch hierauf im Abschlussschreiben hingewiesen werden.

> **Beispiel:**
>
> Die Bewilligungsbehörde ergänzt ihr obenstehendes Schreiben:
>
> „Im Übrigen weise ich darauf hin, dass über den Projektabschluss hinaus noch folgende Pflichten aus dem Zuwendungsbescheid mir gegenüber zu erfüllen sind …"

21.38 Prüfungsergebnis mit Folgerungen

Wenn aus der Prüfung Folgerungen gegenüber dem Zuwendungsempfänger mit Regelungscharakter zu ziehen sind, werden diese als **Verwaltungsakt** erlassen.

Dies kann z. B. der vollständige oder teilweise **Widerruf** des Zuwendungsbescheides nach § 48 Abs. 3 Nr. 1 VwVfG wegen nicht zweckentsprechender Verwendung der Zuwendung sein.

21.39 Besonderheit bei vorläufigen Zuwendungsbescheiden

Sofern die Zuwendung zunächst nur vorläufig bewilligt worden ist, bedarf es in jedem Fall des zügigen Erlasses eines **Schlussbescheids, vgl. Teil II 28.3**. Dies gilt auch, wenn die Höhe der Zuwendung gegenüber dem Ausgangsbescheid unverändert bleibt.

22. Erfolgskontrolle bei Zuwendungen

> **Überblick**
>
> - Die obligatorisch durchzuführende Erfolgskontrolle besteht grundsätzlich aus den Untersuchungsschritten Zielerreichungskontrolle, Wirkungskontrolle und Wirtschaftlichkeitskontrolle.
> - Mit der Zielerreichungskontrolle wird festgestellt, in welchem Maß das mit der Förderung verfolgte Ziel erreicht wurde.
> - Mit der Wirkungskontrolle wird ermittelt, ob die Maßnahme für die Zielerreichung geeignet und ursächlich war.

II. Das Verwaltungsverfahren bei Zuwendungen

- Mit der Wirtschaftlichkeitskontrolle werden Vollzugs- und Maßnahmenwirtschaftlichkeit überprüft.
- Beim Bund sind Einzelförderungen nur einer Zielerreichungskontrolle zu unterziehen. Institutionelle Förderungen und Förderprogramme müssen alle drei Untersuchungsschritte durchlaufen.
- Als eigenständige Prüfung ist die Erfolgskontrolle grundsätzlich getrennt von der Prüfung des Verwendungsnachweises vorzunehmen.

22.1 Rechtliche Vorgabe

Das Förderziel ist die ausschlaggebende Motivation für die Gewährung von Zuwendungen, vgl. Teil II 5.3, 10. Am Ende des Zuwendungsverfahrens muss sich die Bewilligungsbehörde deshalb vom Erfolg der Förderung **überzeugen**. Nur so kann sie feststellen, ob ihr Handeln dem erheblichen staatlichen Interesse tatsächlich gedient hat.

Die **Verpflichtung zur Durchführung** einer Erfolgskontrolle ist für Zuwendungen des Bundes ausdrücklich in den Allgemeinen Verwaltungsvorschriften zu § 44 BHO festgelegt (VV Nr. 11a zu § 44 BHO). Die meisten Länder haben dagegen von einer expliziten zuwendungsrechtlichen Vorschrift abgesehen. Hier resultiert die Verpflichtung der Bewilligungsbehörde aus § 7 Abs. 2 LHO. Die Vorschrift verlangt die Durchführung angemessener Wirtschaftlichkeitsuntersuchungen bei allen finanzwirksamen Maßnahmen.

§ 7 Abs. 2 Satz 1 BHO
„Für alle finanzwirksamen Maßnahmen sind angemessene Wirtschaftlichkeitsuntersuchungen durchzuführen."

Eine Erfolgskontrolle ist eine Form der Wirtschaftlichkeitsuntersuchung, die dazu dient, ausgehend von der Planung **festzustellen**,

- ob und in welchem Ausmaß die angestrebten Ziele erreicht wurden,
- ob die Maßnahme ursächlich für die Zielerreichung war und
- ob die Maßnahme wirtschaftlich war.[145]

---

[145] VV Nr. 2.2 zu § 7 BHO.

22. Erfolgskontrolle bei Zuwendungen

Erfolgskontrollen sollen auch Erkenntnisse darüber vermitteln, inwieweit künftige Förderungen verändert werden müssen, um den erheblichen staatlichen Interessen ggf. (noch) besser Rechnung tragen zu können. Sie sind eine unabdingbare Voraussetzung für ein **"lernendes Fördersystem"**.

22.2 Methodik

Eine Erfolgskontrolle umfasst grundsätzlich **drei Untersuchungsschritte**:

- Zielerreichungskontrolle,
- Wirkungskontrolle,
- Wirtschaftlichkeitskontrolle.[146]

Mit der **Zielerreichungskontrolle** wird durch einen Vergleich der geplanten Ziele mit der tatsächlichen Zielrealisierung festgestellt, welcher Zielerreichungsgrad vorliegt.

> **Beispiel:**
>
> Durch die Förderung eines Jugendzentrums mit besonderem pädagogischen Konzept strebt eine von überdurchschnittlich hoher Jugendkriminalität betroffene Stadt eine Senkung der Jugendkriminalitätsrate im Einzugsgebiet der Einrichtung in den nächsten drei Jahren nach Eröffnung des Zentrums um ein Viertel an. Eine Auswertung der hinreichend aussagekräftigen Polizeistatistik nach Ablauf der Dreijahresfrist ergibt, dass die Rate um 30 Prozent gesunken ist.
>
> Das Ziel der Maßnahme wurde somit nicht nur erreicht, sondern sogar übertroffen.

Die Zielerreichungskontrolle setzt ein anhand konkreter Indikatoren **messbares Ziel** voraus. Die Zieldefinition obliegt der Bewilligungsbehörde und dem Zuwendungsempfänger im Rahmen des Antrags- und Bewilligungsverfahrens. Eine vergleichsweise einfache

---

[146] Vgl. Arbeitsanleitung Einführung in Wirtschaftlichkeitsuntersuchungen, BMF-Rundschreiben vom 12.01.2011 – II A 3 – H 1012 – 10/08/10004 (2011/016585), Abschnitt D; GMBl. 2011, S. 76 ff. Hier werden die Funktion und praktische Durchführung der drei Bestandteile der Erfolgskontrolle ausführlich erläutert.

II. Das Verwaltungsverfahren bei Zuwendungen

Methode der Zielbestimmung ist das so genannte SMART-Konzept, vgl. dazu Teil II 11.

Bei der sich an die Zielerreichungskontrolle anschließenden **Wirkungskontrolle** wird sodann ermittelt, ob die Maßnahme für die Zielerreichung geeignet und ursächlich war. Hierzu werden die Beiträge des Vorhabens, aber auch externe Einflüsse auf die Zielerreichung untersucht und zueinander in Beziehung gesetzt.

Beispiel:

Die Untersuchung ergibt, dass das Jugendzentrum von zahlreichen kriminalitätsgefährdeten Jugendlichen intensiv genutzt wird. Das dort beschäftigte pädagogische Fachpersonal beobachtet bei den meisten von ihnen ein verbessertes Sozialverhalten. Auch sind individuell stark zurückgegangene Rückfallquoten der betreuten Jugendlichen polizeibekannt. Die Nutzer der Einrichtung selbst äußern sich in einer Langzeitbefragung selbstkritisch zu ihrem früherem Verhalten. Sie geben an, ihre Freizeit jetzt sinnvoller zu gestalten und weniger „Sch... zu bauen". In einem vergleichbaren Stadtviertel ohne Jugendzentrum hat sich die Jugendkriminalitätsrate dagegen nicht signifikant geändert. An äußeren Einflussfaktoren stellt die Untersuchung vermehrte Polizeistreifen in dem betroffenen Stadtteil und die bundesweite Einführung eines verschärften Jugendstrafrechts fest. Während die höhere Polizeipräsenz nach der generellen Einschätzung der Kriminalitätsforschung zumindest einen Teilbetrag zur Verringerung der Kriminalität geleistet haben dürfte, ist dies hinsichtlich des neuen Jugendstrafrechts zu verneinen. Die neuen Regelungen sind den meisten jugendlichen Nutzern der Einrichtung nicht bekannt.

Mit der **Wirtschaftlichkeitskontrolle** wird abschließend festgestellt, ob der Vollzug der Maßnahme im Hinblick auf den Ressourcenverbrauch (Vollzugswirtschaftlichkeit) und die Maßnahme im Hinblick auf übergeordnete Zielsetzungen insgesamt wirtschaftlich war (Maßnahmenwirtschaftlichkeit).

22. Erfolgskontrolle bei Zuwendungen

Beispiel:

Die Vollzugswirtschaftlichkeit hat die Bewilligungsbehörde bereits im Rahmen der Verwendungsnachweisprüfung untersucht. Hierzu hat sie den im Finanzierungsplan vorgesehenen Ressourcenverbrauch mit dem im zahlenmäßigen Nachweis ausgewiesenen tatsächlichen Mittelaufwand verglichen. Auch einzelne Zahlungen wurden bereits in diesem Stadium auf deren Wirtschaftlichkeit hinterfragt. Zur Prüfung der übergeordneten Maßnahmenwirtschaftlichkeit hat die Bewilligungsbehörde die Betriebskosten der Einrichtung mit den in dem betroffenen Stadtviertel durch Vandalismus verursachten Sachschäden an öffentlichem und privatem Eigentum verglichen und die Entlastung der städtischen Jugendhilfe an anderer Stelle (weniger Streetworker) gegengerechnet. Als nicht monetär auszudrückender Effekt wird das bessere Sicherheitsempfinden der Bürgerinnen und Bürger in die Waagschale gelegt.

Erfolgskontrolle

Zielerreichungskontrolle
Grad der Zielerreichung

↓

Wirkungskontrolle
1. Ursächlichkeit der Maßnahme für die Zielerreichung
2. Einflussgrößen, die neben der Maßnahme zur Zielerreichung beigetragen haben

↓

Wirtschaftlichkeitskontrolle
1. Notwendigkeit des Ressourcenverbrauchs
(Vollzugswirtschaftlichkeit)
2. Wirtschaftlichkeit der Maßnahme im Hinblick auf ihre Zielsetzung
(Maßnahmenwirtschaftlichkeit)

22.3 Abgestufte Erfolgskontrolle bei Zuwendungen

VV Nr. 11a zu § 44 BHO

„Bei allen Zuwendungen ist von der zuständigen obersten Bundesbehörde oder der von ihr bestimmten Stelle eine Erfolgskontrolle nach Maßgabe der nachstehenden Bestimmungen durchzuführen (abgestufte Erfolgskontrolle). Soweit sachgerecht, kann die Erfolgskontrolle mit der Nachweisprüfung verbunden werden. Bei der Ausgestaltung des Verfahrens können ressortspezifische Besonderheiten (z. B. eigenständige Evaluierungsverfahren) berücksichtigt werden, soweit sie geeignet sind, den Erfolg der Förderung festzustellen und sie den in den VV zu § 7 festgelegten Grundsätzen Rechnung tragen."

Die Durchführung einer Erfolgskontrolle ist methodisch **anspruchsvoll und zeitaufwendig**. Häufig stehen der Verwaltung die hierfür erforderlichen zeitlichen und personellen Ressourcen nicht zur Verfügung.

Auch die Durchführung von Erfolgskontrollen selbst unterliegt dem Gebot der Wirtschaftlichkeit des Verwaltungshandelns nach § 7 BHO/LHO. Der für Erfolgskontrollen erforderliche Aufwand muss danach in einem **angemessenen Verhältnis** zum Erkenntnisgewinn stehen.

Die Allgemeinen Verwaltungsvorschriften des Bundes sehen daher eine **abgestufte Erfolgskontrolle** vor:

- Bei institutionellen Förderungen[147] und den übergeordneten Zielen von Förderprogrammen[148] sind vollständige Erfolgskontrollen mit allen drei Bestandteilen der Zielerreichungs-, Wirkungs- und Wirtschaftlichkeitskontrolle vorzunehmen.

- Einzelmaßnahmen (auch im Rahmen von Förderprogrammen) sind dagegen nur daraufhin zu untersuchen, ob das mit ihnen beabsichtigte operative Förderziel voraussichtlich erreicht wird bzw. worden ist. Es reicht hier also die Zielerreichungskontrolle.

Als **weitere Erleichterung** für die Bewilligungsbehörde kommt beim Bund hinzu, dass sich die Erfolgskontrolle bei Einzelmaßnahmen auf die im Rahmen der Verwendungsnachweisprüfung ausgesuchten Stichproben für die vertiefte Prüfung beschränken kann.[149]

Die Ausgestaltung der abgestuften Erfolgskontrolle beim Bund geht maßgeblich auf **Empfehlungen des Bundesrechnungshofes** zurück.[150] Es bestehen keine Bedenken, wenn Bewilligungsbehör-

---
[147] VV Nr. 11a.3 zu § 44 BHO.
[148] VV Nr. 11a.2 zu § 44 BHO.
[149] VV Nr. 11a.1, Satz 2 zu § 44 BHO.
[150] Bemerkungen des Bundesrechnungshofes 2003, BT-Drs. 15/2020, Nr. 3.7.4.2, S. 101.

den der Länder oder von Kommunen sich an ihnen orientieren, sofern dem keine anderweitigen Regelungen entgegenstehen.

22.4 Erfolgskontrolle als eigenständige Prüfung

Die Bundesregelungen zur Erfolgskontrolle bei Zuwendungen sind regelungssystematisch ausdrücklich von den Vorgaben zur Verwendungsnachweisprüfung **abgekoppelt** worden.

Dies soll den **eigenständigen Charakter** der auf das Förderziel gerichteten Erfolgskontrolle gegenüber der auf den gegenständlichen Zuwendungszweck abzielenden Prüfung des Verwendungsnachweises betonen.

> **Praxis-Tipp:**
> Soweit es sachgerecht ist, kann die Erfolgskontrolle in Einzelfällen aber mit der Prüfung des Verwendungsnachweises **verbunden** werden (VV Nr. 11a Satz 2 zu § 44 BHO). Dies ist insbesondere der Fall, wenn bei inhaltlich einfachen Maßnahmen die gegenständliche Verwendung der Zuwendung und das Förderziel zusammenfallen. Vgl. dazu Teil II 11.11.

23. Wegfall des Zuwendungsanspruchs

Der mit dem Bewilligungsbescheid konstituierte Anspruch des Zuwendungsempfängers auf den Erhalt der Förderung kann unter bestimmten Voraussetzungen auch wieder entfallen. Eine bereits erhaltene Leistung muss in diesem Fall grundsätzlich vom Zuwendungsempfänger teilweise oder ggf. auch vollständig wieder erstattet werden. Die für die Erstattung maßgebliche Regelung des § 49a Abs. 1 VwVfG nennt für das Entfallen des Zuwendungsanspruchs drei **Rechtsgrundlagen**, die unterschiedliche Fallvarianten regeln:

- Rücknahme des Zuwendungsbescheids (Alternative 1)
- Widerruf des Zuwendungsbescheids (Alternative 2)
- Unwirksamkeit des Zuwendungsbescheids (Alternative 3)

Die nach § 48 VwVfG mögliche **Rücknahme** betrifft Förderbescheide, die aufgrund ihrer Rechtswidrigkeit nie hätten erlassen werden dürfen; zum Beispiel, weil der Zuwendungsempfänger gegenüber der

II. Das Verwaltungsverfahren bei Zuwendungen

Bewilligungsbehörde unzutreffende Angaben hinsichtlich der Fördervoraussetzungen gemacht hat, vgl. Teil II 24.

Der **Widerruf** eines rechtmäßigen Förderbescheids, vor allem nach § 49 Abs. 3 VwVfG, kommt in Betracht, wenn sich der Widerrufsgrund erst nachträglich ergibt; zum Beispiel, weil der Zuwendungsempfänger die ausgezahlte Zuwendung nicht zweckentsprechend verwendet hat, vgl. Teil II 25.

Die dritte Alternative der **Unwirksamkeit** des Zuwendungsbescheids betraf nach bisherigem Verständnis solche Fälle, in denen sich die im Bewilligungsbescheid zugrunde gelegten zuwendungsfähigen Ausgaben bei der Erfüllung des Zuwendungszwecks gegenüber der Planung verringert und/oder sich die vorgesehenen Deckungsmittel erhöht haben (so genannte Finanzierungsverbesserungen). Da die zuwendungsfähigen Ausgaben sowie die zu ihrer Finanzierung vorhandenen Deckungsmittel bei der Bewilligung ein entscheidendes Kriterium für die Höhe der Förderung waren (vgl. Teil II 12), liegt es auf der Hand, dass sich nachträglich eingetretene Finanzierungsverbesserungen auch nachträglich auf die Höhe der Förderung auswirken müssen (Ausnahme: Festbetragsfinanzierung, vgl. Teil I 9.4).

Für diese Fälle sehen die ANBest standardmäßig eine spezielle Regelung vor (Nrn. 2 ANBest-I, ANBest-P, ANBest-Gk, ANBest-P-Kosten). Diese Ermäßigungsklausel wurde über Jahrzehnte sowohl von der Verwaltung als auch von den Gerichten als **auflösende Bedingung** im Sinne des § 36 Abs. 2 Nr. 2 VwVfG verstanden (vgl. z. B. Nr. 8.2.3 ANBest-P). Trat der in der Klausel beschriebene Tatbestand einer Finanzierungsverbesserung ein, wurde nach dem hergebrachten Verständnis der Zuwendungsbescheid in der entsprechenden Höhe automatisch unwirksam und der Erstattungstatbestand des § 49a Abs. 1 Alt. 3 war erfüllt, vgl. Teil II 29. Dem hergebrachten Verständnis der Ermäßigungsklausel als auflösende Bedingung hat das Bundesverwaltungsgericht jedoch in zwei Grundsatzurteilen aus den Jahren 2015 und 2017 **den Boden entzogen**. Das Gericht ist der Auffassung, dass die Regelung die an eine auflösende Bedingung zu stellenden Anforderungen nicht erfüllt.

Die Verwaltung steht damit vor dem Problem, die Fälle von bloßen Finanzierungsverbesserungen **auf andere rechtliche Weise als bisher zu behandeln**. Dies kann entweder in der Weise geschehen, dass auch Finanzierungsverbesserungen zum Widerruf des Zuwendungsbescheids führen, vgl. Teil II 25). Alternativ kann die Bewilligungsbehörde ggf. aber auch von dem – in der Zuwendungspraxis zunehmend genutzten – Instrument des vorläufigen Zuwendungsbescheids mit späterer endgültiger Festsetzung Gebrauch machen, vgl. Teil II 28.

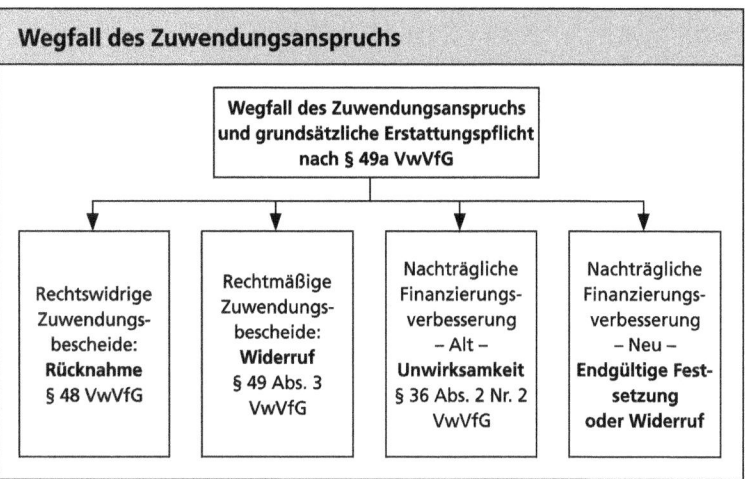

24. Rücknahme rechtswidriger Zuwendungsbescheide

Überblick

- Rechtswidrige Zuwendungsbescheide können grundsätzlich zurückgenommen werden. Zuwendungsbescheide sind rechtswidrig, wenn sie aufgrund rechtlicher Vorgaben nicht hätten erlassen werden dürfen.
- Eine Rücknahme ist ausgeschlossen, wenn der Zuwendungsempfänger schutzwürdiges Vertrauen genießt.
- Schutzwürdiges Vertrauen liegt grundsätzlich vor, soweit der Zuwendungsempfänger die gewährte Leistung bereits verbraucht oder eine Vermögensdisposition getroffen hat, die er nicht mehr oder nur unter unzumutbaren Nachteilen rückgängig machen kann.
- Schutzwürdiges Vertrauen liegt unter anderem nicht vor, wenn der Zuwendungsempfänger die Zuwendung durch unrichtige oder unvollständige Angaben erwirkt hat.
- Hinsichtlich der Teile der Zuwendung, die nicht dem Vertrauensschutz unterliegen, muss die Bewilligungsbehörde in Ermessenserwägungen über die Rücknahme des Zuwendungsbescheids eintreten.

II. Das Verwaltungsverfahren bei Zuwendungen

24.1 Grundsätzliche Rücknahmemöglichkeit

Die Rücknahme rechtswidriger Zuwendungsbescheide regelt **§ 48 VwVfG** (Bund). Danach kann ein rechtswidriger Verwaltungsakt, auch nachdem er unanfechtbar geworden ist, ganz oder teilweise mit Wirkung für die Zukunft oder für die Vergangenheit zurückgenommen werden. Rechtswidrige Bescheide hätten von vornherein nicht erteilt werden dürfen. Die Vorschrift ermächtigt die Verwaltung daher, den nicht mit der Rechtsordnung in Einklang stehenden Bewilligungsbescheid wieder zu beseitigen.

§ 48 Abs. 1 und 2 VwVfG – Rücknahme eines rechtswidrigen Verwaltungsaktes

„(1) Ein rechtswidriger Verwaltungsakt kann, auch nachdem er unanfechtbar geworden ist, ganz oder teilweise mit Wirkung für die Zukunft oder für die Vergangenheit zurückgenommen werden. Ein Verwaltungsakt, der ein Recht oder einen rechtlich erheblichen Vorteil begründet oder bestätigt hat (begünstigender Verwaltungsakt), darf nur unter den Einschränkungen der Absätze 2 bis 4 zurückgenommen werden.

(2) Ein rechtswidriger Verwaltungsakt, der eine einmalige oder laufende Geldleistung oder teilbare Sachleistung gewährt oder hierfür Voraussetzung ist, darf nicht zurückgenommen werden, soweit der Begünstigte auf den Bestand des Verwaltungsaktes vertraut hat und sein Vertrauen unter Abwägung mit dem öffentlichen Interesse an einer Rücknahme schutzwürdig ist. Das Vertrauen ist in der Regel schutzwürdig, wenn der Begünstigte gewährte Leistungen verbraucht oder eine Vermögensdisposition getroffen hat, die er nicht mehr oder nur unter unzumutbaren Nachteilen rückgängig machen kann. Auf Vertrauen kann sich der Begünstigte nicht berufen, wenn er

1. den Verwaltungsakt durch arglistige Täuschung, Drohung oder Bestechung erwirkt hat;

2. den Verwaltungsakt durch Angaben erwirkt hat, die in wesentlicher Beziehung unrichtig oder unvollständig waren;

3. die Rechtswidrigkeit des Verwaltungsaktes kannte oder infolge grober Fahrlässigkeit nicht kannte.

In den Fällen des Satzes 3 wird der Verwaltungsakt in der Regel mit Wirkung für die Vergangenheit zurückgenommen."

Ein Zuwendungsbescheid ist rechtswidrig, wenn er nach zuwendungsrechtlichen, haushaltsrechtlichen oder sonstigen **Rechtsnormen** nicht hätte erlassen werden dürfen.

24. Rücknahme rechtswidriger Zuwendungsbescheide

Beispiele:

- Die Förderung erfüllt nicht den Tatbestand des im Haushaltsplan bezeichneten Zwecks – §§ 3 Abs. 1, 45 Abs. 1 BHO.
- Für die Förderung hätte es ausnahmsweise einer ausdrücklichen gesetzlichen Regelung bedurft – Grundsatz vom Vorbehalt des Gesetzes des Art. 20 Abs. 3 GG; vgl. Teil I 3.7.

Verwaltungsvorschriften und Förderrichtlinien haben dagegen nicht die Qualität von Rechtsnormen (vgl. Teil I 3.4). Ein Verstoß gegen ihre Vorgaben führt nur dann zur Rechtswidrigkeit, wenn auf Grund der aus ihnen resultierenden tatsächlichen ständigen Verwaltungspraxis der Gleichheitssatz des Grundgesetzes (Art. 3 Abs. 1 GG) berührt ist.

Beispiele:

- Die von der Bewilligungsbehörde in ständiger Verwaltungspraxis angewandten Voraussetzungen einer Förderrichtlinie lagen nicht vor → Verstoß gegen den Gleichheitsgrundsatz des Art 3 Abs. 1 GG.
- Der Zuwendungsempfänger hatte bereits vor der Bewilligung mit der Maßnahme begonnen → Verstoß gegen das Verbot des vorzeitigen Maßnahmenbeginns, VV Nr. 1.3 zu § 44 BHO (vgl. Teil III 4).

24.2 Einschränkung der Rücknahmemöglichkeit bei schutzwürdigem Vertrauen

Zuwendungsbescheide sind überwiegend **begünstigende Verwaltungsakte**. Die Gewährung des finanziellen Vorteils in Form der Förderung überwiegt die hiermit verbundenen Belastungen bei Weitem. Förderbescheide dürfen deshalb nach § 48 Abs. 1 Satz 2 sowie Abs. 2 Satz 1 VwVfG (Bund) nicht zurückgenommen werden, soweit

- der Zuwendungsempfänger auf den Bestand des Verwaltungsaktes vertraut hat und
- sein Vertrauen unter Abwägung mit dem öffentlichen Interesse an einer Rücknahme schutzwürdig ist.

Der **Schutz des Vertrauens** der von staatlichen Maßnahmen Betroffenen ist ein elementares Grundprinzip des Rechtsstaats. Staatliches Handeln muss verlässlich sein, um bereits den Anschein willkürlichen

II. Das Verwaltungsverfahren bei Zuwendungen

Handelns zu vermeiden. Sonst würden die Betroffenen zu einem bloßen Objekt behördlicher Eingriffe herabgewürdigt.

24.3 Vorliegen schutzwürdigen Vertrauens

§ 48 VwVfG (Bund) klärt auch, **in welchen Fällen** sich der Zuwendungsempfänger auf ein zu schützendes Vertrauen berufen kann. Das Vertrauen ist nach § 48 Abs. 2 Satz 2 VwVfG (Bund) in der Regel dann schutzwürdig, wenn der Zuwendungsempfänger

- die gewährte Leistung für den Zuwendungszweck verbraucht oder
- im Hinblick auf die Förderung eine Vermögensdisposition getroffen hat, die er nicht mehr oder nur unter unzumutbaren Nachteilen rückgängig machen kann.

Dies bedeutet, dass ein rechtswidriger Zuwendungsbescheid hinsichtlich

- aller bereits von ihm zur Erfüllung des Zuwendungszwecks geleisteter Zahlungen sowie
- sämtlicher bereits von ihm hierzu eingegangener Verpflichtungen

grundsätzlich nicht mehr zurückgenommen werden kann.

Es bedeutet aber auch, dass der Bescheid hinsichtlich **noch nicht** getätigter Ausgaben und noch nicht eingegangener Verpflichtungen grundsätzlich zurückgenommen werden kann.

> **Beispiel:**
>
> Die gewährte Zuwendung umfasst 10.000 Euro. Bis zur Entscheidung der Bewilligungsbehörde über die Rücknahme des Zuwendungsbescheids hat der Zuwendungsempfänger hiervon 3.000 Euro bereits zweckentsprechend verwendet und ist in Höhe weiterer 1.000 Euro Verpflichtungen eingegangen. 4.000 Euro der Zuwendung fallen damit unter die gesetzliche Regelung des Vertrauensschutzes. Die verbleibenden 6.000 Euro dagegen nicht.

24. Rücknahme rechtswidriger Zuwendungsbescheide

24.4 Ermessensausübung beim nicht vom Vertrauensschutz umfassten Teil der Zuwendung

Während das von der Vorschrift eingeräumte behördliche Ermessen („kann zurückgenommen werden") im Falle des Vertrauensschutzes durch das Gesetz selbst gelenkt wird, gibt der **Gesetzgeber** für den nicht vom Vertrauensschutz erfassten Teil der Bewilligung **keine Vorgaben zur Ermessensausübung**.

Diese „Lücke" füllen die **Allgemeinen Verwaltungsvorschriften** zu § 44 BHO. Nach VV Nr. 8.3.2 zu § 44 BHO hat die Bewilligungsbehörde den Zuwendungsbescheid in Fällen des § 48 VwVfG **„regelmäßig unverzüglich"** zurückzunehmen, soweit kein schutzwürdiges Vertrauen vorliegt.

Grund für diese restriktive Haltung ist, dass der **Herstellung des rechtmäßigen Zustands** in der Abwägung gegenüber den wirtschaftlichen und inhaltlichen Interessen des Zuwendungsempfängers das höhere Gewicht einzuräumen ist.

Beispiel:

In dem obenstehenden Fall bedeutet dies, dass die Bewilligungsbehörde den Zuwendungsbescheid in Höhe der nicht vom Vertrauensschutz umfassten 6.000 Euro zurücknehmen muss.

Nur bei Vorliegen **besonderer Umstände** darf die Bewilligungsbehörde ausnahmsweise von der Aufhebung absehen. Dies kann im Hinblick auf den Grundsatz der Verhältnismäßigkeit insbesondere der Fall sein, wenn ein Vorhaben bereits erheblich in der Sache fortgeschritten ist und es der Zuwendungsempfänger mangels eigener Mittel ohne die Zuwendung nicht zu Ende führen könnte.

Beispiel:

In dem oben beschriebenen Fall sind nicht lediglich 4.000, sondern bereits 9.000 Euro vom Vertrauensschutz umfasst. Das im Wege der Fehlbedarfsfinanzierung geförderte Vorhaben steht kurz vor dem Abschluss. Dem Zuwendungsempfänger stehen keinerlei Eigenmittel zur Verfügung, um die wegen einer Aufhebung des Zuwendungsbescheids fehlenden 1.000 Euro Zuwendung zu ersetzen. Die Bewilligungsbehörde sieht daraufhin von der Rücknahme des Zuwendungsbescheids ab.

II. Das Verwaltungsverfahren bei Zuwendungen

Ein Ausnahmefall ist bei einem erheblich fortgeschrittenen Vorhaben erst recht begründbar, wenn die Rechtswidrigkeit von der Bewilligungsbehörde **verschuldet** wurde.

> **Beispiel:**
>
> In dem obenstehenden Fall ist die Rechtswidrigkeit auf einen Verstoß gegen das Verbot der Förderung bereits begonnener Maßnahmen zurückzuführen, vgl. Teil III 4. Die Bewilligungsbehörde hat es jedoch versäumt, den – zuwendungsrechtlich unerfahrenen – Zuwendungsempfänger hierzu im Antragsverfahren zu befragen. Die mangelnde behördliche Sachverhaltsaufklärung ist dem mit der schwierigen Materie des Zuwendungsrechts nicht vertrauten Zuwendungsempfänger nicht anzulasten.

24.5 Von vornherein kein schutzwürdiges Vertrauen

So wie der Gesetzgeber schutzwürdiges Vertrauen des Zuwendungsempfängers definiert, so regelt er in § 48 Abs. 2 Satz 3 VwVfG (Bund) auch, wann dieser sich **von vornherein nicht** auf Vertrauensschutz berufen kann. Dies ist der Fall, wenn der Zuwendungsempfänger

- den Verwaltungsakt durch arglistige Täuschung, Drohung oder Bestechung erwirkt hat – § 48 Abs. 2 Satz 3 Nr. 1 VwVfG (Bund),

- den Verwaltungsakt durch Angaben erwirkt hat, die in wesentlicher Beziehung unrichtig oder unvollständig waren – § 48 Abs. 2 Satz 3 Nr. 2 VwVfG (Bund) oder

- die Rechtswidrigkeit des Verwaltungsaktes kannte oder infolge grober Fahrlässigkeit nicht kannte – § 48 Abs. 2 Satz 3 Nr. 3 VwVfG (Bund).

Arglistige Täuschung, Drohung oder Bestechung liegen vor, wenn die entsprechenden strafrechtlichen Tatbestände erfüllt sind.

Unrichtige oder unvollständige Angaben sind für die Rücknahme maßgeblich, wenn bei richtigen oder vollständigen Angaben der Zuwendungsbescheid nicht ergangen oder die Zuwendung in geringerer Höhe bewilligt worden wäre, VV Nr. 8.2.2 Satz 2 zu § 44 BHO.

Auf ein **Verschulden** des Zuwendungsempfängers kommt es nicht an.

Schließlich nimmt der Gesetzgeber auch solche Beteiligten in die Pflicht, die die Rechtswidrigkeit des Verwaltungsakts kannten oder nur deshalb nicht kannten, weil sie **grob fahrlässig** gehandelt haben.

> **Beispiel:**
>
> Der Zuwendungsbescheid ist wegen des Verbots der Förderung bereits begonnener Maßnahmen rechtswidrig. Zwar hat die Bewilligungsbehörde den Zuwendungsempfänger im Antragsverfahren hierzu nicht befragt. Ihm gegenüber wurden jedoch bereits früher mehrfach Förderungen für bereits begonnene Maßnahmen mit einer ausführlichen Begründung abgelehnt, sodass der Zuwendungsempfänger dieses grundsätzliche Förderhindernis kannte.

In den Fällen des § 48 Abs. 2 Satz 3 VwVfG (Bund) ist der Zuwendungsbescheid nach der Vorgabe des Gesetzgebers in der Regel **mit Wirkung für die Vergangenheit** zurückzunehmen, § 48 Abs. 2 Satz 4 VwVfG.

Die Allgemeinen Verwaltungsvorschriften zu § 44 BHO ergänzen, dass dies **unverzüglich** geschehen muss, VV Nr. 8.2.2 zu § 44 BHO.

25. Widerruf rechtmäßiger Zuwendungsbescheide

> **Überblick**
>
> - Zuwendungsbescheide können widerrufen werden, wenn die Zuwendung nicht, nicht alsbald oder nicht mehr für den in der Bewilligung bestimmten Zweck verwendet wird oder, wenn der Zuwendungsempfänger gegen Auflagen verstößt.
> - Eine „nicht alsbaldige Verwendung" sind Verstöße gegen die zeitlichen Vorgaben zum Verbrauch der Zuwendung im Abruf- und Anforderungsverfahren.
> - Eine „nicht mehr zweckentsprechende Verwendung" betrifft Verstöße gegen die Verwendungsauflagen bei Gegenständen oder Immobilien.
> - Auflagenverstöße betreffen die Vorgaben in den Allgemeinen und Besonderen Nebenbestimmungen sowie weitere ggf. im Zuwendungsbescheid geregelte Maßgaben.

II. Das Verwaltungsverfahren bei Zuwendungen

- Das Ermessen der Bewilligungsbehörde wird beim Widerruf wesentlich vom Grundsatz der Wirtschaftlichkeit sowie von Einzelregelungen in den Allgemeinen Verwaltungsvorschriften intendiert.
- Einige Länder haben zur Verwaltungsvereinfachung Bagatellgrenzen festgelegt, bei deren Unterschreiten von einem Widerruf abgesehen werden kann.

25.1 Grundsätzliche Widerrufsmöglichkeit

§ 49 Abs. 3 VwVfG

„Ein rechtmäßiger Verwaltungsakt, der eine einmalige oder laufende Geldleistung oder teilbare Sachleistung zur Erfüllung eines bestimmten Zwecks gewährt oder hierfür Voraussetzung ist, kann, auch nachdem er unanfechtbar geworden ist, ganz oder teilweise auch mit Wirkung für die Vergangenheit widerrufen werden,

1. wenn die Leistung nicht, nicht alsbald nach der Erbringung oder nicht mehr für den in dem Verwaltungsakt bestimmten Zweck verwendet wird;
2. wenn mit dem Verwaltungsakt eine Auflage verbunden ist und der Begünstigte diese nicht oder nicht innerhalb einer ihm gesetzten Frist erfüllt hat.

§ 48 Abs. 4 gilt entsprechend."

Zuwendungsbescheide, die rechtmäßig erlassen wurden, können aufgehoben werden, wenn der Grund hierfür nachträglich eintritt. Dies regelt eine für Zuwendungen geltende Spezialvorschrift im Verwaltungsverfahrensgesetz. Nach **§ 49 Abs. 3 VwVfG** (Bund) können Bewilligungsbescheide, auch nachdem sie unanfechtbar geworden sind, ganz oder teilweise auch mit Wirkung für die Vergangenheit widerrufen werden,

- wenn die Leistung nicht, nicht alsbald nach der Erbringung oder nicht mehr für den in dem Verwaltungsakt bestimmten Zweck verwendet wird oder
- wenn mit dem Verwaltungsakt eine Auflage verbunden ist und der Begünstigte diese nicht oder nicht innerhalb einer ihm gesetzten Frist erfüllt hat.

25.2 Nicht zweckentsprechende Verwendung

Die Widerrufsmöglichkeit bei nicht zweckentsprechender Verwendung der Zuwendung (§ 49 Abs. 3 Nr. 1 Alt. 1 VwVfG (Bund)) betrifft die **Kernverpflichtung** jeder Förderung: Der Zuwendungsempfänger darf die Fördermittel nur für den im Bewilligungsbescheid benannten Zweck verwenden.

In jedem Fall betrifft dies den **gegenständlichen Zuwendungszweck**, der in der fachlichen und monetären Bewilligungsunterlage konkretisiert wird.

Jedes wesentliche Abweichen von deren Vorgaben bedeutet eine nicht zweckentsprechende Verwendung. Je eindeutiger die Unterlagen gefasst sind, umso leichter lässt sich der Tatbestand der nicht zweckentsprechenden Verwendung belegen. Je unkonkreter sie abgefasst sind, desto schwieriger gestaltet sich der Nachweis.

> **Praxis-Tipp:**
> Ob auch das Verfehlen des **Förderziels** den Tatbestand einer nicht zweckentsprechenden Verwendung erfüllt, hängt davon ab, ob dieses dem Zuwendungsempfänger als verpflichtende Vorgabe auferlegt worden ist, vgl. Teil II 11.12 und 11.13.

Da der im Zuwendungsbescheid festzulegende **Bewilligungszeitraum** den Anspruch auf die Förderung zeitlich begrenzt,[151] sind auch Ausgaben für den Zuwendungszweck außerhalb dieser zeitlichen Vorgabe nicht von einer zweckentsprechenden Verwendung umfasst.

Wichtig: Im Rahmen ihres Ermessens kann die Bewilligungsbehörde jedoch von einem Widerruf des Zuwendungsbescheids hinsichtlich solcher Zahlungen absehen, bei denen der Grund für die Ausgabe im Bewilligungszeitraum entstanden ist.

> **Beispiel:**
> Dies kann der Fall sein, wenn eine vom Zuwendungsempfänger eingekaufte Leistung im Bewilligungszeitraum zur Erfüllung des Zuwendungszwecks erbracht wurde, die Rechnung hierfür aber erst nach Ablauf des Bewilligungszeitraums beim Zuwendungsempfänger eingeht.

---
[151] § 36 Abs. 2 Nr. 1 VwVfG (Bund).

II. Das Verwaltungsverfahren bei Zuwendungen

25.3 Nicht alsbaldige Verwendung

Ein Zuwendungsbescheid kann auch widerrufen werden, wenn die ratenweise ausgezahlte Förderung nicht alsbald verwendet wird.[152] Dies betrifft die Regelungen zum **Anforderungs- oder Abrufverfahren**. Danach wird eine Zuwendung nicht alsbald verwendet,

- wenn sie bei Auszahlungen im Abrufverfahren nicht am Tage des Bedarfs für fällige Zahlungen abgerufen und verbraucht wird oder

- wenn sie bei Auszahlungen im Anforderungsverfahren nicht entsprechend der Festlegung im Zuwendungsbescheid für fällige Zahlungen verbraucht wird.[153]

Der Gesetzgeber misst dem Auszahlungsverfahren eine so hohe Bedeutung zu, dass er ihm eine **eigene Widerrufsmöglichkeit** bei Verstößen gewidmet hat. Regelwidrigkeiten beim Auszahlungsverfahren sind demnach keine „lässlichen Sünden".

> **Praxis-Tipp:**
> Vgl. hierzu auch die Mitteilungspflichten in Nrn. 5.3 ANBest-I, 5.4 ANBest-P, ANBest-Gk, 4.5 ANBest-P-Kosten. Wurden diese nicht erfüllt, ist auch ein Widerruf wegen Nichterfüllung einer Auflage nach § 49 Abs. 3 Nr. 2 VwVfG (Bund) möglich.

Trotzdem kann bei geringeren Verstößen der Widerruf des Zuwendungsbescheids – auch wenn er nur den nicht alsbald verwendeten Teil der Förderung betrifft – unverhältnismäßig sein. Der Gesetzgeber hat deshalb als **alternative Sanktion** die Möglichkeit der **Verzinsung** nicht alsbald verwendeter Auszahlungsbeträge gesondert geregelt.[154]

Nicht vom Begriff der alsbaldigen Verwendung umfasst ist die **Reihenfolge der Inanspruchnahme der Zuwendung** je nach Finanzierungsart, vgl. Teil II 17.3. Dies ergibt sich auch aus der gesonderten Regelung in § 49a Abs. 4 Satz 2 VwVfG (Bund).

Zuwiderhandlungen dieser Art können als Auflagenverstoß zum Widerruf der Bewilligung führen, vgl. Teil II 25.5.

---
[152] § 49 Abs. 3 Nr. 1 Alt. 2 VwVfG (Bund).
[153] VV Nr. 8.2.5 zu § 44 BHO.
[154] § 49a Abs. 4 VwVfG (Bund).

25. Widerruf rechtmäßiger Zuwendungsbescheide

25.4 Nicht mehr zweckentsprechende Verwendung

Ein Zuwendungsbescheid kann ferner widerrufen werden, wenn die Zuwendung nicht mehr für den Zuwendungszweck verwendet wird.[155] Dies betrifft aus der Zuwendung beschaffte **Gegenstände**[156] oder Immobilien, die während der zeitlichen Bindung nicht oder nicht mehr zweckentsprechend verwendet werden.

Der Zuwendungsbescheid ist in solchen Fällen in der Regel entsprechend dem auf die Gegenstände oder Immobilien entfallenden Zuwendungsbetrag zu widerrufen. Die **Zeit der zweckentsprechenden Verwendung** kann angemessen berücksichtigt werden.

> **Beispiel:**
>
> Die für den Bau eines Schulgebäudes gewährte Förderung wird mit der Auflage verknüpft, das Haus mindestens für die Dauer von 25 Jahren als Schule zu verwenden. Nach 12 ½ Jahren gibt die Gemeinde die Schule auf. Unter Anrechnung der Zeit der zweckentsprechenden Nutzung kann der Zuwendungsbescheid in Höhe der Hälfte des Förderbetrags widerrufen werden.

Eine **dingliche Sicherung** von etwaigen Erstattungsansprüchen ist im Zuwendungsbescheid regelmäßig vorzusehen, wenn aus nicht rückzahlbaren Zuwendungen Grundstücke oder Rechte erworben werden. Bei Gebietskörperschaften kann auf die dingliche Sicherung verzichtet werden.[157]

Die Bewilligungsbehörde kann von einem Widerruf **absehen**, wenn

- der Zuwendungsempfänger nachweist, dass die Gegenstände für den Zuwendungszweck nicht mehr geeignet sind und ein vermögenswerter Vorteil nicht mehr gezogen werden kann,
- die Gegenstände mit Einwilligung der Bewilligungsbehörde für andere förderungsfähige Zwecke verwendet werden oder
- seit der Anschaffung oder Fertigstellung der Gegenstände bei Grundstücken und grundstücksgleichen Rechten 25 Jahre und im Übrigen zehn Jahre vergangen sind, sofern die Frist der zeitlichen Bindung nicht ohnehin bereits vorher abgelaufen ist.[158]

---

[155] § 49 Abs. 3 Nr. 1 Alt. 1 VwVfG (Bund).
[156] Vgl. hierzu die Auflagen in Nrn. 4.1 ANBest-P und 4 ANBest-Gk.
[157] VV Nr. 5.6.1 zu § 44 BHO.
[158] VV Nr. 8.2.4 Satz 4 zu § 44 BHO.

II. Das Verwaltungsverfahren bei Zuwendungen

25.5 Auflagenverstöße

Schließlich ermächtigen auch **Auflagenverstöße** zum Widerruf des Zuwendungsbescheids, § 49 Abs. 3 Nr. 2 VwVfG (Bund).

Auflagen sind Regelungen, die dem Zuwendungsempfänger ein bestimmtes **Tun, Dulden oder Unterlassen** vorschreiben, § 36 Abs. 2 Nr. 4 VwVfG (Bund). Sie können sich aus einer individuellen Bestimmung im Zuwendungsbescheid oder – vor allem – aus den dem Bescheid beizufügenden Allgemeinen Nebenbestimmungen (vgl. Teil II 16.5) und ggf. auch Besonderen Nebenbestimmungen (vgl. Teil II 16.6) ergeben.

Die **wichtigsten Auflagen** betreffen am Beispiel der ANBest-P

- die wirtschaftliche und sparsame Verwendung der Zuwendung – Nr. 1.1 ANBest-P,
- die Einhaltung des Besserstellungsverbots – Nr. 1.3 ANBest-P; unter bestimmten Voraussetzungen,
- die Anwendung des öffentlichen Vergaberechts – Nr. 3 ANBest-P; unter bestimmten Voraussetzungen,
- die Verwendung und Behandlung von Gegenständen – Nr. 4 ANBest-P,
- die Mitteilungspflichten – Nr. 5 ANBest-P,
- die Vorlage des ordnungsgemäßen Verwendungsnachweises – Nr. 6 ANBest-P,
- die Duldung der Prüfung der Verwendung und die Mitwirkung hierbei – Nr. 8 ANBest-P.

25.6 Umfang des Widerrufs

§ 49 Abs. 3 VwVfG (Bund) normiert die Widerrufsmöglichkeit sowohl in **zeitlicher Hinsicht** als auch im Hinblick auf die **Höhe**.

25.7 Zeitlicher Umfang des Widerrufs

In zeitlicher Hinsicht kann der Bewilligungsbescheid **sowohl für die Zukunft als auch für die Vergangenheit** widerrufen werden.

Im Regelfall wird der Widerruf auch für die **Vergangenheit** sachgerecht sein. Denn nur, wenn der Rechtsgrund für das Behalten einer ausgezahlten Zuwendung nachträglich wegfällt, kann auch deren

25. Widerruf rechtmäßiger Zuwendungsbescheide

Erstattung verlangt werden und damit dem Sanktionscharakter der Vorschrift Rechnung getragen werden.

Ein Widerruf nur für die **Zukunft** kommt vor allem in Frage, wenn Gegenstände nicht mehr für den Zuwendungszweck verwendet werden. Die Zeit der zweckentsprechenden Verwendung kann angemessen berücksichtigt werden.[159]

25.8 Betragsmäßiger Umfang des Widerrufs

In betragsmäßiger Hinsicht kann der Bewilligungsbescheid sowohl **ganz** als auch nur **teilweise** widerrufen werden.

Der betragsmäßige Umfang des Widerrufs richtet sich im Rahmen des von der Vorschrift eingeräumten Ermessens vor allem nach der **Schwere** und dem Umfang **des Verstoßes**.

Betrifft das pflichtwidrige Verhalten des Zuwendungsempfängers nur einen **Teil der Zuwendung**, ohne dass die zweckentsprechende, ordnungsgemäße und wirtschaftliche Verwendung der Fördermittel insgesamt betroffen ist, ist es grundsätzlich sachgerecht – und auch verhältnismäßig –, den Zuwendungsbescheid nur hinsichtlich des vom Regelverstoß betroffenen Teils der Zuwendung zu widerrufen.

> **Beispiel:**
>
> Dem anteilfinanzierten Zuwendungsempfänger wurde auferlegt, bei Reisen im Rahmen der Projektdurchführung nur Zugfahrkarten der zweiten Klasse zu nutzen. Überwiegend hat sich der Zuwendungsempfänger auch hieran gehalten. In einem Fall ist der Geschäftsführer jedoch in der ersten Klasse gereist. Die Bewilligungsbehörde erkennt die Ausgaben für das Ticket nicht als zuwendungsfähig an. Den Bewilligungsbescheid widerruft sie in Höhe der auf die Fahrkarte entfallenden Zuwendung.

Je nach Fallkonstellation kann sich die Bewilligungsbehörde bei nicht wirtschaftlicher Verwendung der Zuwendung beim Widerruf auch auf den **Differenzbetrag** zwischen wirtschaftlicher und unwirtschaftlicher Verwendung beschränken. Einen Anspruch hat der Zuwendungsempfänger hierauf allerdings nicht.

---

[159] VV Nr. 8.2.4 Satz 3 zu § 44 BHO; vgl. Teil II 25.4.

II. Das Verwaltungsverfahren bei Zuwendungen

> **Beispiel:**
> Im oben angeführten Beispiel widerruft die Bewilligungsbehörde den Zuwendungsbescheid nur in Höhe der Mehrausgaben für die erste Klasse.

Betrifft der Verstoß des Zuwendungsempfängers dagegen die Zuwendung insgesamt oder zumindest einen wesentlichen Teil der Förderung, kann auch der Widerruf des **gesamten Zuwendungsbescheids** sachgerecht sein.

> **Beispiele:**
> - Der Zuwendungsempfänger legt den Verwendungsnachweis nicht vor. Nach mehrfacher Mahnung widerruft die Bewilligungsbehörde den Bewilligungsbescheid vollständig.
> - Der Zuwendungsempfänger verlässt nach der Hälfte der Projektdurchführung den in der Projektbeschreibung vorgegebenen Weg. Das angestrebte Ergebnis wird deshalb nicht erreicht. Die Bewilligungsbehörde widerruft den gesamten Zuwendungsbescheid wegen nicht zweckentsprechender Verwendung.

25.9 Ermessensausübung

§ 49 Abs. 3 VwVfG stellt den Widerruf des Zuwendungsbescheids in das **pflichtgemäße Ermessen** der Bewilligungsbehörde.

Sie wird bei der Ermessensausübung sowohl von ausdrücklichen Regelungen in den Allgemeinen Verwaltungsvorschriften zu § 44 BHO/LHO als auch durch den gesetzlichen Grundsatz der Wirtschaftlichkeit (§ 7 BHO/LHO) gelenkt. Nach ständiger Rechtsprechung des Bundesverwaltungsgerichts zwingt der **Grundsatz der Wirtschaftlichkeit** und Sparsamkeit die Bewilligungsbehörde im Regelfall zum Widerruf der Bewilligung.[160]

---

[160] Urteil des BVerwG vom 16.06.1997 – 3 C 22/96.

25. Widerruf rechtmäßiger Zuwendungsbescheide

Praxis-Tipp:

Besondere Ermessenserwägungen müssen nur vorgenommen werden, wenn in einem Einzelfall außergewöhnliche Umstände vorliegen.[161]

Die **Allgemeinen Verwaltungsvorschriften** intendieren das Ermessen der Bewilligungsbehörde im Wesentlichen zusätzlich insoweit als

- einerseits ein Zuwendungsbescheid regelmäßig zu widerrufen ist, soweit die Zuwendung nicht oder nicht mehr ihrem Zweck entsprechend verwendet wird – VV Nr. 8.2.3 zu § 44 BHO,
- andererseits aber auch die Zeitdauer der zweckentsprechenden Verwendung sowie die Interessen des Zuwendungsempfängers und die öffentlichen Interessen gleichermaßen zu berücksichtigen sind – VV Nr. 8.3 zu § 44 BHO.

Auf das **Verschulden** des Zuwendungsempfängers kommt es bei der tatbestandlichen Feststellung eines Widerrufsgrunds nicht an. Wohl aber kann ein **Nichtverschulden** bei der Ausübung des Ermessens berücksichtigt werden.

Als allgemeiner Rechtsgrundsatz ist bei der Ermessensausübung stets der **Grundsatz der Verhältnismäßigkeit** zu berücksichtigen, der eine übermäßige Sanktionierung von Fehlverhalten verbietet.

25.10 Bagatellgrenzen

In einigen Ländern bestehen Bagatellgrenzen, die es der Verwaltung ermöglichen, bei Kleinbeträgen von einem Widerruf des Zuwendungsbescheids abzusehen. Begründet wird dies vor allem mit einer **Verwaltungsvereinfachung**, da das bei einem Widerruf durchzuführende Verwaltungsverfahren mit erheblichem Aufwand verbunden ist.

Bagatellgrenzen sind **beispielsweise:**

- 50 Euro in Bayern (VV Nr. 8.7 zu Art 44 BayHO) und in Sachsen (VV Nr. 8.8 zu § 44 SäHO),

---

[161] Wie vor.

II. Das Verwaltungsverfahren bei Zuwendungen

- 250 Euro in Baden-Württemberg (VV Nr. 8.5.1 zu § 44 LHO-BW) und Nordrhein-Westfalen (VV Nr. 8.8 zu § 44 LHO-NRW) oder
- 500 Euro in Hessen (VV Nr. 8.7 zu § 44 LHO-Hessen).

Auf die Anwendung der verwaltungsinternen Bagatellgrenzen hat der Zuwendungsempfänger grundsätzlich **keinen unmittelbaren Anspruch**. Ein mittelbarer Anspruch kann jedoch auf Grund des Gleichheitssatzes des Grundgesetzes (Art. 3 Abs. 1 GG) bestehen, wenn die Bewilligungsbehörde die Bagatellregelung bei vergleichbaren Fällen in ständiger Verwaltungspraxis anwendet.

Insbesondere bei **gravierendem Fehlverhalten** sollte ein Zuwendungsbescheid aus Gründen der Generalprävention mindestens in Höhe des von der Fehlverwendung betroffenen Teils widerrufen werden.

> **Beispiel:**
>
> Der Zuwendungsempfänger zahlt aus der Zuwendung im Rahmen des Betriebsausflugs seinen Beschäftigten einen Besuch im Spaßbad in Höhe von insgesamt 450 Euro, der in keinerlei Zusammenhang mit dem geförderten Vorhaben steht. Die hessische Bewilligungsbehörde widerruft den Zuwendungsbescheid trotz der Bagatellgrenze von 500 Euro in entsprechender Höhe.

Beim Bund hat die Arbeitsgruppe Haushaltsrecht der obersten Bundesbehörden (VV zu § 5 BHO) die Einführung einer Bagatellgrenze im Jahr 2016 mehrheitlich abgelehnt. Ausschlaggebend hierfür war vor allem eine mögliche **negative Signalwirkung** auf die Zuwendungsempfänger und die steuerzahlende Öffentlichkeit sowie der Umstand, dass Gesichtspunkte des Verwaltungsaufwands auch in die Ermessensabwägung nach § 49 Abs. 3 VwVfG (Bund) einfließen können.

26. Frist für die Rücknahme oder den Widerruf

> **Überblick**
>
> - Rücknahme und Widerruf eines Zuwendungsbescheids sind nur innerhalb eines Jahres zulässig, seitdem die Bewilligungsbehörde Kenntnis von den Tatsachen hat, die die Aufhebung rechtfertigen.
> - Es kommt alleine auf die „positive Kenntnis" an. Die bloße Möglichkeit der Kenntnisnahme setzt die Frist noch nicht in Gang. Rücknahme und Widerruf sind damit auch noch Jahre nach Vorlage des Verwendungsnachweises möglich.
> - Zu den „Tatsachen" gehört auch die rechtliche Bewertung eines Sachverhalts.
> - Die Jahresfrist gilt nicht, wenn der Zuwendungsempfänger den Bewilligungsbescheid durch arglistige Täuschung, Drohung oder Bestechung erwirkt hat.

26.1 Jahresfrist

Die Rücknahme nach § 48 VwVfG und der Widerruf nach § 49 Abs. 3 VwVfG eines Zuwendungsbescheids sind nicht zeitlich unbegrenzt möglich. Sie sind **nur innerhalb eines Jahres** zulässig, seitdem die Bewilligungsbehörde Kenntnis von den Tatsachen hat, die die Aufhebung rechtfertigen. Vgl. § 48 Abs. 4 VwVfG (Bund), § 49 Abs. 3 Satz 2 i. V. m. § 48 Abs. 4 VwVfG (Bund).

§ 48 Abs. 4 VwVfG:

„Erhält die Behörde von Tatsachen Kenntnis, welche die Rücknahme eines rechtswidrigen Verwaltungsaktes rechtfertigen, so ist die Rücknahme nur innerhalb eines Jahres seit dem Zeitpunkt der Kenntnisnahme zulässig. Dies gilt nicht im Falle des Absatzes 2 Satz 3 Nr. 1."

26.2 Beginn des Fristlaufs

Bis zu einem klärenden Urteil des Bundesverwaltungsgerichts in den 1980er-Jahren war in Schrifttum und Rechtsprechung heftig **umstritten**, wann der Lauf der Ausschlussfrist konkret beginnt. Gewichtige Argumente sprachen für die tatsächliche Kenntnisnahme der Verwaltung vom Aufhebungsgrund als Anknüpfungspunkt für den Beginn des Fristlaufs. Andere nicht minder bedeutende Gründe

II. Das Verwaltungsverfahren bei Zuwendungen

stützten die Auffassung, dass bereits die bloße Möglichkeit des Kenntnisnehmens die Frist in Gang setzen sollte.

Das **Bundesverwaltungsgericht** hat den Streit schließlich beendet und entschieden, dass

„die Frist erst beginnt, wenn einem zuständigen Amtswalter der Behörde die Tatsachen, die die Rücknahme oder den Widerruf rechtfertigen, vollständig bekannt sind".[162]

Ausschlaggebend ist die **positive Kenntnisnahme** und nicht lediglich die abstrakte Gelegenheit des „hätte Kennen können".

Das bedeutet, dass auch **noch nach Abschluss der Prüfung des Verwendungsnachweises** bekannt gewordene Aufhebungsgründe innerhalb der Jahresfrist zur Rücknahme oder zum Widerruf des Zuwendungsbescheides führen können.

Dies können auch **Aufhebungsgründe** sein, die

- bei einer vertieften Prüfung von der prüfenden Stelle schlicht „übersehen" wurden,
- bei der geringen Intensität der kursorischen Prüfung (vgl. Teil II 21.8 und 21.9) systembedingt nicht auffallen konnten (z. B. weil keine Belege vorzulegen waren) oder
- erst bei Vor-Ort-Prüfungen der externen Finanzkontrolle beim Zuwendungsempfänger[163] festgestellt wurden.

Verwaltungsinterne Fristen, innerhalb derer die kursorische oder die vertiefte Prüfung abgeschlossen sein müssen[164], spielen für die Jahresfrist keine Rolle.

26.3 „Tatsachen"

Die Vorschrift des § 48 Abs. 4 VwVfG (Bund) stellt auf „Tatsachen" ab, die die Aufhebung rechtfertigen müssen. Dies umfasst nach der oben angeführten Grundsatzentscheidung des Bundesverwaltungsgerichts nicht nur den zur Aufhebung führenden Sachverhalt, sondern **auch** dessen **rechtliche Bewertung**.[165] Nicht nur Tatsachenirrtümer, sondern auch Rechtsirrtümer sind danach für den Beginn des Fristlaufs relevant.

---

[162] VV Nr. 8.4 Satz 2 zu § 44 BHO; Beschluss des BVerwG vom 19.12.1984 – Gr. Sen. 1.84.
[163] § 91 Abs. 1 Nr. 3, Abs. 2 BHO.
[164] VV Nr. 11.1 Satz 1, 11.4 Satz 1 zu § 44 BHO; vgl. Teil II 21.27 und 21.28.
[165] Beschluss des Bundesverwaltungsgerichts vom 19.12.1984 – Gr. Sen. 1.84, Rn. 9 (juris).

> **Beispiel:**
>
> Bei der Prüfung des Verwendungsnachweises geht der Bearbeiter der Bewilligungsbehörde zunächst davon aus, dass eine vom Zuwendungsempfänger geltend gemachte Ausgabe zuwendungsfähig ist, und beanstandet sie daher nicht. Infolge einer Prüfung des Landesrechnungshofes erkennt die Bewilligungsbehörde zwei Jahre später, dass dies falsch war. Die Ausgabe ist nicht vom gegenständlichen Zuwendungszweck umfasst und die Zuwendung wurde damit nicht zweckentsprechend verwendet. Erst mit dieser Erkenntnis beginnt der Fristlauf.

26.4 Dokumentationserfordernis bei der Prüfung des Verwendungsnachweises

Die gesetzliche Regelung der Jahresfrist, die alleine auf den **Erkenntnishorizont** der Bewilligungsbehörde abstellt, unterstreicht das Erfordernis für die prüfende Stelle, den Umfang und das Ergebnis der Prüfung des Verwendungsnachweises nachvollziehbar zu dokumentieren, vgl. Teil II 21.31 bis 21.35.

Eine **mangelnde Dokumentation** der prüfenden Stelle – insbesondere zur vertieften Prüfung – macht Einwände von Zuwendungsempfängern im Hinblick auf das Verstreichen der Jahresfrist nahezu unmöglich.

26.5 Keine Geltung der Jahresfrist

Die zeitliche Beschränkung der Rücknahme innerhalb der Jahresfrist nach § 48 Abs. 4 VwVfG (Bund) gilt nicht, wenn der Zuwendungsempfänger den Bewilligungsbescheid durch **arglistige Täuschung, Drohung oder Bestechung** erwirkt hat (§ 48 Abs. 4 Satz 2 VwVfG). Hier ist die Rücknahme auch noch später möglich.

II. Das Verwaltungsverfahren bei Zuwendungen

27. Korrektur von Finanzierungsverbesserungen – alt: Unwirksamkeit des Zuwendungsbescheids

> **Überblick**
>
> - Bei Finanzierungsverbesserungen gegenüber der Planung sieht eine in den Allgemeinen Nebenbestimmungen enthaltene Ermäßigungsklausel eine Reduzierung des Zuwendungsanspruchs vor.
> - Das Ausmaß der Ermäßigung hängt danach von der Finanzierungsart ab.
> - Bei Fehlbedarfs- und Vollfinanzierungen reduziert sich die Zuwendung vollständig um den entsprechenden Betrag, bei Anteilfinanzierungen anteilig. Für Festbetragsfinanzierungen besteht keine Regelung.
> - Das Bundesverwaltungsgericht hat der Ermäßigungsklausel in der jüngeren Vergangenheit die bisher angenommene Qualität als auflösende Bedingung abgesprochen, nach der sich die Zuwendung automatisch in der entsprechenden Höhe reduzierte.
> - Für die Bewilligungsbehörden resultiert hieraus eine erhebliche Rechtsunsicherheit bei der Rückforderung von Zuwendungen im Fall von Finanzierungsverbesserungen.
> - Rückforderungen sollten daher nicht mehr auf das Verständnis der Klausel als auflösende Bedingung, sondern entweder auf den aktiven Widerruf des Zuwendungsbescheids oder die Umdeutung der Bewilligung in einen vorläufigen Zuwendungsbescheid gestützt werden.

27.1 Finanzierungsverbesserungen

Jede Planung birgt das Risiko von Irrtümern und Fehlern. In der zuwendungsrechtlichen Praxis betrifft dies vor allem die Kalkulation und die Finanzierung der zuwendungsfähigen Ausgaben. Antragsteller neigen dazu, die mit der Erfüllung des Zuwendungszwecks verbundenen Ausgaben eher zu hoch als zu niedrig anzusetzen, während sie die Deckungsmittel eher zu niedrig als zu hoch ansetzen. So wollen sie eine für sie möglichst auskömmliche Höhe der Zuwendung sicherstellen. Aus Sicht der Antragsteller ist dies nachvollziehbar und das Einplanen von finanziellen Spielräumen geschieht meist ohne echte Täuschungsabsicht. Bewilligungsbehör-

27. Korrektur von Finanzierungsverbesserungen

den fehlt dagegen nicht selten die Zeit und gelegentlich auch die Sachkunde, solche Planungsmängel zu erkennen.

Bei der tatsächlichen Umsetzung des Zuwendungszwecks erweist es sich dann nicht selten, dass die eingeplante finanzielle „Luft" tatsächlich nicht benötigt wird:

- Die Deckungsmittel fallen höher aus als geplant und/oder
- die Ausgaben verringern sich gegenüber der ursprünglichen Kalkulation.

Man kann dies als **„Finanzierungsverbesserung"** bezeichnen.

27.2 Ermäßigungsklausel in den Allgemeinen Nebenbestimmungen

Das Zuwendungsrecht begegnet dem Phänomen von Finanzierungsverbesserungen systemisch mit einer Standardklausel in den ANBest:

Nr. 2 ANBest-P:

„Nachträgliche Ermäßigung der Ausgaben oder Änderung der Finanzierung

2.1 Ermäßigen sich nach der Bewilligung die in dem Finanzierungsplan veranschlagten Gesamtausgaben für den Zuwendungszweck, erhöhen sich die Deckungsmittel oder treten neue Deckungsmittel (z. B. Investitionszulagen) hinzu, so ermäßigt sich die Zuwendung

2.1.1 bei Anteilfinanzierung anteilig mit etwaigen Zuwendungen anderer Zuwendungsgeber und den vorgesehenen eigenen und sonstigen Mitteln des Zuwendungsempfängers,

2.1.2 bei Fehlbedarfs- und Vollfinanzierung um den vollen in Betracht kommenden Betrag.

2.2 Nr. 2.1 gilt (ausgenommen bei Vollfinanzierung und bei wiederkehrender Förderung desselben Zuwendungszwecks) nur, wenn sich die Gesamtausgaben oder die Deckungsmittel insgesamt um mehr als 500 Euro ändern."

Die gleiche Standardklausel findet sich in Nrn. 2 ANBest-I, ANBest-P-Kosten sowie ANBest-Gk. Sie kann auch als **„Ermäßigungsklausel"** bezeichnet werden.

Der **Umfang** der Ermäßigung hängt nach der Klausel von der Finanzierungsart ab.

27.3 Fehlbedarfs- und Vollfinanzierung

Bei einer Fehlbedarfs- oder Vollfinanzierung reduziert sich die Zuwendung nach der Ermäßigungsklausel um den **vollen Betrag** der Finanzierungsverbesserung.

> **Beispiel:**
>
> Ein Projekt wird im Wege der Fehlbedarfsfinanzierung gefördert. Die zuwendungsfähigen Ausgaben reduzieren sich gegenüber dem Finanzierungsplan um 1.000 Euro. In gleicher Höhe ermäßigt sich die Zuwendung.

Die Regelung der vollständigen Ermäßigung entspricht der **Interessenlage** bei Fehlbedarfs- und Vollfinanzierungen. Es handelt sich regelmäßig um aus sich heraus bereits ausreichend zur Erfüllung des Zuwendungszwecks motivierte Zuwendungsempfänger, denen lediglich die zur Durchführung der Maßnahme (Projektförderung) oder ihrer Aufgaben als Ganzes (institutionelle Förderung) fehlenden finanziellen Mittel zur Verfügung gestellt werden, vgl. Teil I 9.2 und 9.5.

27.4 Anteilfinanzierung

Bei einer Anteilfinanzierung reduziert sich die Zuwendung nach der Ermäßigungsklausel – ausgehend von der Finanzierungsverbesserung – **anteilig** mit etwaigen Zuwendungen anderer Zuwendungsgeber und den vorgesehenen eigenen und sonstigen Mitteln des Zuwendungsempfängers.

> **Beispiel:**
>
> Ein Projekt wird im Wege der Anteilfinanzierung vom Bund und vom Land gefördert. Anteilig tragen von den zuwendungsfähigen Ausgaben der Bund 25 Prozent, das Land 25 Prozent und der Zuwendungsempfänger selbst 50 Prozent. Die Einnahmen erhöhen sich gegenüber der Planung um 1.000 Euro. Damit ermäßigen sich die Zuwendungen des Bundes und des Landes um jeweils 250 Euro. Die restlichen 500 Euro darf der Zuwendungsempfänger von seinem Finanzierungsanteil abziehen.

27. Korrektur von Finanzierungsverbesserungen

Die Regelung der anteiligen Ermäßigung entspricht der **Interessenlage** bei Anteilfinanzierungen. Es handelt sich regelmäßig um Förderungen, die grundsätzlich (noch) nicht ausreichend motivierten Zuwendungsempfängern einen Anreiz zur Erfüllung des Zuwendungszwecks geben (vgl. Teil I 9.3). Hiermit wäre es nicht vereinbar, wenn diese nicht auch selbst von Finanzierungsverbesserungen profitieren.

27.5 Festbetragsfinanzierung

Für die Festbetragsfinanzierung enthalten die ANBest **keine Ermäßigungsklausel** für den Fall von Finanzierungsverbesserungen.

Dies entspricht dem **Wesen** der Festbetragsfinanzierung, bei der der Zuwendungsgeber ausdrücklich einen festen und damit grundsätzlich nicht veränderbaren Förderbetrag zusagt (vgl. Teil I 9.4). Festbetragsfinanzierungen kommen daher nicht in Betracht, wenn im Zeitpunkt der Bewilligung der Zuwendung **konkrete Anhaltspunkte** dafür vorliegen, dass mit nicht bestimmbaren späteren Finanzierungsbeiträgen Dritter oder mit Einsparungen zu rechnen ist (VV Nr. 2.2.3 zu § 44 BHO).

Praxis-Tipp:

Fallen allerdings die zuwendungsfähigen Ausgaben wider Erwarten **unter den Festbetrag**, ist der überschießende Betrag der Zuwendung zu erstatten. Grundlage hierfür ist § 49 Abs. 3 Nr. 1 VwVfG, da der Differenzbetrag vom Zuwendungsempfänger **nicht zweckentsprechend verwendet** werden kann.

Beispiel:

Die zuwendungsfähigen Ausgaben reduzieren sich von 10.000 auf 7.000 Euro. Die Festbetragsfinanzierung beträgt 8.000 Euro. Damit kann der Zuwendungsempfänger 1.000 Euro der Zuwendung nicht zweckentsprechend verwenden.

II. Das Verwaltungsverfahren bei Zuwendungen

27.6 Keine Verrechnung zwischen Einnahmenreduzierungen und Ausgabenermäßigungen

Die Klausel der Nr. 2 ANBest stellt alleine auf die **tatsächliche Ermäßigung** von Ausgaben ab. Welche Gründe hierfür ausschlaggebend sind, ist nicht relevant. Insbesondere enthält die Regelung keine Ausnahme für Fälle, in denen sich die vorgesehenen Einnahmen reduzieren und der Zuwendungsgeber hierauf mit einer Ermäßigung der Ausgaben reagiert.

Beispiel:

Statt der geplanten Projekteinnahmen in Höhe von 10.000 Euro kann der fehlbedarfsfinanzierte Zuwendungsempfänger nur 9.000 Euro realisieren. Er reduziert die Projektausgaben daraufhin ohne Absprache mit der Bewilligungsbehörde um die fehlenden 1.000 Euro. Der Wortlaut der Klausel (Ermäßigung der Ausgaben) ist unabhängig von der Motivation des Zuwendungsempfängers erfüllt.

Praxis-Tipp:

In vielen Fällen wäre ein solches Ergebnis nicht sachgerecht. Die Bewilligungsbehörde kann bzw. sollte in solchen Fällen von der Ermäßigungsklausel keinen Gebrauch machen.

27.7 Bagatellgrenze

Bei Projektförderungen im Wege der Fehlbedarfs- und Anteilfinanzierung auf Ausgabenbasis sieht die Ermäßigungsklausel eine Bagatellgrenze vor (Nrn. 2.2 ANBest-P, ANBest-Gk). Die Möglichkeit zur Ermäßigung der Zuwendung soll danach grundsätzlich nicht greifen, wenn sich die Gesamtausgaben oder die Deckungsmittel insgesamt um nicht mehr als **500 Euro** ändern.

Beispiel:

Die zuwendungsfähigen Ausgaben verringern sich um 300 Euro, die Deckungsmittel erhöhen sich gleichzeitig um 200 Euro. Insgesamt beträgt die Finanzierungsverbesserung 500 Euro. Die Bagatellgrenze wird gerade noch erfüllt und die Zuwendung ermäßigt sich nicht.

27. Korrektur von Finanzierungsverbesserungen

Übersteigt die Finanzierungsverbesserung dagegen die Bagatellgrenze von 500 Euro, greift die Bagatellgrenze nicht und der volle Betrag der Änderung ist ermäßigungsrelevant.

> **Beispiel:**
>
> Die zuwendungsfähigen Ausgaben verringern sich um 300 Euro, die Deckungsmittel erhöhen sich gleichzeitig um 201 Euro. Insgesamt beträgt die Finanzierungsverbesserung damit 501 Euro. Die Bagatellgrenze ist überschritten und gilt daher nicht. Bei einer Fehlbedarfs- oder Vollfinanzierung ermäßigt sich die Zuwendung um 501 Euro und bei einer Anteilfinanzierung in Höhe des Finanzierungsanteils des Zuwendungsgebers.

Die Bagatellregelung gilt **nicht bei regelmäßig wiederkehrenden Förderungen** desselben Zuwendungszwecks an den gleichen Zuwendungsempfänger. Bei solchen „Stammprojekten mit Stammkunden" bewirken auch Finanzierungsverbesserungen unterhalb des Grenzwertes stets eine Ermäßigung der Zuwendung.

> **Beispiel:**
>
> Die Bewilligungsbehörde fördert jedes Jahr wiederkehrend den gleichen Zuwendungsempfänger im Hinblick auf die Durchführung von Sprachkursen für Asylbewerber.

Bei betragsmäßig **geringen zuwendungsfähigen Ausgaben** kann die Bagatellgrenze zu hoch angesetzt sein.

> **Beispiel:**
>
> Die zuwendungsfähigen Ausgaben betragen 5.000 Euro. Die Bagatellgrenze von 500 Euro beträgt damit 10 Prozent der zuwendungsfähigen Ausgaben.

> **Praxis-Tipp:**
>
> In solchen Fällen kann die Bewilligungsbehörde die Bagatellgrenze der ANBest im Zuwendungsbescheid einzelfallbezogen **anpassen** (VV Nr. 5.3.1 zu § 44 BHO). Entweder durch einen abgewandelten absoluten Betrag oder durch die Festlegung eines Prozentsatzes.

II. Das Verwaltungsverfahren bei Zuwendungen

> **Beispiel:**
>
> In dem obenstehenden Fall legt die Bewilligungsbehörde die Bagatellgrenze auf 50 Euro fest. Alternativ kann sie auch einen Satz von 1 Prozent der zuwendungsfähigen Ausgaben bestimmen.

Da die Bagatellgrenze ausdrücklich in den ANBest festgelegt ist, hat der Zuwendungsempfänger auf ihre Anwendung einen **Rechtsanspruch**, soweit im Zuwendungsbescheid nichts anderes bestimmt ist.

27.8 Auswirkung der Finanzierungsart auf die Ermäßigung der Zuwendung im Hinblick auf die Ermäßigungsklausel

	Fehlbedarfsfinanzierung	Anteilfinanzierung (50 %)	Festbetragsfinanzierung[1]	Vollfinanzierung
Zuwendungsfähige Ausgaben	100.000	100.000	100.000	100.000
Bewilligte Zuwendung	50.000	50.000	50.000	100.000
Tatsächliche Ausgaben	80.000	80.000	80.000	80.000
Ermäßigung der Zuwendung	20.000	10.000	0	20.000

[1] Keine Ermäßigungsklausel in den ANBest geregelt.

27.9 Bisheriges Verständnis der Ermäßigungsklausel als auflösende Bedingung

Nach hergebrachtem Verständnis war die Ermäßigungsklausel eine auflösende Bedingung im Sinne des § 36 Abs. 2 Nr. 2 VwVfG, vgl. z. B. Nr. 8.2.3 ANBest-P. Mit ihrem Eintritt wurde der Zuwendungsbescheid in der betreffenden Höhe automatisch unwirksam und der Rechtsgrund für den Anspruch auf die Zuwendung war entfallen (§ 49a Abs. 1 VwVfG).

27. Korrektur von Finanzierungsverbesserungen

Wegen der einer auflösenden Bedingung immanenten Automatik bestand für die Bewilligungsbehörde auch kein Raum für eine Ermessensentscheidung. War die Finanzierungsverbesserung eingetreten (Bedingung), trat die Rechtsfolge der Ermäßigung der Zuwendung kraft Gesetzes ein.

27.10 Rechtsprechung des Bundesverwaltungsgerichts zur Ermäßigungsklausel

Erstmals in seinem **Urteil vom 16.06.2015** hat das Bundesverwaltungsgericht unter dem Aktenzeichen 10 C 15.2014 dem bisherigen Verständnis der Ermäßigungsklausel ein Ende gesetzt. Eine auflösende Bedingung nach § 36 Abs. 2 Nr. 2 VwVfG wird danach **generell**

„dadurch charakterisiert, dass sie den Eintritt oder den Wegfall einer Vergünstigung oder Belastung von dem ungewissen Eintritt eines zukünftigen Ereignisses abhängig macht. Hierunter fallen nur von der Außenwelt wahrnehmbare Handlungen, Erklärungen oder Geschehnisse. Für ein Ereignis ist im allgemeinen Sprachgebrauch kennzeichnend, dass es erlebt, gehört, gesehen, mit anderen Worten durch Wahrnehmung erfasst werden kann." (Rn. 12 des Urteils)

Für die Ermäßigungsklausel **bedeutet** dies nach dem BVerwG:

„Gegen ein Verständnis als Bedingung spricht, dass in [der Ermäßigungsklausel] kein die Bedingung auslösendes Ereignis benannt wird. [Zwar vermittelt] die Formulierung „Rückgang der zuwendungsfähigen Ausgaben" das Bild eines wahrnehmbaren Vorgangs. Tatsächlich ist der Ausgabenrückgang aber [...] kein beobachtbares Ereignis. Die Feststellung, dass und um wieviel die zuwendungsfähigen Ausgaben zurückgegangen sind, beruht nicht auf der grundsätzlich allen Beteiligten gleichermaßen möglichen Wahrnehmung von Tatsachen. Insbesondere kann der Rückgang der zuwendungsfähigen Ausgaben nicht auf einfache Weise durch Sichtung und Addition der [...] Abrechnungsbelege gewonnen werden. Denn bei jedem Einzelbeleg muss eine förderrechtliche Bewertung, ob und inwieweit eine tatsächlich getätigte Ausgabe zuwendungsfähig ist, hinzukommen." (Rn. 14 des Urteils)

Das Urteil des Bundesverwaltungsgerichts betraf allerdings nicht eine bloße Finanzierungsverbesserung gegenüber der Planung, sondern einen Fall, in dem die Bewilligungsbehörde eines Landes die **Zuwendungsfähigkeit** von Ausgaben im Nachhinein verneint hatte.

II. Das Verwaltungsverfahren bei Zuwendungen

Die Rückforderung stützte sie auf die auflösende Bedingung **statt auf §§ 48, 49 VwVfG (Rücknahme, Widerruf).**

Diese Praxis ist beim Bund nicht weit verbreitet – zu Recht, denn es handelt sich um eine **Umgehung** der besonderen Anforderungen der Regelungen zum Widerruf, z. B. im Hinblick auf die hier erforderlichen Ermessenserwägungen.

In zahlreichen Ländern werden dagegen auch Erstattungsforderungen wegen nicht zweckentsprechender Verwendung mit dem Eintritt der auflösenden Bedingung begründet.

Zwischenzeitlich hat das Bundesverwaltungsgericht seine Rechtsprechung jedoch weiter **ausdifferenziert** und klargestellt, dass auch dann nicht vom Vorliegen einer auflösenden Bedingung ausgegangen werden kann, wenn die Ermittlung der Finanzierungsverbesserung lediglich anhand einer einfachen mathematischen Berechnung ermittelt werden kann oder sogar bereits vom Zuwendungsempfänger selbst im Verwendungsnachweis mitgeteilt wurde. Die Bewilligungsbehörde habe die Erklärungen des Zuwendungsempfängers bei der Prüfung des Verwendungsnachweises nicht lediglich nachzuvollziehen, sondern stets auch zu kontrollieren. Auch die einfachste Prüfung bedeute immer auch eine Wertung.[166]

27.11 Lösung für die Bewilligungsbehörden bei bereits erlassenen Zuwendungsbescheiden

Die neue **Rechtsprechung** des Bundesverwaltungsgerichts bedeutet, dass die Ermäßigungsklausel nicht mehr als auflösende Bedingung verstanden werden kann.

> **Praxis-Tipp:**
>
> Die Bewilligungsbehörden sollten **im Fall von Fehlbedarfs-, Voll- und Anteilfinanzierungen** bei bereits erlassenen Zuwendungsbescheiden davon absehen, die Erstattung von Zuwendungen aufgrund von Finanzierungsverbesserungen mit der Unwirksamkeit des Zuwendungsbescheids in Folge des Eintritts einer auflösenden Bedingung nach Nr. 2 ANBest zu begründen.

---

[166] Urteil des BVerwG vom 31.07.2017 – 10 B 26.16.

27. Korrektur von Finanzierungsverbesserungen

Die Bewilligungsbehörden haben stattdessen zwei andere Möglichkeiten zur Beseitigung des Zuwendungsanspruchs.

Möglichkeit 1: Widerruf des Zuwendungsbescheids

Der Bewilligungsbescheid kann wegen nicht (mehr) zweckentsprechender Verwendung gemäß § 49 Abs. 1 Nr. 1 VwVfG mit folgender **Begründung** widerrufen werden:

Die ANBest geben dem Zuwendungsempfänger vor, seinen festgelegten Eigenanteil sowie alle mit dem Zuwendungszweck zusammenhängenden Einnahmen als Deckungsmittel für alle mit dem Zuwendungszweck zusammenhängenden Ausgaben **einzusetzen** (Nrn. 1.2 Satz 1 ANBest-I, ANBest-P, ANBest-Gk, ANBest-P-Kosten).

Bei **Mehreinnahmen** gegenüber der Planung kann die bewilligte Zuwendung deshalb nicht (mehr) vollständig für den Zuwendungszweck verwendet werden.

Beispiel:

Finanzierungsplan

Zuwendungsfähige Ausgaben:	10.000 EUR
Projekteinnahmen:	1.000 EUR
Eigenanteil des ZE:	5.000 EUR
Zuwendung:	4.000 EUR

Nach dem Verwendungsnachweis des Zuwendungsempfängers haben sich die zuwendungsfähigen Ausgaben nicht verändert. Allerdings wurden bei den Projekteinnahmen statt 1.000 Euro tatsächlich 2.000 Euro erlöst. Der Eigenanteil des Zuwendungsempfängers sowie die Projekteinnahmen sind zwingend vollständig für den Zuwendungszweck zu verwenden. Damit können von der bewilligten Zuwendung nur noch 3.000 Euro zweckentsprechend verwendet werden.

II. Das Verwaltungsverfahren bei Zuwendungen

Die gleiche Systematik gilt für **Minderausgaben**.

> **Beispiel:**
>
> Finanzierungsplan
>
> Zuwendungsfähige Ausgaben: 10.000 EUR
>
> Projekteinnahmen: 1.000 EUR
>
> Eigenanteil des ZE: 5.000 EUR
>
> Zuwendung: 4.000 EUR
>
> Tatsächlich fielen ausweislich des Verwendungsnachweises im Projekt nur 9.000 Euro Ausgaben an. Da sowohl die Einnahmen als auch der Eigenanteil des Zuwendungsempfängers zwingend für den Zuwendungszweck zu verwenden sind, können damit nur noch 3.000 Euro aus der Zuwendung zweckentsprechend verwendet werden.

Je nach **Finanzierungsart** hebt die Bewilligungsbehörde den Zuwendungsbescheid im Rahmen ihres von § 49 Abs. 1 Nr. 1 VwVfG eingeräumten Ermessens in voller (Fehlbedarfs- und Vollfinanzierung) oder anteiliger (Anteilfinanzierung) Höhe des Differenzbetrages auf. Sie orientiert sich dabei an dem in der Ermäßigungsklausel beschriebenen Mechanismus. Da die ANBest bei Festbetragsfinanzierungen keine Ermäßigungsklausel vorsehen, kommt es hier auch zu keinem Widerruf.

Zum Widerruf von Zuwendungsbescheiden vgl. Teil II 25.

Möglichkeit 2: Umdeutung der Bewilligung in einen vorläufigen Zuwendungsbescheid

Eine **weitere Möglichkeit zur Begründung einer Erstattungsforderung** gegenüber dem Zuwendungsempfänger eröffnet das Bundesverwaltungsgericht in seinem Urteil vom 19. November 2009 – 3 C 7.09. Hierin hat das Gericht die Ermäßigungsklausel nach Nr. 2 ANBest-P Baden-Württemberg als eine Regelung zur vorläufigen Gewährung der Zuwendung qualifiziert. Die Bewilligungsbehörde habe diesen Vorbehaltsbescheid daher durch einen Schlussbescheid ersetzen können, ohne an die Einschränkungen der §§ 48 und 49 VwVfG gebunden gewesen zu sein.[167]

---

[167] Zur Rechtsqualität von Ermäßigungsklauseln in Zuwendungsbescheiden nach der neueren Rechtsprechung des BVerwG vgl. *Seegmüler*, in: DVBl 2018, S. 546 ff.

27. Korrektur von Finanzierungsverbesserungen

Praxis-Tipp:

Die Bewilligungsbehörde könnte daher unter Berücksichtigung der in dem o.a. Urteil enthaltenen Ausführungen des Gerichts gegenüber dem Zuwendungsempfänger in einem Schlussbescheid regeln:

„Meine Bewilligung vom [Datum des Zuwendungsbescheids) ist hinsichtlich der Höhe der Förderung als vorläufiger Zuwendungsbescheid zu verstehen, da die Höhe der zuwendungsfähigen Ausgaben zum Zeitpunkt der Bewilligung noch nicht feststand. Die Regelungen zur endgültigen Bestimmung der Förderhöhe im Fall der Ermäßigung der im Finanzierungsplan veranschlagten Gesamtausgaben ergeben sich aus Nr. 2 der meinem Zuwendungsbescheid beigefügten Allgemeinen Nebenbestimmungen. Die Höhe der zuwendungsfähigen Ausgaben hat sich nach dem von Ihnen vorgelegten Verwendungsnachweis gegenüber dem meiner ursprünglichen Bewilligung zugrunde liegenden Finanzierungsplan um [Betrag] Euro ermäßigt. Entsprechend Nr. 2.1.2. ANBest-P ermäßigt sich meine Förderung damit in entsprechender Höhe.

Im Wege des Schlussbescheids setze ich die Höhe meiner Zuwendung danach hiermit abschließend auf [Betrag] Euro fest. Mein Zuwendungsbescheid vom [Datum] ist insoweit unwirksam geworden. Den hieraus in entsprechender Anwendung von § 49a Abs. 1 und 2 VwVfG resultierenden Erstattungsbetrag in Höhe von [Betrag] Euro bitte ich bis spätestens zum [Termin] auf mein Konto [Bezeichnung] einzuzahlen.

Die Verzinsung des Erstattungsbetrags in entsprechender Anwendung von § 49a Abs. 3 VwVfG werde ich nach Eingang Ihrer Rückzahlung festsetzen.

Vorsorglich weise ich ferner darauf hin, dass die grundsätzliche Möglichkeit der Aufhebung meiner Bewilligung nach den Regelungen der §§ 48 und 49 VwVfG weiterhin besteht, soweit Aufhebungsgründe nachträglich bekannt werden (zum Beispiel aufgrund von Prüfungsfeststellungen des Bundesrechnungshofs; vgl. Nr. 7.3 ANBest-P)."

II. Das Verwaltungsverfahren bei Zuwendungen

Zur Möglichkeit des Erlasses von vorläufigen und endgültigen Zuwendungsbescheiden vgl. im Einzelnen Teil II 28.

Welcher der beiden Wege der zweckmäßigere und ggf. auch rechtssicherer ist, muss die Bewilligungsbehörde in eigener Verantwortung entscheiden. Vorgaben oder Hilfestellungen, z. B. seitens der Finanzministerien, gibt es hierzu bislang weitgehend nicht.

28. Korrektur von Finanzierungsverbesserungen – alternativ: endgültige Festsetzung der Zuwendung

Überblick

- Der Mechanismus der Ermäßigungsklausel in Nr. 2 ANBest kann auch für die Regelung von vorläufigen und endgültigen Zuwendungsbescheiden genutzt werden.

- Hierbei setzt die Bewilligungsbehörde die Höhe der Zuwendung im Zuwendungsbescheid zunächst nur vorläufig fest und stellt sie unter den Vorbehalt der Nachprüfung im Zuge der Prüfung des Verwendungsnachweises.

- Die Ermäßigungsklausel beschreibt in diesem Zusammenhang die Entscheidungsgrundlage für die Bewilligungsbehörde bei der abschließenden endgültigen Festlegung der Zuwendungshöhe auf der Grundlage des Ergebnisses der Verwendungsnachweisprüfung.

- Bei vorläufigen Zuwendungsbescheiden muss der Zuwendungsempfänger möglichst rasch einen endgültigen Schlussbescheid erhalten. Die Bewilligungsbehörde ist daher zu einer raschen Prüfung des Verwendungsnachweises verpflichtet.

- Die Erstattungspflicht des Zuwendungsempfängers bei einer Ermäßigung der Zuwendung im Schlussbescheid resultiert aus der entsprechenden Anwendung von § 49a Abs. 1 bis 3 VwVfG.

28.1 Wirkungsgleicher Einsatz der Ermäßigungsklausel

Der Umstand, dass die in Nrn. 2 ANBest-I, ANBest-P, ANBest-Gk sowie ANBest-P-Kosten enthaltene Ermäßigungsklausel (vgl. Teil II 27.2) nach der jüngsten Rechtsprechung des Bundesverwaltungsgerichts nicht mehr als auflösende Bedingung verstanden werden kann (vgl. Teil II 27.9 und 27.10), nimmt der Verwaltung eine bisher vergleichs-

28. Korrektur von Finanzierungsverbesserungen – alternativ

weise unaufwendige Möglichkeit zur Ermäßigung der Zuwendung bei bloßen Finanzierungsverbesserungen. Zwar steht den Bewilligungsbehörden der Weg über den Widerruf des Zuwendungsbescheids nach § 49 Abs. 3 VwVfG Bund offen (vgl. Teil II 25 und 27.11), dies ist aber stets mit einer Ermessensausübung sowie Anhörungspflicht (§ 28 VwVfG Bund) gegenüber dem Zuwendungsempfänger verbunden.

Als eine mögliche Alternative kommt das **Modell des vorläufigen Zuwendungsbescheids** in Frage. Nach der Rechtsprechung des Bundesverwaltungsgerichts können Verwaltungsakte auch vorläufig erlassen werden. Zwar kennt das VwVfG diese Möglichkeit nicht ausdrücklich, doch hält sie das oberste Verwaltungsgericht insbesondere auch bei Subventionen oder Förderungen in solchen Fällen für möglich, in denen die Bewilligungsbehörde vor der abschließenden Sachverhaltsermittlung eine bestimmte Regelung unter dem Vorbehalt einer neuen Regelung auf der Grundlage des endgültigen Sachverhalts trifft.[168] Ergibt sich bei der abschließenden Sachverhaltsfeststellung eine Verringerung der Zuwendung, folgt die Erstattungs- und Verzinsungspflicht des Zuwendungsempfängers aus der entsprechenden Anwendung von § 49a Abs. 1 bis 3 VwVfG Bund.[169]

28.2 Übertragung auf Zuwendungsbescheide

Bei Zuwendungsbescheiden kann die Vorläufigkeit vor allem die endgültige **Förderhöhe** betreffen, die in den allermeisten Fällen **erst nach der Endabrechnung** durch den Zuwendungsempfänger verbindlich von der Bewilligungsbehörde festgestellt werden kann. Hat die Bewilligungsbehörde nach der Prüfung des Verwendungsnachweises die tatsächliche Höhe der zuwendungsfähigen Ausgaben ermittelt, ersetzt sie den vorläufigen Zuwendungsbescheid hinsichtlich der abschließenden Förderhöhe durch einen endgültigen. Der Vorteil für die Verwaltung besteht darin, dass der Schlussbescheid nicht den Beschränkungen der §§ 48 und 49 VwVfG unterliegt, weil der Zuwendungsempfänger in Folge der Vorläufigkeit noch kein schutzwürdiges Vertrauen erlangt hat.[170]

---

[168] Urteile des BVerwG vom 20.02.1981 – 7 C 60.78 sowie vom 19.11.2009 – 3 C 7.09; vgl. auch *Detterbeck*, in: Allgemeines Verwaltungsrecht, 16. Aufl., 2018, Rn. 528.
[169] Urteil des BVerwG vom 19.11.2009 – 3 c 7.09; vgl. *Detterbeck*, in: Allgemeines Verwaltungsrecht, 16. Aufl., 2018, Rn. 532 f.
[170] Vgl. *Detterbeck*, in: Allgemeines Verwaltungsrecht, 16. Aufl., 2018, Rn. 532 f.

II. Das Verwaltungsverfahren bei Zuwendungen

Allerdings darf die Bewilligungsbehörde die Vorläufigkeit des Zuwendungsbescheids nicht nach ihrem Belieben bestimmen. Sie benötigt hierfür einen sachlichen Grund. Dieser kann darin gesehen werden, dass die Planung der zuwendungsfähigen Ausgaben – und damit auch die hieraus abgeleitete Förderhöhe – insbesondere bei inhaltlich anspruchsvollen Förderungen und Vorgehensweisen aus der Natur der Sache heraus im Vorhinein nicht mit hinreichender Sicherheit prognostizierbar ist. Der Grundsatz der Wirtschaftlichkeit (§ 7 BHO) zwingt die Bewilligungsbehörde deshalb dazu, die Möglichkeit von **Finanzierungsverbesserungen** von Anfang **bei der Bewilligung zu berücksichtigen**.

Dass die Möglichkeit späterer Finanzierungsverbesserungen keine sachfremde Betrachtung ist, zeigt die für solche nicht seltenen Fälle eigens geschaffene Ermäßigungsklausel der Nrn. 2 ANBest. Diese wird nach dem Modell des vorläufigen Zuwendungsbescheids als Regelungsmechanismus für die abschließende Bestimmung der Höhe der Zuwendung genutzt. Die Ermäßigungsklausel beschreibt nach diesem neuen Verständnis nunmehr nicht mehr eine auflösende Bedingung (vgl. Teil II 27), sondern die rechtliche Grenze für den Erlass des Schlussbescheids.

Inwieweit die Bewilligungsbehörde vom Instrument des vorläufigen Zuwendungsbescheids Gebrauch macht, liegt beim Bund und den meisten Ländern in ihrer eigenen Bewertung. In Bayern ist der vorläufige Zuwendungsbescheid dagegen seit 01.01.2020 das Regelinstrument (VV Nr. 4.3 zu Art. 44 BayHO).

> **Praxis-Tipp:**
>
> Die Bewilligungsbehörde kann die Vorläufigkeit der Förderhöhe im Zuwendungsbescheid durch folgende Regelung bestimmen:
>
> *„Die Zuwendung wird als Höchstbetrag vorläufig festgesetzt. Ihre konkrete Höhe wird erst nach Prüfung des von Ihnen vorzulegenden Verwendungsnachweises im Wege eines Schlussbescheides festgelegt. Welche Ausgaben im Rahmen der Verwendungsnachweisprüfung als zuwendungsfähig anzuerkennen sind, richtet sich nach diesem Zuwendungsbescheid, den dazugehörigen Nebenbestimmungen sowie der Förderrichtlinie [Bezeichnung]. Eine Ermäßigung der zuwendungsfähigen Ausgaben*

28. Korrektur von Finanzierungsverbesserungen – alternativ

sowie eine Erhöhung oder das Hinzutreten von Deckungsmitteln gegenüber dem dieser Bewilligung zugrunde liegenden Finanzierungsplan wirkt sich bei der Förderhöhe gemäß den in Nr. 2 ANBest [Bezeichnung] aufgeführten Vorgaben aus. Alle übrigen Regelungen dieses Zuwendungsbescheids sind endgültig."

28.3 Zügige Prüfung und Schlussbescheid

Nach den vom Bundesverwaltungsgericht für den vorläufigen Verwaltungsakt festgelegten Regelungen hat der Zuwendungsempfänger einen Anspruch darauf, dass der vorläufige Zuwendungsbescheid möglichst rasch durch den Schlussbescheid ersetzt wird (§ 10 Satz 2 VwVfG).[171] Die Bewilligungsbehörde muss daher eine **zügige Prüfung des Verwendungsnachweises** sicherstellen. Zu den hierbei beim Bund geltenden verwaltungsinternen Fristen vgl. Teil II 21.28.

Trotzdem ist der Erlass des Schlussbescheids **nicht fristgebunden**. Versäumt die Bewilligungsbehörde eine rasche Festsetzung, hat dies keine Auswirkung auf die Befugnis zum Erlass eines Schlussbescheids und die daraus ggf. resultierende Erstattungspflicht der Zuwendung. Insbesondere gilt für Schlussbescheide nicht die Jahresfrist nach § 48 Abs. 4 VwVfG (vgl. Teil II 26).[172] Allerdings kann die Bewilligungsbehörde für den Zeitraum des rechtswidrigen Aufrechterhaltens des vorläufigen Zuwendungsbescheids keine Zinsen nach § 49a Abs. 3 Satz 2 VwVfG verlangen. Dies folgt im Wege der Ermessensreduzierung auf null aus dem in der Vorschrift enthaltenen Merkmal „insbesondere".[173]

In besonderen Konstellationen kann die Verwaltung jedoch das Recht zum Erlass eines Schlussbescheids aufgrund des auch im Verwaltungsrecht geltenden ungeschriebenen Verbots des widersprüchlichen Verhaltens nach einer längeren Zeit der Untätigkeit **verwirkt** haben. Nach dem Bundesverwaltungsgericht kommt dies insbesondere in Betracht, wenn der Zuwendungsempfänger aufgrund eines zusätzlichen Verhaltens der Bewilligungsbehörde dar-

---

[171] Vgl. *Detterbeck*, in: Allgemeines Verwaltungsrecht, 16. Aufl., 2018, Rn. 534.
[172] Urteil des BVerwG vom 15.03.2017 – 10 C.1.16.
[173] Urteil des BVerwG vom 15.03.2017 – 10 C.1.16; vgl. auch *Detterbeck*, Rn. 535.

II. Das Verwaltungsverfahren bei Zuwendungen

auf vertrauen konnte, dass der ursprüngliche (vorläufige) Bewilligungsbescheid nicht mehr geändert wird. Die absolute zeitliche Grenze für den Erlass eines Schlussbescheids sieht das Bundesverwaltungsgericht in der längsten im Zivilrecht und öffentlichen Recht geltenden Verjährungsfrist von dreißig Jahren.[174]

28.4 Abschließende Festsetzung der Höhe der Förderung

Die Bestimmung des Umfangs der Ermäßigung der Zuwendung gegenüber dem vorläufigen Bescheid und die daraus folgende abschließende Festsetzung der Zuwendung im Schlussbescheid geschieht dann unter Anwendung der Vorgaben der Ermäßigungsklausel in Nr. 2 ANBest, vgl. Teil II 27.2 bis 27.8.

> **Praxis-Tipp:**
>
> Den abschließenden Bescheid formuliert die Bewilligungsbehörde wie folgt:
>
> *„Die Höhe der Zuwendung lege ich nach Prüfung Ihres Verwendungsnachweises nunmehr abschließend in Höhe von ... Euro fest. [Begründung]. Dies ersetzt die in meinem Ausgangsbescheid vom [Datum] zunächst nur vorläufig getroffene Bestimmung zur Höhe der Zuwendung. Mein Zuwendungsbescheid vom [Datum] ist insoweit unwirksam geworden. Den hieraus in entsprechender Anwendung von § 49a Abs. 1 VwVfG resultierenden Erstattungsbetrag in Höhe von ... Euro bitte ich bis spätestens zum [Termin] auf mein Konto [Bezeichnung] einzuzahlen. Die Verzinsung des Erstattungsbetrags in entsprechender Anwendung von § 49a Abs. 3 VwVfG werde ich nach Eingang Ihrer Rückzahlung festsetzen. Vorsorglich weise ich ferner darauf hin, dass die grundsätzliche Möglichkeit der Aufhebung meiner Bewilligung nach den Regelungen der §§ 48 und 49 VwVfG weiterhin besteht, soweit Aufhebungsgründe nachträglich bekannt werden (zum Beispiel aufgrund von Prüfungsfeststellungen des Bundesrechnungshofs; vgl. Nr. 7.3 ANBest-P)."*

---

[174] Urteil des BVerwG vom 15.03.2017 – 10 C.1.16.

28.5 Gemeinsame Förderungen von Bund und Ländern

Bei gemeinsamen Förderungen von Bund und Ländern müssen sich die Bewilligungsbehörden eng abstimmen (VV Nr. 1.4 zu § 44 BHO). Dies betrifft insbesondere auch das gemeinsame Verständnis von der Ermäßigungsklausel nach Nrn. 2 ANBest.

> **Praxis-Tipp:**
>
> Im Idealfall erlässt nur ein Förderer den Zuwendungsbescheid und bezieht die Förderung der anderen öffentlichen Zuwendungsgeber darin mit ein (VV Nr. 1.4 zu § 44 BHO). Einen aus dem Schlussbescheid resultierenden Erstattungsbetrag teilen die Förderer intern nach ihrem prozentualen Finanzierungsanteil untereinander auf.

Alternativ kann auch jeder Förderer einen eigenen Zuwendungsbescheid erlassen und die Nr. 2 ANBest insoweit anpassen, als die Ermäßigung der Zuwendung im Schlussbescheid nur in Höhe des eigenen prozentualen Finanzierungsanteils im Verhältnis zu den anderen Zuwendungsgebern eintreten soll.

29. Erstattung der Zuwendung

> **Überblick**
>
> - Wenn Zuwendungsbescheide aufgehoben wurden oder ein Schlussbescheid zu einer geringeren Zuwendung führt, ist die bereits erbrachte Leistung vom Zuwendungsempfänger zu erstatten.
> - Die Bewilligungsbehörde hat insoweit keinerlei Ermessen.
> - Der Umfang des Erstattungsanspruchs richtet sich nach den Regeln des bürgerlichen Rechts zur Herausgabe einer ungerechtfertigten Bereicherung.
> - Sofern die rechtlichen Voraussetzungen vorliegen, kann sich der Zuwendungsempfänger auf Entreicherung berufen und die Herausgabe verweigern.
> - Dies ist nicht möglich, soweit der Zuwendungsempfänger die Umstände kannte oder infolge grober Fahrlässigkeit nicht kannte, die zur Aufhebung der Bewilligung oder der Ermäßigung im Schlussbescheid geführt haben.

II. Das Verwaltungsverfahren bei Zuwendungen

- Die mögliche Verjährung von Erstattungsansprüchen richtet sich beim Bund und den Ländern nach den Regeln des Privatrechts. In Bayern gilt eine Ausnahme.
- Zwischen einer Verjährung des Erstattungsanspruchs und der für die Aufhebung von Zuwendungsbescheiden geltenden Jahresfrist nach § 48 Abs. 4 VwVfG muss unterschieden werden.

29.1 Grundsatz

§ 49a Abs. 1 VwVfG:

„Soweit ein Verwaltungsakt mit Wirkung für die Vergangenheit zurückgenommen oder widerrufen worden oder infolge Eintritts einer auflösenden Bedingung unwirksam geworden ist, sind bereits erbrachte Leistungen zu erstatten. Die zu erstattende Leistung ist durch schriftlichen Verwaltungsakt festzusetzen."

Die Erstattungspflicht wird unmittelbar vom Gesetz angeordnet. Sie ist zwingend und unterliegt **keinerlei Ermessen** der Bewilligungsbehörde. § 49a Abs. 1 VwVfG ist nach dem Bundesverwaltungsgericht entsprechend auch auf Zuwendungen anzuwenden, deren Rechtsgrund auf Grund des Erlasses eines Schlussbescheids weggefallen ist (vgl. Teil II 29).[175]

29.2 Umfang der Erstattung

§ 49a Abs. 2 VwVfG:

„Für den Umfang der Erstattung mit Ausnahme der Verzinsung gelten die Vorschriften des Bürgerlichen Gesetzbuchs über die Herausgabe einer ungerechtfertigten Bereicherung entsprechend. Auf den Wegfall der Bereicherung kann sich der Begünstigte nicht berufen, soweit er die Umstände kannte oder infolge grober Fahrlässigkeit nicht kannte, die zur Rücknahme, zum Widerruf oder zur Unwirksamkeit des Verwaltungsaktes geführt haben."

§ 818 Abs. 1 BGB:

„Die Verpflichtung zur Herausgabe erstreckt sich auf die gezogenen Nutzungen sowie auf dasjenige, was der Empfänger auf Grund eines erlangten Rechts oder als Ersatz für die Zerstörung, Beschädigung oder Entziehung des erlangten Gegenstands erwirbt."

---

[175] Urteil des BVerwG vom 19.11.2009 – 3 C 7.09.

29. Erstattung der Zuwendung

Übertragen auf das Zuwendungsverhältnis bedeutet dies, dass nicht lediglich die zu Unrecht erhaltene Zuwendung herauszugeben ist, sondern auch alle aus dem entsprechenden Betrag gezogenen sonstigen Nutzungen.

Sonstige **Nutzungen** können z. B. sein:

- tatsächlich erhaltene Zinsen
- ersparte Zinsen (z. B., wenn der zu erstattende Betrag zur Liquiditätssicherung eingesetzt wurde)
- Vorteile, die aus der Nutzung eines zu Unrecht aus der Zuwendung finanzierten Gegenstands gezogen werden (z. B. in Höhe eines Wertersatzes)
- erzielte oder ersparte Mieteinkünfte, wenn ein Grundstück und/ oder Gebäude innerhalb der zeitlichen Bindung nicht mehr für den Zuwendungszweck verwendet wird
- (anteilige) Wertsteigerungen solcher Grundstücke und Gebäude

Um der gesetzlichen Vorgabe Rechnung zu tragen, muss die Bewilligungsbehörde die entsprechenden **Feststellungen** zu den gezogenen Nutzungen beim Zuwendungsempfänger treffen. Dies wird in der Praxis – vor allem wegen des damit verbundenen Verwaltungsaufwands – häufig unterlassen.

29.3 Entreicherung

Grundsätzlich kann sich ein Zuwendungsempfänger auf einen **Wegfall der Bereicherung** (Entreicherung) mit der Folge berufen, dass die Verpflichtung zur Herausgabe entfällt, vgl. § 818 Abs. 3 BGB.

§ 818 Abs. 3 BGB:

„Die Verpflichtung zur Herausgabe oder zum Ersatz des Wertes ist ausgeschlossen, soweit der Empfänger nicht mehr bereichert ist."

Eine Entreicherung liegt vor, wenn der Begünstigte das zu Unrecht Erlangte **verbraucht** hat, ohne dass ein (ggf. auch nur teilweiser) Gegenwert in dessen Vermögen zurückgeblieben ist oder wenn das Erlangte untergegangen ist (so genannte „Saldentheorie"[176]).

---

[176] Vgl. z. B. Urteil des BVerwG vom 28.01.1993 – 2 C 15/91.

II. Das Verwaltungsverfahren bei Zuwendungen

Beispiele:

- Der Zuwendungsempfänger hat aus der grundsätzlich zu erstattenden Zuwendung Personalausgaben geleistet. Ein entsprechender Gegenwert befindet sich nicht mehr in seinem Vermögen. Damit liegt Entreicherung vor.
- Der Zuwendungsempfänger hat aus der grundsätzlich zu erstattenden Zuwendung ein Grundstück erworben. Der Wert des Grundstücks hat sich zum Zeitpunkt der Erstattungsforderung nicht verändert. Damit liegt keine Entreicherung vor.

Eine mögliche Entreicherung ist nicht „von Amts wegen" von der Bewilligungsbehörde zu berücksichtigen, auch wenn ihr deren Vorliegen beim Zuwendungsempfänger offenkundig erscheint. Die gesetzliche Ausgestaltung als **„Einrede"** setzt voraus, dass sich der Schuldner auf sie beruft. Unterlässt er dies, muss er das ungerechtfertigt Erlangte herausgeben.

Allerdings stellt § 49a Abs. 2 Satz 2 VwVfG klar, dass sich der Begünstigte **nicht auf eine Entreicherung berufen** kann, soweit er die Umstände kannte oder infolge grober Fahrlässigkeit nicht kannte, die zur Rücknahme, zum Widerruf oder zur Unwirksamkeit des Verwaltungsaktes geführt haben. Gleiches dürfte auch bei Schlussbescheiden gelten.

Soweit sich die Gründe für den Wegfall der Rechtsgrundlage der Zuwendung aus dem Zuwendungsbescheid, dessen Nebenbestimmungen oder einer Förderrichtlinie zweifelsfrei ergeben, wird sich ein Zuwendungsempfänger in aller Regel kaum auf „Nichtkennen" berufen können. Zumindest dürfte es als **grob fahrlässig** zu werten sein, wenn er sich nicht ausreichend mit den Fördermodalitäten vertraut gemacht hat.

Beispiel:

Der Zuwendungsempfänger hätte aus der veröffentlichten Förderrichtlinie, auf die er auch im Zuwendungsbescheid hingewiesen wurde, unzweifelhaft erkennen können, dass eine im Verwendungsnachweis geltend gemachte Ausgabe nicht zuwendungsfähig ist.

29. Erstattung der Zuwendung

29.4 Verjährung des Erstattungsanspruchs

Die Verjährung von Erstattungsansprüchen ist im Allgemeinen Verwaltungsrecht nicht geregelt. Ersatzweise sind die Regelungen des bürgerlichen Rechts heranzuziehen.[177] Danach beträgt die regelmäßige Verjährungsfrist **drei Jahre** (§ 195 BGB).

Sie **beginnt** mit dem Schluss des Jahres, in dem der Anspruch entstanden ist und die Bewilligungsbehörde von den den Anspruch begründenden Umständen und der Person des Schuldners Kenntnis erlangt hat oder ohne grobe Fahrlässigkeit hätte erlangen müssen (§ 199 Abs. 1 BGB; soweit nicht ein anderer Verjährungsbeginn bestimmt ist).

Bei Erstattungsansprüchen infolge der Rücknahme oder des Widerrufs des Zuwendungsbescheids gilt für die erforderliche Aufhebung der Bewilligung zunächst alleine die **Jahresfrist nach § 48 Abs. 4 VwVfG**, vgl. Teil II 26. Für Schlussbescheide nach zunächst nur vorläufiger Festsetzung der Zuwendungshöhe gilt keinerlei Festsetzungsfrist, sondern allenfalls eine dreißigjährige Verwirkungsfrist, vgl. Teil II 28.

Erst der aus der Aufhebung oder dem Schlussbescheid resultierende **Erstattungsanspruch** unterliegt der Verjährung nach § 195 BGB.

In **Bayern** gilt eine Sonderregelung: Hier erlöschen die auf eine Geldzahlung gerichteten öffentlich-rechtlichen Ansprüche des Freistaates Bayern, einer bayerischen Gemeinde oder eines bayerischen Gemeindeverbands, soweit nichts anderes bestimmt ist, in drei Jahren. Die Frist beginnt mit dem Schluss des Jahres, in dem der Berechtigte von den den Anspruch begründenden Umständen und der Person des Verpflichteten Kenntnis erlangt oder ohne grobe Fahrlässigkeit erlangen müsste, jedoch nicht vor dem Schluss des Jahres, in dem der Anspruch entstanden ist. Vgl. dazu Art. 71 Abs. 1 BayAGBGB.

---

[177] Vgl. Urteil des BVerwG vom 15.03.2017 – 10 C 3.16 mit Verweis auf vorangegangene Rechtsprechung.

30. Sonstige verwaltungsrechtliche Anforderungen

> **Überblick**
>
> - Die Aufhebung eines Zuwendungsbescheids sowie die Festsetzung des Erstattungsbetrags sind von der Bewilligungsbehörde gesondert zu entscheiden.
> - Vor der Entscheidung ist der Zuwendungsempfänger regelmäßig anzuhören.
> - Die Entscheidung ist dem Zuwendungsempfänger gegenüber tatsächlich und rechtlich nachvollziehbar zu begründen.
> - Dies gilt insbesondere für die Gesichtspunkte, die die Bewilligungsbehörde bei der Ausübung ihres Ermessens geleitet haben.

30.1 Schriftliche Festsetzung

Die zu erstattende Leistung ist durch **schriftlichen Verwaltungsakt** festzusetzen, vgl. § 49a Abs. 1 Satz 2 VwVfG (Bund).

Die Rücknahme bzw. der Widerruf des Bewilligungsbescheids sowie der Erlass eines Schlussbescheids einerseits sowie die Festsetzung des daraus resultierenden Erstattungsbetrags andererseits sind demnach gesondert voneinander zu betrachten. Aus verwaltungspraktischen Gründen können sie trotzdem **in einem Bescheid** gegenüber dem Zuwendungsempfänger kommuniziert werden, wenn die Trennung der beiden Entscheidungen hierin deutlich wird.

> **Beispiel:**
>
> Die Bewilligungsbehörde widerruft den Bewilligungsbescheid wegen teilweiser nicht zweckentsprechender Verwendung der Zuwendung. Sie gliedert ihren Bescheid für den Adressaten deutlich erkennbar in zwei Teile:
> 1. Widerruf des Zuwendungsbescheids.
> 2. Festsetzung des Erstattungsbetrags.

Die Aufhebung des Zuwendungsbescheids bzw. der Erlass eines Schlussbescheids und die Festsetzung des Erstattungsanspruchs in zwei zeitlich **auseinanderfallenden Bescheiden** ist dann erforderlich, wenn für die Höhe der Erstattung noch eventuell gezogene Nutzungen festgestellt werden müssen. Vgl. Teil II 29.2.

30. Sonstige verwaltungsrechtliche Anforderungen

30.2 Anhörung des Zuwendungsempfängers

Die Aufhebung des Zuwendungsbescheids sowie die Festsetzung des Erstattungsbetrags sind belastende Verwaltungsakte. Das Rechtsstaatsprinzip sowie der verwaltungsrechtliche Untersuchungsgrundsatz (§ 24 Abs. 1 VwVfG (Bund)) gebieten es, dem Betroffenen Gelegenheit zu geben, sich zu den für die Entscheidung erheblichen Tatsachen zu **äußern,** vgl. § 28 VwVfG (Bund); VV Nr. 8.3 Satz 2 zu § 44 BHO.

§ 28 VwVfG – Anhörung Beteiligter:

„(1) Bevor ein Verwaltungsakt erlassen wird, der in Rechte eines Beteiligten eingreift, ist diesem Gelegenheit zu geben, sich zu den für die Entscheidung erheblichen Tatsachen zu äußern.

(2) Von der Anhörung kann abgesehen werden, wenn sie nach den Umständen des Einzelfalls nicht geboten ist, insbesondere wenn

1. eine sofortige Entscheidung wegen Gefahr im Verzug oder im öffentlichen Interesse notwendig erscheint;
2. durch die Anhörung die Einhaltung einer für die Entscheidung maßgeblichen Frist in Frage gestellt würde;
3. von den tatsächlichen Angaben eines Beteiligten, die dieser in einem Antrag oder einer Erklärung gemacht hat, nicht zu seinen Ungunsten abgewichen werden soll;
4. die Behörde eine Allgemeinverfügung oder gleichartige Verwaltungsakte in größerer Zahl oder Verwaltungsakte mit Hilfe automatischer Einrichtungen erlassen will;
5. Maßnahmen in der Verwaltungsvollstreckung getroffen werden sollen.

(3) Eine Anhörung unterbleibt, wenn ihr ein zwingendes öffentliches Interesse entgegensteht."

Noch gesteigerte Bedeutung hat die Anhörungspflicht in Ländern, in denen das **Widerspruchsverfahren** als Vorverfahren für das verwaltungsgerichtliche Klageverfahren entfallen ist.

Beispiel:

Vgl. z. B. § 110 des Gesetzes über die Justiz im Land Nordrhein-Westfalen (Justizgesetz Nordrhein-Westfalen – JustG NRW).

Die Bewilligungsbehörde kann die Anhörung zur Aufhebung des Zuwendungsbescheids mit der zur Festsetzung des Erstattungsbetrags aus verwaltungspraktischen Gesichtspunkten **verbinden.** Sie

II. Das Verwaltungsverfahren bei Zuwendungen

kann dabei insbesondere Sachverhaltsfeststellungen zu den vom Zuwendungsempfänger aus der zu Unrecht erlangten Zuwendung gezogenen Nutzungen treffen.

Von der Anhörung kann **abgesehen** werden, wenn sie nach den Umständen des Einzelfalls nicht geboten ist; bei Zuwendungen insbesondere, wenn

- durch die Anhörung die Einhaltung einer für die Entscheidung maßgeblichen Frist in Frage gestellt würde – § 28 Abs. 2 Nr. 2 VwVfG (Bund), oder
- von den tatsächlichen Angaben eines Beteiligten, die dieser in einem Antrag oder einer Erklärung gemacht hat, nicht zu seinen Ungunsten abgewichen werden soll – § 28 Abs. 2 Nr. 3 VwVfG (Bund).

Beispiele:

- Der Bewilligungsbehörde sind sämtliche Tatsachen bekannt, die die Rücknahme eines rechtswidrigen Zuwendungsbescheids rechtfertigen. Eine vorherige Anhörung des Zuwendungsempfängers würde dazu führen, dass die Jahresfrist nach § 48 Abs. 4 VwVfG nicht eingehalten werden kann.
- Aus einer Mitteilung des Zuwendungsempfängers ergibt sich eindeutig, dass ein aus der Zuwendung beschaffter Gegenstand nicht mehr für den Zuwendungszweck, sondern für kommerzielle Zwecke verwendet wird. Der Zuwendungsempfänger bietet bereits von sich aus die anteilige Erstattung der Zuwendung an.

30.3 Begründung des Verwaltungsakts

Ein belastender Verwaltungsakt muss inhaltlich begründet werden, vgl. § 39 Abs. 1 Satz 1 VwVfG (Bund); VV Nr. 8.1 zu § 44 BHO.

In der Begründung sind die wesentlichen **tatsächlichen und rechtlichen Gründe** mitzuteilen, die die Behörde zu ihrer Entscheidung bewogen haben, vgl. § 39 Abs. 1 Satz 2 VwVfG (Bund).

Die Begründung von **Ermessensentscheidungen** soll auch die Gesichtspunkte erkennen lassen, von denen sich die Behörde bei der Ausübung ihres Ermessens hat leiten lassen, vgl. § 39 Abs. 1

Satz 3 VwVfG (Bund). Hierbei ist ggf. auch auf Besonderheiten des Einzelfalls einzugehen (VV Nr. 8.3 Satz 1 zu § 44 BHO). In einem späteren verwaltungsgerichtlichen Verfahren kann die Bewilligungsbehörde die Darstellung ihrer Ermessenserwägungen erforderlichenfalls noch **ergänzen** (§ 114 Satz 2 VwGO).

> **Praxis-Tipp:**
> Unabhängig von den rechtlichen Erfordernissen sollte die Bewilligungsbehörde stets auch den **psychologischen Effekt** auf Seiten des Zuwendungsempfängers bedenken: Je besser und nachvollziehbarer eine belastende Entscheidung begründet wird, umso eher wird der Betroffene bereit sein, sie zu akzeptieren.

31. Verzinsung des Erstattungsbetrags

Überblick

- Der Erstattungsbetrag ist regelmäßig mit einem variablen Zinssatz zu verzinsen.
- Der Verzinsungszeitraum beginnt mit dem Eintritt der zur Rücknahme bzw. dem Widerruf des Zuwendungsbescheids oder zu einer Ermäßigung der Zuwendung im Schlussbescheid führenden Umstände.
- Die Verzinsung endet mit dem Eingang der Erstattungsleistung auf dem Konto des Zuwendungsgebers.
- Von der Verzinsung kann abgesehen werden, wenn der Begünstigte die Erstattungspflicht nicht zu vertreten hat und den zu erstattenden Betrag fristgerecht leistet.
- Eine Ausnahme von der Verzinsung gilt in einigen Ländern für Bagatellfälle.
- Als Arbeitshilfe stellt das Bundesministerium für Bildung und Forschung das Programm „zins-online" zur Verfügung.

II. Das Verwaltungsverfahren bei Zuwendungen

31.1 Grundsätzliche Zinspflicht

§ 49a Abs. 3 VwVfG:

„Der zu erstattende Betrag ist vom Eintritt der Unwirksamkeit des Verwaltungsaktes an mit fünf Prozentpunkten über dem Basiszinssatz jährlich zu verzinsen. Von der Geltendmachung des Zinsanspruchs kann insbesondere dann abgesehen werden, wenn der Begünstigte die Umstände, die zur Rücknahme, zum Widerruf oder zur Unwirksamkeit des Verwaltungsaktes geführt haben, nicht zu vertreten hat und den zu erstattenden Betrag innerhalb der von der Behörde festgesetzten Frist leistet."

Die Zinspflicht gilt nach dem Bundesverwaltungsgericht auch bei Erstattungen, die auf Grund eines Schlussbescheids zu leisten sind.[178]

31.2 Variabler Zinssatz

Basiszinssatz ist beim **Bund und den meisten Ländern** der variable Zinssatz nach **§ 247 Abs. 1 BGB**.[179]

Die erforderlichen halbjährlichen Anpassungen werden von der Deutschen Bundesbank zum 1. Januar und 1. Juli eines jeden Jahres im Bundesanzeiger bekannt gemacht (§ 247 Abs. 2 BGB).

> **Praxis-Tipp:**
> Die jeweils anzuwendenden Basiszinssätze können auch auf der **Internetseite der Deutschen Bundesbank** abgerufen werden:
> www.bundesbank.de
> Die Tabelle geht zurück bis zur Einführung des Basiszinssatzes im Jahr 2002.

Auf den Basiszinssatz sind die in § 49a Abs. 3 geregelten **5 Prozentpunkte aufzuschlagen.**

---

[178] Urteil des BVerwG vom 19.11.2009 – 3 C 7.09.
[179] Vgl. Gesetzentwurf der Bundesregierung Entwurf eines Gesetzes zur Einführung einer kapitalgedeckten Hüttenknappschaftlichen Zusatzversicherung und zur Änderung anderer Gesetze (Hüttenknappschaftliches Zusatzversicherungs-Neuregelungs-Gesetz – HZvNG), Begründung Besonderer Teil, zu Art. 12 Nr. 2, BT-Drs. 14/9007, S. 41; VV Nr. 8.5 Satz 1 zu § 44 BHO.

31. Verzinsung des Erstattungsbetrags

> **Beispiele:**
>
> Beträgt der Basiszinssatz zum für die Verzinsung maßgeblichen Zeitpunkt 1 Prozent, errechnet sich der für die Verzinsung maßgebliche Zinssatz wie folgt:
>
> 1 % + 5 Prozentpunkte = 6 %.
>
> Beträgt der Basiszinssatz zum für die Verzinsung maßgeblichen Zeitpunkt -1 Prozent, errechnet sich der für die Verzinsung maßgebliche Zinssatz wie folgt:
>
> –1 % + 5 Prozentpunkte = 4 %.

31.3 Zinsberechnung

> **Praxis-Tipp:**
>
> Die Berechnung der Zinsen richtet sich beim **Bund** nach der Anlage zur VV Nr. 3.3 zu § 34 BHO (vgl. VV Nr. 8.8 zu § 44 BHO).

31.4 Beginn des Verzinsungszeitraums

Die Verzinsung eines Erstattungsanspruchs, der von einem anderen Ereignis als einem Fälligkeitsdatum abhängt, beginnt mit dem Tag, der auf den Tag des Ereignisses **folgt** (Nr. 2.1.2 der Anlage zur VV Nr. 3.3 zu § 34 BHO).

Tag des Ereignisses in diesem Sinne ist **bei** der **Aufhebung** des Zuwendungsbescheids der Tag, an dem die zur Rücknahme oder zum Widerruf führenden Umstände eingetreten sind.

> **Beispiel:**
>
> Am 23. Februar verwendet der Zuwendungsempfänger 5.000 Euro aus der Zuwendung nicht zweckentsprechend. Die Verzinsung des Erstattungsbetrags beginnt am 24. Februar.

Der **Tag des Ereignisses** für den Beginn der Verzinsung ist **bei** Erstattungsforderungen auf Grund eines Schlussbescheids der Tag der

II. Das Verwaltungsverfahren bei Zuwendungen

Auszahlung der durch den Vorbehaltsbescheid zunächst zu hoch gewährten Zuwendung.[180]

Dies lässt sich in den meisten Fällen nur sehr aufwendig feststellen. Zur **Minimierung des Verwaltungsaufwands** ist es deshalb vertretbar, den Zeitpunkt auf den Tag der letzten auf die Erfüllung des Zuwendungszwecks bezogenen Zahlung, spätestens aber auf das Ende des Bewilligungszeitraums zu fingieren.

> **Beispiel:**
>
> In einem anteilfinanzierten Projekt sind Minderausgaben in Höhe von 5.000 Euro eingetreten. Die letzte projektbezogene Rechnung wurde am 23. April gezahlt. Die Verzinsung des Erstattungsbetrags beginnt damit am 24. April.

31.5 Ende des Verzinsungszeitraums

Die Verzinsung endet mit Ablauf des Tages, an dem der Erstattungsbetrag auf dem Konto der zuständigen Kasse **eingegangen** ist, Nr. 2.2 i. V. m. Nr. 4.1 der Anlage zur VV Nr. 3.3 zu § 34 BHO.

Bei der Festsetzung des Erstattungsbetrags steht naturgemäß der **Tag des tatsächlichen Zahlungseingangs** nicht fest. In dem Bescheid kann daher die genaue Höhe des Zinsanspruchs nicht festgelegt werden.

> **Praxis-Tipp:**
>
> Für die Bewilligungsbehörde bieten sich zwei Möglichkeiten an, dieser Problematik mit möglichst geringem Verwaltungsaufwand zu begegnen:
>
> - Entweder sie teilt dem Zuwendungsempfänger die Zinspflicht bei der Festsetzung des Erstattungsbetrags zunächst nur dem Grunde nach mit und erstellt nach Eingang der Leistung einen gesonderten Bescheid über die Verzinsung.
> - Oder sie fingiert bereits im Erstattungsbescheid den Termin des tatsächlichen Zahlungseingangs und berechnet die Zinsen auf der Grundlage des angenommenen Zahlungseingangs.

---

[180] Urteil des BVerwG vom 15.03.2017 – 10 C 1.16.

Die Lösung der **Fingierung** hat allerdings den Nachteil, dass die Zinsen neu zu berechnen sind, wenn der Zuwendungsempfänger erst deutlich nach dem angenommenen Termin zahlt. Leistet der Zuwendungsempfänger dagegen vor dem Termin, besteht die Möglichkeit, dass er seinerseits eine Neuberechnung der Zinsen verlangt.

Die Fingierung bietet sich daher vor allem bei vergleichsweise **geringen Erstattungsbeträgen** an, bei denen eine Neuberechnung der Zinsen zugunsten des Zuwendungsgebers ggf. wegen der Kleinbetragsregelung (vgl. Teil II 31.8) entbehrlich ist oder zu erwarten ist, dass der Zuwendungsempfänger wegen der Geringfügigkeit des Differenzbetrags keine Neuberechnung zu seinen Gunsten verlangen wird.

31.6 Absehen vom Zinsanspruch

Von der Geltendmachung des Zinsanspruchs kann nach § 49a Abs. 3 Satz 2 VwVfG (Bund) insbesondere dann abgesehen werden, wenn der Begünstigte die Umstände, die zur Rücknahme, zum Widerruf oder zur Unwirksamkeit des Verwaltungsaktes geführt haben, **nicht zu vertreten** hat und den zu erstattenden Betrag innerhalb der von der Behörde festgesetzten Frist leistet. Gleiches gilt insbesondere auch bei Schlussbescheiden, wenn diese von der Bewilligungsbehörde nicht zügig erlassen wurden. Hier ist das Ermessen sogar auf Null reduziert, vgl. Teil II 28.

Als **Anwendungsfälle** der gesetzlich vorgesehenen Ausnahmeregelung kommen vor allem in Frage:

- Finanzierungsverbesserungen, die der Zuwendungsempfänger selbst herbeigeführt hat. In diesen Fällen sollte ein wirtschaftliches Verhalten nicht durch eine Erhebung von Zinsen „bestraft" werden.

- Erstattungen aufgrund zurückgenommener Zuwendungsbescheide, wenn der Rücknahmegrund alleine von der Bewilligungsbehörde zu verantworten ist.

II. Das Verwaltungsverfahren bei Zuwendungen

> **Beispiele:**
> - Dem Zuwendungsempfänger ist es gelungen, die Projekteinnahmen deutlich gegenüber der Planung zu steigern.
> - Der Zuwendungsempfänger hat durch besonders wirtschaftliches Verhalten die Ausgaben gegenüber der Planung deutlich reduzieren können.
> - Der Zuwendungsbescheid war alleine deshalb rechtswidrig, weil die Bewilligungsbehörde die Zuwendungsvoraussetzungen nach einer Förderrichtlinie verkannt hat.

Sieht die Bewilligungsbehörde von der Zinserhebung ab, muss sie die Gründe hierfür **aktenkundig** machen (VV Nr. 8.6 zu § 44 BHO).

31.7 Abweichungen in Ländern

In **Bayern** beträgt der variable Zinssatz 3 Prozent über dem Basiszinssatz (Art. 49a BayVwVfG).

In **Thüringen** beträgt der Zinssatz fest 6 Prozent.

31.8 Bagatellfälle

Für die Erhebung von Zinsen gilt als Bagatellgrenze beim **Bund** die so genannte Kleinbetragsregelung (VV Nr. 7 zu § 59 BHO). Danach soll von der Anforderung von Beträgen von weniger als 7 Euro abgesehen werden (VV Nr. 7.1.1 Satz 1 zu § 59 BHO). Ist der Anspruchsgegner ein Sondervermögen des Bundes oder eine juristische Person des öffentlichen Rechts, beläuft sich der Betrag auf 36 Euro, sofern Gegenseitigkeit besteht (VV Nr. 7.1.1 Satz 2 zu § 59 BHO). Im Verhältnis des Bundes zu den Ländern liegt die geforderte Gegenseitigkeit vor (Anmerkung zu VV Nr. 7.1.1 Satz 2 zu § 59 BHO).

Bei der Berechnung des Kleinbetrags sind der Erstattungsanspruch als Hauptanspruch und der Zinsbetrag als Nebenanspruch als **Gesamtbetrag** zu betrachten (VV Nr. 7.5 Satz 1 zu § 59 BHO). Dies gilt nach dem Sinn und Zweck der Regelung unabhängig davon, ob der Zinsbetrag gesondert angefordert wird.

Beträgt der Erstattungsanspruch als Hauptanspruch weniger als **50 Euro** und ist er nicht länger als sechs Monate rückständig, sind Zinsen nicht zu berechnen, VV Nr. 7.5 Satz 2 zu § 59 BHO.

31. Verzinsung des Erstattungsbetrags

Bei einigen **Ländern** bestehen dagegen auch für die Erhebung von Zinsen auf Erstattungsansprüche gesonderte Bagatellgrenzen.

Beispiele:

- 50 EUR in Hessen – VV Nr. 8.7 Satz 2 zu § 44 LHO-Hessen
- 50 EUR in Sachsen – VV Nr. 8.9 zu § 44 SäHO
- 100 EUR in Bayern – VV Nr. 8.8 zu Art. 44 BayHO
- 150 EUR in Baden-Württemberg – VV Nr. 8.5.2 zu § 44 LHO-BW
- 250 EUR in Nordrhein-Westfalen – VV Nr. 8.8 Satz 2 zu § 44 LHO-NRW

31.9 Elektronische Hilfe zins-online

Als **Arbeitshilfe** zur Berechnung von Zinsansprüchen des Bundes und der Länder für Zuwendungen zur Projektförderung hat das Bundesministerium für Bildung und Forschung das Programm „zins-online" entwickelt. Es unterstützt die Berechnung von Zinsansprüchen für voll- und teilfinanzierte Vorhaben sowie für die Rückzahlung von Zuwendungen und enthält außerdem

- Erläuterungen zu den Grundlagen der Zinsberechnung,
- Hinweise zur Berechnung von Zinsansprüchen für Rückzahlungen sowie
- Hinweise zur Berechnung von Zinsansprüchen wegen nicht alsbaldiger Verwendung.

Praxis-Tipp:

Das Programm kann von Jedermann über das so genannte Förderportal des Bundes im **Internet** aufgerufen und ohne besonderes Herunterladen von Software bedient werden:

www.foerderportal.bund.de/zinsonline/

32. Verzinsung bei nicht alsbaldiger Verwendung

> **Überblick**
>
> - Auch bei nicht alsbaldiger Verwendung der Zuwendung können Zinsen wie bei der Erstattung von Zuwendungen erhoben werden.
> - Der so genannte „isolierte Zinsanspruch" kommt vor allem zum Tragen, wenn der Widerruf des Zuwendungsbescheids wegen nicht alsbaldiger Verwendung unverhältnismäßig wäre.
> - Der Verzinsungszeitraum beginnt mit der Auszahlung der Zuwendung und endet am Tag ihres Verbrauchs durch den Zuwendungsempfänger.
> - Entsprechendes zur Verzinsung gilt, soweit der Zuwendungsempfänger von der Reihenfolge der einzusetzenden Deckungsmittel abweicht.

32.1 Grundsatz

§ 49a Abs. 4 VwVfG (Bund):

„Wird eine Leistung nicht alsbald nach der Auszahlung für den bestimmten Zweck verwendet, so können für die Zeit bis zur zweckentsprechenden Verwendung Zinsen nach Absatz 3 Satz 1 verlangt werden. Entsprechendes gilt, soweit eine Leistung in Anspruch genommen wird, obwohl andere Mittel anteilig oder vorrangig einzusetzen sind. § 49 Abs. 3 Satz 1 Nr. 1 bleibt unberührt."

Die Regelung bildet die Alternative zum grundsätzlich in diesen Fällen auch möglichen Widerruf des Zuwendungsbescheids, der häufig aber nicht verhältnismäßig wäre, § 49a Abs. 3 Nr. 1, 2. Alt VwVfG (Bund). Die Regelung wird auch als **„isolierter Zinsanspruch"** bezeichnet.

32.2 Tatbestand „nicht alsbaldiger Verwendung"

Nicht alsbald verwendet ist eine Zuwendung,

- wenn sie bei Auszahlung im Abrufverfahren nicht am Tage des Bedarfs nach den Regelungen der Abrufrichtlinie für fällige Zahlungen abgerufen und verbraucht wird oder
- wenn sie bei Auszahlung im Anforderungsverfahren nicht entsprechend der Festlegung im jeweiligen Zuwendungsbescheid für fällige Zahlungen verbraucht wird, vgl. VV Nr. 8.2.5 zu § 44 BHO; wenn bei den Ländern entsprechende Regelungen fehlen, kann auf die Definition des Bundes zurückgegriffen werden.

32. Verzinsung bei nicht alsbaldiger Verwendung

> **Hinweis zum Anforderungsverfahren:**
> Bei Projektförderungen des Bundes ist eine Frist von bis zu sechs Wochen einzelfallbezogen im Zuwendungsbescheid festzulegen, bei den Ländern gilt eine standardmäßig in den ANBest-P festgelegte Zwei-Monats-Frist (vgl. Teil II 17).

32.3 Gleiche Regelungen wie bei Erstattungszinsen

Grundsätzlich gelten für die Verzinsung bei nicht alsbaldiger Verwendung die **gleichen Regelungen**, wie bei den Zinsen für Erstattungsleistungen.

Dies gilt **insbesondere** für die Höhe des Zinssatzes, die Einzelheiten der Zinsberechnung, die Möglichkeit des Absehens vom Zinsanspruch sowie für die Behandlung von Bagatellfällen.

32.4 Beginn und Ende des Verzinsungszeitraums

Anknüpfungspunkt für den Beginn der Verzinsung ist nach dem Wortlaut von § 49a Abs. 4 VwVfG (Bund) der **Auszahlungstag** der (ggf. teilweise) nicht alsbald verwendeten jeweiligen Zuwendungsrate. Die Verzinsung beginnt also nicht erst ab dem Ablauf des Zeitraums der alsbaldigen Verwendung.

> **Beispiel:**
> Die Zuwendung wurde am 2. März zur alsbaldigen Verwendung innerhalb der bei den Ländern geltenden Zwei-Monats-Frist ausgezahlt. Diese endete am 2. Mai des Jahres (vgl. § 188 Abs. 2 BGB). Tatsächlich wird die Zuwendung erst am 15. Mai des Jahres verwendet. Der Verzinsungszeitraum reicht damit vom 3. März bis zum 15. Mai.

Als Auszahlungstag gilt nach der Anlage zur VV Nr. 3.3 zu § 34 BHO bei unbaren Zahlungen der **dritte Tag** nach der Aufgabe des Zahlungsauftrags an das Geldinstitut, es sei denn, der tatsächliche Geldeingang beim Zuwendungsempfänger war nachweislich später (Nr. 3.3 der Anlage zur VV Nr. 3.3 zu § 34 BHO). Die Verzinsung beginnt damit an dem Tag, der dem dritten Tag nach der Aufgabe des Zahlungsauftrags an das Geldinstitut folgt (Nr. 2.1.2 Anlage zur VV Nr. 3.2 zu § 34 BHO).

Der **Zeitpunkt der zweckentsprechenden Verwendung** als Ende des Verzinsungszeitraums ist nicht definiert. Bei unbaren Zahlungen ist es sachgerecht, auf das Datum der Wertstellung auf dem Konto des Zuwendungsempfängers abzustellen. Bei Barzahlungen ist das in der Quittung aufgeführte Datum maßgeblich.

32.5 Abweichen von der Reihenfolge der Inanspruchnahme der Deckungsmittel

Entsprechendes zur Verzinsung gilt, soweit die Zuwendung in Anspruch genommen wird, obwohl andere Mittel anteilig oder **vorrangig** einzusetzen sind, vgl. § 49a Abs. 4 Satz 2 VwVfG (Bund).

III. Einzelfragen

1.	**Das zuwendungsrechtliche Ermessen**	329
1.1	Begriff des Ermessens	329
1.2	Entschließungs- und Auswahlermessen	329
1.3	Zweck des zuwendungsrechtlichen Ermessens	330
1.4	Intendiertes Ermessen	331
1.5	Ermessensfehler	332
2.	**Änderung von Zuwendungsbescheiden**	334
2.1	Formelle und materielle Bestandskraft	334
2.2	Änderungen zu Lasten des Zuwendungsempfängers	335
2.3	Änderungen zu Gunsten des Zuwendungsempfängers	336
2.4	Nachbewilligung oder Aufstockung der Zuwendung	337
2.5	Form der Änderung	339
3.	**Möglichkeiten zur Abweichung von Verwaltungsvorschriften**	339
3.1	Generelle Abweichungsmöglichkeiten	340
3.2	Abweichungsmöglichkeiten in Einzelfällen	341
3.3	Abweichungen zu Lasten von Zuwendungsempfängern	341
3.4	Abweichungsmöglichkeiten bei gemeinsamen Förderungen	341
4.	**Der vorzeitige Maßnahmenbeginn**	342
4.1	Grundsatz	342
4.2	Definition des Maßnahmenbeginns	343
4.3	Ausnahmemöglichkeiten vom Verbot	345
4.4	Stufenweiser Entscheidungsprozess	345
4.5	Bereits weitgehend abgeschlossene Prüfung des Zuwendungsantrags	346
4.6	Ausgeschlossene Zulassung einer Ausnahme	347
4.7	Zulassung des vorzeitigen Maßnahmenbeginns	347
5.	**Das Besserstellungsverbot**	348
5.1	Grundsatz	348
5.2	Auflage an die Zuwendungsempfänger	349

5.3	Personeller Geltungsbereich des Besserstellungsverbots	350
5.4	Umfang des Besserstellungsverbots	351
5.5	Gesamtschau der Leistungen	353
5.6	Nichteinhaltung des Besserstellungsverbots	354
5.7	Gemeinsame Förderungen von Bund und Ländern	354
5.8	Ausnahmen vom Besserstellungsverbot	355
6.	**Die Anwendung des öffentlichen Vergaberechts durch Zuwendungsempfänger**	**355**
6.1	Anwendungsfälle	356
6.2	Konsequenzen von Vergaberechtsverstößen	357
6.3	Möglichkeit der individuellen Befreiung von der Anwendung des Vergaberechts	359
7.	**Die Prüfung durch die Rechnungshöfe**	**361**
7.1	Prüfungszuständigkeit	361
7.2	Prüfungsmaßstab	362
7.3	Auskunfts- und Vorlagepflichten	362
7.4	Prüfungsdurchführung	363

III. Einzelfragen

1. Das zuwendungsrechtliche Ermessen

> **Überblick**
>
> - Zweck des zuwendungsrechtlichen Ermessens ist, das erhebliche staatliche Interesse an der Erfüllung des Zuwendungszwecks in wirtschaftlicher Weise umzusetzen.
> - Die Bewilligungsbehörde entscheidet nach „pflichtgemäßem Ermessen", wenn sie von dem Ermessen in einer dem Zweck der Ermächtigung entsprechenden Weise Gebrauch macht und die Grenzen des Ermessens beachtet.
> - Ermessensfehler betreffen die drei Grundkategorien Ermessensnichtgebrauch, Ermessensüber- oder -unterschreitung sowie Ermessensfehlgebrauch.
> - In verschiedenen Fällen wird das Ermessen der Bewilligungsbehörde durch Verwaltungsvorschriften intendiert.

1.1 Begriff des Ermessens

Die Vielfalt der kaum zu überschauenden Fördertatbestände und -ziele in Bund, Ländern und Gemeinden entzieht sich regelmäßig einer engen Steuerung durch den Haushaltsgesetzgeber. Sie können nur von einer Verwaltung administriert werden, die mit weit reichenden **Handlungsvollmachten** ausgestattet ist.

Zuwendungsrechtliche Entscheidungen unterliegen daher in den allermeisten Fällen dem pflichtgemäßen Ermessen der Bewilligungsbehörde. Ermessen bedeutet, dass es nicht nur eine „richtige" Entscheidung gibt, sondern dass **mehrere Handlungsoptionen** vom Regelwerk gedeckt und damit rechtmäßig sind.

1.2 Entschließungs- und Auswahlermessen

Die Rechtslehre **unterscheidet** zwischen

- Entschließungsermessen und
- Auswahlermessen.

III. Einzelfragen

Das **Entschließungsermessen** betrifft die Entscheidung, ob die Verwaltung überhaupt tätig werden will.

Das **Auswahlermessen** betrifft die Frage, in welcher Art und Weise sie tätig wird.

Die Gewährung von Zuwendungen umfasst **beide Optionen**:

- Zunächst entscheidet die Bewilligungsbehörde, dass sie an einen konkreten Empfänger eine Zuwendung vergeben will (Entschließungsermessen).
- Im nächsten Schritt entscheidet sie über die konkrete Ausgestaltung der Förderung (Auswahlermessen).

Jede Förderentscheidung besteht somit aus einer **Kette** einzelner Ermessensentscheidungen (vgl. das Schaubild).

1.3 Zweck des zuwendungsrechtlichen Ermessens

Nach pflichtgemäßem Ermessen zu handeln, bedeutet **nicht** vollkommene **Regelfreiheit** für die Verwaltung. Das allgemeine Verwaltungsrecht gibt vielmehr vor:

§ 40 VwVfG (Bund):

„Ist die Behörde ermächtigt, nach ihrem Ermessen zu handeln, hat sie ihr Ermessen entsprechend dem Zweck der Ermächtigung auszuüben und die gesetzlichen Grenzen des Ermessens einzuhalten."

Der **Zweck des zuwendungsrechtlichen Ermessens** richtet sich an zwei maßgeblichen Faktoren aus:

- der Verwirklichung des erheblichen staatlichen Interesses am Zuwendungszweck (§ 23 BHO)
- dem Grundsatz der Wirtschaftlichkeit und Sparsamkeit (§ 7 BHO)

Praxis-Tipp:
Zuwendungsrechtliche Entscheidungen entsprechen dem Ermessenszweck, wenn sie geeignet sind, das erhebliche staatliche Interesse an der Erfüllung des Zuwendungszwecks in wirtschaftlicher Weise umzusetzen.

1. Das zuwendungsrechtliche Ermessen

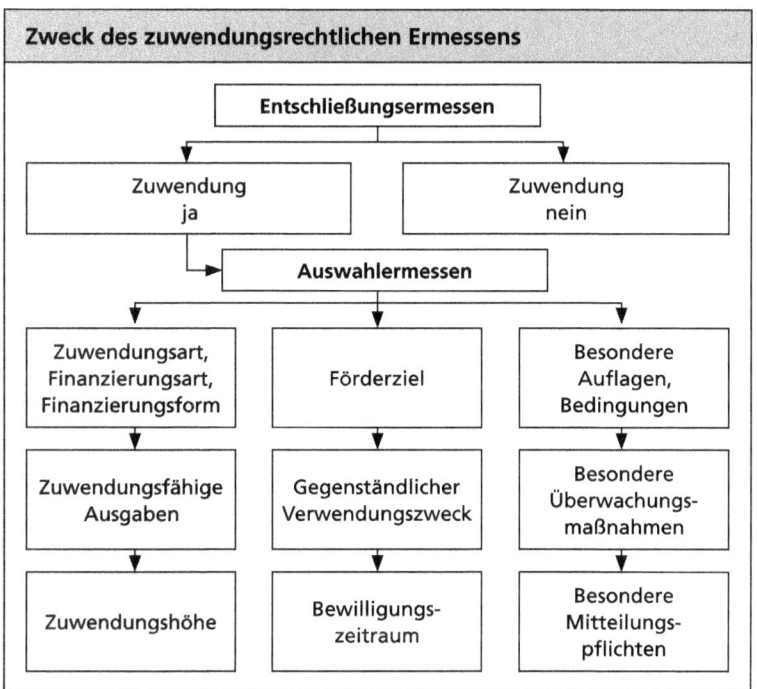

1.4 Intendiertes Ermessen

Wird das Ermessen der Bewilligungsbehörde durch den Gesetzgeber oder Verwaltungsvorschriften gelenkt, spricht man vom intendierten Ermessen. Dies kommt im Zuwendungsrecht **häufig** vor.

Beispiele:

- Vorrang der rückzahlbaren Zuwendungen vor den nicht rückzahlbaren – VV Nr. 1.1 Satz 2 zu § 44 BHO
- Keine Anfinanzierung von Vorhaben – VV Nr. 1.2 Satz 3 zu § 44 BHO
- Nur ausnahmsweise Bewilligung von Zuwendungen zur Vollfinanzierung – VV Nr. 2.4 zu § 44 BHO
- Auszahlung von Zuwendungen nur zur alsbaldigen Verwendung – VV Nr. 7 zu § 44 BHO

III. Einzelfragen

- Regelmäßige Rücknahme des Zuwendungsbescheids, soweit der Zuwendungsempfänger den Zuwendungsbescheid durch in wesentlicher Beziehung unrichtige oder unvollständige Angaben erwirkt hat – VV Nr. 8.2.2 zu § 44 BHO
- Regelmäßige Erhebung von Zinsen bei nicht alsbaldiger Verwendung – VV Nr. 8.7 zu § 44 BHO

1.5 Ermessensfehler

Bei zuwendungsrechtlichen Ermessensentscheidungen hat ein Antragsteller oder Zuwendungsempfänger in aller Regel keinen Anspruch auf eine **bestimmte** Entscheidung.

Er hat allerdings einen Anspruch auf eine **ermessensfehlerfreie** Entscheidung. Welche **Ermessensfehler** der Bewilligungsbehörde unterlaufen können, klärt die Verwaltungsgerichtsordnung.

§ 114 VwGO:

„Soweit die Verwaltungsbehörde ermächtigt ist, nach ihrem Ermessen zu handeln, prüft das Gericht auch, ob der Verwaltungsakt oder die Ablehnung oder Unterlassung des Verwaltungsakts rechtswidrig ist, weil die gesetzlichen Grenzen des Ermessens überschritten sind oder von dem Ermessen in einer dem Zweck der Ermächtigung nicht entsprechenden Weise Gebrauch gemacht ist. Die Verwaltungsbehörde kann ihre Ermessenserwägungen hinsichtlich des Verwaltungsaktes auch noch im verwaltungsgerichtlichen Verfahren ergänzen."

Danach gibt es **drei Grundkategorien** von Ermessensfehlern:

- Ermessensnichtgebrauch
- Ermessensüber- oder -unterschreitung
- Ermessensfehlgebrauch

Ein **Ermessensnichtgebrauch** liegt vor, wenn die Bewilligungsbehörde in keinerlei Ermessensabwägungen eingetreten ist, sondern entweder (irrig) davon ausgeht, es stehe ihr nur eine Entscheidung offen oder sie rein schematisch entscheidet.

Beispiele:

- Die Bewilligungsbehörde geht davon aus, bei nicht alsbaldiger Verwendung von ausgezahlten Zuwendungen stets Zinsen verlangen zu müssen. Sie verkennt, dass § 49a Abs. 4 VwVfG (Bund) eine Ermessensentscheidung von ihr verlangt.

1. Das zuwendungsrechtliche Ermessen

- Um der Antragsflut Herr zu werden, entscheidet die Bewilligungsbehörde, dass nur jeder dritte Antrag geprüft wird. Die anderen Anträge werden sofort mit einem automatisierten Formschreiben abgelehnt.

Eine **Ermessensüber- oder unterschreitung** liegt vor, wenn die Bewilligungsbehörde die in der Norm vorgegebenen (betragsmäßigen) Grenzen des Ermessens nicht einhält.

Beispiele:

Eine Förderrichtlinie gibt bei einer Anteilfinanzierung eine Bandbreite für den Fördersatz von 30–50 Prozent der zuwendungsfähigen Ausgaben vor. Die Bewilligungsbehörde gewährt in einem Fall 65 Prozent (Ermessensüberschreitung). Hinweis: Auf Grund des Gleichbehandlungsgrundsatzes hat die Regelung der Förderbandbreite mittelbare Außenwirkung (Art. 3 Abs. 1 GG).

In einem anderen Fall gewährt sie auf der Grundlage der Richtlinie lediglich 20 Prozent (Ermessensunterschreitung).

Ein **Ermessensfehlgebrauch** liegt vor, wenn die Bewilligungsbehörde den Zweck der Einräumung des Ermessens nicht beachtet (vgl. oben). Als Ermessensfehlgebrauch gelten auch Abwägungsdefizite und willkürliche Entscheidungen.

Beispiele:

- Die Bewilligungsbehörde lehnt einen Zuwendungsantrag nur deshalb ab, weil dem Zuwendungsempfänger ein unwesentlicher Formfehler bei der Beantragung unterlaufen ist.
- Die Bewilligungsbehörde widerruft einen Zuwendungsbescheid, obwohl der beim Verwendungsnachweis beanstandete Auflagenverstoß vorher von ihr genehmigt worden war (Abwägungsdefizit).
- Die Bewilligungsbehörde lehnt einen Zuwendungsantrag ab, um stattdessen ein Vorhaben im Wahlkreis des Abgeordneten Dr. Pfiffig zu fördern (Willkür).

III. Einzelfragen

2. Änderung von Zuwendungsbescheiden

Überblick
■ Auch nach Eintritt der Bestandskraft sind Zuwendungsbescheide im Rahmen des Ermessens der Bewilligungsbehörde grundsätzlich noch änderbar.
■ Änderungen zu Lasten des Zuwendungsempfängers sind nur unter erheblich eingeschränkten Voraussetzungen möglich. Sie bedürfen entweder einer gesetzlichen Ermächtigung oder müssen im Zuwendungsbescheid vorbehalten sein.
■ Änderungen zu Gunsten des Zuwendungsempfängers sind auf dessen Antrag hin jederzeit möglich, soweit sie dem Gebot der Wirtschaftlichkeit und dem erheblichen staatlichen Interesse an der Verwirklichung des Zuwendungszwecks entsprechen.
■ Ob und in welcher Höhe die Zuwendung aufgestockt werden soll (Nachbewilligung), hängt wesentlich von den Umständen des Einzelfalls und von der Finanzierungsart ab.
■ Den Zuwendungsempfänger belastende Änderungen sind in jedem Fall durch schriftlichen Bescheid vorzunehmen. Änderungen zu Gunsten des Zuwendungsempfängers können ausnahmsweise auch formlos erfolgen.

2.1 Formelle und materielle Bestandskraft

Bei der Frage der Änderungsmöglichkeit von Zuwendungsbescheiden muss zunächst zwischen der materiellen und formellen Bestandskraft von Verwaltungsakten unterschieden werden.

Die **materielle Bestandskraft** tritt mit der Bekanntgabe des Zuwendungsbescheids und damit seiner Wirksamkeit ein (§ 43 Abs. 1 VwVfG). Sie bindet die Bewilligungsbehörde, die den Verwaltungsakt jetzt nur noch unter stark einschränkenden Voraussetzungen ändern kann. Dies sind vor allem die Regelungen zur Rücknahme und dem Widerruf von Verwaltungsakten nach §§ 48 und 49 VwVfG sowie Änderungen im Rechtsbehelfsverfahren.

Die **formelle Bestandskraft** des Zuwendungsbescheids tritt nach Ablauf der Rechtsbehelfsfrist ein, wenn der Zuwendungsempfänger von der Möglichkeit der Anfechtung der Entscheidung der Bewilligungsbehörde keinen Gebrauch gemacht oder einen Rechtsmittel-

2. Änderung von Zuwendungsbescheiden

verzicht erklärt hat (z. B. um die Auszahlung der Zuwendung zu beschleunigen). Jetzt kann der Zuwendungsbescheid auch vom Zuwendungsempfänger in der Sache nicht mehr angefochten werden.

Die Regelungen zur Bestandskraft von Verwaltungsakten dienen dem aus dem Rechtsstaatsprinzip resultierenden Vertrauensschutz aller von staatlichen Entscheidungen Betroffenen und dem Rechtsfrieden.

2.2 Änderungen zu Lasten des Zuwendungsempfängers

Änderungen des Zuwendungsbescheides zu Lasten des Zuwendungsempfängers sind nur unter erheblich eingeschränkten Voraussetzungen möglich. Sie bedürfen entweder einer gesetzlichen Ermächtigung oder müssen im Zuwendungsbescheid vorbehalten sein. Die wichtigsten belastenden Änderungen sind:

- die Rücknahme von rechtswidrigen Zuwendungsbescheiden nach § 48 VwVfG
- der Widerruf rechtmäßiger Zuwendungsbescheide nach § 49 Abs. 3 VwVfG
- der Widerruf auf Grund eines im Zuwendungsbescheids enthaltenen Vorbehalts nach § 49 Abs. 2 Nr. 1 VwVfG

Standardmäßig sehen die Allgemeinen Nebenbestimmungen bei Projektförderungen den **Widerrufsvorbehalt** für solche Fälle vor, in denen sich nach Erlass des Zuwendungsbescheids herausstellt, dass der Zuwendungszweck nicht zu erreichen ist (Nrn. 1.6 ANBest-P, ANBest-Gk, Nr. 1.4 ANBest-P-Kosten). Dies umfasst sowohl den gegenständlichen Zuwendungszweck als auch das Förderziel, vgl. Teil I 5.

Beispiele:

- Der gegenständliche Zuwendungszweck ist z. B. nicht zu erreichen, wenn das Projekt überhaupt nicht oder anders als in der Projektbeschreibung festgelegt durchgeführt wird.
- Gleiches gilt, wenn sich herausstellt, dass die Deckungsmittel zur Umsetzung der Maßnahme nicht ausreichen.

III. Einzelfragen

> - Das Förderziel wird verfehlt, wenn die mit dem Projekt verknüpften Wirkungen nicht eintreten werden. Der Widerrufsvorbehalt greift unabhängig davon, ob dem Zuwendungsempfänger das Erreichen des Förderziels verbindlich aufgegeben wurde (vgl. II 11.12 f.). Maßgeblich ist, dass das erhebliche staatliche Interesse am Zuwendungszweck nicht erreicht werden wird.

Praxis-Tipp:
Je konkreter das Förderziel nach dem SMART-Konzept gefasst ist (vgl. Teil II 11), umso konkreter lässt sich dieser Fall nachweisen.

Um dem Vertrauensschutz des Zuwendungsempfängers Rechnung zu tragen, ist der Widerrufsvorbehalt auf die Zukunft beschränkt. Das bedeutet, dass bereits verwendete Zuwendungsbeträge sowie bereits eingegangene Rechtsverpflichtungen zuwendungsfähig bleiben.

Der Zuwendungsempfänger ist verpflichtet, die Gefährdung des Erreichens des Zuwendungszwecks unverzüglich der Bewilligungsbehörde anzuzeigen (Nrn. 5.3 ANBest-P, ANBest-Gk, Nr. 4.4 ANBest-P-Kosten). Unterlässt er die Mitteilung, kann der Zuwendungsbescheid in Folge des Auflagenverstoßes auch rückwirkend nach § 49 Abs. 3 Nr. 2 VwVfG widerrufen werden.

2.3 Änderungen zu Gunsten des Zuwendungsempfängers

Änderungen zu Gunsten des Zuwendungsempfängers sind auf dessen Antrag hin jederzeit möglich, soweit sie dem Gebot der Wirtschaftlichkeit (§ 7 BHO) und dem erheblichen staatlichen Interesse an der Verwirklichung des Zuwendungszwecks (§ 23 BHO) entsprechen. Dies folgt aus dem der Bewilligungsbehörde nach § 44 Abs. 1 Satz 1 i. V. m. § 23 BHO eingeräumten Ermessen. Wichtige Anwendungsfälle sind:

- **Änderung des gegenständlichen Zuwendungszwecks** in Form des in der Projektbeschreibung festgelegten Wegs zur Verwirklichung des Förderziels, wenn sich das ursprünglich vorgesehene Vorgehen als nicht zielführend herausstellt. Voraussetzung hierfür ist, dass das neue Vorgehen mit der noch zur Verfügung stehenden Zuwendung finanzierbar ist, auch die eigenen Mittel des Zuwendungsempfängers hierzu noch ausreichen und auch Drittmittelgeber sich mit der Änderung einverstanden erklären.

2. Änderung von Zuwendungsbescheiden

- Die **Verlängerung des Bewilligungszeitraums,** weil sich das Projekt zeitlich verzögert. Hier muss die Bewilligungsbehörde darauf achten, dass sich hierdurch ggf. auch die Auszahlung der Zuwendung verzögern wird. Ihr müssen die entsprechenden Haushaltsmittel auch im Verlängerungszeitraum zur Verfügung stehen.

- Die Zulassung der **Verwendung von Mitteln eines Ansatzes** des Haushalts- oder Wirtschaftsplans **für Zwecke eines anderen Ansatzes** bei institutioneller Förderung – VV Nr. 5.3.1 zu § 44 BHO.

- Die **Zulassung der Überschreitung eines Einzelansatzes** des Finanzierungsplans **um mehr als 20 Prozent,** soweit die Überschreitung durch entsprechende Einsparungen bei anderen Ansätzen ausgeglichen werden kann – VV Nr. 5.3.2 zu § 44 BHO.

- Die **Nachbewilligung von Fördermitteln,** wenn sich herausstellt, dass der Zuwendungszweck mit der bewilligten Förderung nicht zu erreichen ist, vgl. unten III 2.4.

- Die **Verlängerung der Vorlagefrist für den Verwendungsnachweis,** soweit der Zuwendungsempfänger nachweislich und ohne eigenes Verschulden die zeitliche Vorgabe in den Allgemeinen Nebenbestimmungen oder einer hiervon abweichenden Regelung im Zuwendungsbescheid nicht einhalten kann.

2.4 Nachbewilligung oder Aufstockung der Zuwendung

Der Bewilligungsbehörde ist **grundsätzlich nicht verwehrt**, die Höhe der Zuwendung im Wege einer Nachbewilligung (auch „Aufstockung") nach oben abweichend festzusetzen. Dies setzt allerdings einen Grund voraus, der mit dem Gebot der wirtschaftlichen und sparsamen Verwendung von Haushaltsmitteln (§ 7 BHO) in Einklang steht. Grundsätzlich liegt es nach der Bewilligung der Zuwendung in der alleinigen finanziellen Verantwortung des Zuwendungsempfängers, ein bewilligtes Projekt zur Zielerreichung zu führen. Stellt sich seine finanzielle Kalkulation als nicht tragfähig heraus, muss er die fehlenden Mittel selbst ausgleichen oder ggf. weitere Drittmittel einwerben.

In Fällen der **Anteilfinanzierung,** die finanzstarken Zuwendungsempfängern gewährt wird, vgl. Teil I 9.3, ist dies regelmäßig auch faktisch möglich. Der Zuwendungsempfänger läuft ansonsten Gefahr, die bereits gewährte Förderung zu verlieren, weil ein mangels Deckungsmitteln abgebrochenes Projekt im Ergebnis eine nicht zweckentsprechende Verwendung der bereits ausgezahlten Zuwendung bedeutet. Nach § 49 Abs. 3 Nr. 1 VwVfG kann der Zuwendungsbescheid dann mit der Folge der Erstattungs- und Verzinsungspflicht gemäß § 49a VwVfG auch für die Vergangenheit widerrufen werden. Eine andere Beurteilung kann gerechtfertigt sein, wenn der Projektumfang nachträglich ausgeweitet wird und auch dies im erheblichen Interesse des Zuwendungsgebers liegt.

Beispiel:

Ein Unternehmen führt ein Forschungsvorhaben durch, das in Höhe von 50 Prozent der zuwendungsfähigen Ausgaben gefördert wird. Im Verlauf der Maßnahme ergeben sich weitere Untersuchungsaspekte, die die möglichen praktischen Anwendungsmöglichkeiten des Forschungsergebnisses deutlich erweitern und der gesamten in hartem internationalem Wettbewerb stehenden Branche zugutekommen können. Der Bund entschließt sich, die entsprechende inhaltliche Ausweitung des Vorhabens in Höhe seines Förderanteils mitzufinanzieren.

In Fällen der **Fehlbedarfs- und Vollfinanzierung** von Vorhaben finanzschwacher Zuwendungsempfänger besteht dagegen häufig bereits von vornherein faktisch keine Möglichkeit des Zuwendungsempfängers, Mehrausgaben gegenüber der Planung durch eigene Mittel aufzufangen. Sämtliche verfügbaren Eigenmittel sind bereits nach der Natur dieser Finanzierungsarten bei der Ermittlung der Förderhöhe berücksichtigt worden, vgl. Teil II 14.5 und 14.10. Soll das Vorhaben nicht abgebrochen und hierdurch eine „Förderruine" zurückgelassen werden, bleibt der Bewilligungsbehörde keine andere Wahl, als die Förderung in Höhe der Mehrausgaben aufzustocken. Vorher ist allerdings zwingend zu untersuchen, ob die Maßnahme ohne Gefährdung des erheblichen staatlichen Interesses in ihrem Umfang beschnitten und hierdurch Ausgaben eingespart werden können. Auch ist die weitere Durchführung jetzt umso intensiver von der Bewilligungsbehörde zu überwachen. Bei künftigen vergleichbaren Förderungen sollten sich die Kalkulationsmängel nicht wiederholen.

Äußerste Zurückhaltung bei der Aufstockung der Zuwendung gebietet die **Festbetragsfinanzierung**. Ihrem Wesen nach profitiert von Finanzierungsverbesserungen alleine der Zuwendungsempfänger, vgl. Teil II 9.4. Damit ist kaum vereinbar, dem Zuwendungsempfänger auf der anderen Seite das Risiko von Mehrausgaben durch eine nachträgliche Aufstockung der Zuwendung abzunehmen.

2.5 Form der Änderung

Wie der Zuwendungsbescheid schriftlich ergeht (VV Nr. 4.1 zu § 44 BHO), sollten auch Änderungen grundsätzlich durch einen schriftlichen Verwaltungsakt erlassen werden. Dies gilt insbesondere für Änderungen, die den Zuwendungsempfänger **belasten**. Hier bedarf es unbedingt eines „rechtsmittelfähigen" Bescheids, um den Adressaten nicht in seinen Rechten zu beschneiden.

Änderungen **zu Gunsten** des Zuwendungsempfängers, die eher untergeordneter Natur sind, können mit dessen Einverständnis dagegen auch formlos ergehen, solange sie trotzdem hinreichend bestimmt und dokumentiert sind. Sofern die Bewilligung ausnahmsweise telefonisch geschieht, ist hierüber unbedingt ein Vermerk zu fertigen, der zur Bewilligungsakte genommen wird. Besser dürfte ein kurzer E-Mail-Wechsel zwischen Bewilligungsbehörde und Zuwendungsempfänger sein.

Beispiel:

Der Zuwendungsempfänger wendet sich per E-Mail an die Bewilligungsbehörde und bittet mit kurzer Begründung um eine Einzelfallausnahme von der Beschränkung der Deckungsfähigkeit zwischen zwei Ansätzen des Finanzierungsplans nach der 20-Prozent-Regel (Nr. 1.2 Satz 3 ANBest-P). Die Bewilligungsbehörde entspricht dem mit kurzer Rückmail.

3. Möglichkeiten zur Abweichung von Verwaltungsvorschriften

Überblick

- Die Verwaltungsvorschriften zu §§ 44 BHO/LHO lassen in bestimmten Fällen Abweichungsmöglichkeiten zu.
- Dies betrifft generell Fälle von geringer finanzieller Bedeutung oder solche, in denen das zuständige Ministerium im Einvernehmen mit dem Finanzministerium handelt.

III. Einzelfragen

> - In bestimmten Fällen darf die Bewilligungsbehörde den Zuwendungsempfängern auch Abweichungen von den Allgemeinen Nebenbestimmungen zugestehen oder auferlegen.
> - Während Abweichungen zu Gunsten von Zuwendungsempfängern der Ermächtigung in den Allgemeinen Verwaltungsvorschriften oder durch das Finanzministerium bedürfen, sind Abweichungen zu Lasten der Zuwendungsempfänger stets möglich, wenn dies die wirtschaftliche Verwendung der Haushaltsmittel gebietet.

Im Rahmen des ihr eingeräumten Ermessens kann die Bewilligungsbehörde unter Umständen von Regelungen in den Allgemeinen Verwaltungsvorschriften zu § 44 BHO/LHO abweichen.

Im Folgenden werden die Bundesregelungen aufgeführt, denen die – teilweise heterogenen – Landesregelungen im Wesentlichen entsprechen.

3.1 Generelle Abweichungsmöglichkeiten

Generelle Abweichungsmöglichkeiten bestehen in den folgenden Fällen:

- Beträgt die Zuwendung oder bei Finanzierung durch mehrere Stellen der Gesamtbetrag der Zuwendungen bei institutioneller Förderung für ein Haushaltsjahr oder bei einer Projektförderung weniger als 50.000 Euro, kann das zuständige Bundesministerium bei Anwendung der Nrn. 2 bis 8 und 12 bis 13a der VV zu § 44 BHO für einzelne Förderbereiche Erleichterungen zulassen – VV Nr. 14 Satz 1 zu § 44 BHO.
- Beträgt die Zuwendung weniger als 25.000 Euro, kann die Bewilligungsbehörde im Einzelfall Ausnahmen zulassen – VV Nr. 14 Satz 2 zu § 44 BHO.
- Soweit das zuständige Ministerium oder die Bewilligungsbehörde nicht nach ausdrücklichen Regelungen in den Allgemeinen Verwaltungsvorschriften zu §§ 44 BHO/LHO ermächtigt ist, Ausnahmen zuzulassen, sind solche im Einzelfall im Einvernehmen mit dem jeweiligen Finanzministerium möglich – VV Nr. 15.1 zu § 44 BHO. Soweit hiervon der Verwendungsnachweis betroffen ist, ist das Einvernehmen des Rechnungshofes erforderlich – VV Nr. 15.4 zu § 44 BHO.

3. Möglichkeiten zur Abweichung von Verwaltungsvorschriften

3.2 Abweichungsmöglichkeiten in Einzelfällen

In Einzelfällen darf die **Bewilligungsbehörde** auch nach Bekanntgabe des Zuwendungsbescheids

- bei institutioneller Förderung die Verwendung von Mitteln eines Ansatzes des Haushalts- oder Wirtschaftsplans für Zwecke eines anderen Ansatzes zulassen (VV Nr. 5.3.1 zu § 44 BHO),
- bei Projektförderung im Einzelfall eine Überschreitung der Einzelansätze des Finanzierungsplans um mehr als 20 vom Hundert zulassen, soweit die Überschreitung durch entsprechende Einsparungen bei anderen Einzelansätzen ausgeglichen werden kann (VV Nr. 5.3.2 zu § 44 BHO),
- bei Vorliegen besonderer Umstände Fristen für die Vorlage der Verwendungsnachweise abweichend von den Allgemeinen Nebenbestimmungen festlegen sowie die Vorlage reproduzierter Belege zulassen; die Vorlage reproduzierter Belege kommt in Betracht, wenn der Zuwendungsempfänger zur Aufbewahrung seiner Belege Bild- oder Datenträger – ausgenommen Fotokopien als Bildträger von Originalbelegen – verwendet (VV Nr. 5.3.4 zu § 44 BHO),
- Ausnahmen von Nrn. 2 bis 6 ANBest-I, Nrn. 2 bis 5 ANBest-P und ANBest-Gk, Nrn. 2 bis 4 und 6 ANBest-P-Kosten sowie Nrn. 1 und 2 NBest-Bau regeln (VV Nr. 5.3.5 zu § 44 BHO).

3.3 Abweichungen zu Lasten von Zuwendungsempfängern

Abweichungen zu Lasten von Zuwendungsempfängern sind darüber hinaus auch möglich, wenn dies in Einzelfällen zur wirtschaftlichen Verwendung von Haushaltsmitteln erforderlich ist (§ 7 BHO).

3.4 Abweichungsmöglichkeiten bei gemeinsamen Förderungen

Bei **gemeinsamen Förderungen** mit anderen Gebietskörperschaften darf die Bewilligungsbehörde anstelle der ihr vorgegebenen Allgemeinen Nebenbestimmungen die entsprechenden Allgemeinen Nebenbestimmungen der anderen Gebietskörperschaft zum Bestandteil des Zuwendungsbescheides machen. Dies dient der Vereinfachung sowohl bei der Verwaltung als auch beim Zuwendungsempfänger. Ausgenommen hiervon sind die Regelungen über die Erstattung der Zuwendung und die Verzinsung. Vgl. dazu VV Nr. 5.2 zu § 44 BHO.

III. Einzelfragen

4. Der vorzeitige Maßnahmenbeginn

Überblick

- Maßnahmen, die bereits begonnen wurden, dürfen nicht gefördert werden.
- Dem liegt die allgemeine Lebenserfahrung zu Grunde, dass die Zuwendung in solchen Fällen nicht benötigt, sondern lediglich „mitgenommen" wird.
- In Ausnahmefällen kann der vorzeitige Maßnahmenbeginn zugelassen werden, wenn das Vorhaben eilbedürftig ist und sich der Antragsteller bis zur Entscheidung über die Bewilligung der Zuwendung finanziell nur in geringem Maße bindet.
- Eine Ausnahme ist ebenfalls möglich, wenn die Bewilligungsbehörde den Zuwendungsantrag weitgehend mit positivem Ergebnis geprüft hat, sich die Bewilligung aber aus anderen Gründen noch verzögert.
- Aus der Zulassung des vorzeitigen Maßnahmenbeginns kann nicht auf die spätere Bewilligung der Förderung geschlossen werden. Hierauf müssen die Antragsteller hingewiesen werden.

4.1 Grundsatz

Zuwendungen zur Projektförderung dürfen grundsätzlich **nur** für solche Vorhaben bewilligt werden, die noch nicht begonnen worden sind, vgl. VV Nr. 1.3 Satz 1 zu § 44 BHO.

VV Nr. 1.3 Satz 1 zu § 44 BHO:

„Zuwendungen zur Projektförderung dürfen nur für solche Vorhaben bewilligt werden, die noch nicht begonnen worden sind. Die Bewilligungsbehörde kann im Einzelfall allein und das zuständige Bundesministerium für einzelne Förderbereiche im Einvernehmen mit dem Bundesministerium der Finanzen Ausnahmen zulassen. Als Vorhabenbeginn ist grundsätzlich der Abschluss eines der Ausführung zuzurechnenden Lieferungs- oder Leistungsvertrages zu werten. Bei Baumaßnahmen gelten Planung, Bodenuntersuchung und Grunderwerb nicht als Beginn des Vorhabens, es sei denn, sie sind alleiniger Zweck der Zuwendung."

Die Regelung des „Verbots des vorzeitigen Maßnahmenbeginns" vor der Bewilligung der Zuwendung ist eine Konkretisierung des **Subsidiaritätsgrundsatzes** (§ 23 BHO; vgl. Teil I 7). Wenn ein Antragsteller bereits vor der Bewilligung der Zuwendung mit der Durch-

4. Der vorzeitige Maßnahmenbeginn

führung des Vorhabens begonnen hat, ist dies ein starkes Indiz für die Vermutung, dass er die Förderung nicht benötigt, sondern lediglich „mitnimmt".

Denn vernünftiger Weise beginnt niemand mit der Durchführung einer Maßnahme, wenn deren Finanzierung nicht geklärt ist. Diese **allgemeine Lebenserfahrung** spiegelt sich bereits in der Bibel:

„Wenn einer von euch einen Turm bauen will, setzt er sich dann nicht zuerst hin und rechnet, ob seine Mittel für das ganze Vorhaben ausreichen? Sonst könnte es geschehen, dass er das Fundament gelegt hat, dann aber den Bau nicht fertig stellen kann. Und alle die es sehen, würden ihn verspotten und sagen: Der da hat einen Bau begonnen und konnte ihn nicht zu Ende führen."[181]

Ein weiterer Grund für das Verbot des vorzeitigen Maßnahmenbeginns ist, dass die öffentlichen Förderer auf eine einmal begonnene Maßnahme möglicherweise nur noch bedingt inhaltlichen **Einfluss** nehmen können.

Und nicht zuletzt soll auch der Antragsteller für den Fall des Versagens der Förderung vor finanziellem **Schaden** bewahrt werden.

4.2 Definition des Maßnahmenbeginns

Als Vorhabenbeginn ist grundsätzlich der Abschluss eines dem Vorhaben zuzurechnenden **Lieferungs- oder Leistungsvertrags** zu werten, vgl. VV Nr. 1.3 Satz 3 zu § 44 BHO. Das bedeutet: Ein Vorhaben beginnt mit der ersten vorhabenbezogenen Verpflichtung des Antragstellers gegenüber einem Dritten.

Beispiele:

- Arbeitsverträge mit Mitarbeitern, die ausschließlich für das geförderte Vorhaben eingestellt werden.
- Bestellung von Material zur Durchführung der Maßnahme.
- Abschluss eines projektbezogenen Leasingvertrags für ein Fahrzeug.

Vorarbeiten, die ein Antragsteller ausschließlich mit bereits bei ihm vorhandenen Mitteln leistet („Bordmittel") oder Verträge, die voll-

---

[181] Quelle: Katholische Bibelanstalt, Die Bibel, Einheitsübersetzung Altes und Neues Testament, 1. Auflage, Stuttgart 1980, S. 1172–1173, Lk 14, 28-30.

III. Einzelfragen

ständig auch unabhängig von dem zu fördernden Vorhaben geschlossen werden, verstoßen demnach nicht gegen das Verbot des vorzeitigen Maßnahmenbeginns.

> **Beispiele:**
> - Ausarbeitung des Projektplans und der Antragsunterlagen mit unabhängig vom Projekt beim Antragsteller beschäftigten Mitarbeitern.
> - Bestellung von Material, das unabhängig vom zu fördernden Vorhaben für andere Zwecke des Antragstellers benötigt wird.
> - Kauf eines unabhängig vom Förderprojekt benötigten Fahrzeugs.

Ebenfalls **förderunschädlich** ist es, wenn vor der Bewilligung abgeschlossene Verträge

- ein eindeutiges und für den Antragsteller ohne finanzielle Nachteile ausübbares Rücktrittsrecht für den Fall vorsehen, dass die beantragte Förderung nicht gewährt wird oder
- unter die aufschiebende Bedingung gestellt werden, dass die beantragte Förderung antragsgemäß bewilligt wird.[182]

Bei **Baumaßnahmen** gelten Planung, Baugrunduntersuchungen, Grunderwerb und Herrichtung des Grundstücks nach ausdrücklicher Regelung in den Allgemeinen Verwaltungsvorschriften nicht als vorzeitiger Maßnahmenbeginn, es sei denn, sie sind alleiniger Zweck der Zuwendung, vgl. VV Nr. 1.3 Satz 4 zu § 44 BHO.

> **Beispiele:**
> - Kauf des Grundstücks
> - Bauplan durch den Architekten
> - Entfernen vorhandener Vegetation
> - Planieren des Grundstücks

---

[182] Vgl. z. B. Beschluss des BayVGH vom 12.09.2000 – 4 ZB 97.3544.

4. Der vorzeitige Maßnahmenbeginn

4.3 Ausnahmemöglichkeiten vom Verbot

Die Bewilligungsbehörde kann beim Bund im Einzelfall allein und das zuständige Ministerium für einzelne Förderbereiche im Einvernehmen mit dem Bundesministerium der Finanzen **Ausnahmen zulassen**, vgl. VV Nr. 13 Satz 2 zu § 44 BHO. Ähnliche Ausnahmemöglichkeiten bestehen in den Ländern.

Die Verwaltungsvorschriften machen allerdings **keine Vorgaben**, welche Entscheidungskriterien bei der Zulassung des vorzeitigen Maßnahmenbeginns heranzuziehen sind.

4.4 Stufenweiser Entscheidungsprozess

Praxis-Tipp:
Für die Bewilligungsbehörde empfiehlt sich bei der Entscheidung über eine Ausnahme ein **stufenweiser Entscheidungsprozess**.

Auf der **ersten Stufe** sollte geklärt werden, warum die Maßnahme so eilbedürftig ist, dass die Entscheidung über die Förderung nicht abgewartet werden kann. Gründe für die Eilbedürftigkeit aus Sicht des Antragstellers können z. B. sein:

- Verfügbarkeit von Personal
- Verfügbarkeit von Partnern
- Zeitliche Überschneidungen mit anderen wichtigen Maßnahmen
- Witterungsbedingungen bei Baumaßnahmen
- Zeitgebundene Mitfinanzierung von Drittmittelgebern
- Absehbare Preissteigerungen

Auch aus Sicht der **Bewilligungsbehörde** können Gründe für die Unaufschiebbarkeit des Maßnahmenbeginns bestehen, z. B.:

- Eilbedürftigkeit der Zielerreichung
- Wegfall von Haushaltsmitteln auf Grund des Jährlichkeitsprinzips

Auf der **zweiten Stufe** ist sodann zu klären, ob die vom Antragsteller angeführten Gründe die Zulassung des vorzeitigen Maßnahmenbeginns grundsätzlich rechtfertigen. Entscheidungsmaßstab sind die Auswirkungen der vorgetragenen Gründe auf die voraussichtliche erfolgreiche und die wirtschaftliche Durchführung des Vorhabens.

III. Einzelfragen

> **Beispiel:**
>
> Beim Antragsteller steht ein zwingend erforderlicher und hoch qualifizierter Mitarbeiter nur für einen bestimmten Zeitraum zur Verfügung, der ohne einen vorzeitigen Maßnahmenbeginn nicht eingehalten werden kann. Das Vorhaben genießt bereits nach einer summarischen Durchsicht des Förderantrags aus der Sicht der Bewilligungsbehörde eine hohe Priorität und könnte wesentlich zur Erreichung der politischen Zielsetzung beitragen.

Auf der **dritten Stufe** muss schließlich die für die grundsätzliche Regelung des Verbots des vorzeitigen Maßnahmenbeginns ausschlaggebende Vermutung widerlegt werden, dass derjenige, der mit einer Maßnahme auch ohne Gewissheit über die Förderung beginnt, die staatlichen Mittel mit hoher Wahrscheinlichkeit nicht zwingend benötigt (vgl. oben). Hier muss die Bewilligungsbehörde eine Prognoseentscheidung treffen.

Ein starkes **Indiz** für die Prognose ist die Frage, inwieweit sich der Antragsteller bis zur voraussichtlichen Entscheidung der Bewilligungsbehörde über die Förderung bereits finanziell binden würde:

- Eine hohe Mittelbindung spricht dafür, dass der Antragsteller die Zuwendung nicht zwingend benötigt, um das Projekt durchzuführen. Denn ansonsten würde er im Fall des Ausbleibens der staatlichen Förderung das hohe Risiko eingehen, das Vorhaben nicht fortführen zu können und die bisher aufgewendeten Mittel wären verloren.

- Eine nur vergleichsweise geringe Mittelbindung spricht dafür, dass die Maßnahme bei Ablehnung der Förderung ohne größeren finanziellen Schaden für den Antragsteller wieder abgebrochen werden kann.

4.5 Bereits weitgehend abgeschlossene Prüfung des Zuwendungsantrags

Eine in der **Praxis** häufig vorkommende Variante der Zulassung des vorzeitigen Maßnahmenbeginns betrifft Fälle, in denen die Prüfung des Zuwendungsantrags bereits mit einem für den Antragsteller positiven Ergebnis abgeschlossen ist, sich die formelle Bewilligung aber noch verzögert. In solchen Fällen kann der vorzeitige Maßnah-

4. Der vorzeitige Maßnahmenbeginn

menbeginn auf der Grundlage des Vermerks über das Ergebnis der Antragsprüfung zugelassen werden.

Beispiel:

Der zuständige Bearbeiter der Bewilligungsbehörde erkrankt unvorhergesehen. Seiner Vertretung ist es zeitlich nicht möglich, den Förderbescheid kurzfristig zu erstellen.

4.6 Ausgeschlossene Zulassung einer Ausnahme

Die Zulassung des vorzeitigen Maßnahmenbeginns ist regelmäßig ausgeschlossen, wenn der Antragsteller bereits mit der Durchführung der Maßnahme **begonnen** hat. Hier dürfte die Vermutung der bloßen „Mitnahme" der Förderung kaum zu widerlegen sein.

Erst recht gilt dies für bereits **abgeschlossene** Maßnahmen.

4.7 Zulassung des vorzeitigen Maßnahmenbeginns

Die Zulassung des vorzeitigen Maßnahmenbeginns erfolgt mit **schriftlichem Verwaltungsakt**.

Hierin ist der Hinweis aufzunehmen, dass aus der Zulassung nicht auf die Bewilligung der beantragten Förderung geschlossen werden kann und dass der Antragsteller deshalb auf **eigenes finanzielles Risiko** mit der Durchführung der Maßnahme beginnt.

Praxis-Tipp:

Auch sollten dem Bescheid die für den Fall der Förderung maßgeblichen **Allgemeinen Nebenbestimmungen** mit dem Hinweis beigefügt werden, dass sich eine spätere Prüfung der zweckentsprechenden Verwendung der Zuwendung auch an den hierin enthaltenen Auflagen und Bedingungen ausrichten wird.

III. Einzelfragen

5. Das Besserstellungsverbot

Überblick

- Das Besserstellungsverbot verbietet es den Zuwendungsempfängern, ihren Beschäftigten bessere Arbeitsbedingungen zu gewähren als der Zuwendungsgeber seinen Bediensteten.
- Dies umfasst sowohl die entgeltlichen als auch die unentgeltlichen Leistungen.
- Das Besserstellungsverbot gilt bei institutionellen Förderungen immer, bei Projektförderungen dagegen nur dann, wenn der Zuwendungsempfänger seine Gesamtausgaben überwiegend aus Zuwendungen finanziert.
- Die heterogene Tariflandschaft im öffentlichen Dienst bei Bund und Ländern erschwert die Handhabung des Besserstellungsverbots im Fall gemeinsamer Förderungen erheblich.

5.1 Grundsatz

Das so genannte Besserstellungsverbot regelt die **Zuwendungsfähigkeit von Personalausgaben** bei institutionellen Förderungen und in besonderen Fällen der Projektförderung.

Beim Bund und zahlreichen Ländern ist das Besserstellungsverbot im jährlichen Haushaltsgesetz als Maßgabe gegenüber der Verwaltung **normiert**. Bei den meisten Ländern ergibt es sich nur aus den für die Zuwendungsempfänger geltenden Allgemeinen Nebenbestimmungen.

Praxis-Tipp:

Das Besserstellungsverbot ist in folgenden Ländern gesetzlich geregelt:

- Brandenburg
- Bremen
- Hamburg
- Mecklenburg-Vorpommern
- Nordrhein-Westfalen
- Sachsen-Anhalt
- Thüringen

5. Das Besserstellungsverbot

Die gesetzliche **Bundesregelung** lautet:

§ 8 Abs. 2 Sätze 1 bis 3 HG 2017:

„Die in Absatz 1 genannten Zuwendungen zur institutionellen Förderung dürfen nur mit der Auflage bewilligt werden, dass der Zuwendungsempfänger seine Beschäftigten nicht besserstellt als vergleichbare Arbeitnehmerinnen und Arbeitnehmer des Bundes. Entsprechendes gilt bei Zuwendungen zur Projektförderung, wenn die Gesamtausgaben des Zuwendungsempfängers überwiegend aus Zuwendungen der öffentlichen Hand bestritten werden. Das Bundesministerium der Finanzen kann bei Vorliegen zwingender Gründe Ausnahmen zulassen."

Dem liegt die Bewertung zu Grunde, dass die öffentliche Hand ihre Beschäftigten **ausreichend entlohnt** und die hier gezahlten Gehälter deshalb auch für aus Förderungen bezahlte Mitarbeiter von Zuwendungsempfängern angemessen sind.

5.2 Auflage an die Zuwendungsempfänger

In den **ANBest-I** wird dieser Gesetzesbefehl im Wege einer Auflage an den Zuwendungsempfänger weitergegeben.

Nr. 1.3 ANBest-I:

„Der Zuwendungsempfänger darf seine Beschäftigten nicht besser stellen als vergleichbare Bundesbedienstete. Höhere Entgelte als nach dem Tarifvertrag für den öffentlichen Dienst (TVöD) sowie sonstige über- oder außertarifliche Leistungen dürfen nicht gewährt werden. Die Sätze 1 und 2 gelten auch für die Beschäftigten des Zuwendungsempfängers, die bei der Durchführung von Aufträgen und von aus Zuwendungen finanzierten Projekten eingesetzt werden. Sind im Wirtschaftsplan Stellen ohne Angaben zur Höhe der Entgelte ausgebracht (z. B. S, ÜT, AT ohne Angabe einer Besoldungsgruppe), bedarf die Festsetzung der Entgelte in jedem Einzelfall der vorherigen Zustimmung der Bewilligungsbehörde. Das Gleiche gilt für außertariflich entsprechend den Besoldungsgruppen W 2 oder W 3 bewertete Stellen."

In den **ANBest-P** lautet die Regelung:

Nr. 1.3 ANBest-P:

„Dürfen aus der Zuwendung auch Personalausgaben oder sächliche Verwaltungsausgaben geleistet werden und werden die Gesamtausgaben des Zuwendungsempfängers überwiegend aus Zuwendungen der öffentlichen Hand bestritten, darf der Zuwendungsempfänger seine Beschäftigten nicht besser stellen als vergleichbare Bundesbedienstete. Höhere Entgelte als nach dem Tarifvertrag für den öffentlichen Dienst (TVöD) sowie sonstige über- und außertarifliche Leistungen dürfen nicht gewährt werden."

III. Einzelfragen

5.3 Personeller Geltungsbereich des Besserstellungsverbots

Bei **institutionellen Förderungen** gilt das Besserstellungsverbot grundsätzlich immer.

> **Praxis-Tipp:**
> Zu den Ausnahmemöglichkeiten vgl. Teil III 5.8

Bei **Projektförderungen** kommt das Besserstellungsverbot dagegen nur zur Anwendung, wenn der Zuwendungsempfänger seine Gesamtausgaben überwiegend aus Zuwendungen der öffentlichen Hand bestreitet.

Das bedeutet zum einen, dass für die Frage der Geltung des Besserstellungsverbots nicht die Projektausgaben zu betrachten sind, sondern die **Finanzierung des Zuwendungsempfängers insgesamt.** Die Bewilligungsbehörde muss die gesamte Finanzierungsstruktur des Zuwendungsempfängers untersuchen.

> **Beispiele:**
>
> Das Projekt eines Zuwendungsempfängers wird zu 70 Prozent aus Zuwendungen des Bundes und des Landes finanziert. Insgesamt finanziert sich der Zuwendungsempfänger allerdings überwiegend aus eigenen Mitteln. Hier gilt das Besserstellungsverbot nicht.
>
> Das einzelne Projekt eines Zuwendungsempfängers wird zu 30 Prozent aus Zuwendungen finanziert. Seine Gesamtausgaben finanziert der Zuwendungsempfänger dagegen zu 70 Prozent aus Zuwendungen. Hier gilt das Besserstellungsverbot.

Zum anderen muss der Zuwendungsempfänger für die Geltung des Besserstellungsverbots seine Gesamtausgaben überwiegend aus **Zuwendungen** finanzieren. Es kommt also auf die Qualifizierung der Einnahmen als Zuwendungen i. S. d. § 23 BHO/LHO an, vgl. Teil I 4. Andere Finanzierungsquellen, egal ob aus privaten oder öffentlichen Kassen, bleiben außer Betracht.

Beispiel:

Ein Wohlfahrtsverband finanziert seine Gesamtausgaben zu 20 Prozent aus eigenen Mitteln, zu 60 Prozent aus Pflegesätzen der Sozialversicherungen und zu 20 Prozent aus Zuwendungen. Damit finanziert er sich zwar insgesamt zu 80 Prozent aus öffentlichen Mitteln. Da aber Zuwendungen nur 20 Prozent seiner Finanzierung ausmachen, fällt er nicht unter das Besserstellungsverbot.

5.4 Umfang des Besserstellungsverbots

Inhaltlich bedeutet das Besserstellungsverbot, dass der Zuwendungsempfänger seine Beschäftigten nicht besserstellen darf als vergleichbare Bedienstete des Zuwendungsgebers. Höhere Entgelte als die nach dem jeweils einschlägigen **Tarifvertrag für den öffentlichen Dienst** (z. B. TVöD/TVL) sowie sonstige über- und außertarifliche Leistungen dürfen nicht gewährt werden.

Das Besserstellungsverbot umfasst insbesondere auch die **Eingruppierung** der Beschäftigten in die Entgeltgruppen nach ihrer persönlichen Qualifikation und den Merkmalen ihrer Arbeitsplätze.

Ein unter das Besserstellungsverbot fallender Zuwendungsempfänger muss daher grundsätzlich sein gesamtes Tarifgefüge **identisch** zum Tarifvertrag seines Zuwendungsgebers gestalten. Abweichungen „nach oben" sind grundsätzlich nicht zulässig. Idealer Weise übernimmt er den jeweiligen Tarifvertrag eins zu eins für seine Bediensteten.

Das Besserstellungsverbot bricht wegen der Tarifautonomie (Art. 9 GG) keine **Tarifverträge**. Ein Tarifvertrag bricht aber umgekehrt auch grundsätzlich nicht das Besserstellungsverbot. Wenn ein Zuwendungsempfänger an einen Tarifvertrag gebunden ist und deshalb das Besserstellungsverbot nicht einhalten kann, darf ihm entweder keine Zuwendung gewährt werden oder es muss über eine Ausnahme entschieden werden (vgl. unten III 5.6). In einigen Ländern steht die gesetzliche Regelung zum Besserstellungsverbot allerdings unter dem Vorbehalt einer abweichenden tarifvertraglichen Regelung, z. B.:

- § 11 Abs. 2 HG 2017 Brandenburg
- § 28 Abs. 2 HG 2017 Nordrhein-Westfalen

III. Einzelfragen

Das Besserstellungsverbot umfasst auch bei der **Projektförderung** nicht nur die Mitarbeiter im geförderten Projekt, sondern sämtliche Beschäftigten des Zuwendungsempfängers.

> **Beispiel:**
> Der Zuwendungsempfänger bezahlt die im vom Bund geförderten Projekt beschäftigten Mitarbeiter nach TVöD. Allen anderen bei ihm beschäftigten Mitarbeitern bezahlt er höhere Gehälter. Damit verstößt er gegen das Besserstellungsverbot.

Wird auch **nur ein Beschäftigter bessergestellt** als Beschäftigte des Zuwendungsgebers, ist das Besserstellungsverbot verletzt.

> **Beispiel:**
> Alle Beschäftigten erhalten ausschließlich die im Tarifvertrag des Zuwendungsgebers vorgesehenen Leistungen. Lediglich der Geschäftsführer erhält eine außertarifliche Bezahlung. Damit ist das Besserstellungsverbot verletzt.

Das Besserstellungsverbot umfasst nicht lediglich die Bezahlung der Mitarbeiter des Zuwendungsempfängers, sondern **alle** ihnen gewährten Leistungen sowie die Arbeitsbedingungen, unabhängig davon, ob sie entgeltlich oder unentgeltlich gewährt werden (sächlicher Anwendungsbereich).

> **Beispiele für entgeltliche Leistungen:**
> - Monatsgehalt
> - Weihnachtsgeld
> - Urlaubsgeld
> - Kantinenzuschüsse
> - Beihilfen in Krankheitsfällen
> - Erstattung von Reisekosten

5. Das Besserstellungsverbot

Beispiele für unentgeltliche Leistungen:

- Arbeitszeit
- Urlaubsanspruch
- Büroausstattung
- kostenlose oder vergünstigte Kinderbetreuung
- persönlicher Dienstwagen
- Ausflüge
- Reisen

5.5 Gesamtschau der Leistungen

Überaus schwierig ist die Anwendung des Besserstellungsverbots, wenn **einzelne Leistungen** des Zuwendungsgebers vom anzuwendenden Vergleichsmaßstab nach oben abweichen, andere dagegen unterhalb des Maßstabs liegen.

Beispiel:

Der Zuwendungsempfänger gewährt seinen Bediensteten ein höheres Weihnachtsgeld als der Zuwendungsgeber seinen Bediensteten. Dafür liegen aber dessen Monatsentgelte unterhalb der tariflichen Vergütungen des Zuwendungsgebers. In der Gesamtbetrachtung des Jahresentgelts liegen die Leistungen des Zuwendungsempfängers nicht über dem Vergleichsmaßstab.

Praxis-Tipp:

Beim Bund wird deshalb in der Praxis eine **Gesamtschau aller Leistungen** des Zuwendungsempfängers vorgenommen, um die Einhaltung des Besserstellungsverbots zu beurteilen. Danach könnten sogar entgeltliche und unentgeltliche Leistungen miteinander verrechnet werden.[183]

---

[183] Antwort der Bundesregierung auf die Kleine Anfrage der Abgeordneten Werner Dreibus, Dr. Barbara Höll, Ulla Lötzer, weiterer Abgeordneter und der Fraktion DIE LINKE, Tarifbindung und Besserstellungsverbot; BT-Drs. 16/4305 vom 08.02.2007.

III. Einzelfragen

Der **Bundesrechnungshof** spricht sich grundsätzlich gegen eine Gesamtschau aus. Maßgeblich hierfür sind vor allem Gründe der Rechtssicherheit, insbesondere wenn der Maßstab der Verrechnung von entgeltlichen mit unentgeltlichen Leistungen unklar ist (z. B. unentgeltliches Kinderbetreuungsangebot gegenüber geringerem Monatsgehalt oder höhere Arbeitszeit). Hinzu kommt ein erheblicher Verwaltungsaufwand bei der Bewilligungsbehörde im Fall der Verrechnung.[184]

5.6 Nichteinhaltung des Besserstellungsverbots

Ist bereits bei der **Antragstellung** deutlich, dass der Antragsteller seine Arbeitnehmer besser als Bundesbedienstete stellt, darf ihm keine Zuwendung gewährt werden.

Stellt sich der Verstoß gegen das Besserstellungsverbot erst bei der **Prüfung des Verwendungsnachweises** heraus, ist – je nach Fallkonstellation – die Aufhebung des Zuwendungsbescheids nach §§ 48 oder 49 Abs. 3 VwVfG möglich. Im Hinblick auf den Grundsatz der Verhältnismäßigkeit umfasst die Aufhebung ggf. nur den überschießenden Teil der Zuwendung.

5.7 Gemeinsame Förderungen von Bund und Ländern

Die Tarifentwicklung bei Bund, Ländern und Gemeinden differiert in den letzten Jahren deutlich. Die Tariflandschaft im öffentlichen Dienst wird immer heterogener. Das **erschwert** die Anwendung des Besserstellungsverbots bei gemeinsamen Förderungen von Bund und Ländern erheblich.

Insbesondere dort, wo den Bewilligungsbehörden die Beachtung des Besserstellungsverbots durch den Gesetzgeber vorgegeben wird, muss bei gemeinsamen Förderungen das **jeweilige niedrigste Niveau** eines Finanzierungspartners zu Grunde gelegt werden.

Dies verursacht in vielen Fällen einen erheblichen, kaum leistbaren Verwaltungsaufwand. Auch vor diesem Hintergrund muss die Frage gestellt werden, ob das Besserstellungsverbot in seiner aktuellen Form noch **zeitgemäß** ist.

---

[184] Vgl. Präsident des Bundesrechnungshofes als Bundesbeauftragter für Wirtschaftlichkeit in der Verwaltung, Schriftenreihe Band 10, Prüfung der Vergabe und Bewirtschaftung von Zuwendungen, 2. Aufl., 2016, S. 164 ff.

5.8 Ausnahmen vom Besserstellungsverbot

Ausnahmen vom Besserstellungsverbot sind mit **Einwilligung der Finanzministerien** sowohl beim Bund als auch den Ländern möglich. Wegen einer möglichen Präjudizwirkung wird von dieser Möglichkeit jedoch nur zurückhaltend Gebrauch gemacht.

> **Praxis-Tipp:**
> Die Ausnahme ergibt sich beim Bund aus § 8 Abs. 2 Satz 3 HG 2017; VV Nr. 15.1 Satz 2 zu § 44 BHO, bei den Ländern entweder nach der einschlägigen gesetzlichen Regelung oder über die in den Allgemeinen Verwaltungsvorschriften zu § 44 LHO enthaltene generelle Ausnahmemöglichkeit.
>
> Beim Bund sind auch bei den vom **Wissenschaftsfreiheitsgesetz** (WissFG) erfassten Einrichtungen Ausnahmen vom Besserstellungsverbot möglich (§ 4 WissFG).

6. Die Anwendung des öffentlichen Vergaberechts durch Zuwendungsempfänger

> **Überblick**
>
> - In bestimmten Fällen sind Zuwendungsempfänger bei der Beauftragung von Lieferungen und Leistungen dazu verpflichtet, das öffentliche Vergaberecht anzuwenden.
> - Die Maßgabe resultiert aus einer Auflage in den Allgemeinen Nebenbestimmungen. Sie soll sicherstellen, dass Aufträge nach wirtschaftlichen Kriterien vergeben werden und dabei wettbewerbliche Bedingungen gelten.
> - Schwerwiegende Verstöße bei der Anwendung des Vergaberechts können zum Widerruf des Zuwendungsbescheids und der (teilweisen) Rückforderung der Zuwendung führen.
> - Zuwendungsempfänger müssen sich dieses Risikos bewusst sein und sollten ggf. den Rat der Bewilligungsbehörde oder fachkundiger Dritter einholen.

III. Einzelfragen

Nr. 3 ANBest-P: Vergabe von Aufträgen

„3.1 Wenn die Zuwendung oder bei Finanzierung durch mehrere Stellen der Gesamtbetrag der Zuwendung mehr als 100.000 Euro beträgt, sind anzuwenden

- bei der Vergabe von Aufträgen für Bauleistungen der Abschnitt 1 des Teil A der Vergabe- und Vertragsordnung für Bauleistungen (VOB/A),
- bei der Vergabe von Aufträgen für Lieferungen und Dienstleistungen der Abschnitt 1 des Teils A der Vergabe- und Vertragsordnung für Leistungen (VOL/A).

3.2 Verpflichtungen des Zuwendungsempfängers als Auftraggeber gemäß Teil 4 des Gesetzes gegen Wettbewerbsbeschränkungen (GWB) bleiben unberührt."

6.1 Anwendungsfälle

Zuwendungsempfänger müssen in **bestimmten Fällen** bei der Vergabe von Aufträgen das öffentliche Vergaberecht anwenden. Wann dies gilt, ist in den Allgemeinen Nebenbestimmungen von Bund und Ländern höchst unterschiedlich geregelt.

Beispiele:

- Beim Bund gilt die Verpflichtung sowohl bei institutionellen Förderungen als auch bei Projektförderungen grundsätzlich, wenn die Zuwendung oder bei Finanzierung durch mehrere Stellen der Gesamtbetrag der Zuwendung mehr als 100.000 Euro beträgt – Nrn. 3.1 ANBest-I, ANBest-P (Bund). Zur Ausnahmemöglichkeit vgl. Teil III 6.3. Sie gilt unabhängig von Wertgrenzen nicht bei Zuwendungen auf Kostenbasis – Nr. 3 ANBest-P-Kosten (Bund).

- In Thüringen beträgt die auf den Zuwendungsbetrag bezogene Wertgrenze bei institutionellen und Projektförderungen jeweils 50.000 Euro – Nrn. 3.1 ANBest-I, ANBest-P (Thüringen).

- In Hamburg gelten unterschiedliche auf den Zuwendungsbetrag bezogene Wertgrenzen für Bauaufträge und andere Lieferungen und Leistungen – Nrn. 3.1 ANBest-I, ANBest-P (Hamburg).

- In Bremen knüpft die Anwendung des Vergaberechts dagegen an den Auftragswert an – Nrn. 3.1 ANBest-I, ANBest-P (Bremen).

6. Die Anwendung des öffentlichen Vergaberechts

- In Nordrhein-Westfalen kommt es darauf an, ob die zuwendungsfähigen Ausgaben eines Projekts zu mehr als 50 Prozent aus öffentlichen Mitteln (nicht nur Zuwendungen) finanziert werden – Nrn. 3.1 ANBest-P (NRW).

Unabhängig von der Auflage in den Allgemeinen Nebenbestimmungen sind Zuwendungsempfänger an das Vergaberecht gebunden, wenn sie **öffentliche Auftraggeber** gemäß dem vierten Teil des Gesetzes gegen Wettbewerbsbeschränkungen (GWB) sind (z. B. Gemeinden). Ein Hinweis in den Allgemeinen Nebenbestimmungen stellt dies klar, z. B. Nrn. 3.2 ANBest-P, ANBest-I (Bund).

Mit der Anwendung des öffentlichen Vergaberechts soll vor allem sichergestellt werden, dass die – mindestens teilweise auch aus öffentlichen Mitteln finanzierten – Aufträge der Zuwendungsempfänger nach **wirtschaftlichen Kriterien** vergeben werden und dabei **wettbewerbliche Bedingungen** gelten.

Gilt die Verpflichtung zur Anwendung des Vergaberechts **nicht**, sehen die Allgemeinen Nebenbestimmungen verschiedentlich vor, dass die Zuwendungsempfänger stattdessen Aufträge nur an fachkundige und leistungsfähige Anbieter nach wettbewerblichen Gesichtspunkten zu wirtschaftlichen Bedingungen vergeben dürfen und hierzu mindestens drei Angebote einzuholen haben, z. B. Nr. 3.1 ANBest-P (NRW).

Fehlt eine solche allgemeine Regelung – wie z. B. beim Bund –, sollte die Bewilligungsbehörde dies im Zuwendungsbescheid oder Besonderen Nebenbestimmungen ergänzen.

6.2 Konsequenzen von Vergaberechtsverstößen

Die Anwendung des öffentlichen Vergaberechts durch auf diesem Gebiet unerfahrene Zuwendungsempfänger ist höchst risikobehaftet, da schwerwiegende Mängel als Auflagenverstoß mit dem (teilweisen) **Widerruf des Zuwendungsbescheids** und der Rückforderung der Zuwendung sanktioniert werden können.[185]

---

[185] §§ 49 Abs. 3, 49a VwVfG (Bund), vgl. z. B. BVerwG, Beschluss vom 13.02.2013 – 3 B 58.12.

III. Einzelfragen

> **Praxis-Tipp:**
> In Zweifelsfällen sollte daher die Bewilligungsbehörde um Beratung gebeten oder fachkundige Unterstützung eingeholt werden. Die Verwaltung kann die Handhabung erleichtern, wenn sie Arbeitshilfen oder Merkblätter zur Verfügung stellt. Dies geschieht jedoch viel zu selten.

Wann ein Mangel bei der Anwendung des Vergaberechts so schwerwiegend ist, dass er den (teilweisen) Widerruf des Zuwendungsbescheids rechtfertigt, hängt jeweils von den Umständen des Einzelfalls ab. Die Bewilligungsbehörde entscheidet nach pflichtgemäßem Ermessen. Verschiedentlich gibt es hierzu **verwaltungsinterne Vorgaben oder Handreichungen**. Dies dient einem möglichst einheitlichen Verwaltungsvollzug und der Gleichbehandlung aller Zuwendungsempfänger. Das Land Nordrhein-Westfalen hat z. B. in einem Erlass des Finanzministeriums folgende Tatbestände als schwerwiegende Verstöße qualifiziert, die einen Widerruf des Zuwendungsbescheids rechtfertigen können:[186]

- Verstoß gegen die Vergabeart ohne die im Regelungswerk zugelassenen Sachgründe.
- Fehlende eindeutige und erschöpfende Leistungsbeschreibung, und zwar – soweit sachlich geboten – auch unter Berücksichtigung der Anforderungen des Landschafts- und Umweltschutzes.
- Bevorzugung des Angebots eines ortsansässigen Bieters gegenüber dem annehmbarsten Angebot.
- Ausscheiden des annehmbarsten Angebots
  - aus sonstigen vergabefremden Erwägungen,
  - durch nachträgliche Verhandlungen über Änderungen der Angebote oder Preise,
  - durch nachträgliche Herausnahme von Leistungen aus den Angeboten,
  - durch Zulassung eines Angebots, das nach § 25 Nr. 1 Abs. 1 VOB/A oder § 25 Nr. 1 Abs. 1 VOL/A auszuschließen gewesen wäre,
  - durch fehlende oder mangelhafte Wertung von zugelassenen Nebenangeboten/Änderungsvorschlägen.

---

[186] Runderlass des Finanzministeriums vom 18.12.2003 – I 1 – 0044 – 3/8 – (MBl. NRW. 2005 S. 1310), geändert durch Runderlass vom 16.08.2006 (MBl. NRW. S. 432).

6. Die Anwendung des öffentlichen Vergaberechts

- Ausscheiden oder teilweises Ausscheiden des annehmbarsten Angebots durch nachträgliche Losaufteilung.
- Freihändige Vergabe von Aufträgen ohne Vorliegen der Voraussetzungen nach § 3 Nr. 4 VOB/A oder § 3 Nr. 4 VOL/A.
- Beschränkung des Wettbewerbs entgegen § 8 Nr. 1 VOB/A oder § 7 Nr. 1 VOL/A.
- Vergabe von Bauleistungen an einen Generalübernehmer (der faktisch an die Stelle des Auftraggebers tritt), wenn die Wirtschaftlichkeit nicht nachweisbar ist.
- Vergabe von Leistungen an einen Generalunternehmer (Alleinunternehmer gegenüber dem Auftraggeber), wenn die Wirtschaftlichkeit der Gesamtleistung nicht nachweisbar ist.[187]

6.3 Möglichkeit der individuellen Befreiung von der Anwendung des Vergaberechts

Die Maßgabe zur Anwendung des Vergaberechts wird in der zuwendungsrechtlichen Literatur äußerst kritisch betrachtet. Als Hauptargument werden sowohl die Überforderung der Zuwendungsempfänger durch die sehr komplexe Materie[188] als auch grundsätzliche rechtliche Bedenken[189] angeführt.

Praxis-Tipp:

Der **Bund** hat hierauf im Jahr 2018 insoweit reagiert, als er in den Allgemeinen Verwaltungsvorschriften zu § 44 BHO den Bewilligungsbehörden die Möglichkeit einräumt, Zuwendungsempfänger auch bei Überschreiten der Wertgrenze von 100.000 Euro (vgl. oben) von der Anwendung des Vergaberechts freizustellen.

---

[187] Der Runderlass berücksichtigt noch nicht die Regelungen des UVgO.
[188] Z. B. *Dittrich*, in: Bundeshaushaltsordnung, Stand: 54. Aktualisierung, 2018, Rn. 42.3 ff. zu § 44 BHO.
[189] *Etscheid*, in: Verwaltungsrundschau, 2018, S. 3 ff.

III. Einzelfragen

Die Bewilligungsbehörde muss bei ihrer Entscheidung berücksichtigen:

- die Größe und administrativen Kapazitäten des Zuwendungsempfängers,
- den voraussichtlichen Anteil von Beschaffungen am Volumen der Zuwendung,
- den Eigenanteil oder das sonstige Eigeninteresse des Zuwendungsempfängers an der Beschaffung,
- sonstige Aspekte des Zuwendungsempfängers (hier insbesondere die Korruptionsgefahr) sowie
- sonstige Aspekte der voraussichtlich aus der Zuwendung zu beschaffenden Lieferungen und Leistungen (z. B. das Verhältnis zwischen Wirtschaftlichkeit und Wettbewerblichkeit der Beschaffung) – VV Nr. 5.3.3 zu § 44 BHO.

Befreit die Bewilligungsbehörde den Zuwendungsempfänger danach von der Anwendung des Vergaberechts, muss sie dies mit der **Auflage** verbinden, dass Aufträge nur an fachkundige und leistungsfähige Anbieter nach wettbewerblichen Gesichtspunkten zu wirtschaftlichen Bedingungen zu vergeben und hierzu, soweit möglich, mindestens drei Angebote einzuholen sind. Außerdem muss der Zuwendungsempfänger das Verfahren und sein Ergebnis dokumentieren. Eine sachgerechte Dokumentation sollte mindestens die dem Auftrag zugrunde liegende Leistungsbeschreibung, die Angebotseinholung sowie die Auswahlentscheidung umfassen.

> **Beispiel:**
>
> Eine Zuwendung des Bundes beträgt 130.000 Euro. Davon entfallen 120.000 Euro auf Personalausgaben. 10.000 Euro sind für Beschaffungen vorgesehen. Der Eigenanteil des Zuwendungsempfängers beträgt 50 Prozent. Wegen des geringen finanziellen Anteils der Beschaffungen und des hohen Eigeninteresses des Zuwendungsempfängers an einer wirtschaftlichen Handlungsweise befreit die Bewilligungsbehörde den Zuwendungsempfänger mit folgender Regelung im Zuwendungsbescheid von der Anwendung des Vergaberechts:
>
> „Von der Anwendung der Nr. 3.1 ANBest-P stelle ich Sie frei. Stattdessen sind Sie verpflichtet, Aufträge nur an fachkundige und leistungsfähige Anbieter nach wettbewerblichen Gesichts-

punkten zu wirtschaftlichen Bedingungen zu vergeben. Hierzu sind, soweit möglich, zu jedem Auftrag mindestens drei Angebote einzuholen. Die dem Auftrag zu Grunde liegende Leistungsbeschreibung, die Angebotseinholung sowie ihre Auswahlentscheidung sind in einem Vermerk nachvollziehbar zu dokumentieren. Alle hiermit zusammenhängenden Unterlagen sind nach Nr. 6.5 ANBest-P aufzubewahren."

7. Die Prüfung durch die Rechnungshöfe

Überblick

- Die Rechnungshöfe des Bundes und der Länder sind berechtigt, sowohl bei der Verwaltung als auch bei den Zuwendungsempfängern die Bewilligung und die Verwendung von Zuwendungen zu prüfen.
- Ihre Prüfungsmaßstäbe sind die Wirtschaftlichkeit und Ordnungsmäßigkeit des Verwaltungshandelns (Bewilligungsbehörde) sowie die bestimmungsgemäße und wirtschaftliche Verwendung der Zuwendung (Zuwendungsempfänger).
- Die geprüften Stellen müssen alle Unterlagen vorlegen und Auskünfte erteilen, die der prüfende Rechnungshof für erforderlich hält.
- Das Prüfungsergebnis teilt der Rechnungshof der Verwaltung mit und fordert sie ggf. auf, gegenüber dem Zuwendungsempfänger Konsequenzen zu ziehen. Im Fall von nachteiligen Prüfungsfeststellungen erhält der Zuwendungsempfänger die Gelegenheit, hierzu Stellung zu nehmen.

§ 88 Abs. 1 BHO:

„Die gesamte Haushalts- und Wirtschaftsführung des Bundes einschließlich seiner Sondervermögen und Betriebe wird von dem Bundesrechnungshof nach Maßgabe der folgenden Bestimmungen geprüft."

7.1 Prüfungszuständigkeit

Die Rechnungshöfe von Bund und Ländern prüfen die **gesamte Haushaltsführung** ihrer jeweiligen Gebietskörperschaft (§ 88 Abs. 1 BHO).

III. Einzelfragen

Dies umfasst auch die Bewirtschaftung der für Zuwendungen zur Verfügung stehenden Haushaltsmittel.

Das **Prüfungsrecht** des Bundesrechnungshofes erstreckt sich auch auf Stellen der Landes- oder Kommunalverwaltung, soweit diese Zuwendungsempfänger des Bundes geworden sind, vgl. § 91 Abs. 1 Nr. 3 BHO.[190] Umgekehrt dürfen die Landesrechnungshöfe auch bei Bundesstellen prüfen, soweit diese von einem Land Zuwendungen erhalten haben.

Sind bei **gemeinsamen Förderungen** des Bundes und der Länder sowohl Bundes- als auch Landesrechnungshof prüfungsberechtigt, sollen sie gemeinsam prüfen. Hierzu besteht aber keine Verpflichtung (§ 93 Abs. 1 BHO).

Für solche gemeinsamen Prüfungen haben der Bundesrechnungshof und alle Landesrechnungshöfe eine **Vereinbarung** geschlossen, die für die Fälle gilt, in denen der Verwendungsnachweis nur gegenüber einer Bewilligungsbehörde zu erbringen ist. Unbeschadet der weiterhin bestehenden Prüfungszuständigkeit anderer Rechnungshöfe prüft danach der für die Bewilligungsbehörde zuständige Rechnungshof für die anderen Rechnungshöfe mit.[191]

7.2 Prüfungsmaßstab

Prüfungsmaßstäbe sind die **Wirtschaftlichkeit und Ordnungsmäßigkeit** des Verwaltungshandelns (Art. 114 Abs. 2 GG; § 90 Nr. 3 BHO; § 4 Abs. 1 PO-BRH).

Bei der Prüfung der Wirtschaftlichkeit wird untersucht, ob das günstigste Verhältnis zwischen dem verfolgten Zweck und den eingesetzten Mitteln erreicht wird (§ 4 Abs. 3 PO-BRH).

Die Prüfung der Ordnungsmäßigkeit erstreckt sich auf die Beachtung aller relevanten Vorschriften (§ 4 Abs. 2 PO-BRH).

7.3 Auskunfts- und Vorlagepflichten

Dienststellen, die Zuwendungen gewähren, müssen den Rechnungshöfen alle Auskünfte erteilen und Unterlagen vorlegen, die diese für ihre Prüfung benötigen. Die Entscheidung über die Erforderlichkeit liegt alleine bei den Prüfbehörden (§ 95 BHO).

---

[190] Vgl. Urteil des BVerwG vom 06.03.2002 – 9 A 16.01.
[191] So genannte „Kölner Vereinbarung"; nicht veröffentlicht.

7. Die Prüfung durch die Rechnungshöfe

§ 91 Abs. 1 Nr. 3 BHO:

„Der Bundesrechnungshof ist vorbehaltlich anderer gesetzlicher Regelung berechtigt, bei Stellen außerhalb der Bundesverwaltung zu prüfen, wenn sie [...] vom Bund Zuwendungen erhalten, [...]."

Soweit sie es für erforderlich halten, sind die Rechnungshöfe auch ermächtigt, bei den Zuwendungsempfängern zu erheben.[192] Ihr Erhebungsrecht erstreckt sich auf die bestimmungsgemäße und wirtschaftliche Verwendung der Zuwendung. Es kann unter Beachtung des Grundsatzes der Verhältnismäßigkeit auch auf die sonstige Haushalts- und Wirtschaftsführung des Zuwendungsempfängers ausgedehnt werden, soweit es der Rechnungshof für erforderlich hält (§ 91 Abs. 2 BHO).

Beispiel:

Prüfung, ob der Empfänger einer Fehlbedarfsfinanzierung wahrheitsgemäße Angaben zu seiner finanziellen Leistungsfähigkeit gemacht hat.

Das Erhebungsrecht unterliegt keiner Verjährung und ist damit zeitlich unbegrenzt. Eine faktische Einschränkung resultiert bei den Zuwendungsempfängern aber aus der grundsätzlich auf fünf Jahre nach Vorlage des Verwendungsnachweises eingeschränkten Aufbewahrungsfrist von Unterlagen beim Zuwendungsempfänger.[193]

Auch die Zuwendungsempfänger müssen den Rechnungshöfen innerhalb der von ihnen bestimmten Fristen alle erforderlichen Auskünfte erteilen und Unterlagen vorlegen (§ 95 BHO).

7.4 Prüfungsdurchführung

Ihre Erhebungen kündigen die Rechnungshöfe grundsätzlich rechtzeitig schriftlich an (§ 94 Abs. 1 BHO). Niemand wird überraschend geprüft.

---

[192] § 91 Abs. 1 Nr. 3 BHO; Nrn. 8.3 ANBest-I, 7.3 ANBest-P, ANBest-Gk, 8.2 ANBest-P-Kosten.
[193] Nrn. 6.3 ANBest-I, 6.5 ANBest-P, 7.6 ANBest-P-Kosten.

III. Einzelfragen

> **Praxis-Tipp:**
> Gegen Prüfungsankündigungen und Auskunftsverlangen können sich Zuwendungsempfänger grundsätzlich verwaltungsgerichtlich wehren. Entsprechende Anfechtungsklagen haben im Bereich des Bundes jedoch keine aufschiebende Wirkung (§ 95a BHO).

Die Rechnungshöfe sind nicht ermächtigt, gegenüber dem Zuwendungsempfänger Sanktionen auszusprechen oder Zuwendungsbescheide aufzuheben.

Sie teilen ihr Prüfungsergebnis der Bewilligungsbehörde mit, die ggf. aufgefordert wird, die aus Sicht der externen Finanzkontrolle gebotenen Konsequenzen zu ziehen.

> **Beispiel:**
> Ein Landesrechnungshof stellt bei seinen örtlichen Erhebungen fest, dass der Zuwendungsempfänger die Zuwendung teilweise nicht zweckentsprechend verwendet hat. Er fordert die Bewilligungsbehörde auf, den Zuwendungsbescheid nach § 48 Abs. 3 Nr. 1 VwVfG zu widerrufen und lässt sich über die Umsetzung seiner Forderung berichten.

Den Zuwendungsempfängern wird das Ergebnis der Prüfung grundsätzlich nur mitgeteilt, wenn es für sie nachteilige Wertungen enthält. Sie erhalten dann die Möglichkeit zur Stellungnahme im Wege des rechtlichen Gehörs. Vgl. § 33 Abs. 3 PO-BRH.

Entweder führt der Rechnungshof die Anhörung selbst durch oder er fordert die Bewilligungsbehörde hierzu auf.

IV. Literaturverzeichnis

Bayerischer Oberster Rechnungshof, Jahresbericht 2016, abrufbar unter: www.orh.bayern.de

Bundesbeauftragter für Wirtschaftlichkeit in der Verwaltung, Anforderungen an Wirtschaftlichkeitsuntersuchungen finanzwirksamer Maßnahmen nach § 7 Bundeshaushaltsordnung, Band 18 der Schriftenreihe des Präsidenten des Bundesrechnungshofes als Bundesbeauftragter für Wirtschaftlichkeit der Verwaltung, Bonn, 2013, abrufbar unter: www.bundesrechnungshof.de

Bundesbeauftragter für Wirtschaftlichkeit in der Verwaltung, Leitsatz 09/05, Bewilligung von Projektförderungen an institutionelle Zuwendungsempfänger des Bundes, abrufbar unter: www.bundesrechnungshof.de

Bundesbeauftragter für Wirtschaftlichkeit in der Verwaltung, Prüfung der Vergabe und der Bewirtschaftung von Zuwendungen – Typische Fehler und Mängel im Zuwendungsbereich, Band 10 der Schriftenreihe des Präsidenten des Bundesrechnungshofes als Bundesbeauftragter für Wirtschaftlichkeit in der Verwaltung, 2. Aufl., Bonn, 2016, abrufbar unter: www.bundesrechnungshof.de

Bundesministerium der Finanzen, Arbeitsanleitung „Einführung in Wirtschaftlichkeitsuntersuchungen", Anlage zum Rundschreiben des BMF vom 12.01.2011 – II A 3 – H – 1012 – 10/08/100004, GMBl. 2011, S. 76 ff.

Bundesministerium der Finanzen, Finanzbericht 2016, Stand und voraussichtliche Entwicklung der Finanzwirtschaft im gesamtwirtschaftlichen Zusammenhang, 2015, abrufbar unter: www.bundesfinanzministerium.de

Bundesministerium des Innern, Praxisleitfaden „Projektmanagement für die öffentliche Verwaltung", Berlin, 2012, abrufbar unter: www.verwaltung-innovativ.de

Bundesrechnungshof, Bemerkungen 2003, BT-Drs. 15/2020, Nr. 3.7.4.2, abrufbar unter: www.bundesrechnungshof.de

Detterbeck, Steffen, Allgemeines Verwaltungsrecht mit Verwaltungsprozessrecht, 16. Aufl., München 2018

Detterbeck, Steffen, in: Basistexte Öffentliches Recht, Einführung, München 2005

IV. Literaturverzeichnis

Dittrich, Norbert, Bundeshaushaltsordnung, Stand: 54. Aktualisierung, Heidelberg, Januar 2018

Etscheid, Mario, Übertragung wirtschaftspolitischer Verantwortung auf private Empfänger staatlicher Zuwendungen – Zur Angemessenheit und Legitimation impliziter Förderzwecke und latenter Eingriffsregelungen, in: Verwaltungsrundschau, 2018, Heft 1, S. 3 ff.

European Commission, Ex ante Evaluation, A Practical Guide for preparing proposals expenditure programmes, Brüssel, 2001, abrufbar unter: www.ec.europa.eu

Finanzministerium des Landes Nordrhein-Westfalen, Dritter Förderbericht des Landes Nordrhein-Westfalen, Teil IV Gesamtübersicht über die Förderprogramme, unterteilt nach Politikfeldern, Landtag Nordrhein-Westfalen, Vorlage 14/1434, 2007, abrufbar unter: www.landtag.nrw.de

Freistaat Sachsen, Sächsisches Förderprofil 2013/2014 zum Sächsischen Staatshaushaltsplan, abrufbar unter: www.finanzen.sachsen.de

Heuer, Ernst/Scheller, Kay (Hrsg.), Kommentar zum Haushaltsrecht, Stand: 67. Ergänzungslieferung, Köln, 2018

Isensee, Josef/Kirchhof, Paul (Hrsg.), Handbuch des Staatsrechts der Bundesrepublik Deutschland, Band V Rechtsquellen, Organisation, Finanzen, 3. Aufl., Heidelberg, München, Landsberg, Berlin 2007

Katholische Bibelanstalt, Die Bibel, Einheitsübersetzung Altes und Neues Testament, 1. Auflage, Stuttgart 1980, S. 1172–1173

Kirchhof, Paul, in: Handbuch des Staatsrechts, Band V, Heidelberg, 2007

Kopp, Ferdinand (Begr.)/Ramsauer, Ulrich (Hrsg.), Verwaltungsverfahrensgesetz. Kommentar, 18. Aufl., München 2017

Krämer, Erwin/Schmidt, Jürgen, Zuwendungsrecht – Zuwendungspraxis, Heidelberg, Stand 138. Aktualisierung, Februar 2018

Maunz, Theodor/Dürig, Günter, Kommentar zum Grundgesetz, München, Stand 81. Ergänzungslieferung, September 2017

Maurer, Hartmut/Waldhoff, Christian, Allgemeines Verwaltungsrecht, 19. Aufl., München 2017

Mayer, Volker, Der Zuwendungszweck in seiner doppelten Ausprägung – Begriffsbestimmung und Folgerungen für das praktische

IV. Literaturverzeichnis

Handeln im zuwendungsrechtlichen Verwaltungsverfahren, in: Die Öffentliche Verwaltung, 2014, Heft 13, S. 555 ff.

Mayer, Volker, in: Ernst Heuer/Kay Scheller, Kommentar zum Haushaltsrecht, Stand: 67. Ergänzungslieferung, Köln, 2018

von Nell-Breuning, Oswald, Gerechtigkeit und Freiheit, Wien 1980

Niedersächsisches Finanzministerium, Subventionen und Zuwendungen des Landes Niedersachsen 2017 – 2021, abrufbar unter: http://www.mf.niedersachsen.de/themen/haushalt/subventionsbericht/subventionsbericht-1430.html

Ruffert, Matthias, Rechtsquellen und Rechtsschichten des Verwaltungsrechts, in: Hoffmann-Riem, Wolfgang/Schmidt-Aßmann, Eberhard/Voßkuhle, Andreas (Hrsg.), Grundlagen des Verwaltungsrechts, München 2006

Seegmüller, Robert, Neuere Rechtsprechung des Bundesverwaltungsgerichts zum Subventionsrecht, in: Deutsches Verwaltungsblatt, 2018, Heft 9, S. 546 ff.

Springer Gabler Verlag (Herausgeber), Gabler Wirtschaftslexikon, Stichwort: Subsidiarität, abrufbar unter: www.wirtschaftslexikon.gabler.de

Staender, Klaus, Lexikon der öffentlichen Finanzwirtschaft, Stichwort „Subvention", 6. Aufl., Heidelberg 2004

The Abraham Lincoln Association, The Collected Works of Abraham Lincoln, Volume 2, page 221; abrufbar unter: www.quod.lib.umich.edu

V. Stichwortverzeichnis

Abgrenzung von Zuwendungen 57
Ablehnung 180
Ablehnungsbescheid 180
Ablehnungsgründe 181
Abrufverfahren 200, 324
Abweichung von Verwaltungsvorschriften 339
Allgemeine Nebenbestimmungen 191
Allgemeine Verwaltungsvorschriften 42
– gesetzesvertretende Funktion 41
– Regelungsgegenstände 42
– Verfahrensregelungen 41
Alsbaldige Verwendung 201, 203
Änderung 334
Anforderungsverfahren 201, 324
Angaben
– unrichtige oder unvollständige 278
Anhörung 315
Anreiz 32
Anteilfinanzierung 84
Antragsprüfung 144
– Bearbeitungsschritte 145
Arbeitsplan 119
Arbeitsprogramm 151
Arglistige Täuschung 278, 291
Aufhebungsgründe 290
Auflagenverstoß 213, 284

Auflösende Bedingung 272, 298, 300, 304
Aufstockung 337
Aufträge 356
Ausgabearten 126
Ausgaben 218
Auskunftspflicht 246
Ausländische Empfänger 186
Auswahlermessen 330
Auszahlung der Zuwendung 196
Auszahlungsstopp 233

Bagatellförderungen 161
Bagatellgrenze 287, 296, 322
Bankdarlehen 87, 88, 174
Basiszinssatz 318, 322
Baumaßnahmen 41, 83, 91, 94, 142, 170, 217, 342, 344, 345
– übergreifende 44
Belege 219, 225, 227, 246
Belegliste 218, 225, 231
Besondere Nebenbestimmungen 194
Besondere Verwaltungsvorschriften 43
Besserstellungsverbot 73, 136, 348, 349
Bestandskraft 334
Bestechung 278, 291
Bestenauslese 147, 160
Bewertungskriterien 148
Bewilligung 180
Bewilligungszeitraum 126, 134, 185, 281, 337

V. Stichwortverzeichnis

Bild- oder Datenträger 228
Binnenrecht 184
Bonität 87, 148, 169
Bonitätsprüfung 87, 170
Buchführung 166, 227, 228
Bundesrechnungshof 38, 41, 42, 46, 194, 226, 236, 239, 245, 270, 354
– Prüfungsrecht 193
Bundesverwaltungsgericht 48, 52, 272, 290, 299, 305
Businessplan 171

Darlehen 86
Deckungsmittel 68, 81, 125, 129, 217, 292
Dingliche Sicherung 283
Doppelabrechnung 144
Doppelte Buchführung 130
Drittmittel 337, 338
Drohung 278, 291

Eigenbelege 227
Eigeninteresse 176
Eigenmittel 172, 173, 175
Einfache Förderungen 159
Einfacher Verwendungsnachweis 219, 225
Eingruppierung 351
Einnahmen 217
Einrede 312
Einzelrechnungsprüfung 251
Entreicherung 311
Entschließungsermessen 330
Erfolgskontrolle 73, 91, 152, 153, 265
Erhebliches staatliches Interesse 64

Ermäßigungsklausel 272, 293, 298, 306, 308
Ermessen 45, 329
Ermessensausübung 286
Ermessensfehler 332
Ermessensfehlgebrauch 333
Ermessensnichtgebrauch 332
Ermessensüber- oder unterschreitung 333
Ersatzkraft 139
Erstattung der Zuwendung 309

Fahrlässigkeit 312, 313
Fehlbedarfsfinanzierung 84, 89
– anteilige 78
Fehlverhalten 287, 288
Festbetragsfinanzierung 84, 89
Feststellung der zuwendungsfähigen Ausgaben 162
Finanzierungsarten 76, 298, 302
– Übersicht 84
Finanzierungsformen 85
Finanzierungsplan 126
Finanzierungsübersicht 129
Finanzierungsverbesserungen 272, 292, 300, 305
Fingierung 321
Förderprogramm 45
Förderrichtlinien 47, 120
– Außenwirkung 48
– Bekanntmachung 47
– Erlass 46
– Funktion 45
– Gleichbehandlung 48
– Gliederungsschema 47
– Rechtscharakter 48
– Regelungsinhalt 45
Förderwürdigkeit 65

V. Stichwortverzeichnis

Förderziel 61, 64, 65, 120, 281
– Formulierung 151
Frist für die Rücknahme oder den Widerruf 289

Gebietskörperschaften 226, 283, 341
Gegenstände 228, 283
Geldfluss 133
Gemeinkosten 137
Gemeinsame Förderungen 38, 238, 259, 341, 354, 362
Gesamtfinanzierung 172
Gesamtrechnungsprüfung 251
Gestaltungsanspruch 31
Gewerbliche Unternehmen 136
Grundausstattung 74, 83, 123, 124, 138, 139, 140
Grundrechtsbezug 53
Grundsätze für Förderrichtlinien 47

Hauptbestimmung 190
Haushaltsgrundsätzegesetz 37
Haushaltsplan 129
Höchstbetrag 179
Höhe der Zuwendung 171

Institutionelle Förderung 41, 62, 78, 112, 249
Interessenbekundungsverfahren 145
Interessenlage 294, 295

Jahresabschluss 250
Jährlichkeitsgrundsatz 130, 203

Kaufmännische Buchführung 220
Kleinbetragsregelung 207, 321, 322
Korrektur von Finanzierungsverbesserungen 292, 304
Kosten 136
Kostenbasis 79
Kursorische Prüfung 240

Lieferungs- oder Leistungsvertrag 342, 343

Massenförderungen 48, 49, 162
Mehreinnahmen 301
Meilensteinplan 122, 124, 128
Minderausgaben 302
Mindestanteil 244
Mindestprüfungsturnus 244
Minimalprinzip 67, 163
Monitoring 196, 211

Nachbewilligung 179, 337
Nachhaltigkeit 170
Nachkalkulation 220
Nebenbestimmungen 190
Nicht alsbaldige Verwendung 282
Nicht mehr zweckentsprechende Verwendung 283
Nichtverschulden 287
Nutzungen 311
Nutzwertanalyse 148, 178
– Beispiel 150

Öffentliche Aufträge 57
Öffentliche Auftraggeber 357

V. Stichwortverzeichnis

Ordnungsgemäße Geschäftsführung 256
Örtliche Erhebung 167, 246

Pauschale 141
– Maßeinheit 81
Personalausgaben 126, 136, 348
Projektbeschreibung 111, 119
Projektförderung 41, 62, 68, 111
Prüfung des Verwendungsnachweises 235
Prüfungsmaßstab 362
Prüfungsrecht 41
Prüfungsvermerk 257

Rechnungshof 361
Rechtsbehelf 197
Rechtsmittelverzicht 197
Reihenfolge der Inanspruchnahme der Deckungsmittel 326
Reihenfolge der Inanspruchnahme der Zuwendung 282
Rücklagen 68, 252
Rücknahme des Zuwendungsbescheids 111
Rücknahme rechtswidriger Zuwendungsbescheide 273
Rückstellungen 252

Sachbericht 215
Schlussbescheid 254, 265, 303, 305, 307, 308, 310, 312, 313, 314, 318, 319, 321
Schlussrate 235

Selbstkosten 137
SMART-Konzept 152, 270
Spenden 31, 32, 125, 174, 217, 252
Spiegelbildlichkeit 214
Stammpersonal 74, 175
Stichprobe in der Stichprobe 246
Stichproben 167, 244
Stichprobenverfahren 244
Subsidiarität 30
– gesellschaftspolitische Bedeutung 66
Subsidiaritätsgrundsatz 342
Subventionsbetrug 59
Subventionserhebliche Tatsachen 60

Tarifvertrag 169, 351
Teilfinanzierung 68, 77, 84

Überleitungsrechnung 112, 220
Umsatzsteuerpflicht 58
Unentgeltliche Leistungen 83
Ungerechtfertigte Bereicherung 310
Unrichtige oder unvollständige Angaben 60, 111
Unterstützungsfunktion 31
Unwirksamkeit 272

Veranschlagungsvoraussetzungen 41
Veranschlagung von Zuwendungen 40, 90
Vergaberecht 355

V. Stichwortverzeichnis

Verhältnismäßigkeit 277, 278, 287, 363
Verjährung 313
Vermerk über das Ergebnis der Antragsprüfung 157
Vermögensrechnung 252
Verschulden 278, 287
Verwaltungsvereinfachung 81, 87, 143, 202, 226, 287
Verwaltungsverfahrensgesetz 107
Verwaltungsvorschriften 38
Verwendung
 – nicht alsbaldige 168
Verwendungsbestätigung 226
Verwendungsnachweis 213
Verzinsung 88
 – bei nicht alsbaldiger Verwendung 324
 – des Erstattungsbetrags 317
Vollfinanzierung 68, 77, 84, 89, 162
Vorarbeiten 343
Vorlage des Verwendungsnachweises 228
Vorläufige Gewährung der Zuwendung 302
Vorläufiger Zuwendungsbescheid 185, 265, 273, 305
Vorsteuerabzugsberechtigung 113, 135
Vorzeitiger Maßnahmenbeginn 243, 342

Wegfall des Zuwendungsanspruchs 271
Weiterleitung 186
Wesentlichkeitstheorie 52

Widerruf 272
 – des Zuwendungsbescheids 301
 – rechtmäßiger Zuwendungsbescheide 279
Wirkungskontrolle 268
Wirtschaftlichkeit 330, 336, 362
Wirtschaftlichkeitskontrolle 268
Wirtschaftsplan 94, 112, 129
Wirtschaftsprüfer 253
Wissenschaftsfreiheitsgesetz 355

Zahlenmäßiger Nachweis 217
Zahlungen vor Empfang der Gegenleistung 199
Zahlungseingang 320
Zielerreichungskontrolle 267
zins-online 323
Zuschuss 86
Zuverlässigkeit 166
Zuwendung
 – Zweckbindung 57
Zuwendungen 32
 – doppelte Funktion 31
 – finanzielle Bedeutung 33
 – Funktion 32
 – vier wesentliche Merkmale 56
 – Vorteile 32
Zuwendungsantrag 109, 124
 – elektronisch 110
 – Prüfung 144
Zuwendungsarten 41, 69
Zuwendungsbegriff 54
 – Gesetzeswortlaut 54
 – Konkretisierung 55
 – Zusammenfassung 55

V. Stichwortverzeichnis

Zuwendungsbescheid 184, 334
  – Empfängerhorizont 51
  – Mindestbestandteile 184
  – Widerrufsmöglichkeit 205
Zuwendungsfähige Ausgaben 76, 111, 127, 292
  – Begriff 133
Zuwendungsrecht 37, 67
  – des Landes 35
  – Homogenität 37
  – öffentliches Recht 106
Zuwendungsverfahren 108
Zuwendungsvertrag 186
Zuwendungszweck
  – zwei Komponenten 61
Zweckbindung 195
Zweckentsprechende Verwendung 62
  – Zeit 283
Zwischennachweis 210